개정판

**데이터 분석을**
**떠받치는 수학**

엑셀과 수학,
통계로 배우는
데이터 과학의 기술

[예제파일 다운로드]

https://wikibook.co.kr/math-ds-rev/

https://github.com/wikibook/math-ds-rev

엑셀과 수학, 통계로 배우는 데이터 과학의 기술

개정판

# 데이터 분석을 떠받치는 수학

지은이 **손민규**

펴낸이 **박찬규**  엮은이 **이대엽**  디자인 **북누리**  표지디자인 **아로와 & 아로와나**

펴낸곳 **위키북스**  전화 **031-955-3658, 3659**  팩스 **031-955-3660**

주소 **경기도 파주시 문발로 115 세종출판벤처타운 #311**

가격 **27,000**  페이지 **336**  책규격 **175 x 235mm**

초판 발행 **2020년 01월 03일**

ISBN **979-11-5839-184-3 (93000)**

등록번호 **제406-2006-000036호**  등록일자 **2006년 05월 19일**

홈페이지 **wikibook.co.kr**  전자우편 **wikibook@wikibook.co.kr**

이 도서의 국립중앙도서관 출판시도서목록(CIP)은

서지정보유통지원시스템 홈페이지(http://seoji.nl.go.kr)와

국가자료공동목록시스템(http://www.nl.go.kr/kolisnet)에서 이용하실 수 있습니다.

CIP제어번호 CIP2019051565

# 데이터 분석을
## 떠받치는
# 수학

엑셀과 수학,
통계로 배우는
데이터 과학의 기술

개정판

손민규 지음

위키북스

딥러닝이 유행하는 지금과 같은 상황에서 데이터 분석이 무슨 의미가 있냐고 말하는 사람도 있겠지만 딥러닝과 데이터 분석은 지향하는 점이 다르다. 우리가 풀고 싶어하는 대부분의 문제는 원인을 찾기 위함이지만, 대부분의 딥러닝은 원인은 몰라도 목적을 이루기만 하면 되기 때문이다. AI 알고리즘이 침체기와 부흥기를 반복할 때 데이터 분석이 꾸준히 살아남은 이유는 바로 여기에 있다. AI 알고리즘이 베스트셀러라고 하면 데이터 분석 알고리즘은 스터디셀러일 것이다. 개인적으로 AI 알고리즘도 딥러닝의 유행으로 스터디셀러가 되기를 빈다.

2006년에 회사에 들어갔을 때 엑셀을 처음 접했는데, 그 전까지 강화학습, 신경망, 유전 알고리즘과 같은 AI 알고리즘을 C, C++를 사용해서 개발하던 나에게는 충격이었다. 기본 사칙연산, 다양한 통계함수뿐만 아니라 행렬의 연산까지 기본 함수나 만들어서 사용하던 나에게는 엑셀이 엄청나게 뛰어난 도구로 다시 다가왔으며, 엑셀의 기능에 한계를 느낄 때쯤 알게 된 엑셀 프로그래밍 언어인 VBA(Visual Basic for Application)는 훌륭한 데이터 분석 도구였다.

시스템 개발을 위해 시험 삼아 엑셀로 신경망을 만들어 보는 동안, 예전에 C++로 개발할 때 디버깅 화면이나 printf() 함수로밖에 확인할 수 없었던 가중치들을 엑셀 시트에서 계산 과정을 확인하면서 바로바로 볼 수 있고 수정까지 가능하다는 점을 알게 되었고, 이에 나는 점점 엑셀의 매력에 빠지게 됐다. 지금도 데이터를 처음 받으면 우선 엑셀로도 충분히 할 수 있는 그래프 그리기나 기초 통계분석을 충분히 진행한 후에 Decision Tree와 같이 엑셀에서 지원하지 않는 머신러닝 알고리즘을 이용한 분석은 R 언어나 그 밖의 프로그램을 사용해서 진행한다

이처럼 엑셀을 사용하면서 데이터 분석 알고리즘을 공부하고 교육도 하던 어느 날 우연히 만난 출판사를 경영하시는 박찬규 대표와 만나 대화를 하던 중 책을 써보고 싶다는 생각에 집필을 제안하게 됐다. 누구나 쉽게 이해할 수 있는 정말 쉬운 데이터 분석 책을 한번 만들어보고 싶었다.

이 책은 지금까지 읽은 수많은 데이터 분석 관련 도서와 인터넷 사이트의 정보, 컨설팅을 통해 배운 경험을 바탕으로 스스로 가장 궁금해하고 고민하던 부분을 중심으로 풀어썼다. 이 책으로 데이터 분석에 흥미를 가지는 사람들이 조금이라도 늘어났으면 하는 소망을 품고 있다.

그리고 나중에 고운이, 지운이, 영우가 커서 데이터 분석 업무를 하게 된다면 그때까지도 이 책이 도움이 되는 스터디셀러가 되기를 바라는 마음으로 썼다.

제안을 흔쾌히 받아들여주신 박찬규 대표께 큰 감사를 드리며, 이 책이 정리 정돈되도록 애써준 리율의 박진수 대표, 원고 진행과 정리를 맡아 준 출판사 직원분들께 진심으로 감사드린다. 전 직장동료 田中靖人さん, 里 泰雄さん에게도 고마움을 전한다.

마지막으로, 사랑하는 우리 성민이와, 책 쓸 때 빨리 쓰고 놀아달라던 딸 고운이, 책이 언제 나오냐며 책이 나오면 자기한테 꼭 한 권 달라던 아들 지운이, 양가 부모님, 동생 가족에게 이 책을 바친다.

2018년 6월에 출판된 《데이터 분석을 떠받치는 수학》이 20개월 만에 개정판으로 나오게 됐다.

짝짝짝~~

처음에는 딥러닝의 인기로 이런 기초 통계 분석 책이 먹힐지에 대해 고민도 했지만 개정판을 내게 되어 정말 너무 기쁘다.

이 책의 테마는 '기초가 중요하다'였다.

알파고로 부활한 딥러닝의 인기가 2020년에도 여전히 계속되는 이유는 GAN 같은 CNN으로부터 파생된 여러 가지 응용 애플리케이션의 발견이라고 생각한다. GAN이 없었다면 단순히 이미지 분류만 하던 딥러닝은 제3의 겨울을 맞이했을지도 모른다.

뜬금없이 기초 이야기를 하면서 GAN 이야기를 하는 이유는 GAN과 같은 애플리케이션이 딥러닝의 구조를 이것저것 바꿔보다가 우연히 나온 것이 아니고, 단층 퍼셉트론의 개념에서 역전파 오류법, 합성곱 신경망을 이해한 기초를 토대로 여러 가지 시행착오를 거쳐 태어났기 때문이다.

데이터 분석도 마찬가지다.

데이터 분석을 시작하는 많은 사람들이 R이나 파이썬을 이용해 의사결정나무, 서포트 벡터 머신, XGBoost 같은 화려한 이름의 알고리즘 사용법을 배우고 적용하지만 결국 이들 알고리즘을 효율적으로 활용하기 위해서는 기초 통계와 고전 알고리즘을 이해해야 한다는 점을 깨닫고 기본으로 돌아가서 공부하기 때문이다.

이 책을 낸 이유가 거기에 조금이라도 도움이 됐으면 하는 바람이었다. 이 책을 낸 이후로 여러 분야에 종사하는 분들을 만날 수 있었고 부족한 부분에 대한 조언과 의견을 들을 수 있었다. 다양한 머신러닝 알고리즘을 추가해 달라는 등의 의견도 있었으나 이 책의 범위를 벗어난 듯해서 개정판에서는 가장 의견이 많았던 데이터 분석 예제를 추가했다. 데이터 분석에 입문할 때 가장 많이 사용되는 보스턴 주택 데이터를 이용해 회귀분석으로 주택가격을 예측하고 주성분 분석을 이용해 주요 성분을 추출한 후 회귀분석에 이용하는 방법을 추가했다.

이 책이 다양한 머신러닝 알고리즘을 이해하는 데 기초가 되고 데이터 분석의 출발점이 되길 바라는 마음이다. 다시 한 번 출판에 도움을 주신 박찬규 대표님께 감사 드린다.

데이터 분석에 익숙하지 않은 사람일지라도 데이터 분석 초급에서 중급 수준의 개념을 익힐 수 있을 것이다. 특히 수식을 해석해 놓았기 때문에 수학에 약해 알고리즘 공부가 어려운 사람에게도 도움이 될 것이다. 데이터 분석에 익숙한 사람들이라면 개념을 정리 하면서 분석 능력을 더 향상시킬 수 있도록 구성했다.

다음과 같은 세 가지 관점에서 이 책이 독자에게 도움이 될 것이라고 기대한다.

## 1 _ 알고리즘 개념 정립

각 알고리즘이 전체적으로 어떤 목적에 맞춰 어떤 방식으로 분석에 사용되는지를 개 념 수준에서 이해할 수 있도록 최대한 쉽게 설명하였다.

## 2 _ 수식의 의미 이해

알고리즘을 구성하는 딱딱한 수식이 어떤 의미이며 왜 그렇게 되는지를 해석해 놓았 으며, 복잡한 수식을 이해하기 위한 사전 지식도 2장에 준비해 놓았다.

## 3 _ 분석 방법 습득

추상적이지 않고 우리나라 프로야구 데이터와 같은 구체적인 사례를 각 분석 방법 에 맞게 준비했기 때문에, 엑셀로 실습하면서 자연스럽게 분석 방법을 이해할 수 있 을 것이다.

이 책은 5개 장으로 구성되어 있다.

1장에서는 데이터 분석의 배경과 데이터 분석 프로세스, 데이터 분석 알고리즘의 종류와 특징에 대해서 간단히 설명한다.

2장에서는 데이터 분석을 위해 기초 과정에서 배워야 할 기초 통계량에 대해서 설명한다. 기초 통계량은 데이터의 특징을 나타내는 대푯값으로 평균, 중앙값, 최빈값, 최댓값, 범위가 있는데, 이번 장에서는 각 대푯값에 대한 의미와 계산 방법에 대해서 설명한다. 그리고 통계 분야에서 많이 사용하는 분산과 표준편차, 데이터 표준화, 공분산, 상관계수를 설명한다. 마지막 부분에는 이 책을 공부하는 데 필요한 최소 수학 기초라고 할 수 있는 행렬과 행렬 연산, 미분과 편미분의 의미를 알아본다.

3장에서는 대표적인 데이터 압축 기법 중 하나인 주성분분석을 설명한다. 주성분분석의 의미와 어떤 계산 과정을 통해 결과가 나오며, 그 결과를 어떻게 해석하는지 설명한다.

4장에서는 주성분분석을 이용한 분류 알고리즘을 설명한다. 이 분류 알고리즘을 마할라노비스–다구치 시스템이라고 부르는데 이는 품질공학에서 많이 사용하는 알고리즘으로 패턴인식, 시스템 이상진단 등에 사용된다. 모델 구축부터 모델을 활용한 검출까지 단계적으로 이해할 수 있도록 설명한다.

5장에서는 회귀분석을 설명한다. 독립변수가 하나인 단순 선형회귀부터 시작해, 독립 변수가 여러 개인 다중회귀에 이르기까지, 회귀식이 어떻게 만들어지며 그 의미는 무엇인지를 설명한다. 그리고 선형회귀의 약점을 보완한 주성분회귀법과 부분최소제곱법에 대해서 차근차근 수식과 함께 설명한다.

이 책에서는 마이크로소프트 엑셀 2010을 기준으로 설명하며, 모든 과정을 엑셀 파일에 맞춰 설명한다. 다음 그림과 같이 각 엑셀 시트 이름을 각 장에서 공부하는 내용에 맞춰 지어 두었다.

엑셀 시트의 종류

이 책을 읽으면서 반드시 엑셀 실습을 동시에 진행하기를 권장한다. 수식과 수식의 의미, 수식이 어떻게 동작하는지를 확인하면서 공부하는 것이 효과가 좋기 때문이다.

엑셀 파일은 실습용 파일과 해답 파일이라는 두 개의 파일이 있으며, 각 장에서 공부하는 내용을 실습용 엑셀 파일로 실습하고, 책에도 해답이 쓰여 있기는 하지만 해답용 엑셀에서 해답을 확인할 수 있도록 준비해 놓았다. 이 엑셀 파일을 깃허브 저장소(https://github.com/wikibook/math-ds-rev)와 출판사 웹사이트(https://wikibook.co.kr/math-ds-rev/)에서 내려받을 수 있다.

03장

압축 기법: 주성분분석

06장

데이터 분석 실습

# 01장

데이터
분석이란?

데이터 분석이란 수집된 데이터에 숨어 있는 정보를 찾아 가치 있게 만드는 일, 즉 데이터에서 새로운 의미와 가치를 지닌 정보를 생산하는 일을 말한다. 이 데이터 분석을 누가 어떻게 하느냐에 따라서 중요한 정보가 발견되거나 아무 의미 없는 정보만 생성되는 등 데이터의 가치가 바뀐다.

예전에는 소수의 전문가만이 데이터를 분석하고 그 결과를 의사결정 과정에 반영시키는 중요한 역할을 담당해 왔다. 이렇게 데이터를 분석하는 능력이 그 사람의 경쟁력이 되었고, 어디에서나 중요한 위치를 차지하게 되었다. 하지만 정보화 시대를 넘어 빅데이터 시대에 이르러서는 데이터의 양과 종류가 다양해졌다. 모든 종류의 데이터를 쉽게 접할 수 있게 됨과 동시에 이 데이터들을 간단히 접할 수 있는 사람들도 많아졌다. 따라서 조금만 공부하면 누구나 데이터에서 가치를 발견해 낼 수 있게 되었다.

컴퓨터 성능이 좋지 않던 시절에는 엑셀과 같은 스프레드시트를 사용했을 때 겨우 계산 가능했던 것들이, 컴퓨터 성능이 좋아지면서 이제는 충분히 계산할 수 있게 되었다. 또한 분석 알고리즘의 발전과 더불어 옥타브(Octave), 파이썬(Python), 아르(R), 웨카(Weka) 등을 비롯해 무료로 사용할 수 있는 좋은 분석 도구들도 많이 생겼다.

도구들이 좋아지고 편리해지면서 이제는 누구나 조금만 사용법을 익히면 간단히 사용할 수 있게 되었고, 많은 사람들이 자기자신의 분석 결과를 바탕으로 삼아 의사결정에 참여하게 되었다.

하지만 분석 알고리즘을 정확히 이해하지 못하면 도구를 충분히 활용하지 못하게 되는데, 그렇게 되면 잘못된 결론을 도출하거나 수박 겉핥기 식으로 분석하는 경우가 많아질 수밖에 없다.

그러므로 데이터를 정확하게 분석하고 분석한 결과를 정확하게 이해하고 활용하려면 데이터 분석 프로세스와 데이터 분석 알고리즘에 대한 이해도를 높여야 한다. 이러한 결론에 근거하여 이번 장에서는 데이터 분석 프로세스와 데이터 분석 알고리즘을 간단히 살펴보고자 한다.

## 1.1 데이터 분석 프로세스

데이터 분석 프로세스는 그림 1.1과 같이 문제 정의, 데이터 수집, 데이터 분석, 검증 및 고찰의 4단계로 이루어져 있으며, 한 사이클로 끝나지 않고 검증 및 고찰 단계에서 보완 수정해 다시 문제 정의로 이어지는 순환 고리 형식으로 되어 있다. 각 단계는 다음과 같이 구성되어 있다.

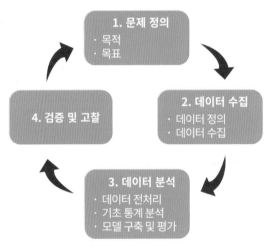

그림 1.1 데이터 분석 프로세스

### 1.1.1 문제 정의

문제 정의 단계에서는 데이터 분석의 목적은 무엇이며 목표는 무엇인가를 명확하게 정의해야 한다.

문제를 정의할 때는 데이터 분석의 목적과 목표를 구분하는 일도 필요하다. 다음 표에서 보듯이 목적과 목표가 동일한 게 아니기 때문이다. 목적은 데이터 분석을 통해 최종적으로 얻고 싶은 것을 나타내며, 목표는 목적을 구체화한 것이나 수단에 더 가깝다. 하나의 목적에 대해서 여러 가지 목표가 있을 수 있다. 문제 정의가 애매모호하게 되면 다음 프로세스인 데이터 수집부터 어떻게 해야 할지 몰라 우왕좌왕하게 된다.

표 1.1 데이터 분석 문제 정의의 예

| 데이터 분석 목적 | 데이터 분석 목표 |
| --- | --- |
| 내년에 은퇴하는 우리 팀 타격왕 자리를 메울 선수 영입 | 비슷한 성향을 가진 타자 조사 |
| 아이스크림 회사의 매출 예측 | 가게의 입지조건으로 일 평균 손님 수 예측 |
| 자동차 회사의 소비자 앙케이트 정보 활용 | 연령별 수익별 잘 팔리는 모델에 대한 분석 |
| 신제품의 공정 개발 기간 단축 | DOE를 통한 공정 파라메터 요인 분석 및 품질 향상 조건 도출 |

표 1.1과 같이 무엇을 하고 싶으며(목적), 원하는 결과물(목표)이 무엇인지에 대해 데이터 분석의 시작단계에서 명확하게 정의한 후에 다음 단계인 데이터 수집 단계로 진행해야 한다.

## 1.1.2 데이터 수집

목적을 정의한 후에 필요한 일은 데이터 수집이다.

데이터 수집에서 가장 중요한 것은 생각할 수 있는 모든 관련 데이터에 대해서 모두 정의하고 조사하는 것이다. 생선뼈 모양과 같이 생긴 피시본 다이어그램(Fishbone Diagram)을 이용하면 누락 없이 조사할 수 있다. 이후 이 조사 결과를 가지고, 수집할 수 있는 데이터와 수집할 수 없는 데이터를 구분한다. 당연한 이야기지만, 우리가 중요하다고 생각하는 데이터가 수집할 수 있는 데이터에 포함되어 있어야 한다. 중요한 데이터가 수집할 수 없는 데이터에 포함되어 있다면 시간이 걸리더라도 수집할 수 있는 방법을 생각해서 수집한 후에, 분석을 진행하는 것이 좋다. 당장 분석이 급하다고 중요한 데이터를 빼먹고 분석을 한다면 결과를 얻는다고 할지라도 결국에는 다시 그 데이터를 수집하고 분석하게 되는 경우가 많다. 예를 들어, 생산 설비의 이상동작에 대한 분석에서 모터 회전수가 분석에 가장 중요한 요소이지만, 현재 수집되고 있지 않다고 하자. 이때 센서를 부착하거나, 모터 회전수를 대체할 수 있는 다른 데이터를 찾은 후에 데이터를 수집한 후에 분석해야지, 모터 회전수의 데이터를 빼고 분석을 한다면 참 원인이 빠져 있기 때문에 결국 다시 분석을 해야 하기 때문이다.

이렇게 데이터가 정의되었다면 가지고 있는 데이터의 특성을 파악해야 한다.

그림 1.2와 같이 데이터는 크게 범주형 데이터(categorical data)와 수치형 데이터(numerical data)로 나눌 수 있다.

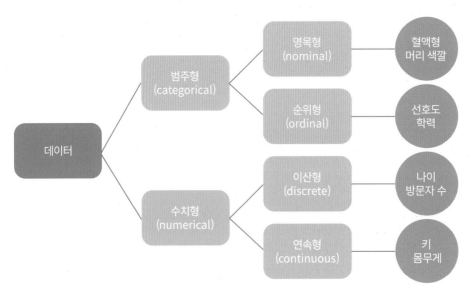

그림 1.2 데이터의 종류

범주형 데이터란 데이터 값이 숫자가 아닌 여러 개의 범주로 이루어진 데이터를 말하며, 혈액형, 머리 색깔과 같이 순서에 상관없이 범주로 나눌 수 있는 것을 명목형 데이터(nominal data), 여론조사 등에 사용되는 매우 나쁨, 나쁨, 보통, 좋음, 매우 좋음과 같이 순위를 나타낼 수 있는 데이터를 순위형 데이터(ordinal data)라고 한다.

그리고 수치형에는 정수와 같이 일정한 간격으로 측정되어 연속적이지 않은 이산형 데이터(discrete data)가 있으며, 실수와 같이 키나 몸무게와 같이 연속적인 값을 가지는 연속형 데이터(continuous data)가 있다.

데이터의 종류에 따라서 이용할 수 있는 데이터 분석 방법이 달라질 수 있으니 자신이 활용하는 데이터에 대해서 파악하고 있어야 한다.

이제 수집 기간, 수집 형태 등 데이터 수집을 어떻게 할 것인가에 대해 결정을 한다. 이때 실험계획법(實驗計劃法, design of experiments, DOE)[1] 을 활용한다면 시간, 돈, 인력이 많이 절약된다.

## 1.1.3 데이터 분석

데이터 분석 단계를 데이터 전처리 과정, 기초통계 분석 과정, 모델 구축 및 평가 과정으로 나눌 수 있다.

### 데이터 전처리 과정

첫 번째 데이터 전처리 과정은 데이터의 결측값(missing value), 이상치(outlier value), 중복값(redundancy value) 등을 처리해 품질이 좋은 데이터로 통합하는 과정이다.

결측값 처리는 결측값이 있는 데이터를 삭제하거나 결측값을 채우는 것이다. 결측값을 채우는 방법은 해당 변수의 일정 기간 동안의 평균, 중앙값, 최빈값 등 대푯값을 채우는 방법 등이 있다.

이상치는 비정상적인 이상한 값을 의미한다. 데이터 분포나 통계분석을 통해 이상치라고 판단이 되면 제거를 하거나 평활화(smoothing)를 해 중간값으로 대체하는 방법 등이 있다.

중복값은 여러 개의 데이터 중에서 하나만 남기고 삭제한다.

데이터 전처리 과정은 데이터 분석 과정에서 대단히 중요하므로 시간을 들여서 신중하게 진행해야 한다. 그렇지 않으면 품질이 좋지 않은 데이터로 분석을 하게 되므로 만족할 만한 분석 결과를 얻기 힘들 뿐만 아니라, 최악의 경우에는 데이터 분석을 진행하다가 오류가 발견되어 다시 전처리 과정으로 돌아오는 경우도 있다.

---

[1] 실험계획법이란 가능한 한 많은 정보를 최소한의 실험으로 얻을 수 있도록 계획을 하고 실험을 하는 통계적 방법론이다. 실험계획법이 처음에는 시간과 돈이 많이 드는 것처럼 보이지만, 경험에 의한 실험을 하다 보면 반복되는 실험이 늘어나 결국에는 실험계획법으로 하는 것이 유용할 때가 많다.

## 기초 통계 분석 과정

두 번째, 기초 통계 분석 과정은 데이터의 평균, 표준편차와 같은 대푯값과 데이터 간의 상관 계수 등을 계산해 각 데이터의 특성을 파악을 하는 과정이다. 이 과정에서 의미가 없는 데이터는 제거하면서 일차적으로 데이터 분석에 필요한 변수들을 선택한다.

전체 데이터 분석 과정을 100이라고 한다면, 데이터 전처리 과정과 기초 통계 분석 과정이 70을 차지할 정도로 중요하다. 이 두 과정에서 데이터의 특성을 파악하고, 특성에 맞는 기초 통계값을 추출하는 데 노력을 기울일수록 좋은 결과를 얻을 수 있다.

## 모델 구축 및 평가 과정

마지막 과정은 모델 구축 및 평가 과정으로, 본격적인 데이터 분석이 이루어지는 과정이다. 이 과정에서는 다양한 데이터 분석 알고리즘을 활용한다. 통계적 알고리즘으로는 분산분석, 회귀분석, 주성분분석, 요인분석, 판별분석 등이 있으며, 인공지능으로 대표되는 기계학습 (machine learning, 머신러닝)이나 데이터 마이닝(data mining) 분야의 알고리즘을 사용하며, 이런 알고리즘을 사용해 모델이 만들어진다. 모델이란 각 알고리즘이 데이터 분석을 진행하면서 생성하는 로직이나 수식을 말한다. 예를 들면, 회귀분석의 회귀식이 회귀분석의 모델이 된다.

이 과정을 그림으로 그린 것이 그림 1.3이다. 수집한 전체 데이터를 그림 1.3과 같이 훈련 데이터(training data)와 테스트 데이터(test data)로 나눈다. 일반적으로 7:3의 비율을 사용한다. 먼저, 훈련 데이터를 이용해 여러 가지 알고리즘을 사용해 모델을 만든다. 그리고 테스트 데이터를 이용해 모델의 성능을 평가한다. 이 평가 결과를 바탕으로 다시 데이터 분석을 하며 최적의 알고리즘과 모델을 선택한다.

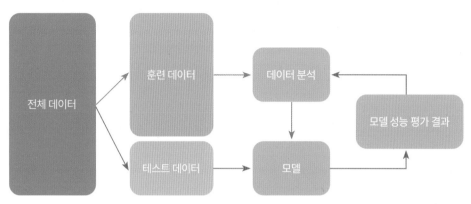

그림. 1.3 모델 구축 및 평가 과정

### 1.1.4 검증 및 고찰

데이터 분석 결과는 크게 두 가지 형태로 만들어진다.

첫 번째는 분석 보고서(analysis report)로서 데이터를 분석해 얻은 새로운 정보와 앞으로
의 방향 등이 실려 있는 것이다. 일반적으로 여론조사, 시장조사 데이터 등을 분석한 경우에
이런 결과를 얻을 수 있다. 이 결과를 가지고 마케팅 등에 활용하게 된다.

두 번째는 회귀식과 같은 모델이다. 이것은 주로 기업 등의 생산 데이터나 품질 데이터를 분
석했을 때 얻을 수 있는 결과이다. 데이터 분석의 결과를 실무에 적용해 생산성이나 품질 향
상을 기대할 수 있다.

이렇게 데이터 분석의 한 사이클이 끝나게 되며, 검증 결과를 고찰하며 개선이 필요하다면,
다시 문제를 정의하고 데이터 분석을 시작하게 된다.

## 1.2 데이터 분석 알고리즘의 특징과 종류

데이터 분석 알고리즘은 통계적 방법과 인공지능 방법으로 나눌 수 있다고 위에서 언급하였
다. 통계적 방법은 수집된 데이터에 대해서 어떤 규칙을 가지고 있는지 분석을 하고, 발견된
규칙을 알고리즘과 같이 만들어서 활용하는 방법이다. 그러나 인공지능 방법은 대량의 데이

터로부터 데이터에 대한 규칙을 알고리즘이 찾아내게 만드는 방법이다. 이렇게 찾은 규칙은 사람이 해석할 수 있는 알고리즘인 화이트박스 알고리즘(white box algorithm)과 해석할 수 없는 알고리즘인 블랙박스 알고리즘(black box algorithm)으로 나눌 수 있다. 화이트박스 알고리즘으로는 결정 트리(decision tree)가 있어, 트리 구조를 그래프로 그려 보면 알고리즘이 어떤 규칙을 만들어 냈는지 이해할 수 있다. 블랙박스 알고리즘으로는 요즘 유행하는 딥러닝(deep learning)의 기본구조인 신경망(neural network)이 있다. 이 신경망의 학습 결과는 가중치 벡터(weight vector) 형태로 나타나지만, 사람이 해석하기에는 무리가 있다.

이런 알고리즘을 이용해서 데이터 분석을 해야 한다. 데이터 분석에서는 주로 변수라는 용어가 많이 사용된다. 이 변수는 크게 종속변수(dependent variable)와 독립변수(independent variable) 두 가지로 나눌 수 있다. 종속변수는 결과를 나타내는 변수로서, 일반적으로 Y로 표시를 한다. 그리고 독립변수는 종속변수의 원인에 해당하는 변수로서, 일반적으로 X로 표시를 한다.

이 종속변수와 독립변수의 관점에서 데이터 분석의 종류를 나누면 표 1.2와 같다.

표 1.2 변수 개수에 따른 분석의 종류

| 종속변수의 개수 | | 독립변수의 개수 | |
|---|---|---|---|
| 1개 | 일변량 분석(univariate analysis) | 1개 | 단변수 분석(univariable analysis) |
| 2개 | 이변량 분석(bivariate analysis) | 2개 이상 | 다변수 분석(multivariable analysis) |
| 3개 이상 | 다변량 분석(multivariate analysis) | | |

독립변수가 하나인 경우에는 단변수 분석(univariable analysis), 독립변수가 두 개 이상인 경우 다변수 분석(multivariable analysis)이라고 하지만 요즘에는 각기 일변량 분석(또는 단변량 분석)과 다변량 분석으로도 많이 알려져 있고 사용도 되고 있어 이 책에서도 일변량 및 다변량으로 사용하도록 하겠다.

독립변수와 종속변수를 이용해 분석하는 데이터 분석 알고리즘 중에서 통계적 알고리즘으로는 분산분석, 회귀분석, 주성분분석, 요인분석, 판별분석과 같은 알고리즘이 있으며, 인공지능 알고리즘에는 결정 트리, 신경망, 유전 알고리즘(genetic algorithm), 서포트 벡터 머신(support vector machine) 등 수많은 알고리즘이 있다. 여기서 회귀분석, 주성분분석은 인공지능의 한 가지인 데이터 마이닝 분야에서도 사용되며 요즘에는 통계적 알고리즘이나 인공지능 알고리즘 중 어디에 속해 있는지에 대한 경계가 애매모호해지고 있다.

이런 데이터 분석 알고리즘들은 크게 예측(prediction), 압축(compression), 분류(classification 또는 clustering)를 목적으로 이용할 수 있으며 각 특징은 표 1.3과 같다.

표 1.3 알고리즘의 특징

| 목적 | | 종속변수 | 독립변수 | 주요 알고리즘 |
|---|---|---|---|---|
| 예측 | 종속 변수 예측 | O | O | linear regression<br>support vector regression |
| 압축 | 차원 축소 | X | O | principal component analysis<br>factor analysis |
| 분류 | 닮은 데이터의 그룹화 | O 또는 X | O | decision tree(supervised learning)<br>Mahalanobis-Taguchi system(supervised learning)<br>self-organizing map(unsupervised learning) |

**예측 알고리즘**은 종속변수와 독립변수 사이의 인과관계를 이용해 모델을 만들어 종속변수의 값을 예측한다. 주요 알고리즘으로는 선형 회귀분석(linear regression analysis)이 있으며, 5장에서 세 가지 회귀분석 방법에 대해서 설명한다.

**압축 알고리즘**은 데이터의 차원을 축소하기 위해 사용되는 알고리즘으로 독립변수들 간의 관계를 분석해 정보를 압축하는 알고리즘이다. 3장에서 대표적인 알고리즘인 주성분분석(principal component analysis)을 설명한다.

**분류 알고리즘**은 분류(classification)와 군집화(clustering)로 나눌 수 있다. **분류**는 종속변수를 기준으로 독립변수의 특징을 학습시켜 분류를 하는 알고리즘이다. 이렇게 정답(종속변수)을 알려주고 학습시키는 방법을 교사학습(supervised learning, 지도 학습)이라고 하며 대표적인 알고리즘으로 결정 트리가 있으며, 4장에서 설명할 마할라노비스-다구치 시스템(Mahalanobis-Taguchi system)이 있다.

또, 종속변수가 없는 **군집화**는 독립변수의 속성을 파악해 비슷한 속성을 가진 데이터끼리 군집화하는(즉, 한 무리로 묶는) 알고리즘이다. 교사학습과는 반대로 정답(즉, 종속변수)이 없는 것이 특징이며 이런 학습방법을 비교사 학습(unsupervised learning, '비지도 학습' 또는 '자율 학습')이라고 한다. 대표적인 알고리즘으로는 신경망의 한 종류인 자기 조직화 지도(self-organizing map)가 있다.

표 1.3에 빨간색으로 표시되어 있는 알고리즘은 이 책에서 공부할 알고리즘으로, 여러 알고리즘 중에서 대표 알고리즘을 하나씩 선택하였다. 이 세 가지 알고리즘을 선택한 이유는 대부분의 기업에서 데이터 분석을 할 때 각 목적에서 대표적으로 사용되는 알고리즘이기 때문이다.

각 알고리즘의 특징을 나열하면 다음과 같다.

회귀분석은 수익 예측이나 생산량 예측, 그리고 종속변수에 영향을 미치는 변수를 찾기 위한 가장 기본적인 알고리즘으로 알려져 있다. 회귀분석을 이용해서 1차 분석을 진행한 후에, 좀더 고도화된 알고리즘인 PCR, PLS, 서포트 벡터 회귀(support vector regression) 등을 사용하게 된다.

주성분분석은 많은 데이터를 압축할 때 쓰는 알고리즘으로 알려져 있다. 또, 데이터를 다른 방향으로 바라볼 수 있게 변환하여 데이터를 분석할 수 있는 도구로도 많이 사용된다. 특히, 여론조사나 앙케이트 결과를 종합 분석할 때 많이 사용된다.

마할라노비스-다구찌 시스템은 정상/비정상을 분류하는 최적의 알고리즘이다. 우리가 일반적으로 분류하는 대상은 개, 고양이, 자동차와 같이 특정 물체를 분류하는 것도 있지만, 정상과 비정상을 분류하는 경우가 대부분이다. 특히, 비정상의 종류가 너무 많아 모든 비정상의 상태를 정의 할 수 없을 때, 정상 상태만을 정의해서 정상/비정상을 분류하는 대표적인 시스템이기 때문이다.

# 02장

# 데이터
# 분석을 위한 기초

## 2.1 기초 통계량

일반적으로 어떤 데이터의 집합에 대한 특징을 나타내기 위해서 대푯값을 사용하게 된다. 통계에서는 일반적으로 평균값(average), 중앙값(median), 최빈값(mode), 최댓값(maximum), 최솟값(minimum), 범위(range)를 사용해 데이터의 정보를 요약해 표현한다. 데이터 분석은 기초 통계량을 계산해 데이터의 특징을 파악하는 일로부터 시작된다. 중요한 과정이므로 각 대푯값과 수식의 의미에 대해서 실습을 통해서 살펴보자. 이번 절의 실습은 엑셀의 [기초통계량] 시트를 이용한다.

### 2.1.1 평균

일반적으로 평균(average)이라고 하면 주어진 값들의 합을 데이터 개수로 나눈 산술평균을 의미한다. 통계뿐만 아니라 데이터 마이닝 분야에서 일반적으로 사용되며 각 데이터 값을 다 더한 후에 데이터 개수로 나누면 계산이 되는 값이다.

$n$개 데이터 집합 $x$를 다음과 같이 정의하자.

$$x = \{x_1, x_2, \cdots, x_n\}$$

데이터 집합 $x$의 산술 평균은 다음과 같이 계산할 수 있다.

$$\bar{x} = \frac{x_1 + x_2 + \cdots + x_n}{n} = \frac{1}{n}\left(\sum_{i=1}^{n} x_i\right) \quad\text{········ 식 (2.1)}$$

  $i$: 데이터 번호($i = 1, 2, \cdots, n$)

  $n$: 데이터 개수

$x$의 평균은 $\bar{x}$와 같이 표기한다.

식 (2.1)에서, 그리스 문자 $\Sigma$(시그마)는 일정한 규칙으로 나열된 숫자를 순서대로 더해 합을 계산하는 기호이다. 시그마를 계산하기 위해서는 계산이 시작되는 데이터의 번호와 계산이 끝나는 데이터의 번호가 필요하며 다음과 같이 표기한다.

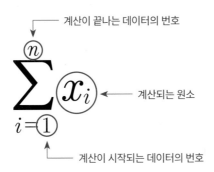

$i$는 변수이므로 $j$, $k$ 등으로 바꿔도 상관이 없는 문자이다.

예를 들어, 11부터 19까지 9개의 숫자로 구성되어 있는 $x$의 집합을 생각해 보자.

$$x = \{\, 11, 12, 13, 14, 15, 16, 17, 18, 19 \,\}$$

위의 x는 다음과 같이 x의 원소로 표현할 수 있다.

$$x = \{\, x_1, x_2, x_3, x_4, x_5, x_6, x_7, x_8, x_9 \,\}$$

위에서, $x_1 = 11$, $x_2 = 12$, $x_9 = 19$에 대응한다.

$x_1$부터 $x_9$까지 $x$ 집합의 총합을 시그마로 표시하면 다음과 같다.

$$\sum_{i=1}^{9} x_i = x_1 + x_2 + x_3 + x_4 + x_5 + x_6 + x_7 + x_8 + x_9$$
$$= 11 + 12 + 13 + 14 + 15 + 16 + 17 + 18 + 19$$
$$= 135$$

이렇게 시그마를 이용하면 긴 수식을 간단하게 표현할 수 있다.

그러면 $x$의 집합에서 13에서 18까지의 합을 표현해 보자. 13은 세 번째 원소이고 18은 여덟 번째 원소이므로 다음과 같이 쓸 수 있다.

$$\sum_{i=3}^{8} x_i = x_3 + x_4 + x_5 + x_6 + x_7 + x_8$$
$$= 13 + 14 + 15 + 16 + 17 + 18$$
$$= 93$$

시그마를 이용한 산술 평균 계산은 식 (2.1)과 같이 시그마를 이용해 데이터의 합을 구한 후에 데이터 개수로 나누어 주면 된다.

식 (2.1)을 엑셀 함수로 표현하면 다음과 같이 쓸 수 있다.

```
=SUM(데이터 범위)/COUNT(데이터범위)
```

엑셀 함수 =SUM( )은 시그마와 같이 데이터 범위 안의 숫자를 전부 더하는 함수이며 함수 =COUNT()는 데이터 범위 안에 있는 숫자의 개수를 세는 함수이다. 이렇게 식 (2.1)과 같이 계산할 수도 있지만, 엑셀에서는 더 간단한 함수를 제공하고 있다. =AVERAGE( ) 함수를 쓰면 위와 같이 복잡하게 쓰지 않아도 간단하게 산술평균을 구할 수 있다.

```
=AVERAGE(데이터 범위)
```

참고로, 엑셀 함수에서는 대문자와 소문자를 구별하지 않는다. 따라서 다음과 같이 함수를 입력해도 평균을 계산한다.

```
=average(데이터 범위)
-Average(데이터 범위)
=AverAge(데이터 범위)
```

이제 실습 데이터인 프로야구 데이터를 가지고 평균을 구해 보자.

SUM  =AVERAGE(C11:C30

=AVERAGE(C11:C30

AVERAGE(**number1**, [number2], ...)

- **수식 입력 방법(1)**
  수식 입력창에 직접 입력

- **수식 입력 방법(2)**
  셀에 직접 입력

- **데이터 범위 입력 방법 (예) C11:C30**
  ① 직접 타이핑으로 전부 입력
  ② 함수 입력 후 마우스 왼쪽으로 데이터 범위 선택
  · =AVERAGE( 입력
  · 마우스 왼쪽으로 데이터 범위 선택
  · ) 입력 후 ENTER 입력

|  | A | B | C | E | F | G | H | I | J | K | L | M | N | O |
|---|---|---|---|---|---|---|---|---|---|---|---|---|---|---|
| 1 | 평균 | | =AVERAGE(C11:C30 | | | | | | | | | | | |
| 2 | 중앙값 | | | | | | | | | | | | | |
| 3 | 최빈값 | | | | | | | | | | | | | |
| 4 | 최대값 | | | | | | | | | | | | | |
| 5 | 최소값 | | | | | | | | | | | | | |
| 6 | 범위 | | | | | | | | | | | | | |
| 7 | 분산 | | | | | | | | | | | | | |
| 8 | 표준편차 | | | | | | | | | | | | | |
| 10 | 순위 | 선수 | 안타 | 2타 | 3타 | 홈런 | 타점 | 득점 | 도루 | 사사구 | 삼진 | 타율 | 출루율 | 장타율 | OPS |
| 11 | 1 | 김선빈 | 176 | 34 | | | | | | | | 0.42 | 0.477 | 0.897 |
| 12 | 2 | 박건우 | 177 | 40 | | | | | | | | 0.424 | 0.582 | 1.006 |
| 13 | 3 | 박민우 | 141 | 25 | | | | | | | | 0.441 | 0.472 | 0.913 |
| 14 | 4 | 나성범 | 173 | 42 | | | | | | | | 0.415 | 0.584 | 1 |
| 15 | 5 | 박용택 | 175 | 23 | | | | | | | | 0.425 | 0.479 | 0.904 |
| 16 | 6 | 최형우 | 176 | 36 | | | | | | | | 0.45 | 0.576 | 1.026 |
| 17 | 7 | 김재환 | 185 | 34 | | | | | | | | 0.429 | 0.603 | 1.032 |
| 18 | 8 | 로사리오 | 151 | 30 | | | | | | | | 0.414 | 0.661 | 1.074 |
| 19 | 9 | 손아섭 | 193 | 35 | | | | | | | | 0.42 | 0.514 | 0.934 |
| 20 | 10 | 서건창 | 179 | 28 | | | | | | | | 0.403 | 0.429 | 0.832 |
| 21 | 11 | 이명기 | 154 | 24 | | | | | | | | 0.371 | 0.459 | 0.831 |
| 22 | 12 | 송광민 | 143 | 26 | 0 | 13 | 75 | 71 | 2 | 24 | 88 | 0.327 | 0.356 | 0.476 | 0.832 |
| 23 | 13 | 이정후 | 179 | 29 | 8 | 2 | 47 | 111 | 12 | 66 | 67 | 0.324 | 0.395 | 0.417 | 0.812 |
| 24 | 14 | 전준우 | 146 | 27 | 1 | 18 | 69 | 76 | 2 | 37 | 70 | 0.321 | 0.37 | 0.503 | 0.874 |
| 25 | 15 | 이대호 | 173 | 13 | 0 | 34 | 111 | 73 | 1 | 65 | 84 | 0.32 | 0.391 | 0.533 | 0.925 |
| 26 | 16 | 버나디나 | 178 | 26 | 8 | 27 | 111 | 118 | 32 | 52 | 112 | 0.32 | 0.372 | 0.54 | 0.913 |
| 27 | 17 | 최정 | 136 | 18 | 1 | 46 | 113 | 89 | 1 | 89 | 107 | 0.316 | 0.427 | 0.684 | 1.111 |
| 28 | 18 | 안치홍 | 154 | 29 | 2 | 21 | 93 | 95 | 7 | 47 | 70 | 0.316 | 0.373 | 0.513 | 0.886 |
| 29 | 19 | 러프 | 162 | 38 | 0 | 31 | 124 | 90 | 2 | 72 | 107 | 0.315 | 0.396 | 0.569 | 0.965 |
| 30 | 20 | 윤석민 | 168 | 30 | 1 | 20 | 105 | 90 | 0 | 41 | 85 | 0.312 | 0.357 | 0.483 | 0.84 |

그림 2.1 평균 구하기

엑셀에서 함수에 데이터의 범위를 입력하는 방법은 대표적으로 두 가지 방법이 있다.

첫 번째 방법은 직접 타이핑해 입력하는 방법이다.

예를 들어 그림 2.1에서 1위부터 20위까지의 선수들의 안타의 평균을 계산해 보자. 안타가 들어 있는 데이터의 범위는 C11에서 C30이 된다. 그러므로 해당 셀에 다음과 같이 입력을 한다.

```
=AVERAGE(C11:C30)
```

입력이 끝나고 [Enter] 키를 누르면 수식이 완성되면서 평균을 계산하게 된다.

두 번째 방법은 마우스를 이용해 선택하는 방법이다. 수식 입력창이나 셀에 다음과 같이 입력한다.

```
=AVERAGE(
```

그리고 안타의 데이터 범위를 마우스 왼쪽을 누르면서 선택하면 그림 2.1과 같이 선택한 데이터 범위가 반짝거리고 데이터 입력 셀에는 데이터 범위가 저절로 입력되어 다음과 같이 변한다.

=AVERAGE(C11:C30

여기에 ")"를 입력해 괄호를 닫고 [Enter] 키를 누르면 좀더 간단하게 데이터 범위를 입력할 수 있다.

안타에 대해서 평균을 구했다면 장타율과 OPS까지 =AVERAGE() 함수를 이용해 평균값을 계산해 보자.

데이터 분석을 하다 보면 같은 함수를 여러 번 반복해서 사용해야 하는 경우가 있다. 이때 식을 일일이 전부 계산하기 힘든 경우가 있다. 이때 '복사해 붙여넣기' 기능을 활용하면 데이터 참조 범위도 자동으로 바뀌어서 아주 편리하다. 데이터의 참조 범위가 자동으로 바뀌는 것에 대해서는 차후에 다시 설명하겠다.

그림 2.2는 식을 복사해 붙이는 방법에 대한 설명이다.

01 _ 복사할 식이 들어있는 셀을 선택한 후에 [Ctrl] + [c]로 식을 메모리에 복사한다

| | A | B | C | D | E | F | G | H | I | J | K | L | M | N | O |
|---|---|---|---|---|---|---|---|---|---|---|---|---|---|---|---|
| | | | $f_x$ | =AVERAGE(C11:C30) | | | | | | | | | | | |
| 1 | | 평균 | 165.95 | | | | | | | | | | | | |
| 2 | | 중앙값 | | | | | | | | | | | | | |
| 3 | | 최빈값 | | | | | | | | | | | | | |
| 4 | | 최대값 | | | | | | | | | | | | | |
| 5 | | 최소값 | | | | | | | | | | | | | |
| 6 | | 범위 | | | | | | | | | | | | | |
| 7 | | 분산 | | | | | | | | | | | | | |
| 8 | | 표준편차 | | | | | | | | | | | | | |
| 9 | | | | | | | | | | | | | | | |
| 10 | 순위 | 선수 | 안타 | 2타 | 3타 | 홈런 | 타점 | 득점 | 도루 | 사사구 | 삼진 | 타율 | 출루율 | 장타율 | OPS |
| 11 | 1 | 김선빈 | | 176 | 34 | 1 | 5 | 64 | 84 | 4 | 44 | 40 | 0.37 | 0.42 | 0.477 | 0.897 |
| 12 | 2 | 박건우 | | 177 | 40 | 2 | 20 | 78 | 91 | 20 | 51 | 64 | 0.366 | 0.424 | 0.582 | 1.006 |

02 _ 식을 복사할 셀을 마우스 왼쪽 버튼을 누른 상태에서 드래그하여 선택한다

| | A | B | C | D | E | F | G | H | I | J | K | L | M | N | O |
|---|---|---|---|---|---|---|---|---|---|---|---|---|---|---|---|
| | | | $f_x$ | | | | | | | | | | | | |
| 1 | | 평균 | 165.95 | | | | | | | | | | | | |
| 2 | | 중앙값 | | | | | | | | | | | | | |
| 3 | | 최빈값 | | | | | | | | | | | | | |
| 4 | | 최대값 | | | | | | | | | | | | | |
| 5 | | 최소값 | | | | | | | | | | | | | |
| 6 | | 범위 | | | | | | | | | | | | | |
| 7 | | 분산 | | | | | | | | | | | | | |
| 8 | | 표준편차 | | | | | | | | | | | | | |
| 9 | | | | | | | | | | | | | | | |
| 10 | 순위 | 선수 | 안타 | 2타 | 3타 | 홈런 | 타점 | 득점 | 도루 | 사사구 | 삼진 | 타율 | 출루율 | 장타율 | OPS |
| 11 | 1 | 김선빈 | | 176 | 34 | 1 | 5 | 64 | 84 | 4 | 44 | 40 | 0.37 | 0.42 | 0.477 | 0.897 |
| 12 | 2 | 박건우 | | 177 | 40 | 2 | 20 | 78 | 91 | 20 | 51 | 64 | 0.366 | 0.424 | 0.582 | 1.006 |

03 _ [Ctrl] + [v] 로 식을 붙인다

| D1 | | | $f_x$ | =AVERAGE(D11:D30) | | | | | | | | | | |
|---|---|---|---|---|---|---|---|---|---|---|---|---|---|---|
| A | B | C | D | E | F | G | H | I | J | K | L | M | N | O |
| | 평균 | 165.95 | 29.35 | 2.45 | 20.55 | 89.55 | 92.25 | 8.85 | 61.2 | 81.8 | 0.33405 | 0.40245 | 0.5277 | 0.93035 |
| | 중앙값 | | | | | | | | | | | | | |
| | 최빈값 | | | | | | | | | | | | | |
| | 최대값 | | | | | | | | | | | | | |
| | 최소값 | | | | | | | | | | | | | |
| | 범위 | | | | | | | | | | | | | |
| | 분산 | | | | | | | | | | | | | |
| | 표준편차 | | | | | | | | | | | | | |
| | | | | | | | | | | | | | | |
| 순위 | 선수 | 안타 | 2타 | 3타 | 홈런 | 타점 | 득점 | 도루 | 사사구 | 삼진 | 타율 | 출루율 | 장타율 | OPS |
| 1 | 김선빈 | 176 | 34 | 1 | 5 | 64 | 84 | 4 | 44 | 40 | 0.37 | 0.42 | 0.477 | 0.897 |
| 2 | 박건우 | 177 | 40 | 2 | 20 | 78 | 91 | 20 | 51 | 64 | 0.366 | 0.424 | 0.582 | 1.006 |

그림 2.2 엑셀 수식 복사

그림 2.2에서 모든 항목에 대해서 평균을 구해 보자. 평균을 구하는 함수식을 안타부터 OPS 까지 데이터 범위만 바꿔서 13번을 셀에 입력해야 한다. 하지만 안타에 대해서 평균을 구한 후에 안타의 식을 나머지 셀에 엑셀 함수를 복사한다면 일일이 식을 입력하는 수고를 덜 수 있다.

평균은 복잡한 데이터를 하나의 대푯값으로 표현하기 위해 일반적으로 사용하지만 대푯값으로써 적절한가에 대한 의문을 가지는 경우를 많이 경험했을 것이다. 대표적인 것이 대한민국 회사원들의 평균 연봉이다. 연봉 데이터 속에 예를 들어서 사장의 연봉과 같은 극단적인 값이 존재할 경우 평균이 한쪽으로 치우치게 되어 대푯값으로 보기가 어려워진다. 이런 경우를 위해 통계 분야에서는 여러 가지 대푯값을 준비해 놓았다.

## 2.1.2 중앙값

데이터를 크기 순으로 정렬했을 때 가운데 위치하는 값을 중앙값(median)이라고 한다. 데이터 개수가 짝수일 때와 홀수일 때 계산하는 방법이 다르며 다음과 같이 정의한다.

$$중앙값 = \begin{cases} \dfrac{n+1}{2} \text{ 번째 값} & : n\text{이 홀수일 때} \\\\ \dfrac{n}{2} \text{ 번째 값과 } \dfrac{n}{2}+1 \text{번째 값의 평균} & : n\text{이 짝수일 때} \end{cases}$$ ............................... 식 (2.2)

$n$: 데이터 개수

데이터 $x = \{5, 3, 1, 1, 4\}$와 $y = \{1, 1, 3, 4, 5, 6\}$이 있을 때 $x$와 $y$의 중앙값을 구해 보자.

먼저 $x$의 중앙값은 다음과 같이 구할 수 있다.

Step 1 _ 크기 순서대로 나열한다.

$$x = \{1, 1, 3, 4, 5\}$$

Step 2 _ 가운데 값의 위치를 계산한다(n이 홀수).

$$\frac{n+1}{2} = \frac{5+1}{2} = 3$$

데이터의 개수 $n = 5$이므로 가운데 값의 위치는 3번째 데이터가 된다.

Step 3 _ 중앙값 계산

세 번째 데이터는 3이므로 중앙값은 3이 된다.

$y$의 중앙값도 다음과 같은 방법으로 구할 수 있다.

Step 1 _ 크기 순서대로 나열한다.

$$x = \{1, 1, 3, 4, 5, 6\}$$

Step 2 _ 가운데 값의 위치를 계산한다(n이 짝수).

$$\frac{n}{2} = \frac{6}{2} = 3, \quad \frac{n}{2} + 1 = \frac{6}{2} + 1 = 4$$

데이터의 개수 $n = 6$이므로 가운데 값의 위치는 세 번째 데이터와 네 번째 데이터의 평균이 된다.

Step 3 _ 중앙값 계산

세 번째 데이터는 3이고, 네 번째 값은 4이므로 평균을 계산하면 중앙값은 3.5가 된다.

$$\frac{3+4}{2} = 3.5$$

엑셀에서 중앙값을 계산할 때는 다음 함수를 사용한다.

=MEDIAN(데이터 범위)

=MEDIAN() 함수를 이용하면 위의 복잡한 과정을 내부처리를 통해서 우리에게는 결과만 보여준다.

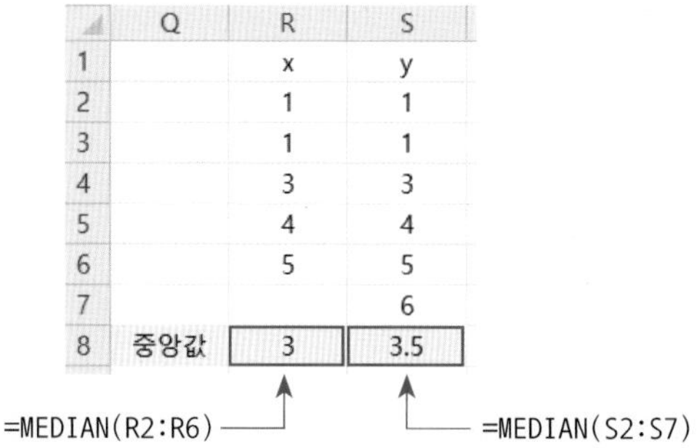

=MEDIAN(R2:R6) ──  ── =MEDIAN(S2:S7)

그림 2.3 중앙값 계산

그림 2.3은 위의 예제를 엑셀 함수로 계산한 결과를 보여준다. 함수 입력 후에 데이터 범위를 선택하면, 계산 결과가 동일하다는 것을 확인할 수 있다.

## 2.1.3 최빈값

최빈값(mode)이란 주어진 데이터에서 가장 많이 나오는 값을 의미한다. 이해하기 쉽게 예를 들면, 히스토그램으로 데이터를 그렸을 때 가장 높은 값이 된다. 데이터 $x$ = {1, 2, 2, 3, 3, 4, 5, 5, 5, 6}의 최빈값을 구해 보자.

우선, 각 숫자별로 몇 개가 있는지를 조사해 보면 다음과 같다.

| 숫자 | 개수 |
| --- | --- |
| 1 | 1개 |
| 2 | 2개 |
| 3 | 2개 |
| 4 | 1개 |

| 숫자 | 개수 |
|------|------|
| 5 | 3개 |
| 6 | 1개 |

숫자 5가 세 번으로 가장 많이 나타났다. 그러므로 5가 데이터 $x$의 최빈값이 된다.

엑셀에서 최빈값을 구하기 위해서는 다음 함수를 사용한다.

 =MODE(데이터의 범위)

유의할 점은 중복되는 값이 없을 경우에는 최빈값은 구할 수 없다는 것이다.

엑셀 함수를 이용해서 다음과 같은 $x$, $y$, $z$ 데이터가 있을 때 각 최빈값을 구해 보자.

$x$ = {1, 2, 2, 3, 3, 4, 5, 5, 5, 6}

$y$ = {1, 1, 2, 3, 3, 4, 5, 5, 6, 7}

$z$ = {1, 2, 3, 4, 5, 6, 7, 8, 9, 10}

$x$는 5가 세 개이므로 최빈값이 5가 된다. 그리고 $y$는 1, 3, 5가 두 개씩 존재하므로 세 개의 최빈값을 가진다. 마지막으로, $z$는 모든 데이터가 한 개씩 존재하므로 최빈값이 없다. $x$, $y$, $z$ 의 최빈값을 함수 =MODE()를 이용해서 계산해 보면 다음과 같다.

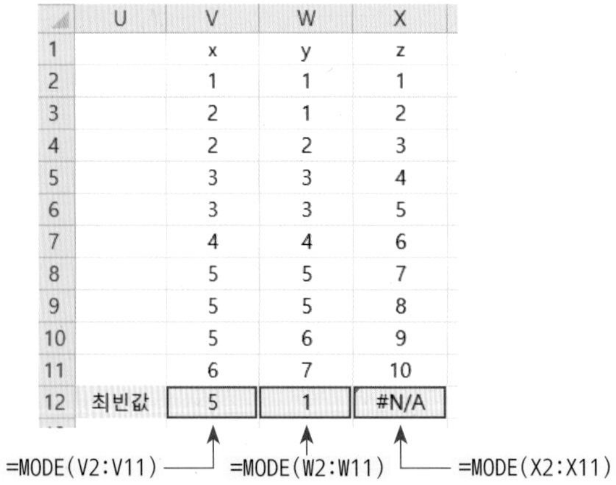

| ▲ | U | V | W | X |
|---|---|---|---|---|
| 1 | | x | y | z |
| 2 | | 1 | 1 | 1 |
| 3 | | 2 | 1 | 2 |
| 4 | | 2 | 2 | 3 |
| 5 | | 3 | 3 | 4 |
| 6 | | 3 | 3 | 5 |
| 7 | | 4 | 4 | 6 |
| 8 | | 5 | 5 | 7 |
| 9 | | 5 | 5 | 8 |
| 10 | | 5 | 6 | 9 |
| 11 | | 6 | 7 | 10 |
| 12 | 최빈값 | 5 | 1 | #N/A |

=MODE(V2:V11) ── =MODE(W2:W11) =MODE(X2:X11)

그림 2.4 $x$, $y$, $z$의 최빈값 계산 결과

그림 2.4에서 데이터 $y$의 최빈값은 1로 계산이 되었다. 엑셀에서 최빈값이 여러 개인 경우에는 처음 나타난 최빈값을 표시한다. 최빈값이 1, 3, 5로 세 개지만 순서를 보면 1이 제일 앞에 있으므로 1만 보여준다. 데이터 $z$의 경우는 최빈값이 없으므로 #N/A[2] 를 보여준다.

최빈값을 구하는 =MODE() 함수를 사용할 때에는 위의 사항에 유의해서 사용해야 한다.

## 2.1.4 최댓값, 최솟값, 범위

평균과 함께 가장 많이 사용되는 대푯값은 최댓값(maximum), 최솟값(minimum), 범위(range)이다. 이 대푯값들은 대표적으로는 주식차트에서 많이 볼 수 있다. 데이터 중에서 가장 큰 값을 최댓값, 가장 작은 값을 최솟값이라고 한다.

엑셀에서 최댓값과 최솟값은 다음과 같이 구할 수 있다.

=MAX(데이터의 범위)

=MIN(데이터의 범위)

그리고 최댓값과 최솟값의 차이를 범위라고 한다. 엑셀에서 범위를 구하는 함수는 정의되어 있지 않다. 그러므로 범위를 계산하려면 최댓값에서 최솟값을 빼서 계산해야 하며, =MAX() 함수와 =MIN() 함수의 차이를 다음과 같이 구할 수 있다.

=MAX(데이터의 범위) - MIN(데이터의 범위)

데이터 $x = \{-3, -2, -1\}$의 최댓값과 최솟값, 범위를 구해 보자.

최댓값 : -1

최솟값 : -3

범위 : -1 - (-3) = 2

---

2 Not Available이라는 **의미**로, 계산 불가나 해당 값이 없을 때 보여주는 에러 메시지이다.

이제 엑셀로 구한 결과인 그림 2.5와 위의 결과를 비교해 보자.

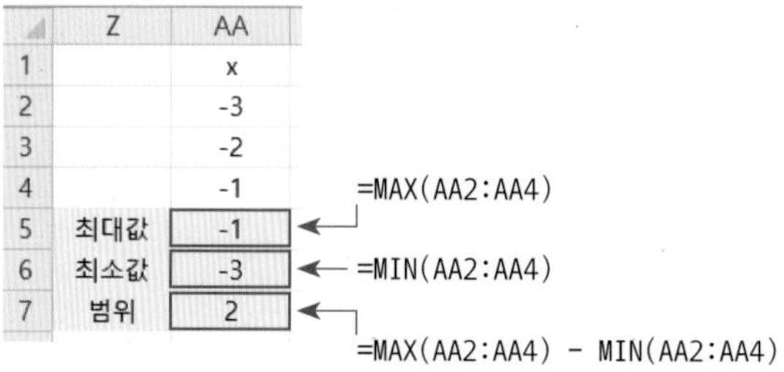

| | Z | AA |
|---|---|---|
| 1 | | x |
| 2 | | -3 |
| 3 | | -2 |
| 4 | | -1 |
| 5 | 최대값 | -1 |
| 6 | 최소값 | -3 |
| 7 | 범위 | 2 |

=MAX(AA2:AA4)
=MIN(AA2:AA4)
=MAX(AA2:AA4) - MIN(AA2:AA4)

그림 2.5 최댓값, 최솟값, 범위 계산 결과

당연한 이야기지만, 범위를 계산하기 위한 =MAX(데이터범위)와 =MIN(데이터범위)에 들어가는 데이터의 범위는 같아야 한다. 그리고 범위는 항상 0보다 큰 값이라는 것에 유의하길 바란다.

지금까지 배운 평균, 중앙값, 최빈값, 최댓값, 최솟값, 범위를 실제 데이터를 이용해 실습해 보자. 엑셀의 [기초통계량] 탭에 들어 있는, 프로야구 선수들의 개인 데이터를 가지고 지금까지 배운 엑셀 함수를 이용해 기초 평균값을 계산해 보자.

그림 2.6은 엑셀의 프로야구 데이터를 가지고 지금까지 알아본 평균, 중앙값, 최빈값, 최댓값, 최솟값, 범위를 구한 결과이다. 일일이 다 계산하지 말고 위에서 배운 식을 복사하는 방법을 이용해 계산해 보자.

결과를 살펴보면, 장타율의 최빈값은 중복되는 값이 없으므로 계산이 안 된 것을 볼 수 있다.

| | 평균 | 165.95 | 29.35 | 2.45 | 20.55 | 89.55 | 92.25 | 8.85 | 61.2 | 81.8 | 0.33405 | 0.40245 | 0.5277 | 0.93035 |
|---|---|---|---|---|---|---|---|---|---|---|---|---|---|---|
| | 중앙값 | 173 | 29 | 2 | 20 | 91.5 | 90 | 5.5 | 60 | 83 | 0.332 | 0.4085 | 0.5135 | 0.913 |
| | 최빈값 | 176 | 34 | 1 | 20 | 111 | 84 | 4 | 60 | 88 | 0.332 | 0.42 | #N/A | 0.913 |
| | 최대값 | 193 | 42 | 8 | 46 | 124 | 118 | 32 | 107 | 123 | 0.37 | 0.45 | 0.684 | 1.111 |
| | 최소값 | 136 | 13 | 0 | 2 | 47 | 71 | 0 | 24 | 40 | 0.312 | 0.356 | 0.417 | 0.812 |
| | 범위 | 57 | 29 | 8 | 44 | 77 | 47 | 32 | 83 | 83 | 0.058 | 0.094 | 0.267 | 0.299 |
| | 분산 | | | | | | | | | | | | | |
| | 표준편차 | | | | | | | | | | | | | |

| 순위 | 선수 | 안타 | 2타 | 3타 | 홈런 | 타점 | 득점 | 도루 | 사사구 | 삼진 | 타율 | 출루율 | 장타율 | OPS |
|---|---|---|---|---|---|---|---|---|---|---|---|---|---|---|
| 1 | 김선빈 | 176 | 34 | 1 | 5 | 64 | 84 | 4 | 44 | 40 | 0.37 | 0.42 | 0.477 | 0.897 |
| 2 | 박건우 | 177 | 40 | 2 | 20 | 78 | 91 | 20 | 51 | 64 | 0.366 | 0.424 | 0.582 | 1.006 |
| 3 | 박민우 | 141 | 25 | 4 | 3 | 47 | 84 | 11 | 57 | 51 | 0.363 | 0.441 | 0.472 | 0.913 |
| 4 | 나성범 | 173 | 42 | 2 | 24 | 99 | 103 | 17 | 60 | 116 | 0.347 | 0.415 | 0.584 | 1 |
| 5 | 박용택 | 175 | 23 | 2 | 14 | 90 | 83 | 4 | 78 | 88 | 0.344 | 0.425 | 0.479 | 0.904 |
| 6 | 최형우 | 176 | 36 | 3 | 26 | 120 | 98 | 0 | 107 | 82 | 0.342 | 0.45 | 0.576 | 1.026 |
| 7 | 김재환 | 185 | 34 | 2 | 35 | 115 | 110 | 4 | 88 | 123 | 0.34 | 0.429 | 0.603 | 1.032 |
| 8 | 로사리오 | 151 | 30 | 1 | 37 | 111 | 100 | 10 | 60 | 61 | 0.339 | 0.414 | 0.661 | 1.074 |
| 9 | 손아섭 | 193 | 35 | 4 | 20 | 80 | 113 | 25 | 87 | 96 | 0.335 | 0.42 | 0.514 | 0.934 |
| 10 | 서건창 | 179 | 28 | 3 | 6 | 76 | 87 | 15 | 68 | 68 | 0.332 | 0.403 | 0.429 | 0.832 |
| 11 | 이명기 | 154 | 24 | 4 | 9 | 63 | 79 | 8 | 31 | 57 | 0.332 | 0.371 | 0.459 | 0.831 |
| 12 | 송광민 | 143 | 26 | 0 | 13 | 75 | 71 | 2 | 24 | 88 | 0.327 | 0.356 | 0.476 | 0.832 |
| 13 | 이정후 | 179 | 29 | 8 | 2 | 47 | 111 | 12 | 66 | 67 | 0.324 | 0.395 | 0.417 | 0.812 |
| 14 | 전준우 | 146 | 27 | 1 | 18 | 69 | 76 | 2 | 37 | 70 | 0.321 | 0.37 | 0.503 | 0.874 |
| 15 | 이대호 | 173 | 13 | 0 | 34 | 111 | 73 | 1 | 65 | 84 | 0.32 | 0.391 | 0.533 | 0.925 |
| 16 | 버나디나 | 178 | 26 | 8 | 27 | 111 | 118 | 32 | 52 | 112 | 0.32 | 0.372 | 0.54 | 0.913 |
| 17 | 최정 | 136 | 18 | 1 | 46 | 113 | 89 | 1 | 89 | 107 | 0.316 | 0.427 | 0.684 | 1.111 |
| 18 | 안치홍 | 154 | 29 | 2 | 21 | 93 | 95 | 7 | 47 | 70 | 0.316 | 0.373 | 0.513 | 0.886 |
| 19 | 러프 | 162 | 38 | 0 | 31 | 124 | 90 | 2 | 72 | 107 | 0.315 | 0.396 | 0.569 | 0.965 |
| 20 | 윤석민 | 168 | 30 | 1 | 20 | 105 | 90 | 0 | 41 | 85 | 0.312 | 0.357 | 0.483 | 0.84 |

그림 2.6 기초 통계량 결과

평균은 데이터 전체를 대상으로 계산을 하며, 중앙값은 데이터의 중앙, 최빈값은 가장 많이 등장하는 숫자를 파악하는 데 유용하다.

그림 2.6에서 홈런의 평균은 20.55, 중앙값은 20으로 거의 비슷한 값을 가진다. 하지만 도루의 평균은 8.85, 중앙값은 5.5로 차이가 난다. 왜 이런 차이가 나는 걸까?

홈런과 도루를 히스토그램으로 그려보면 다음과 같다.

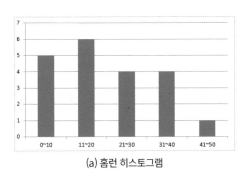
(a) 홈런 히스토그램

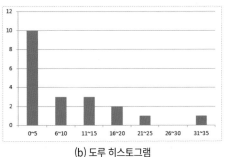
(b) 도루 히스토그램

그림 2.7 홈런과 도루의 히스토그램

그림 2.7을 보면 홈런의 히스토그램은 전체적으로 치우침이 적어서 평균과 중앙값의 차이가 별로 나지 않는 것을 볼 수 있다. 하지만 도루는 0~5개까지가 데이터의 대부분을 차지하고 31개~35개까지 넓게 퍼져 있어서 평균과 중앙값이 차이가 나는 것을 볼 수 있다.

이처럼 정확한 데이터 분석을 위해서는 데이터의 특성을 파악한 후에 거기에 맞는 대푯값을 이용하는 것이 중요하다.

데이터의 특성을 파악하는 가장 좋은 방법은 그래프를 그려보는 것이다. 기초 데이터(raw data)의 추세(trend)나 히스토그램 등을 그린 후에 데이터의 분포, 이상점(outlier) 등을 파악한 후 어떠한 데이터 분석을 할지 결정하는 것이 가장 중요하다. 많은 데이터 분석 과정에서 이 과정을 거치지 않고 바로 대푯값부터 시작해 데이터 분석을 했을 때 결과가 좋지 않은 경우가 많이 있다. 아무리 바쁘더라도 기초 데이터는 꼭 확인하고 넘어가자.

## 2.2 분산과 표준편차

간단하게 계산할 수 있는 기초 통계량과 함께 데이터의 특징을 표현하는 지표로 분산(variance)과 표준편차(standard deviation)가 있다. 분산과 표준편차는 데이터가 평균을 기준으로 어느 정도 흐트러져 있는지를 알려주는 지표이다. 평균으로부터 먼 곳까지 데이터가 퍼져 있다면 분산과 표준편차의 값이 커지며, 대부분의 데이터가 평균 근처에 위치한다면 분산과 표준편차의 값이 작아진다.

### 2.2.1 표준오차

평균을 정의한 식 (2.1)을 변형해 보자.

$$\overline{x} = \frac{x_1 + x_2 + \cdots + x_n}{n}$$
$$n\overline{x} = x_1 + x_2 + \cdots + x_n$$
$$0 = x_1 + x_2 + \cdots + x_n - n\overline{x}$$
$$0 = (x_1 - \overline{x}) + (x_2 - \overline{x}) + \cdots + (x_n - \overline{x}) \quad\text{식 (2.3)}$$

식 (2.3)을 살펴보면 각 데이터와 평균과의 차이를 모두 합하면 결과는 0이라는 것을 알 수 있다. 분산과 표준편차는 평균부터 데이터가 흐트러져 있는 정도를 나타내는 값이라고 말했다. 그러나 식 (2.3)과 같이 모든 차이의 합이 0이라면 계산이 불가능하다. 어떻게 구할 수 있을까? 여러 가지 방법이 있을 수 있겠지만 가장 쉽게 생각할 수 있는 방법은 절댓값과 제곱이다.

각 데이터와 평균과의 차이의 정도를 표준오차(standard error, Se)라고 하면, 절댓값을 이용한 표준오차는 다음과 같이 정의할 수 있다.

$$Se = \sum_{i=1}^{n} |x_i - \overline{x}| = |x_1 - \overline{x}| + |x_2 - \overline{x}| + \cdots + |x_n - \overline{x}| \quad\text{식 (2.4)}$$

그리고 제곱을 이용한 표준오차는 다음과 같다.

$$Se = \sum_{i=1}^{n} (x_i - \overline{x})^2 = (x_1 - \overline{x})^2 + (x_2 - \overline{x})^2 + \cdots + (x_n - \overline{x})^2 \quad\text{식 (2.5)}$$

이 두 가지 방법 중에서, 데이터 마이닝 기법에서는 절댓값보다 제곱을 이용한 표준오차를 사용하고 있다. 왜냐하면 절댓값과 제곱을 이용한 표준오차 중에서 제곱을 사용하는 것이 데이터의 흐트러짐을 조금 더 잘 표현해 주기 때문이다.

두 데이터 x = {-2, -2, 2, 2}와 y = {-3, -1, 0, 4}를 가지고 비교해 보자. 두 데이터 $x$, $y$의 평균은 0이다. 절댓값을 이용해 x와 y의 오차를 계산해 보면 다음과 같다.

$$Se_x = |-2 - 0| + |-2 - 0| + |2 - 0| + |2 - 0| = 8$$
$$Se_y = |-3 - 0| + |-1 - 0| + |0 - 0| + |4 - 0| = 8$$

$x$와 $y$의 오차는 모두 8로 계산되었다.

이제 제곱을 이용해 $x$와 $y$의 오차를 계산해 보자.

$$Se_x = (-2 - 0)^2 + (-2 - 0)^2 + (2 - 0)^2 + (2 - 0)^2 = 16$$
$$Se_y = (-3 - 0)^2 + (-1 - 0)^2 + (0 - 0)^2 + (4 - 0)^2 = 26$$

위의 결과를 정리하면 다음과 같다.

표 2.1 절댓값을 이용한 오차와 제곱을 이용한 오차를 비교

| 데이터 | 절댓값으로 계산한 오차 | 제곱으로 계산한 오차 |
|:---:|:---:|:---:|
| $x$ | 8 | 16 |
| $y$ | 8 | 26 |

그림 2.8의 $x$와 $y$의 분포를 보면 평균 0으로부터 $x$보다는 $y$의 데이터들이 넓게 퍼져 있는 것을 알 수 있다. 절댓값으로 계산한 오차는 $x$와 $y$가 모두 8로 같은 값을 가지지만, 제곱으로 계산한 오차는 $y$가 26으로 $x$의 16보다 큰 값을 가진다.

그림 2.8을 보면 $x$와 $y$의 데이터가 흐트러진 범위가 다른 것을 확인할 수 있다.

(a) $x$의 범위            (b) $y$의 범위

그림 2.8 $x$와 $y$의 범위 비교

이렇게 두 방법이 비슷한 방식으로 오차를 계산하지만 제곱을 이용해 계산한 오차가 데이터가 퍼진 정도를 좀더 자세하게 표현할 수 있다. 그렇게 때문에 분산과 표준편차도 제곱으로 계산한 오차를 사용해 계산한다.

## 2.2.2 분산

식 (2.5)와 같이 제곱을 이용한 분산은 다음과 같이 정의한다.

$$S^2 = \frac{Se}{n-1} = \frac{1}{n-1}\left( \sum_{i=1}^{n}(x_i - \overline{x})^2 \right) \quad\text{식 (2.6)}$$

데이터의 오차의 제곱의 합인 표준오차($Se$)를 데이터의 개수로 나누는 것으로 오차 제곱 합의 평균이라는 의미이다.

### 2.2.3 표준편차

식 (2.6)으로 계산한 분산은 각 데이터와 평균값의 차이를 제곱한 값이므로 원래 데이터와 단위가 다르게 된다. 예를 들면 원래의 데이터의 단위는 길이(m)였지만 분산은 제곱을 했기 때문에 넓이(m²)로 단위가 변한 것으로 생각하면 이해하기 쉽다. 이렇게 바뀐 단위를 원래 데이터의 단위로 되돌리기 위해서는 분산에 제곱근(루트)을 취하면 된다. 이렇게 분산에 제곱근을 취한 것이 표준편차이다. 표준편차는 원래 데이터와 단위가 같아서 데이터의 흐트러진 정도를 더 쉽게 직관적으로 이해할 수 있다.

표준편차는 분산의 제곱근이므로 다음과 같이 구할 수 있다.

$$S = \sqrt{S^2} = \sqrt{\frac{1}{n-1}\left(\sum_{i=1}^{n}(x_i - \overline{x})^2\right)} \quad\text{............ 식 (2.7)}$$

분산과 표준편차는 편차들의 평균이라는 의미이므로 데이터의 개수로 나누어야 한다. 이때 통계책이나 웹사이트를 보면 분모는 $n$이나 $(n-1)$이 되는 것을 볼 수 있다. 이것은 가지고 있는 데이터가 모집단인지 표본집단인지에 의해 결정된다.

### 2.2.4 모집단의 개수와 표본집단의 개수

**모집단(population)**이란 어떤 집단의 전체 데이터를 의미하며, **표본집단(sample)**은 전체 데이터 중에서 어떤 방식으로든 추출된 부분집합을 의미한다. 일반적으로, 모집단에 대한 정보를 구하기 어려우므로, 표본집단을 추출해 계산함으로써 모집단의 정보를 추정하는 데 이용한다. 우리나라 회사원의 연봉 평균을 계산하기 위해서는 회사원 전체를 조사해야 한다. 하지만 이렇게 하기가 대단히 어려우므로 통계적으로 유효한 인원을 추출해 평균을 계산해 전체 평균의 값을 추정할 수 있다. 여기서 우리나라 회사원 전체가 모집단이고, 추출된 유효한 인원 예를 들면, 5000명이나 10000명 등이 표본집단이 된다.

모집단에 대한 분산과 표준편차는 대상이 명확하므로, 분모를 개체 수 $n$으로 나누면 정확한 값이 계산 가능하게 된다. 하지만 표본집단에 대해서 $n$으로 나누게 되면 추정하기 위한 모집단의 값보다 작은 값이 나오게 된다. 이 작은 값을 보정하기 위해 표본집단에 대한 분산과 표준편차는 $n$ 대신에 $(n-1)$을 사용해 계산한다. $n$과 $(n-1)$로 나누는 일은 다른 것 같지만, 결국에 표본집단의 개수 $n$이 무한히 커지면 $n \doteqdot (n-1)$과 같아서 같은 식이 된다.

## 2.2.5 엑셀로 분산과 표준편차를 계산하는 방법

엑셀 2010에서는 모집단과 표본집단에 대해서 분산과 표준편차를 계산할 수 있는 함수를 제공한다.

모집단의 분산과 표준편차를 구하는 함수는 다음과 같다.

분산($\sigma^2$)＝VAR.P(데이터 범위)
표준편차($\sigma$)＝STDEV.P(데이터 범위)

표본집단의 분산과 표준편차를 구하는 함수는 다음과 같다.

분산($S^2$)＝VAR.S(데이터 범위)
표준편차($S$)＝STDEV.S(데이터 범위)

P는 모집단(population)을 의미하며, S는 표본집단(sample)을 의미한다고 생각하면 이해하기 쉽다.

일반적으로 기업이나 학교 등, 우리가 사용하고 있는 데이터의 대부분은 표본집단이라고 할 수 있으므로 이 책에서는 표본집단을 계산하는 함수를 사용하도록 하겠다.

평균값을 구한 프로야구 데이터에 표본집단 함수를 이용한 분산과 표준편차를 구하면 그림 2.9와 같다.

| | C | D | E | F | G | H | I | J | K | L | M | N | O |
|---|---|---|---|---|---|---|---|---|---|---|---|---|---|
| 1 평균 | 165.95 | 29.35 | 2.45 | 20.55 | 89.55 | 92.25 | 8.85 | 61.2 | 81.8 | 0.33405 | 0.40245 | 0.5277 | 0.93035 |
| 2 중앙값 | 173 | 29 | 2 | 20 | 91.5 | 90 | 5.5 | 60 | 83 | 0.332 | 0.4085 | 0.5135 | 0.913 |
| 3 최빈값 | =VAR.S(C11:C30) | 1 | 20 | 111 | 84 | 4 | 60 | 88 | 0.332 | 0.42 | #N/A | 0.913 | |
| 4 최대값 | | 8 | 46 | 124 | 118 | 32 | 107 | 123 | 0.37 | 0.45 | 0.684 | 1.111 | |
| 5 최소값 | 136 | 13 | 0 | 2 | 47 | 71 | 0 | 24 | 40 | 0.312 | 0.356 | 0.417 | 0.812 |
| 6 범위 | 57 | 29 | 8 | 44 | 77 | 47 | 32 | 83 | 83 | 0.058 | 0.094 | 0.267 | 0.299 |
| 7 분산 | 266.26 | 51.71 | 5.21 | 149.84 | 581.73 | 184.72 | 80.87 | 459.64 | 531.12 | 0.00 | 0.00 | 0.01 | 0.01 |
| 8 표준편차 | 16.32 | 7.19 | 2.28 | 12.24 | 24.12 | 13.59 | 8.99 | 21.44 | 23.05 | 0.02 | 0.03 | 0.07 | 0.09 |

=STDEV.S(C11:C30)

| 순위 | 선수 | 안타 | 2타 | | 2타 | | | 도루 | 사사구 | 삼진 | 타율 | 출루율 | 장타율 | OPS |
|---|---|---|---|---|---|---|---|---|---|---|---|---|---|---|
| 1 | 김선빈 | 176 | 34 | 1 | 5 | 64 | 84 | 4 | 44 | 40 | 0.37 | 0.42 | 0.477 | 0.897 |
| 2 | 박건우 | 177 | 40 | 2 | 20 | 78 | 91 | 20 | 51 | 64 | 0.366 | 0.424 | 0.582 | 1.006 |
| 3 | 박민우 | 141 | 25 | 4 | 3 | 47 | 84 | 11 | 57 | 51 | 0.363 | 0.441 | 0.472 | 0.913 |
| 4 | 나성범 | 173 | 42 | 2 | 24 | 99 | 103 | 17 | 60 | 116 | 0.347 | 0.415 | 0.584 | 1 |
| 5 | 박용택 | 175 | 23 | 2 | 14 | 90 | 83 | 4 | 78 | 88 | 0.344 | 0.425 | 0.479 | 0.904 |
| 6 | 최형우 | 176 | 36 | 3 | 26 | 120 | 98 | 0 | 107 | 82 | 0.342 | 0.45 | 0.576 | 1.026 |
| 7 | 김재환 | 185 | 34 | 2 | 35 | 115 | 110 | 4 | 88 | 123 | 0.34 | 0.429 | 0.603 | 1.032 |
| 8 | 로사리오 | 151 | 30 | 1 | 37 | 111 | 100 | 10 | 60 | 61 | 0.339 | 0.414 | 0.661 | 1.074 |
| 9 | 손아섭 | 193 | 35 | 4 | 20 | 80 | 113 | 25 | 87 | 96 | 0.335 | 0.42 | 0.514 | 0.934 |
| 10 | 서건창 | 179 | 28 | 3 | 6 | 76 | 87 | 15 | 68 | 68 | 0.332 | 0.403 | 0.429 | 0.832 |
| 11 | 이명기 | 154 | 24 | 4 | 9 | 63 | 79 | 8 | 31 | 57 | 0.332 | 0.371 | 0.459 | 0.831 |
| 12 | 송광민 | 143 | 26 | 0 | 13 | 75 | 71 | 2 | 24 | 88 | 0.327 | 0.356 | 0.476 | 0.832 |
| 13 | 이정후 | 179 | 29 | 8 | 2 | 47 | 111 | 12 | 66 | 67 | 0.324 | 0.395 | 0.417 | 0.812 |
| 14 | 전준우 | 146 | 27 | 1 | 18 | 69 | 76 | 2 | 37 | 70 | 0.321 | 0.37 | 0.503 | 0.874 |
| 15 | 이대호 | 173 | 13 | 0 | 34 | 111 | 73 | 1 | 65 | 84 | 0.32 | 0.391 | 0.533 | 0.925 |
| 16 | 버나디나 | 178 | 26 | 8 | 27 | 111 | 118 | 32 | 52 | 112 | 0.32 | 0.372 | 0.54 | 0.913 |
| 17 | 최정 | 136 | 18 | 1 | 46 | 113 | 89 | 1 | 89 | 107 | 0.316 | 0.427 | 0.684 | 1.111 |
| 18 | 안치홍 | 154 | 29 | 2 | 21 | 93 | 95 | 7 | 47 | 70 | 0.316 | 0.373 | 0.513 | 0.886 |
| 19 | 러프 | 162 | 38 | 0 | 31 | 124 | 90 | 2 | 72 | 107 | 0.315 | 0.396 | 0.569 | 0.965 |
| 20 | 윤석민 | 168 | 30 | 1 | 20 | 105 | 90 | 0 | 41 | 85 | 0.312 | 0.357 | 0.483 | 0.84 |

그림 2.9 분산과 표준편차 계산

## 2.2.6 정규분포

자연계의 많은 데이터를 히스토그램으로 그려보면 데이터의 분포가 종 모양(bell-shape)처럼 평균을 중심으로 좌우 대칭을 이루는 것을 볼 수 있는데 이것을 정규분포(normal distribution)라고 한다.

정규분포 곡선(파란색)과 표준편차의 관계는 그림 2.10과 같다.

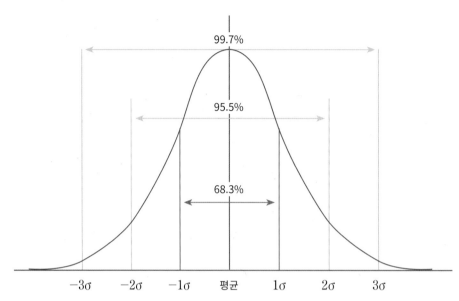

그림 2.10 정규분포곡선과 표준편차의 관계

데이터가 충분히 많다고 가정할 경우 그림 2.10을 정리하면 다음과 같다.

1. 총 데이터의 68.3%가 ±1σ 범위 내에 존재한다

   데이터가 ±1σ 범위 내에 포함될 확률은 68.3%이다.

2. 총 데이터의 95.5%의 데이터가 ±2σ 범위 내에 존재한다

   데이터가 ±2σ 범위 내에 포함될 확률은 95.9%이다

3. 총 데이터이 99.7%의 데이터가 ±3σ 범위 내에 존재한다

   데이터가 ±3σ 범위 내에 포함될 확률은 99.7%이다

위의 정보를 바탕으로 내 키가 정상 범위에 포함되는지 안 되는지를 조사해 보자.

2016년 40대 남자의 키 평균은 169.2cm 표준편차는 5.68cm이다. 이 정보를 이용해서 위의 정규분포곡선과 표준편차와의 관계를 정리한 것이 표 2.2이다.

표 2.2 시그마별 키 허용 범위

| 시그마 범위 | 시그마별 키 허용 범위 | 포함 확률 |
|---|---|---|
| ±1σ | 163.52 ≤ 키 ≤ 174.88 | 68.3% |
| ±2σ | 157.84 ≤ 키 ≤ 180.56 | 95.5% |
| ±3σ | 152.16 ≤ 키 ≤ 186.24 | 99.7% |

표 2.2를 보면 우리나라의 40대가 100만 명이라고 가정해 보자. 99.7%인 997,000명이 152.16cm ~ 186.24cm 사이에 포함된다는 의미이다. 반대로 얘기하면 100만 명 중 3000명만이 ±3σ에 포함이 되지 않는다. 통계적인 이야기이므로 정확히 3000명이 아닌 오차가 존재하게 된다는 것을 알아 두자. 위에서, 자신의 키가 152.16cm 미만이거나 186.24cm를 초과한다면 '통계적으로 ±3σ를 기준으로 정상범위에 포함이 되지 않는다'고 말할 수 있다.

## 2.2.7 정규분포를 이용한 이상점 검출

이런 관계는 품질 공학이나 산업체에서 품질 관리나 불량이나 이상점(outlier)을 검출하기 위한 기준으로 많이 사용한다. 어떤 상품을 ±3σ로 품질을 관리한다는 의미는 품질 조사 결과 ±3σ 밖에 상품의 데이터가 존재할 확률은 0.3%이기 때문에 이 범위를 벗어나는 상품은 불량으로 간주한다는 의미이다. 이것을 3 시그마 규칙(3 Sigma Rule)이라고 한다.

실제로 이 규칙이 맞는지 실습 데이터의 [정규분포와 시그마] 시트의 데이터를 이용해 확인을 해 보자. 이 데이터는 개수가 n=40개로 충분하지는 않지만 의미 파악은 가능하다.

먼저 그림 2.11과 같이 안타부터 OPS까지 각 항목의 평균과 표준편차를 계산하자.

| | A | B | C | D | E | F | G | H | I | J | K | L | M | N | O |
|---|---|---|---|---|---|---|---|---|---|---|---|---|---|---|---|
| 1 | | 평균 | 150.13 | 26.48 | 2.50 | 18.58 | 81.88 | 81.45 | 7.30 | 56.05 | 84.40 | 0.32 | 0.38 | 0.50 | 0.89 |
| 2 | | 표준편차 | 22.20 | 8.26 | 2.68 | 10.72 | 25.05 | 18.07 | 7.46 | 20.33 | 23.20 | 0.02 | 0.03 | 0.07 | 0.09 |
| 3 | | 1시그마 | | | | | | | | | | | | | |
| 4 | =AVERAGE(C8:C47) | | | =STDEV.S(C8:C47) | | | | | | | | | | | |
| 5 | | 3시그마 | | | | | | | | | | | | | |
| 6 | | | | | | | | | | | | | | | |
| 7 | 순위 | 선수 | 안타 | 2타 | 3타 | 홈런 | 타점 | 득점 | 도루 | 사사구 | 삼진 | 타율 | 출루율 | 장타율 | OPS |
| 8 | 1 김선빈 | | 176 | 34 | 1 | 5 | 64 | 84 | 4 | 44 | 40 | 0.37 | 0.42 | 0.477 | 0.897 |
| 9 | 2 박건우 | | 177 | 40 | 2 | 20 | 78 | 91 | 20 | 51 | 64 | 0.366 | 0.424 | 0.582 | 1.006 |
| 10 | 3 박민우 | | 141 | 25 | 4 | 3 | 47 | 84 | 11 | 57 | 51 | 0.363 | 0.441 | 0.472 | 0.913 |
| 11 | 4 나성범 | | 173 | 42 | 2 | 24 | 99 | 103 | 17 | 60 | 116 | 0.347 | 0.415 | 0.584 | 1 |
| 12 | 5 박용택 | | 175 | 23 | 2 | 14 | 90 | 83 | 4 | 78 | 88 | 0.344 | 0.425 | 0.479 | 0.904 |
| 13 | 6 최형우 | | 176 | 36 | 3 | 26 | 120 | 98 | 0 | 107 | 82 | 0.342 | 0.45 | 0.576 | 1.026 |
| 14 | 7 김재환 | | 185 | 34 | 2 | 35 | 115 | 110 | 4 | 88 | 123 | 0.34 | 0.429 | 0.603 | 1.032 |
| 15 | 8 로사리오 | | 151 | 30 | 1 | 37 | 111 | 100 | 10 | 60 | 61 | 0.339 | 0.414 | 0.661 | 1.074 |
| 16 | 9 손아섭 | | 193 | 35 | 4 | 20 | 80 | 113 | 25 | 87 | 96 | 0.335 | 0.42 | 0.514 | 0.934 |
| 17 | 10 서건창 | | 179 | 28 | 3 | 6 | 76 | 87 | 15 | 68 | 68 | 0.332 | 0.403 | 0.429 | 0.832 |
| 18 | 11 이명기 | | 154 | 24 | 4 | 9 | 63 | 79 | 8 | 31 | 57 | 0.332 | 0.371 | 0.459 | 0.831 |
| 19 | 12 송광민 | | 143 | 26 | 0 | 13 | 75 | 71 | 2 | 24 | 88 | 0.327 | 0.356 | 0.476 | 0.832 |
| 20 | 13 이정후 | | 179 | 29 | 8 | 2 | 47 | 111 | 12 | 66 | 67 | 0.324 | 0.395 | 0.417 | 0.812 |
| 21 | 14 전준우 | | 146 | 27 | 1 | 18 | 69 | 76 | 2 | 37 | 70 | 0.321 | 0.37 | 0.503 | 0.874 |
| 22 | 15 이대호 | | 173 | 13 | 0 | 34 | 111 | 73 | 1 | 65 | 84 | 0.32 | 0.391 | 0.533 | 0.925 |
| 23 | 16 버나디나 | | 178 | 26 | 8 | 27 | 111 | 118 | 32 | 52 | 112 | 0.32 | 0.372 | 0.54 | 0.913 |

40번 하주석 선수까지 계산

그림 2.11 각 항목의 평균과 표준편차 계산

이제 1, 2, 3시그마 범위 안에 포함되는 데이터의 개수를 찾아보자. 우선 조건을 만족시키는 셀의 개수를 반환하는 함수가 필요하다. 특히 우리는 $-\sigma$ 보다는 크고 $+\sigma$ 보다는 작은 조건을 이용해야 한다. 즉 두 가지 조건을 만족시키는 함수가 필요한데 엑셀에서 제공하는 함수 =COUNTIFS()를 사용하면 된다.

= COUNTIFS(조건1의 데이터의 범위, "조건1", 조건2의 데이터의 범위, "조건2", …)

여기서 조건1, 조건2는 따옴표를 사용해야 한다. =COUNTIFS()를 이용해서 안타의 개수를 기준으로 40명의 선수 중에 $\pm1\sigma$에 포함되는 선수가 몇 명인지 알아보자.

선수가 $\pm1\sigma$ 안에 포함될 조건을 정리하면 다음과 같다.

(평균 - 1 x 표준편차) <= 데이터 AND 데이터 <= (평균 + 1 x 표준편차)

그러므로 이것을 COUNTIFS로 쓰면 다음과 같다.

=COUNTIFS(C8:C47, "<=" &C1+1*C2, C8:C47, ">=" &C1-1*C2)/40*100

안타의 데이터 범위 = C8:C47

평균 = C1

표준편차 = C2

시그마 = 1

위 함수에서 결과를 백분율(%)로 확인하기 위해서 선수들의 수 40으로 나눈 후 100을 곱했다. 2σ, 3σ를 계산하려면 시그마를 2와 3으로 바꿔주면 된다. 이 계산 결과는 그림 2.12와 같다.

각 시그마에 해당하는 선수들의 비율

| | A | B | C | D | E | F | G | H | I | J | K | L | M | N | O | P | Q |
|---|---|---|---|---|---|---|---|---|---|---|---|---|---|---|---|---|---|
| 1 | | 평균 | 150.13 | 26.48 | 2.50 | 18.58 | 81.88 | 81.45 | 7.30 | 56.05 | 84.40 | 0.32 | 0.38 | 0.50 | 0.89 | | |
| 2 | | 표준편차 | 22.20 | 8.26 | 2.68 | 10.72 | 25.05 | 18.07 | 7.46 | 20.33 | 23.20 | 0.02 | 0.03 | 0.07 | 0.09 | | 평균 |
| 3 | | 1시그마 | 52.5 | 60 | 85 | 67.5 | 60 | 67.5 | 82.5 | 65 | 65 | 65 | 67.5 | 72.5 | 75 | | 68.1 |
| 4 | | 2시그마 | 100 | 97.5 | 87.5 | 97.5 | 97.5 | 95 | 95 | 97.5 | 95 | 92.5 | 92.5 | 90 | 92.5 | | 95.0 |
| 5 | | 3시그마 | 100 | 100 | 100 | 100 | 100 | 100 | 97.5 | 100 | 100 | 100 | 100 | 100 | 100 | | 99.8 |
| 6 | | | | | | | | | | -15.07 | 29.6696 | | | | | | |
| 7 | 순위 | 선수 | 안타 | 2타 | 3타 | 홈런 | 타점 | 득점 | 도루 | 사사구 | 삼진 | 타율 | 출루율 | 장타율 | OPS | | |
| 8 | | 1시그마 | | | | | | | | 44 | 40 | 0.37 | 0.42 | 0.477 | 0.897 | | |
| 9 | | | | | | | | | | 51 | 64 | 0.366 | 0.424 | 0.472 | | | |
| 10 | | =COUNTIFS(C8:C47,"<="&C1+1*C2,C8:C47,">="&C1-1*C2)/40*100 | | | | | | | | 57 | 51 | 0.363 | 0.441 | 0.472 | 0.913 | | |
| 11 | | 2시그마 | | | | | | | | 60 | 116 | 0.347 | 0.415 | 0.584 | 1 | | |
| 12 | | | | | | | | | | 78 | 88 | 0.344 | 0.425 | 0.479 | 0.904 | | |
| 13 | | =COUNTIFS(C8:C47,"<="&C1+2*C2,C8:C47,">="&C1-2*C2)/40*100 | | | | | | | | 107 | 82 | 0.342 | 0.45 | 0.576 | 1.026 | | |
| 14 | | 3시그마 | | | | | | | | 88 | 123 | 0.34 | 0.429 | 0.603 | 1.032 | | |
| 15 | | | | | | | | | | 60 | 61 | 0.339 | 0.414 | 0.661 | 1.074 | | |
| 16 | | =COUNTIFS(C8:C47,"<="&C1+3*C2,C8:C47,">="&C1-3*C2)/40*100 | | | | | | | | 87 | 96 | 0.335 | 0.42 | 0.514 | 0.934 | | |
| 17 | 10 서건창 | | 179 | 28 | 3 | 6 | 76 | 87 | 15 | 68 | 68 | 0.332 | 0.403 | 0.429 | 0.832 | | |
| 18 | 11 이명기 | | 154 | 24 | 4 | 9 | 63 | 79 | 8 | 31 | 57 | 0.332 | 0.371 | 0.459 | 0.831 | | |
| 19 | 12 송광민 | | 143 | 26 | 0 | 13 | 75 | 71 | 2 | 24 | 88 | 0.327 | 0.356 | 0.476 | 0.832 | | |
| 20 | 13 이정후 | | 179 | 29 | 8 | 2 | 47 | 111 | 12 | 66 | 67 | 0.324 | 0.395 | 0.417 | 0.812 | | |
| 21 | 14 전준우 | | 146 | 27 | 1 | 18 | 69 | 76 | 2 | 37 | 70 | 0.321 | 0.37 | 0.503 | 0.874 | | |
| 22 | 15 이대호 | | 173 | 14 | 0 | 34 | 111 | 73 | 1 | 65 | 84 | 0.32 | 0.391 | 0.533 | 0.925 | | |
| 23 | 16 버나디나 | | 178 | 26 | 8 | 27 | 111 | 118 | 32 | 52 | 112 | 0.32 | 0.372 | 0.54 | 0.913 | | |
| 24 | 17 최정 | | 136 | 18 | 1 | 46 | 113 | 89 | 1 | 89 | 107 | 0.316 | 0.427 | 0.684 | 1.111 | | |
| 25 | 18 안치홍 | | 154 | 29 | 2 | 21 | 93 | 95 | 7 | 47 | 70 | 0.316 | 0.373 | 0.513 | 0.886 | | |
| 26 | 19 러프 | | 162 | 38 | 0 | 31 | 124 | 90 | 2 | 72 | 107 | 0.315 | 0.396 | 0.569 | 0.965 | | |
| 27 | 20 윤석민 | | 168 | 30 | 1 | 20 | 105 | 90 | 0 | 41 | 85 | 0.312 | 0.357 | 0.483 | 0.84 | | |
| 28 | 21 모창민 | | 148 | 25 | 3 | 17 | 90 | 64 | 9 | 41 | 81 | 0.312 | 0.361 | 0.485 | 0.846 | | |

각 시그마의 평균

그림 2.12 데이터와 시그마와의 관계

안타를 보면 1시그마는 52.5%, 2시그마는 100%, 3시그마는 100%이다. 예를 들어, 3시그마의 100%는 모든 데이터가 3시그마 안에 포함되어 있다는 의미이다. 항목별로 1시그마의 경우를 보면 안타는 52.5%, 2루타는 60%, 3루타는 85%로 계산되었다. 그림 2.10에서 1시그마 범위 안에 데이터가 포함될 확률은 68.3%라고 했지만 각각의 항목에 대해서 3시그마 규칙과 비교해 보면 비슷한 항목도 있고 전혀 다른 항목도 있다. 결과가 다르다고 해서 3시그마 규칙이 틀리다고 단정할 수 없다. 13개씩 계산된 각 시그마들의 평균을 계산해 보자. 각각의 시그마들을 이용해서 평균을 계산한 결과는 그림 2.12에서 볼 수 있다. 1시그마는 68.1%, 2시그마는 95.0%, 3시그마는 99.8%로 3시그마 규칙과 비슷함을 알 수 있다. 데이터가 많아지면 많아질수록 점점 3시그마 규칙과 가까워진다.

마지막으로, 도루를 제외한 모든 3시그마 데이터가 100%로 ±3σ 범위 안에 포함되어 있는 것을 알 수 있다. 확률로 알 수 있듯이 3시그마를 벗어나는 것이 이렇게 어렵다. 도루의 평균이 7.3개, 표준편차가 7.46으로 ±3σ의 범위는 다음과 같다.

 -15.1 <= 도루 개수 <= 29.7

오직 버나디나 선수만 32개로 +3σ 범위를 벗어난 것으로, 버나디나 선수의 도루 개수는 일반적이지 않은 것으로(이 경우에는 너무 잘했다라고) 판단할 수 있다.

일반적으로 데이터가 ±3σ의 범위를 벗어날 확률은 대단히 작으므로, 대부분의 데이터가 3시그마 규칙을 따른다는 것을 이해해두면, 품질관리, 이상감지 등 여러 가지 분야에 활용할 수 있다.


## 2.3 데이터 표준화

데이터끼리 비교하기 위해서는 서로 같은 기준이나 척도가 적용되어야 한다. 홈런 20개를 친 타자와 안타 110개를 친 타자 중 어떤 타자가 잘했는지를 비교할 수 없는 것과 같다. 어떤 선수는 득점 능력이 뛰어나고, 어떤 선수는 도루 능력이 뛰어나는 등, 선수마다 뛰어난 능력이 다르다. 물론 모든 것을 다 잘하는 선수도 있다. 득점이나 도루를 어떻게 비교하면 좋을까? 이렇게, 서로 다른 기준이나 척도를 가진 데이터를 비교하기 위해서 사용하는 방법이 데이터 표준화(data standardization)이다.

$x=\{x_1, x_2, \cdots, x_n\}$일 때 표준화를 다음과 같이 정의할 수 있다.

$$z_i = \frac{(x_i - \overline{x})}{\sigma} \quad\quad\quad 식\ (2.8)$$

이 식은 각 데이터를 데이터의 평균과의 오차를 계산한 후 표준편차($\sigma$)로 나누는 것이다. 데이터 표준화는 데이터를 표준편차로 나누어 단위를 없애는 이미지이다. 이 값을 Z값(Z-value 또는 Z score)이라고 하므로 $z$로 표시한다.

데이터가 타원형으로 분포하고 있다고 가정해 보자. 이 데이터에는 평균보다 작은 값을 가지는 점 A와 평균보다 큰 값을 가지는 점 B가 있고, 데이터 분포의 중심은 $(\overline{x},\ \overline{y})$이다. 이때 식 (2.8)을 이용해 표준화를 계산하면, 데이터 분포의 중심은 원점(0,0)으로 이동을 하게 된다. 이 과정은, 식 (2.8)에 $x_i = \overline{x}$, $y_i = \overline{y}$를 대입해서 다음과 같이 계산해 볼 수 있다.

$$0 = \frac{(\overline{x} - \overline{x})}{\sigma}$$
$$0 = \frac{(\overline{y} - \overline{y})}{\sigma}$$

그리고 평균보다 작은 점 A는 음수(−) 값을 가지며, 평균보다 큰 점 B는 양수(+)가 된다.

그림 2.13은 이 과정을 그림으로 나타낸 것이다.

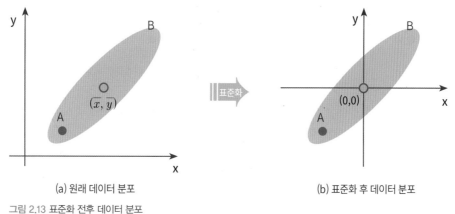

(a) 원래 데이터 분포          (b) 표준화 후 데이터 분포

그림 2.13 표준화 전후 데이터 분포

마지막으로, 표준화된 데이터 분포는 다음과 같은 특징을 가진다.

1. 평균 $\overline{x} = 0$

2. 표준편차 $\sigma = 1$

3. 단위 없음

[데이터 표준화] 시트를 이용하여, 프로야구 선수들의 키와 체중을 표준화를 해 보자. 표준화를 하기 위해서는 평균과 표준편차를 미리 계산해야 한다. =AVERAGE()와 =STDEV.S() 함수를 이용해 B23, C23셀에는 평균을 계산하고, B24, C24셀에는 표준편차를 계산해보자.

| ▲ | A | B | C | D | E | F | G |
|---|---|---|---|---|---|---|---|
| 1 | | 표준화전 데이터 | | | | 표준화후 데이터 | |
| 2 | 선수 | 키 | 몸무게 | | 선수 | 키 | 몸무게 |
| 3 | 김선빈 | 178 | 80 | | 김선빈 | | |
| 4 | 박건우 | 184 | 80 | | 박건우 | | |
| 5 | 박민우 | 188 | 100 | | 박민우 | | |
| 6 | 나성범 | 180 | 90 | | 나성범 | | |
| 7 | 박용택 | 185 | 90 | | 박용택 | | |
| 8 | 최형우 | 178 | 94 | | 최형우 | | |
| 9 | 김재환 | 183 | 90 | | 김재환 | | |
| 10 | 로사리오 | 180 | 100 | | 로사리오 | | |
| 11 | 손아섭 | 175 | 85 | | 손아섭 | | |
| 12 | 서건창 | 176 | 84 | | 서건창 | | |
| 13 | 이명기 | 183 | 80 | | 이명기 | | |
| 14 | 송광민 | 183 | 81 | | 송광민 | | |
| 15 | 이정후 | 185 | 78 | | 이정후 | | |
| 16 | 전준우 | 184 | 91 | | 전준우 | | |
| 17 | 이대호 | 194 | 130 | | 이대호 | | |
| 18 | 버나디나 | 190 | 95 | | 버나디나 | | |
| 19 | 최정 | 180 | 84 | | 안치홍 | | |
| 20 | 안치홍 | 178 | 94 | | | | |
| 21 | 러프 | 192 | 105 | | 러프 | | |
| 22 | 윤석민 | 180 | 86 | | 윤석민 | | |
| 23 | 평균 | 182.80 | 90.85 | | 평균 | | |
| 24 | 표준편차 | 5.18 | 11.94 | | 표준편차 | | |

=AVERAGE(B3:B22)
=STDEV.S(B3:B22)
키와 몸무게의 평균과 표준편차

그림 2.14 키와 몸무게의 평균과 표준편차

그림 2.14는 키와 몸무게의 평균과 표준편차를 계산한 결과를 보여준다. 평균과 표준편차 계산이 끝났으니 키부터 표준화를 해 보자. 먼저, 김선빈 선수의 표준화를 위해서는 다음과 같이 식 (2.8)을 이용하면 된다.

$$z = \frac{(178 - 182.8)}{5.18} = -0.93$$

그러므로 F3 셀에 다음과 같이 입력을 하면 된다.

=(B3-B23)/B24

이렇게, 박건우 선수, 박민우 선수 등 20명에 대해 전부 계산해야 한다.

하나의 식을 이용해서 여러 번 계산을 하는 경우에, 쉽게 하기 위해서 엑셀에서 식을 복사하는 방법에 대해서 앞에서 배웠으며, 식을 복사하면 참조하는 셀도 같이 변하게 되는 것도 알고 있다. 표준화 식을 복사할 때 키와 몸무게의 값은 변해도 되지만, 평균과 표준편차는 고정되어야 계산할 수 있다. 이때 필요한 것이 셀을 참조하는 방식이다.

엑셀에서는 상대 참조, 절대 참조, 열 고정, 행 고정과 같이 네 가지 식을 참조하는 방법을 제공한다.

### • 상대 참조

상대 참조는 참조하는 주소가 복사해서 이동한 만큼 저절로 이동하는 것이다. 그림 2.15와 같이 A46 셀의 값을 E46 셀로 복사하는 식은 =A46이다. E46 셀에 =A46을 입력을 하자. 그리고 E46 셀을 [Ctrl] + [c]로 복사하고 E46:G48 범위를 마우스로 선택한 후에 [Ctrl] + [v]로 붙인 결과를 살펴보자. G48 셀의 식을 살펴보면 원래 셀로부터 셀이 움직인 만큼 참조된 식도 저절로 움직여 =C48로 변한 것을 알 수 있다. 이것을 상대 참조라고 하며, 단순하게 셀 이동을 고려해 식을 복사할 때 사용한다. 다른 복사한 셀들도 살펴보자.

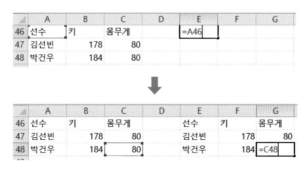

그림 2.15 상대 참조

## • 절대 참조

절대 참조는 참조하는 주소가 절대로 바뀌지 않고 고정된다. E46셀에 =A46을 입력한 후, [F4] 키를 한번 눌러보면 =$A$46과 같이 행과 열 앞에 "$"가 추가가 된 것을 볼 수 있다. 그리고 상대 참조에서 했던 것과 마찬가지로 E46 셀을 [Ctrl] + [c]로 복사한 후 E46:G48 범위를 선택해 [Ctrl] + [v]로 붙여보자. 복사한 모든 셀의 결과를 살펴보면 그림 2.16과 같이 복사한 셀 전부 선수(A46 셀)를 가리키는 것을 알 수 있다. 이렇게 행과 열을 이동시켜 복사해도 참조 주소가 절대 변하지 않는 것을 **절대 참조**라 한다.

| | A | B | C | D | E | F | G |
|---|---|---|---|---|---|---|---|
| 46 | 선수 | 키 | 몸무게 | | =$A$46 | | |
| 47 | 김선빈 | 178 | 80 | | | | |
| 48 | 박건우 | 184 | 80 | | | | |

| | A | B | C | D | E | F | G |
|---|---|---|---|---|---|---|---|
| 46 | 선수 | 키 | 몸무게 | | 선수 | 선수 | 선수 |
| 47 | 김선빈 | 178 | 80 | | 선수 | 선수 | 선수 |
| 48 | 박건우 | 184 | 80 | | 선수 | 선수 | =$A$46 |

그림 2.16 절대 참조

## • 행 고정

식을 복사해서 붙였을 때 행은 그대로 고정되지만 열이 이동하는 참조 방식을 행 고정이라고 한다. E46 셀에 =A46을 입력한 후, [F4] 키를 두 번 눌러보면 =A$46로 바뀌는 것을 볼 수 있다. 행 번호 앞에 "$"가 추가가 되었다. 그리고 상대 참조에서 했던 것과 마찬가지로 E46 셀을 [Ctrl] + [c]로 복사한 후 E46:G48 범위를 선택해 [Ctrl] + [v]로 붙여보면 그림 2.17과 같이 된다. E46:G48 범위의 셀들의 식을 살펴보면 행을 나타내는 $46은 변하지 않고 열을 나타내는 A, B, C만 변한 것을 알 수 있다.

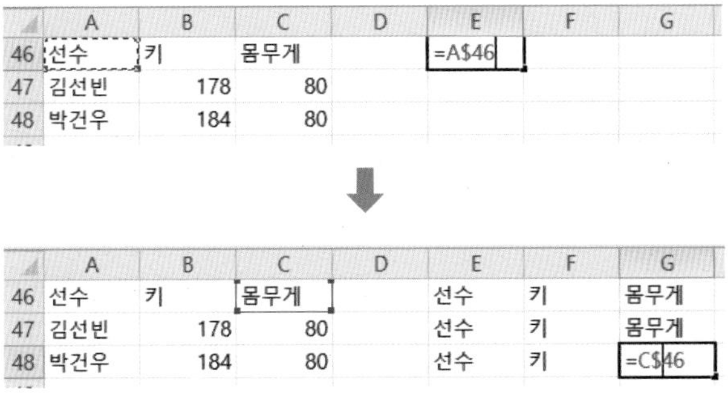

그림 2.17 행 고정

## • 열 고정

행 고정과는 반대로 열이 고정되고 행만 이동하는 참조 방식이다. E46 셀에 =A46을 입력한 후, [F4] 키를 세 번 누르면 =$A46로 바뀌는 것을 볼 수 있다. 열 문자 앞에 "$"가 추가가 되었다. 그리고 E46 셀을 [Ctrl] + [c]로 복사한 후 E46:G48 범위를 선택해 그림 2.18과 같이 [Ctrl] + [v]로 붙여보자. E46:G48 범위의 셀들 살펴보면 열을 나타내는 $A는 변하지 않고 행을 나타내는 숫자만 변한 것을 알 수 있다.

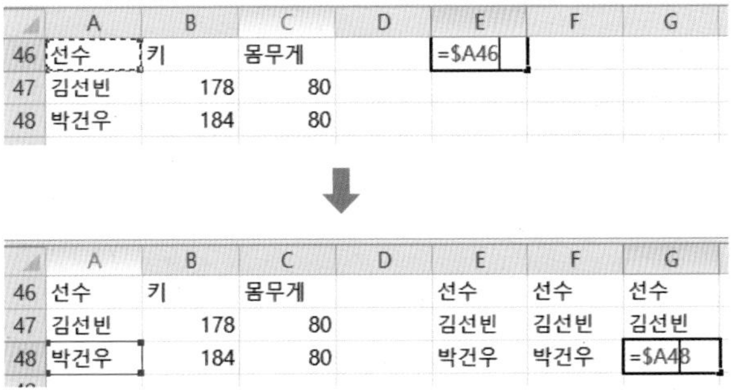

그림 2.18 열 고정

주소의 참조 형식을 바꾸기 위해서는 [F4] 키를 순서대로 누르면 다음과 같이 주소 형식이 변한다.

상대참조(A46)→절대참조($A$46)→행고정(A$46)→열고정($A46)→상대참조(A46)

"$"가 붙은 행이나 열은 고정이 된다는 의미이다. "$"를 입력하는 방법은 [F4] 키를 누르는 방법과 고정하고 싶은 부분에 직접 "$"를 입력하는 방법이 있다.

위의 참조 방식을 이용해서 모든 선수의 키와 몸무게를 표준화해 보자.

평균과 표준편차는 행을 고정해야 하나의 식으로 모든 선수들을 표준화할 수 있다.

F3 셀에 다음과 같이 입력하자.

=(B3−B\$23)/B\$24

F3 셀을 복사해서 나머지 셀에 붙여넣기를 하면, 키와 몸무게를 한꺼번에 계산이 가능하며, 그림 2.19에서 표준화 결과를 확인해 보자.

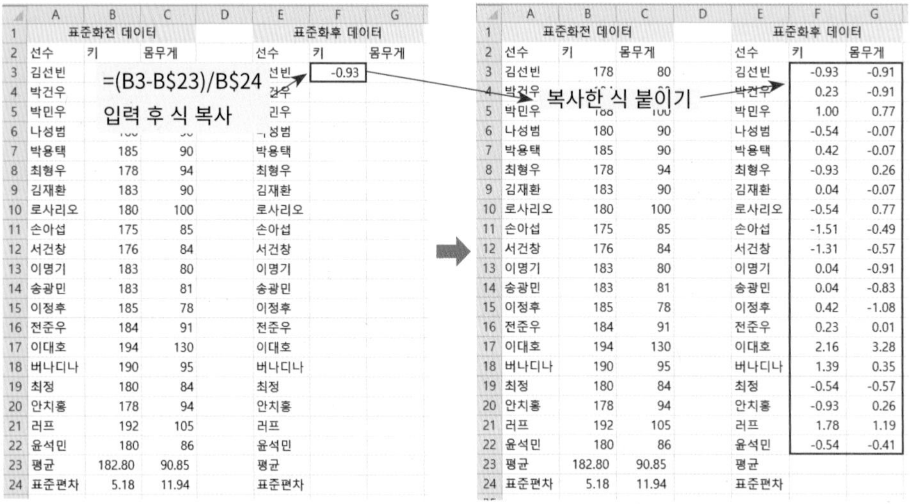

그림 2.19 선수별 키와 몸무게 표준화 결과

로사리오 선수는 키가 20명의 평균보다 작아서 −0.54가 나왔지만 몸무게는 평균보다 많아서 0.77로 계산된 것을 볼 수 있다. 표준화 데이터의 부호로부터 평균보다 큰지 작은지를 짐작할 수 있다.

표준화 전과 후의 데이터를 그래프로 그린 것이 그림 2.20이다.

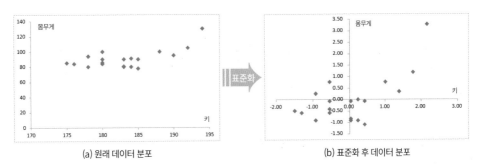

(a) 원래 데이터 분포                    (b) 표준화 후 데이터 분포

그림 2.20 표준화 전과 후의 키와 몸무게 데이터

표준화 전후를 비교해 보면 스케일은 변했지만 데이터의 형태는 변하지 않았다. 그리고 데이터가 원점 주위로 이동했다는 것을 확인할 수 있다.

이제, 표준화된 데이터의 평균과 표준편차를 구해 보자.

| | A | B | C | D | E | F | G |
|---|---|---|---|---|---|---|---|
| 1 | 표준화전 데이터 | | | | 표준화후 데이터 | | |
| 2 | 선수 | 키 | 몸무게 | | 선수 | 키 | 몸무게 |
| 3 | 김선빈 | 178 | 80 | | 김선빈 | -0.93 | -0.91 |
| 4 | 박건우 | 184 | 80 | | 박건우 | 0.23 | -0.91 |
| 5 | 박민우 | 188 | 100 | | 박민우 | 1.00 | 0.77 |
| 6 | 나성범 | 180 | 90 | | 나성범 | -0.54 | -0.07 |
| 7 | 박용택 | 185 | 90 | | 박용택 | 0.42 | -0.07 |
| 8 | 최형우 | 178 | 94 | | 최형우 | -0.93 | 0.26 |
| 9 | 김재환 | 183 | 90 | | 김재환 | 0.04 | -0.07 |
| 10 | 로사리오 | 180 | 100 | | 로사리오 | -0.54 | 0.77 |
| 11 | 손아섭 | 175 | 85 | | 손아섭 | -1.51 | -0.49 |
| 12 | 서건창 | 176 | 84 | | 서건창 | -1.31 | -0.57 |
| 13 | 이명기 | 183 | 80 | | 이명기 | 0.04 | -0.91 |
| 14 | 송광민 | 183 | 81 | | 송광민 | 0.04 | -0.83 |
| 15 | 이정후 | 185 | 78 | | 이정후 | 0.42 | -1.08 |
| 16 | 전준우 | 184 | 91 | | 전준우 | 0.23 | 0.01 |
| 17 | 이대호 | 194 | 130 | | 이대호 | 2.16 | 3.28 |
| 18 | 버나디나 | 190 | 95 | | 표준화 후 데이터의 | | |
| 19 | 최정 | 180 | 84 | | 키와 몸무게의 평균과 표준편차 | | |
| 20 | 안치홍 | 178 | 94 | | | | |
| 21 | 러프 | 192 | 105 | | 러프 | 1.78 | 1.19 |
| 22 | 윤석민 | 180 | 86 | | 윤석민 | -0.54 | -0.41 |
| 23 | 평균 | 182.80 | 90.85 | | 평균 | 0.00 | 0.00 |
| 24 | 표준편차 | 5.18 | 11.94 | | 표준편차 | 1.00 | 1.00 |

그림 2.21 표준화 후 데이터의 평균과 표준편차

그림 2.21에서 표준화된 키와 몸무게의 평균은 0, 표준편차는 1이다. 이것은 앞에서 말한 표준화된 데이터의 특징과 일치한다.

데이터를 표준화한 후에는 항상 평균과 표준편차를 계산해 정확하게 표준화가 되었는지 확인하는 과정이 매우 중요하다. 표준화 과정은 데이터 분석의 가장 첫 단계이므로 여기서 잘못 계산하면 데이터 분석을 다시 하는 경우도 많이 있으니 주의해야 한다.

## 2.4 공분산과 상관계수

이제까지 하나의 데이터의 평균, 분산, 표준편차, 표준화를 알아보았다. 이제 "습도가 높을수록 짜증지수가 높아진다"나 "공부에 집중한 시간과 상위권 대학의 합격률은 비례한다"와 같이 두 개의 데이터 간의 관계를 알아볼 수 있는 공분산(covariance)과 상관계수(correlation)에 대해서 알아보자.

### 2.4.1 공분산

데이터 $x=\{x_1, x_2, \cdots, x_n\}$, $y=\{y_1, y_2, \cdots, y_n\}$가 있을 때 $x$, $y$에 대해서 공분산을 구하는 식은 다음과 같다.

$$S_{xy} = \frac{1}{(n-1)} \sum_{i=1}^{n} (x_i - \overline{x})(y_i - \overline{y}) \quad\text{····· 식 (2.9)}$$

$S_{xy}$는 $x$와 $y$의 공분산이라는 의미이다. 식 (2.9)에서 $x$의 평균과의 편차 $(x_i - \overline{x})$와 $y$의 평균과의 편차 $(y_i - \overline{y})$의 곱 $(x_i - \overline{x})(y_i - \overline{y})$은 다음과 같이 네 가지 경우를 생각할 수 있다.

| | |
|---|---|
| Case 1 | $x$ 데이터가 평균보다 크고 $y$ 데이터가 평균보다 크다 |
| Case 2 | $x$ 데이터가 평균보다 작고 $y$ 데이터가 평균보다 크다 |
| Case 3 | $x$ 데이터가 평균보다 작고 $y$ 데이터가 평균보다 작다 |
| Case 4 | $x$ 데이터가 평균보다 크고 $y$ 데이터가 평균보다 작다 |

Case1을 보면 $(x_i-\overline{x})$는 양수(+)가 되고 $(y_i-\overline{y})$도 양수(+)가 되어 $(x_i-\overline{x})(y_i-\overline{y})$도 양수(+)가 된다. $x$, $y$ 데이터의 평균을 0이라 가정하면, Case 1에 포함되는 데이터의 경우는 1사분면에 위치한다. 그림 2.22는 각 케이스별로 데이터들이 각 사분면에 찍히는 조건을 표시한 그림이다.

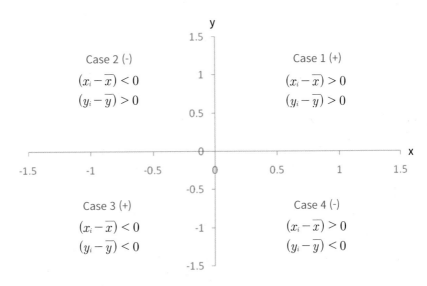

그림 2.22 Case별 데이터의 위치도

Case 1, 3에서 $(x_i-\overline{x})(y_i-\overline{y})$의 결과는 양수이다. 이것은 $x$와 $y$가 비례관계에 있다는 의미이며, 같은 방향으로 같이 움직인다고 해석할 수 있다. 즉, $x$가 증가할 때 $y$도 증가하며 반대로 $x$가 감소할 때는 $y$도 감소한다. 하지만 Case 2, 4에서 $(x_i-\overline{x})(y_i-\overline{y})$의 결과는 음수(−)이다. 이것은 $x$가 증가할 때 $y$는 감소하며, $x$가 감소할 때 $y$는 증가하는 서로 반대 방향으로 움직인다고 해석할 수 있으며 반비례 관계라고 말할 수 있다.

데이터를 이용해 그래프를 그렸을 경우 비례 관계에 있다면, 1, 3사분면에 다수의 데이터들이 포진해 있으며, 반비례 관계의 경우에는 2, 4사분면에 데이터들이 있는 것을 확인할 수 있다.

[공분산] 시트를 사용해 실제로 프로 야구 선수의 키와 몸무게를 가지고 식 (2.9)에 맞춰 공분산을 계산해 보자.

먼저, 키($x$)와 몸무게($y$)의 평균에 대한 편차 $(x_i - \overline{x})$와 $(y_i - \overline{y})$를 계산한 후, 편차 간 곱 $(x_i - \overline{x})(y_i - \overline{y})$를 계산해 보자. 키의 평균은 셀 B22의 값, 몸무게의 평균은 셀 C22의 값을 이용하면 된다.

편차 간 곱의 계산이 끝나면, 편차 간 곱의 합 $\sum_{i=1}^{n}(x_i - \overline{x})(y_i - \overline{y})$을 계산한 후 $(n-1)$로 나눠주면 된다. 우리가 가지고 있는 데이터는 $n = 20$이므로 19로 나누면 되며, 결과는 그림 2.23과 같다.

$$(x_i - \overline{x}) \quad (y_i - \overline{y}) \quad (x_i - \overline{x})(y_i - \overline{y})$$

| | A | B | C | D | E | F | G | H |
|---|---|---|---|---|---|---|---|---|
| 1 | 선수 | 키 | 몸무게 | | 선수 | 키 편차 | 몸무게 편차 | 편차간 곱 |
| 2 | 김선빈 | 178 | 80 | | 김선빈 | -4.80 | -10.85 | 52.08 |
| 3 | 박건우 | 184 | 80 | | 박건우 | 1.20 | -10.85 | -13.02 |
| 4 | 박민우 | 188 | 100 | | 박민우 | 5.20 | 9.15 | 47.58 |
| 5 | 나성범 | 180 | 90 | | 나성범 | -2.80 | -0.85 | 2.38 |
| 6 | 박용택 | 185 | 90 | | 박용택 | 2.20 | -0.85 | -1.87 |
| 7 | 최형우 | 178 | 94 | | 최형우 | -4.80 | 3.15 | -15.12 |
| 8 | 김재환 | 183 | 90 | | 김재환 | 0.20 | -0.85 | -0.17 |
| 9 | 로사리오 | 180 | 100 | | 로사리오 | -2.80 | 9.15 | -25.62 |
| 10 | 손아섭 | 175 | 85 | | 손아섭 | -7.80 | -5.85 | 45.63 |
| 11 | 서건창 | 176 | 84 | | 서건창 | -6.80 | -6.85 | 46.58 |
| 12 | 이명기 | 183 | 80 | | 이명기 | 0.20 | -10.85 | -2.17 |
| 13 | 송광민 | 183 | 81 | | 송광민 | 0.20 | -9.85 | -1.97 |
| 14 | 이정후 | 185 | 78 | | 이정후 | 2.20 | -12.85 | -28.27 |
| 15 | 전준우 | 184 | 91 | | 전준우 | 1.20 | 0.15 | 0.18 |
| 16 | 이대호 | 194 | 130 | | 이대호 | 11.20 | 39.15 | 438.48 |
| 17 | 버나디나 | 190 | | | 버나디나 | 7.20 | 4.15 | 29.88 |
| 18 | 최정 | 180 | | | 최정 | -2.80 | -6.85 | 19.18 |
| 19 | 안치홍 | 178 | | | 안치홍 | -4.80 | 3.15 | -15.12 |
| 20 | 러프 | 192 | | | 러프 | 9.20 | 14.15 | 130.18 |
| 21 | 윤석민 | 180 | 86 | | 윤석민 | -2.80 | -4.85 | 13.58 |
| 22 | 평균 | 182.80 | 90.85 | | | | 편차간 곱의 합 | 722.4 |
| 23 | | | | | | | 공분산 | 38.02 |
| 24 | | | | | | | | |
| 25 | | | | | | | COVARIANCE.S | |

$\sum_{i=1}^{n}(x_i - \overline{x})(y_i - \overline{y})$

=SUM(H2:H21)

$$\frac{1}{(n-1)}\sum_{i=1}^{n}(x_i - \overline{x})(y_i - \overline{y})$$

=H22/19

그림 2.23 공분산 계산

지금까지 식 (2.9)를 기본으로 공분산을 계산했다. 엑셀에서는 모집단과 표본집단의 공분산 계산을 위해 두 가지 함수를 사용할 수 있다.

두 모집단의 공분산은 다음 함수를 사용해 계산하면 된다.

    =COVARIANCE.P(데이터1의 범위,데이터2의 범위)

또, 두 표본집단에 대한 공분산은 다음 함수로 계산할 수 있다.

    =COVARIANCE.S(데이터1의 범위,데이터2의 범위)

프로야구 선수들의 키와 몸무게 데이터를 엑셀 공분산 함수를 이용해 계산해 보자. 프로야구 선수들의 데이터는 표본집단이므로 우리는 (n−1)로 나누었다. 따라서 =COVARIANCE.S() 를 사용했다. 결과는 그림 2.24와 같으며, 식 (2.9)를 이용해 계산한 결과와 같다는 것을 알 수 있다.

| | A | B | C | D | E | F | G | H |
|---|---|---|---|---|---|---|---|---|
| 1 | 선수 | 키 | 몸무게 | | 선수 | 키 편차 | 몸무게 편차 | 편차간 곱 |
| 2 | 김선빈 | 178 | 80 | | 김선빈 | -4.80 | -10.85 | 52.08 |
| 3 | 박건우 | 184 | 80 | | 박건우 | 1.20 | -10.85 | -13.02 |
| 4 | 박민우 | 188 | 100 | | 박민우 | 5.20 | 9.15 | 47.58 |
| 5 | 나성범 | 180 | 90 | | 나성범 | -2.80 | -0.85 | 2.38 |
| 6 | 박용택 | 185 | 90 | | 박용택 | 2.20 | -0.85 | -1.87 |
| 7 | 최형우 | 178 | 94 | | 최형우 | -4.80 | 3.15 | -15.12 |
| 8 | 김재환 | 183 | 90 | | 김재환 | 0.20 | -0.85 | -0.17 |
| 9 | 로사리오 | 180 | 100 | | 로사리오 | -2.80 | 9.15 | -25.62 |
| 10 | 손아섭 | 175 | 85 | | 손아섭 | -7.80 | -5.85 | 45.63 |
| 11 | 서건창 | 176 | 84 | | 서건창 | -6.80 | -6.85 | 46.58 |
| 12 | 이명기 | 183 | 80 | | 이명기 | 0.20 | -10.85 | -2.17 |
| 13 | 송광민 | 183 | 81 | | 송광민 | 0.20 | -9.85 | -1.97 |
| 14 | 이정후 | 185 | 78 | | 이정후 | 2.20 | -12.85 | -28.27 |
| 15 | 전준우 | 184 | 91 | | 전준우 | 1.20 | 0.15 | 0.18 |
| 16 | 이대호 | 194 | 130 | | 이대호 | 11.20 | 39.15 | 438.48 |
| 17 | 버나디나 | 190 | 95 | | 버나디나 | 7.20 | 4.15 | 29.88 |
| 18 | 최정 | 180 | 84 | | 최정 | -2.80 | -6.85 | 19.18 |
| 19 | 안치홍 | 178 | 94 | | 안치홍 | -4.80 | 3.15 | -15.12 |
| 20 | 러프 | 192 | 105 | | 러프 | 9.20 | 14.15 | 130.18 |
| 21 | 윤석민 | 180 | 86 | | 윤석민 | -2.80 | -4.85 | 13.58 |
| 22 | 평균 | 182.80 | 90.85 | | | | 편차간 곱의 합 | 722.4 |
| 23 | | | | | | | 공분산 | 38.02 |
| 24 | =COVARIANCE.S(B2:B21,C2:C21) | | | | | | | |
| 25 | | | | | | | COVARIANCE.S | 38.02 |

그림 2.24 엑셀 공분산 함수 계산

공분산을 계산한 결과, 38.02라는 숫자가 나왔다. 38.02는 어떤 의미일까? 공분산에서 숫자는 그렇게 큰 의미는 없다. 다만 부호에 의미를 부여하는 것이 중요하다. 계산 결과가 양수

(+)이므로 키와 몸무게는 비례관계에 있다고 말할 수 있다. 당연하지만 공분산 계산 결과로 부터 프로야구 선수들의 키와 몸무게 사이에는 비례관계가 있다고 판단할 수 있다.

참고로, 그림 2.20을 다시 살펴보면 데이터의 대부분이 1, 3사분면에 모여 있는 것을 확인할 수 있다.

왜 공분산에서 숫자의 크기는 큰 의미가 없다고 했을까? 공분산은 사용된 단위에 따라 값이 다르게 나오기 때문이다.

그림 2.25는 같은 데이터를 가지고 키는 cm를 m로, 몸무게는 kg을 g으로 환산해 공분산을 계산한 결과이다.

| | A | B | C | D | E | F | G |
|---|---|---|---|---|---|---|---|
| 35 | 선수 | 키(cm) | 몸무게(Kg) | | 선수 | 키(m) | 몸무게(g) |
| 36 | 김선빈 | 178 | 80 | | 김선빈 | 1.78 | 80000 |
| 37 | 박건우 | 184 | 80 | | 박건우 | 1.84 | 80000 |
| 38 | 박민우 | 188 | 100 | | 박민우 | 1.88 | 100000 |
| 39 | 나성범 | 180 | 90 | | 나성범 | 1.8 | 90000 |
| 40 | 박용택 | 185 | 90 | | 박용택 | 1.85 | 90000 |
| 41 | 최형우 | 178 | 94 | | 최형우 | 1.78 | 94000 |
| 42 | 김재환 | 180 | 90 | | 김재환 | 1.83 | 90000 |
| 43 | 로사리오 | 180 | 100 | | 로사리오 | 1.8 | 100000 |
| 44 | 손아섭 | 175 | 85 | | 손아섭 | 1.75 | 85000 |
| 45 | 서건창 | 176 | 84 | | 서건창 | 1.76 | 84000 |
| 46 | 이명기 | 183 | 80 | | 이명기 | 1.83 | 80000 |
| 47 | 송광민 | 183 | 81 | | 송광민 | 1.83 | 81000 |
| 48 | 이정후 | 185 | 78 | | 이정후 | 1.85 | 78000 |
| 49 | 전준우 | 184 | 91 | | 전준우 | 1.84 | 91000 |
| 50 | 이대호 | 194 | 130 | | 이대호 | 1.94 | 130000 |
| 51 | 버나디나 | 190 | 95 | | 버나디나 | 1.9 | 95000 |
| 52 | 최정 | 180 | 84 | | 최정 | 1.8 | 84000 |
| 53 | 안치홍 | 178 | 94 | | 안치홍 | 1.78 | 94000 |
| 54 | 러프 | 192 | 105 | | 러프 | 1.92 | 105000 |
| 55 | 윤석민 | 180 | 86 | | 윤석민 | 1.8 | 86000 |
| 56 | | | | | | | |
| 57 | | 공분산 | 38.02 | | | 공분산 | 380.21 |

그림 2.25 단위가 다른 공분산 계산

같은 데이터로 단지 단위만 바꿨을 뿐인데 공분산 계산 결과가 38.02와 380.21로 전혀 다른 값이 나왔다. 이렇게 공분산은 데이터의 단위에 의존하므로, 값의 크기보다는 부호를 보고 결과를 판단해야 한다.

## 2.4.2 상관계수

지금까지, 두 개의 데이터가 비례관계인지 반비례관계인지에 대해서 알아볼 수 있는 공분산에 대해서 알아보았다. 하지만 공분산은 데이터 간의 관계(비례관계 또는 반비례)만 알려줄 뿐 그 관계가 **어느 정도**인지에 대해서는 알려주지를 않는다. 이 어느 정도를 알기 위한 것이 상관계수이다. 상관계수는 두 가지 데이터가 어느 정도의 관계를 가지고 있는지를 보여주는 계수이다. 여름에 자주 볼 수 있는 뉴스로 기온이 올라가서 아이스크림 소비량이 증가했다는 말과 함께 기온과 아이스크림 소비량은 상관관계가 높다고 말을 한다. 여기서 상관관계가 높다는 의미는 비례 또는 반비례 관계이며, 상관계수가 크다는 의미이다.

상관계수는 다음과 같이 정의할 수 있다.

$$R_{xy} = \frac{S_{xy}}{S_x\,S_y}$$

$$= \frac{\dfrac{\sum(x_i - \overline{x})(y_i - \overline{y})}{(n-1)}}{\sqrt{\dfrac{\sum(x_i - \overline{x})^2}{(n-1)}\dfrac{\sum(y_i - \overline{y})^2}{(n-1)}}}$$

$$= \frac{\sum(x_i - \overline{x})(y_i - \overline{y})}{\sqrt{\sum(x_i - \overline{x})^2}\sqrt{\sum(y_i - \overline{y})^2}} \quad\text{─── 식 (2.10)}$$

$R_{xy}$는 $x$와 $y$의 상관계수라는 의미이다. 상관계수는 두 데이터의 공분산을 각각의 표준편차로 나누는 형태로 되어 있다. 식 (2.10)은 공분산과 표준편차로 전개를 한 후에 공통분모인 $(n-1)$을 소거한 것이다.

이렇게 계산한 상관계수는 다음과 같은 특징을 가지고 있다.

$$-1 \leq R_{xy} \leq 1$$

상관계수는 −1에서 1 사이의 값을 가지며, 이 값이 우리가 공분산을 계산할 때 알지 못했던 어느 정도를 나타내는 값이다.

예를 들어, 기온 x와 아이스크림 소비량 y가 비례관계로 똑같다고 가정해 보자. $x=y$의 경우이므로, 식 (2.10) $y=x$를 대입하면 다음과 같이 정리할 수 있다.

$$R_{xy} = \frac{\sum (x_i - \overline{x})(x_i - \overline{x})}{\sqrt{\sum (x_i - \overline{x})^2} \sqrt{\sum (x_i - \overline{x})^2}} = 1$$

$x$와 $y$가 같다면 위의 계산 결과로 상관 계수는 1이 된다. 또, $x$와 $y$가 정반대라면 어떨까?

식 (2.10)에 $y=-x$를 대입해서 정리하면 $-1$의 값을 얻을 수 있다.

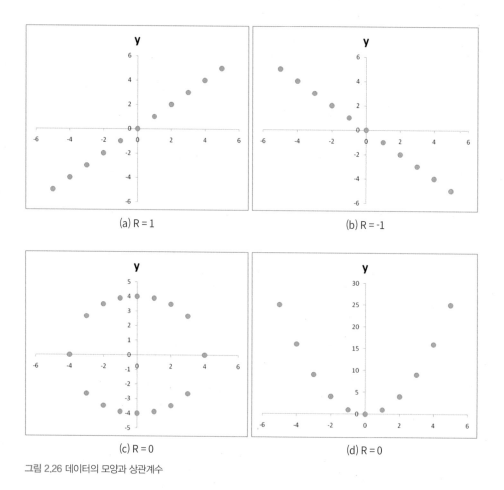

(a) R = 1　　　　　　　　　　(b) R = -1

(c) R = 0　　　　　　　　　　(d) R = 0

그림 2.26 데이터의 모양과 상관계수

그림 2.26은 $x$와 $y$ 데이터가 이루는 모양에 따른 여러 가지 상관계수를 보여주고 있다.

그림 2.26 (a)에서는 상관계수가 1이다. 일반적으로 $x$와 $y$가 비례관계이고 $x$가 2가 증가한다면 $y$도 2가 증가하는 것처럼 증가비율이 똑같다는 의미이며 $x$와 $y$는 **양의 상관관계**를 가지고 있다라고 말한다.

그림 2.26 (b)에서는 상관계수가 −1이다. $x$와 $y$가 반비례관계이므로 $x$가 증가할 때 같은 비율로 $y$는 감소한다는 의미이다. 이때 $x$와 $y$는 **음의 상관관계**를 가지고 있다라고 말한다.

그림 2.26 (c)에서는 상관계수가 0이다. $x$와 $y$간에 어떠한 선형적인 관계도 찾을 수가 없으며 두 변수는 독립이다.

그림 2.26 (d)에서도 상관계수는 0이다. 하지만 2차 방정식의 모양을 하고 있어 좀더 자세히 분석하면 x=0을 기준으로 왼쪽은 반비례 관계, 오른쪽은 비례 관계로 정리할 수 있다. 단순히 상관계수만 계산해 데이터를 분석하는 것은 좋지 않다는 것을 보여주는 예이며, 두 변수에 대해 산포도 등의 그래프를 그려 시각적으로 확인하는 것이 중요하다.

식 (2.10)을 표준화 데이터의 형태로 바꾸어 보자.

$$
\begin{aligned}
R_{xy} &= \frac{\dfrac{\sum (x_i - \overline{x})(y_i - \overline{y})}{(n-1)}}{S_x \, S_y} \\
&= \frac{1}{(n-1)} \sum_{i=1}^{n} \left( \frac{(x_i - \overline{x})}{S_x} \frac{(y_i - \overline{y})}{S_y} \right) \\
&= \frac{1}{(n-1)} \sum_{i=1}^{n} (z_{x_i} z_{y_i}) \quad\text{식 (2.11)}
\end{aligned}
$$

식 (2.9)와 식 (2.11)을 비교해 보면 공분산은 각 데이터의 평균과의 편차간 곱의 합이지만 상관계수는 표준화된 데이터 간의 곱의 합으로 이루어져 있을 뿐 형식은 똑같다는 것을 알 수 있다.

표준화로 데이터의 척도를 없앴기 때문에 데이터 간의 비교가 가능하게 되었고 위에서 말한 것처럼 **어느 정도**를 수치화할 수 있는 것이다. [상관계수] 시트를 이용하여 실제로 프로야구 데이터를 가지고 식 (2.11)을 따라 다음과 같이 계산해 보자.

Step 1 _ 키와 몸무게를 표준화($z_x$, $z_y$)

Step 2 _ 키와 몸무게의 곱 ($z_x z_y$) 계산

Step 3 _ 데이터간의 곱의 합($\sum_{i=1}^{n} z_{x_i} z_{y_i}$) 계산

Step 4 _ 데이터의 개수로 나눈다

$$z_x = \frac{(x_i - \overline{x})}{s_x} \qquad z_y = \frac{(y_i - \overline{y})}{s_y} \qquad \left( \frac{(x_i - \overline{x})}{s_x} \frac{(y_i - \overline{y})}{s_y} \right)$$

| | A | B | C | D | E | F | G | H |
|---|---|---|---|---|---|---|---|---|
| 1 | 선수 | 키 | 몸무게 | | 선수 | 키 표준화 | 몸무게 표준화 | 표준화 데이터간 곱 |
| 2 | 김선빈 | 178 | 80 | | 김선빈 | -0.93 | -0.91 | 0.84 |
| 3 | 박건우 | 184 | 80 | | 박건우 | 0.23 | -0.91 | -0.21 |
| 4 | 박민우 | 188 | 100 | | 박민우 | 1.00 | 0.77 | 0.77 |
| 5 | 나성범 | 180 | 90 | | 나성범 | -0.54 | -0.07 | 0.04 |
| 6 | 박용택 | 185 | 90 | | 박용택 | 0.42 | -0.07 | -0.03 |
| 7 | 최형우 | 178 | 94 | | 최형우 | -0.93 | 0.26 | -0.24 |
| 8 | 김재환 | 183 | 90 | | 김재환 | 0.04 | -0.07 | 0.00 |
| 9 | 로사리오 | 180 | 100 | | 로사리오 | -0.54 | 0.77 | -0.41 |
| 10 | 손아섭 | 175 | 85 | | 손아섭 | -1.51 | -0.49 | 0.74 |
| 11 | 서건창 | 176 | 84 | | 서건창 | -1.31 | -0.57 | 0.75 |
| 12 | 이명기 | 183 | 80 | | 이명기 | 0.04 | -0.91 | -0.04 |
| 13 | 송광민 | 183 | 81 | | 송광민 | 0.04 | -0.83 | -0.03 |
| 14 | 이정후 | 185 | 78 | | 이정후 | 0.42 | -1.08 | -0.46 |
| 15 | 전준우 | 184 | 91 | | 전준우 | 0.23 | 0.01 | 0.00 |
| 16 | 이대호 | 194 | 130 | | 이대호 | 2.16 | 3.28 | 7.10 |
| 17 | 버나디나 | 190 | 95 | | 버나디나 | 1.39 | 0.35 | 0.48 |
| 18 | 최정 | 180 | 84 | | 최정 | -0.54 | -0.57 | 0.31 |
| 19 | 안치홍 | 178 | 94 | | 안치홍 | -0.93 | 0.26 | -0.24 |
| 20 | 러프 | | | | | 1.78 | 1.19 | 2.11 |
| 21 | 윤석민 | | | | | -0.54 | -0.41 | 0.22 |
| 22 | 평균 | | | | | | 편차간 곱의 합 | 11.69 |
| 23 | 표준편차 | 5.18 | 11.94 | | | | 상관계수 | 0.62 |

$$\sum_{i=1}^{n} \left( \frac{(x_i - \overline{x})}{s_x} \frac{(y_i - \overline{y})}{s_y} \right) !$$

$$\frac{1}{(n-1)} \sum_{i=1}^{n} \left( \frac{(x_i - \overline{x})}{s_x} \frac{(y_i - \overline{y})}{s_y} \right)$$

그림 2.27 상관계수 계산

계산 결과는 그림 2.27을 통해서 확인할 수 있다.

엑셀에서는 다른 함수들과 마찬가지로 상관계수에 대해서도 함수를 사용할 수 있다.
=CORREL() 함수를 사용하면 상관계수가 계산 가능하다.

=CORREL(데이터1의 범위,데이터2의 범위)

함수 =CORREL()를 이용해 공분산에서 계산했던 것과 마찬가지로, 단위가 다른 데이터에 대해서도 상관계수를 엑셀 함수를 이용해 계산해 보자.

| | A | B | C | D | E | F | G |
|---|---|---|---|---|---|---|---|
| 35 | 선수 | 키(cm) | 몸무게(Kg) | | 선수 | 키(m) | 몸무게(g) |
| 36 | 김선빈 | 178 | 80 | | 김선빈 | 1.78 | 80000 |
| 37 | 박건우 | 184 | 80 | | 박건우 | 1.84 | 80000 |
| 38 | 박민우 | 188 | 100 | | 박민우 | 1.88 | 100000 |
| 39 | 나성범 | 180 | 90 | | 나성범 | 1.8 | 90000 |
| 40 | 박용택 | 185 | 90 | | 박용택 | 1.85 | 90000 |
| 41 | 최형우 | 178 | 94 | | 최형우 | 1.78 | 94000 |
| 42 | 김재환 | 183 | 90 | | 김재환 | 1.83 | 90000 |
| 43 | 로사리오 | 180 | 100 | | 로사리오 | 1.8 | 100000 |
| 44 | 손아섭 | 175 | 85 | | 손아섭 | 1.75 | 85000 |
| 45 | 서건창 | 176 | 84 | | 서건창 | 1.76 | 84000 |
| 46 | 이명기 | 183 | 80 | | 이명기 | 1.83 | 80000 |
| 47 | 송광민 | 183 | 81 | | 송광민 | 1.83 | 81000 |
| 48 | 이정후 | 185 | 78 | | 이정후 | 1.85 | 78000 |
| 49 | 전준우 | 184 | 91 | | 전준우 | 1.84 | 91000 |
| 50 | 이대호 | 194 | 130 | | 이대호 | 1.94 | 130000 |
| 51 | 버나디나 | 190 | 95 | | 버나디나 | 1.9 | 95000 |
| 52 | 최정 | 180 | 84 | | 최정 | 1.8 | 84000 |
| 53 | 안치홍 | 178 | 94 | | 안치홍 | 1.78 | 94000 |
| 54 | 러프 | 192 | 105 | | 러프 | 1.92 | 105000 |
| 55 | 윤석민 | 180 | 86 | | 윤석민 | 1.8 | 86000 |
| 56 | | | | | | | |
| 57 | | 상관계수 | 0.62 | | | 상관계수 | 0.62 |

=CORREL(B36:B55,C36:C55)        =CORREL(F36:F55,G36:G55)

그림 2.28 엑셀 함수를 이용한 상관계수 계산

공분산 계산 결과와는 달리 표준화된 데이터를 이용해서 계산했으므로, 단위가 무시되어 데이터의 단위가 달라도 상관계수의 결과는 0.62로 동일하게 계산되는 것을 그림 2.28에서 확인할 수 있다. 이 0.62가 **어느 정도**를 나타내는 값이 되며 키와 몸무게의 상관계수는 0.62다, 라는 표현으로 두 변수 간의 관계를 수치로 말할 수 있게 되었다.

**어느 정도**를 나타내는 상관계수는 양수(+)라면 **양의 상관관계**, 음수(−)라면 **음의 상관관계**라고 말을 하며, 일반적으로 다음과 같이 절댓값을 기준으로 판단할 수 있다.

| | |
|---|---|
| 0 ~ 0.6 | 약한 양 또는 음의 상관 관계 |
| 0.6 ~ 0.8 | 보통 양 또는 음의 상관 관계 |
| 0.8 ~ 1 | 강한 양 또는 음의 상관관계 |

상관계수의 절댓값이 0 ~ 0.6이면 상관성이 거의 없거나 있더라도 약한 상관관계를 가진다. 절댓값이 0.8 이상이 되면 강한 상관관계를 가진다고 말할 수 있다.

## 2.5 행렬

수학에서 데이터가 배열 형태로 구성되어 있을 때, 1차원 배열을 **벡터**(vector)라고 하며, 2차원 배열은 **행렬**(matrix)이라고 한다. $n$개 데이터를 열 벡터로 표현하면 다음과 같이 표현할 수 있다.

$$a = \begin{bmatrix} a_1 \\ a_2 \\ \vdots \\ a_n \end{bmatrix}$$

그리고 행 벡터로 표현해야 한다면 다음과 같이 표현할 수 있다.

$$a = [a_1 \ a_2 \cdots a_n]$$

여기서 $a$는 이해를 돕기 위해 사용한 기호일 뿐 특별한 의미가 있는 것은 아니다. 이 행 벡터들과 열 벡터들이 모여서 2차원 배열을 만든 것이 행렬이다.

행렬이란 수를 배열로 만든 것으로 일상생활에서 자주 볼 수 있다. 그림 2.29와 같이 엑셀이나 데이터베이스의 데이터를 수학적으로 계산하기 쉬운 형태로 표현한다.

| ◢ | B | C | D | E |
|---|---|---|---|---|
| 7 | 선수 | 안타 | 2타 | 3타 |
| 8 | 김선빈 | 176 | 34 | 1 |
| 9 | 박건우 | 177 | 40 | 2 |
| 10 | 박민우 | 141 | 25 | 4 |
| 11 | 나성범 | 173 | 42 | 2 |
| 12 | 박용택 | 175 | 23 | 2 |

$$A = \begin{bmatrix} 176 & 34 & 1 \\ 177 & 40 & 2 \\ 141 & 25 & 4 \\ 173 & 42 & 2 \\ 175 & 23 & 2 \end{bmatrix}$$

(a) 데이터 집합        (b) 행렬 표현

그림 2.29 데이터 집합과 그것을 행렬로 표현한 꼴

행렬은 행(row)과 열(column)로 구성되어 있으며 가로를 행, 세로를 열이라고 한다. n행과 m열을 가진 행렬 A는 다음과 같이 표시한다.

$$A = \begin{bmatrix} a_{11} & a_{12} \cdots a_{1m} \\ a_{21} & a_{22} \cdots a_{2m} \\ \vdots & \vdots \ a_{ij} \ \vdots \\ a_{n1} & a_{n2} \cdots a_{nm} \end{bmatrix}$$

여기서, 행렬 A의 i행 j번째 요소를 $a_{ij}$라고 쓰며, 행렬 A는 (n × m) 행렬이라고 표현하거나 행렬 A의 차원은 (n × m)이라고 표현한다.

행렬은 다음과 같이 많은 종류가 있다.

## 2.5.1 정방행렬

정방행렬(square matrix)은 행과 열의 개수가 같은 행렬을 의미하며 다음과 같이 쓸 수 있다.

$$A = \begin{bmatrix} a_{11} & a_{12} \cdots a_{1n} \\ a_{21} & a_{22} \cdots a_{2n} \\ \vdots & \vdots \ a_{ij} \ \vdots \\ a_{n1} & a_{n2} \cdots a_{nn} \end{bmatrix}$$

(n × n) 행렬을 n차 정방행렬이라고 표현한다.

## 2.5.2 영행렬

행렬의 모든 요소가 0인 행렬을 영행렬(zero matrix)이라고 하며 알파벳 O를 써서 다음과 같이 표현한다.

$$O = \begin{bmatrix} 0 & 0 & \cdots & 0 \\ 0 & 0 & \cdots & 0 \\ \vdots & \vdots & 0 & \vdots \\ 0 & 0 & \cdots & 0 \end{bmatrix}$$

수학에서 0과 같은 의미로 해석할 수 있다.

### 2.5.3 대각행렬과 단위행렬

대각성분을 제외한 나머지 값들이 모두 0인 정방행렬을 대각행렬(diagonal matrix)이라고
한다. 특히 대각성분이 모두 1인 행렬을 단위행렬(identity matrix)이라고 하며 $E$ 또는 $I$라
고 쓰고 다음과 같이 정의할 수 있다.

$$E \text{ 또는 } I = \begin{bmatrix} 1 & 0 & \cdots & 0 \\ 0 & 1 & \cdots & 0 \\ \vdots & \vdots & 1 & \vdots \\ 0 & 0 & \cdots & 1 \end{bmatrix} \begin{cases} i = j \text{이면 } a_{ij} = 1 \\ i \neq j \text{이면 } a_{ij} = 0 \end{cases}$$

$(2 \times 2)$ 단위행렬과 $(3 \times 3)$ 단위행렬은 다음과 같이 쓸 수 있다.

$$I = \begin{bmatrix} 1 & 0 \\ 0 & 1 \end{bmatrix}$$

$$I = \begin{bmatrix} 1 & 0 & 0 \\ 0 & 1 & 0 \\ 0 & 0 & 1 \end{bmatrix}$$

일반적으로 단위행렬은 숫자 1과 같은 의미로 해석할 수 있다.

### 2.5.4 삼각행렬

대각선 아래의 모든 성분이 0인 정방행렬을 상삼각행렬(upper triangular matrix)이라고 하며 대각선 위의 모든 성분이 0인 정방행렬을 하삼각행렬(lower triangular matrix)이라고 한다.

$$\text{상삼각행렬} = \begin{bmatrix} a_{11} & a_{12} \cdots a_{1n} \\ 0 & a_{22} \cdots a_{2n} \\ \vdots & \vdots \quad a_{ij} \quad \vdots \\ 0 & 0 \quad \cdots a_{nn} \end{bmatrix}, \quad \text{하삼각행렬} = \begin{bmatrix} a_{11} & 0 & \cdots & 0 \\ a_{21} & a_{22} & \cdots & 0 \\ \vdots & \vdots & a_{ij} & \vdots \\ a_{n1} & a_{n2} & \cdots & a_{nn} \end{bmatrix}$$

다음은 $(3 \times 3)$ 행렬의 상삼각행렬과 하삼각행렬의 예이다.

$$\text{상삼각행렬} = \begin{bmatrix} 1 & 2 & 3 \\ 0 & 4 & 5 \\ 0 & 0 & 6 \end{bmatrix}, \quad \text{하삼각행렬} = \begin{bmatrix} 1 & 0 & 0 \\ 3 & 5 & 0 \\ 7 & 9 & 11 \end{bmatrix}$$

### 2.5.5 전치행렬

전치행렬(transpose matrix)이란 행렬의 행과 열을 바꾼 행렬을 의미한다. $A$의 전치행렬은 $A^T$ 또는 $A'$로 표시하며 다음과 같다. 이 책에서는 기호에 익숙해지도록 두 가지를 번갈아서 사용하도록 한다.

$$A = \begin{bmatrix} a_{11} & a_{12} & \cdots & a_{1m} \\ a_{21} & a_{22} & \cdots & a_{2m} \\ \vdots & \vdots & a_{ij} & \vdots \\ a_{n1} & a_{n2} & \cdots & a_{nm} \end{bmatrix} \quad A^T \text{ 또는 } A' = \begin{bmatrix} a_{11} & a_{21} & \cdots & a_{n1} \\ a_{12} & a_{22} & \cdots & a_{n2} \\ \vdots & \vdots & a_{ij} & \vdots \\ a_{1m} & a_{2m} & \cdots & a_{mn} \end{bmatrix}$$

행렬 A가 (n x m) 행렬일 때, 전치행렬 A'는 행과 열이 바뀌므로 (m x n) 행렬이 된다.

$(3 \times 2)$ 행렬 A와 이에 대한 전치행렬 $A'$는 다음과 같다.

$$A = \begin{bmatrix} 1 & 4 \\ 2 & 5 \\ 3 & 6 \end{bmatrix} \quad A' = \begin{bmatrix} 1 & 2 & 3 \\ 4 & 5 & 6 \end{bmatrix}$$

엑셀에서 전치행렬을 만드는 함수가 따로 준비되어 있다. 다음과 같이 =TRANSPOSE() 함수를 사용하면 간단하게 전치행렬을 만들 수 있다.

=TRANSPOSE(행렬의 범위)

엑셀에서 일반적인 수식의 결과를 보기 위해서는 [Enter] 키만 누르면 계산이 가능했다. 하지만 배열 수식을 계산하기 위해서는 수식의 입력이 끝나고 [Shift] + [Ctrl] + [Enter]로 계산을 마무리해야 한다. 그림 2.30은 =TRANSPOSE() 함수를 사용해 전치행렬을 계산하는 방법을 보여준다. 이 절의 실습은 엑셀의 [행렬] 시트를 이용한다.

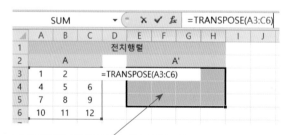

① 전치행렬이 들어갈 범위를 선택한다
② =TRANSPOSE(A3:C6)를 입력
③ [Shift] + [Ctrl]을 누른 상태에서 [Enter]를 누른다

전치행렬 계산 완료

그림 2.30 전치행렬 계산

그림 2.30에서 행렬 $A$는 $(4 \times 3)$ 행렬이므로 전치행렬 $A'$를 계산하기 위해서 $(3 \times 4)$의 범위를 선택하는 것을 깊이 유의해서 확인해 보자.

배열수식으로 계산된 셀들을 지울 때에는 범위를 지정해서 지워야 한다. 셀의 부분을 선택해서 지우면 오류가 생기니 주의해야 한다.

## 2.6 행렬 연산

행렬 연산은 데이터 분석에서는 빠질 수 없는 부분이다. 행렬 연산을 이용하면 복잡한 수식을 간단한 수식으로 표현할 수 있고, 이해하기도 쉬우며, 빠르게 계산할 수 있다. 행렬 연산에서 덧셈과 뺄셈은 간단하기 때문에 이해하기 쉽지만 곱셈은 조금 복잡하기 때문에 외워 두는 것이 좋다. 행렬 연산의 가장 큰 특징은 나눗셈이 없다는 것이다. 그 대신에 역수를 의미하는 역행렬이라는 개념이 추가되었다. 이번 단원에서 역행렬을 계산하는 방법과 역행렬의 특징에 대해서도 배우게 될 것이다.

알고리즘의 수식을 이해하려면 반드시 행렬 연산을 알아 두어야 한다.

### 2.6.1 행렬의 덧셈과 뺄셈

행렬을 가지고 덧셈과 뺄셈을 하기 위해서는 한가지 조건이 필요하다. 연산을 하는 두 개의 행렬의 행과 열이 같아야 한다. 즉, 두 행렬의 차원이 같아야 한다. 이 조건을 만족한다면 다음과 같이 대응하는 원소끼리 계산이 가능하게 된다.

행렬 $A$와 행렬 $B$를 $(2 \times 2)$ 행렬로 다음과 같이 정의한다면

$$A = \begin{bmatrix} a_{11} & a_{12} \\ a_{21} & a_{22} \end{bmatrix}, \quad B = \begin{bmatrix} b_{11} & b_{12} \\ b_{21} & a_{22} \end{bmatrix}$$

행렬의 덧셈과 뺄셈은 다음과 같이 정의할 수 있다.

$$C = A \pm B = \begin{bmatrix} a_{11} & a_{12} \\ a_{21} & a_{22} \end{bmatrix} \pm \begin{bmatrix} b_{11} & b_{12} \\ b_{21} & a_{22} \end{bmatrix} = \begin{bmatrix} a_{11} \pm b_{11} & a_{12} \pm b_{12} \\ a_{21} \pm b_{21} & a_{22} \pm b_{22} \end{bmatrix}$$ ............... 식 (2.12)

엑셀에서는 행렬의 덧셈과 뺄셈을 지원하는 함수는 없지만 그림 2.31과 같이 두 가지 방법을 사용할 수 있다.

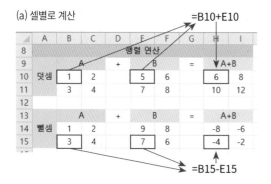

그림 2.31 행렬의 덧셈과 뺄셈

그림 2.31 (a)와 같이 대응하는 셀끼리 더하거나 빼기를 입력하거나 행렬 연산 형식을 이용해서 행렬 A 범위 선택 후 덧셈이나 뺄셈 연산자 입력을 하고 다시 행렬 B 범위를 입력한 후에 [Shift] + [Ctrl] + [Enter] 키를 동시에 누르면 간단하게 계산할 수 있다.

## 2.6.2 행렬의 곱셈

행렬의 곱셈은 일반 곱셈과는 다르다. 우선 행 벡터와 열 벡터의 곱셈을 알아보자.

행 벡터 $a$와 열 벡터 $b$를 다음과 같이 정의한다면,

$$a = [a_1 a_2 \cdots a_n], \quad b = \begin{bmatrix} b_1 \\ b_2 \\ \vdots \\ b_n \end{bmatrix}$$

$a$와 $b$의 곱은 행과 열의 대응하는 요소들의 곱의 합으로 다음과 같이 정의할 수 있다.

$$ab = [a_1 a_2 \cdots a_n] \begin{bmatrix} b_1 \\ b_2 \\ \vdots \\ b_n \end{bmatrix}$$
$$= a_1 b_1 + a_2 b_2 + \cdots + a_n b_n$$
$$= \sum_{i=1}^{n} a_i b_i$$

이제 행렬의 곱셈으로 확장해 보자. 행렬의 곱셈도 벡터의 곱셈과 방법은 동일하다.

행렬 $A$와 $B$를 다음과 같이 정의해 보자.

$$A = \begin{bmatrix} a_{11} a_{12} a_{13} \\ a_{21} a_{22} a_{23} \end{bmatrix}, B = \begin{bmatrix} b_{11} b_{12} \\ b_{21} b_{22} \\ b_{31} b_{32} \end{bmatrix}$$

행렬 $A$의 차원은 $(2 \times 3)$이며, 행렬 $B$의 차원은 $(3 \times 2)$이다.

행렬 $A$와 행렬 $B$의 행렬곱의 이미지는 다음과 같이 풀어 쓸 수 있다.

$$C = AB = \begin{bmatrix} a_{11} a_{12} a_{13} \\ a_{21} a_{22} a_{23} \end{bmatrix} \begin{bmatrix} b_{11} b_{12} \\ b_{21} b_{22} \\ b_{31} b_{32} \end{bmatrix} = \begin{bmatrix} [a_{11} a_{12} a_{13}] \begin{bmatrix} b_{11} \\ b_{21} \\ b_{31} \end{bmatrix} & [a_{11} a_{12} a_{13}] \begin{bmatrix} b_{12} \\ b_{22} \\ b_{32} \end{bmatrix} \\ [a_{21} a_{22} a_{23}] \begin{bmatrix} b_{11} \\ b_{21} \\ b_{31} \end{bmatrix} & [a_{21} a_{22} a_{23}] \begin{bmatrix} b_{12} \\ b_{22} \\ b_{32} \end{bmatrix} \end{bmatrix}$$

위의 과정을 자세히 보면 단순히 행 벡터와 열 벡터의 곱셈이 네 번 반복된 것을 볼 수 있다. 이 과정을 일반화하면 다음과 같다.

$$\begin{aligned} C = AB &= \begin{bmatrix} a_{11} a_{12} a_{13} \\ a_{21} a_{22} a_{23} \end{bmatrix} \begin{bmatrix} b_{11} b_{12} \\ b_{21} b_{22} \\ b_{31} b_{32} \end{bmatrix} \\ &= \begin{bmatrix} a_{11}b_{11} + a_{12}b_{21} + a_{13}b_{31} & a_{11}b_{12} + a_{12}b_{22} + a_{13}b_{32} \\ a_{21}b_{11} + a_{22}b_{21} + a_{23}b_{31} & a_{21}b_{12} + a_{22}b_{22} + a_{23}b_{32} \end{bmatrix} \\ &= \begin{bmatrix} \sum_{i=1}^{3} a_{1i}b_{i1} & \sum_{i=1}^{3} a_{1i}b_{i2} \\ \sum_{i=1}^{3} a_{2i}b_{i1} & \sum_{i=1}^{3} a_{2i}b_{i2} \end{bmatrix} \end{aligned}$$ ········· 식 (2.13)

그러므로 행렬 $C$의 i행 j열의 요소 $C_{ij}$는 다음과 같이 쓸 수 있다.

$$c_{ij} = \sum_{k=1}^{3} a_{ik}b_{kj}$$ ········· 식 (2.14)

행렬의 곱셈 결과를 시그마로 표현하는 방법은 충분히 이해해 두자. 데이터 분석 알고리즘에서 자주 등장하는 표현이기 때문이며, 알고리즘을 프로그래밍할 때 중요하다.

행렬의 곱셈의 결과로 나오는 새로운 행렬의 차원은 앞의 행렬의 행과 뒤의 행렬의 열로 결정이 된다. 예를 들어서, $A$ 행렬의 차원이 (2 x 3)이고 $B$ 행렬의 차원이 (3 x 2)일 때 $A \times B$의 결과는 그림 2.32와 같이 ($A$ 행렬의 행 x $B$ 행렬의 열)이 되어 (2 x 2) 행렬이 된다.

$$\begin{bmatrix} a_{11} a_{12} a_{13} \\ a_{21} a_{22} a_{23} \end{bmatrix} \begin{bmatrix} b_{11} b_{12} \\ b_{21} b_{22} \\ b_{31} b_{32} \end{bmatrix} = \begin{bmatrix} a_{11}b_{11} + a_{12}b_{21} + a_{13}b_{31} & a_{11}b_{12} + a_{12}b_{22} + a_{13}b_{32} \\ a_{21}b_{11} + a_{22}b_{21} + a_{23}b_{31} & a_{21}b_{12} + a_{22}b_{22} + a_{23}b_{32} \end{bmatrix}$$

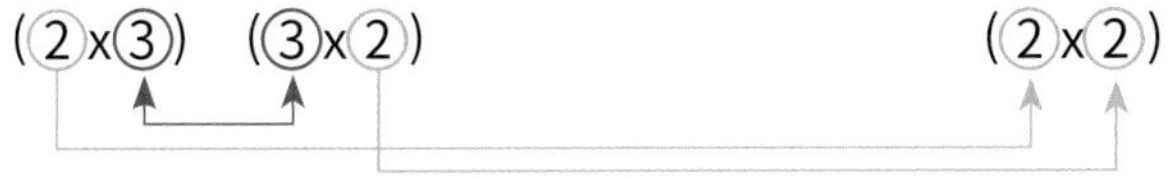
(2x3)
(3x2)
(2x2)

그림 2.32 행렬 곱셈의 조건과 결과

행렬의 곱셈이 성립하기 위한 조건이 있다. 그림 2.32의 빨간 원처럼 앞의 행렬의 열과 뒤의 행렬의 행의 차원이 같아야 한다. 이 조건이 성립하지 않으면 행렬의 곱셈은 불가능하다.

엑셀에서는 행렬의 곱셈을 지원하는 함수로 =MMULT()가 있다. =MMULT()의 사용법은 다음과 같다.

```
=MMULT(행렬1의 범위,행렬2의 범위)
```

앞서 계산한 행렬 $A$와 행렬 $B$의 행렬 곱을 계산해 보자. 함수 =MMULT()를 사용해 행렬 1의 범위에는 행렬 $A$의 범위를, 행렬 2의 범위에는 행렬 $B$의 범위를 지정하고 행렬을 계산하면, 그림 2.33과 같은 결과를 확인할 수 있다.

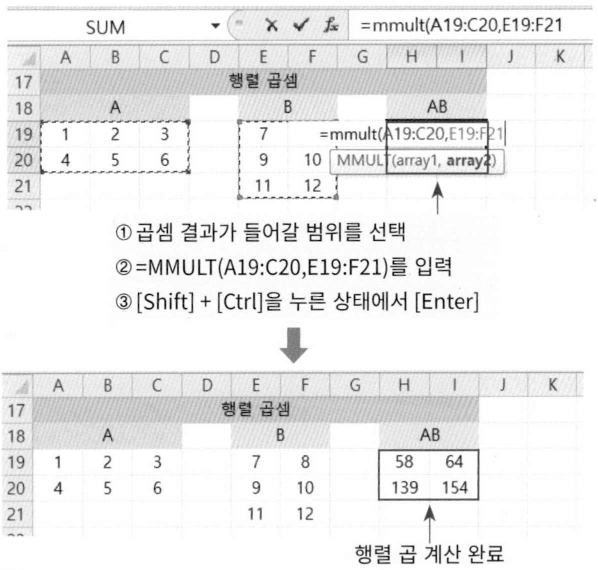
SUM
=mmult(A19:C20,E19:F21
행렬 곱셈
A
B
AB
=mmult(A19:C20,E19:F21
MMULT(array1, array2)
① 곱셈 결과가 들어갈 범위를 선택
② =MMULT(A19:C20,E19:F21)를 입력
③ [Shift] + [Ctrl]을 누른 상태에서 [Enter]
행렬 곱셈
A
B
AB
58 64
139 154
행렬 곱 계산 완료

그림 2.33 행렬 곱 계산

엑셀에서는 행렬 곱 함수를 제공하므로 간단히 계산할 수 있지만 잘못 사용하면 원하는 계산 결과를 얻지 못할 수도 있다.

먼저, 행렬 $A$의 차원이 $(2 \times 3)$, 행렬 $B$의 차원은 $(4 \times 2)$로 행렬 $A$의 열과 행렬 $B$의 행의 차원이 맞지 않는 경우를 살펴보자.

| ▲ | A | B | C | D | E | F | G | H | I |
|---|---|---|---|---|---|---|---|---|---|
| 24 | | | | 행렬 차원 오류 | | | | | |
| 25 | | A | | | | B | | | AB |
| 26 | 1 | 2 | 3 | | 7 | 8 | | #VALUE! | #VALUE! |
| 27 | 4 | 5 | 6 | | 9 | 10 | | #VALUE! | #VALUE! |
| 28 | | | | | 11 | 12 | | | |
| 29 | | | | | 13 | 14 | | | |

그림 2.34 행렬 차원이 맞지 않을 경우

그림 2.34는 행렬의 차원이 맞지 않는 경우에 계산을 했을 때의 결과를 보여준다. "#VALUE!"는 엑셀에서 "수식 입력에 오류가 있습니다. 또는 참조하는 셀이 잘못되었습니다"라는 의미를 지닌 에러이다.

두 번째로는, 행렬 곱셈 결과의 범위를 잘못 선택한 경우이다. 그림 2.35의 (a)는 $(2 \times 3)$과 $(3 \times 2) = (2 \times 2)$이지만 $(3 \times 3)$으로 행렬의 크기보다 넓게 선택해 계산한 결과를 보여준다. 계산할 수 없는 셀에는 에러값이 나타난다. 그리고 그림 2.35의 (b)는 $= (2 \times 2)$ 대신에 $(2 \times 1)$로 행렬의 크기보다 좁게 선택해 계산한 결과이다. 행렬의 곱셈 결과의 일부만 보여주며, 에러값이나 메시지를 보여주지 않는다. 그래서 잘못 계산을 했는지 안 했는지를 알아차리기가 어렵다.

(a) 행렬 범위를 넓게 선택한 경우

| | A | B | C | D | E | F | G | H | I | J |
|---|---|---|---|---|---|---|---|---|---|---|
| 31 | | | | | 넓게 선택 | | | | | |
| 32 | | A | | | | B | | | AB | |
| 33 | 1 | 2 | 3 | | 7 | 8 | | 58 | 64 | #N/A |
| 34 | 4 | 5 | 6 | | 9 | 10 | | 139 | 154 | #N/A |
| 35 | | | | | 11 | 12 | | #N/A | #N/A | #N/A |

(b) 행렬 범위를 좁게 선택한 경우

| | A | B | C | D | E | F | G | H | I | J |
|---|---|---|---|---|---|---|---|---|---|---|
| 37 | | | | | 좁게 선택 | | | | | |
| 38 | | A | | | | B | | AB | | |
| 39 | 1 | 2 | 3 | | 7 | 8 | | 58 | | |
| 40 | 4 | 5 | 6 | | 9 | 10 | | 139 | | |
| 41 | | | | | 11 | 12 | | | | |

그림 2.35 행렬의 계산 범위를 잘못 선택한 경우

그러므로 엑셀로 행렬의 곱셈을 계산할 때에는 행렬의 차원과 계산 결과의 범위 선택에 유의해야 한다.

지금까지 행렬의 곱셈에 대해서 알아보았다. 이제부터는 곱셈에서 일반적으로 활용되는 교환법칙, 결합법칙, 분배법칙에 대해서 알아보자.

1. **교환법칙**

$$AB \neq BA$$

2. **결합법칙**

$$(AB)C = A(BC)$$

3. **분배법칙**

$$A(B+C) = AB + AC$$
$$(A + B)C = AC + BC$$

행렬은 특수한 계산 방식 때문에 교환법칙이 성립하지 않지만, 결합법칙과 분배법칙은 성립한다.

행렬 $A$와 행렬 $B$를 다음과 같이 정의하자.

$$A = \begin{bmatrix} a_{11} & a_{12} \\ a_{21} & a_{22} \end{bmatrix}, B = \begin{bmatrix} b_{11} & b_{12} \\ b_{21} & b_{22} \end{bmatrix}$$

$AB$와 $BA$의 곱셈 계산 결과는 다음과 같다.

$$AB = \begin{bmatrix} a_{11} & a_{12} \\ a_{21} & a_{22} \end{bmatrix}\begin{bmatrix} b_{11} & b_{12} \\ b_{21} & b_{22} \end{bmatrix} = \begin{bmatrix} a_{11}b_{11} + a_{12}b_{21} & a_{11}b_{12} + a_{12}b_{22} \\ a_{21}b_{11} + a_{22}b_{21} & a_{21}b_{12} + a_{22}b_{22} \end{bmatrix}$$

$$BA = \begin{bmatrix} b_{11} & b_{12} \\ b_{21} & b_{22} \end{bmatrix}\begin{bmatrix} a_{11} & a_{12} \\ a_{21} & a_{22} \end{bmatrix} = \begin{bmatrix} b_{11}a_{11} + b_{12}a_{21} & b_{11}a_{12} + b_{12}a_{22} \\ b_{21}a_{11} + b_{22}a_{21} & b_{21}a_{12} + b_{22}a_{22} \end{bmatrix}$$

그러므로 $AB \neq BA$라는 것을 확인할 수 있다.

엑셀에서 실습 데이터를 이용해서 계산해 볼 수 있다.

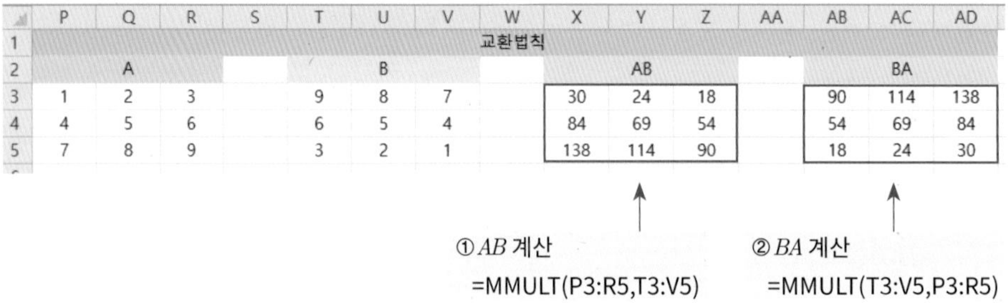

| | P | Q | R | S | T | U | V | W | X | Y | Z | AA | AB | AC | AD |
|---|---|---|---|---|---|---|---|---|---|---|---|---|---|---|---|
| 1 | | | | | | | | 교환법칙 | | | | | | | |
| 2 | | A | | | | B | | | | AB | | | | BA | |
| 3 | 1 | 2 | 3 | | 9 | 8 | 7 | | 30 | 24 | 18 | | 90 | 114 | 138 |
| 4 | 4 | 5 | 6 | | 6 | 5 | 4 | | 84 | 69 | 54 | | 54 | 69 | 84 |
| 5 | 7 | 8 | 9 | | 3 | 2 | 1 | | 138 | 114 | 90 | | 18 | 24 | 30 |

① $AB$ 계산
=MMULT(P3:R5,T3:V5)

② $BA$ 계산
=MMULT(T3:V5,P3:R5)

그림 2.36 교환 법칙 $AB \neq BA$

그림 2.36과 같이 순서를 바꿔도 행렬의 곱셈이 성립하도록 행렬 $A$와 행렬 $B$를 모두 $(3 \times 3)$ 행렬로 정의한 후에 계산해 보았다. 역시, $AB \neq BA$인 것을 직접 확인할 수 있다.

행렬에서 교환법칙이 성립되지 않는 것은 대단히 중요하므로 항상 기억하고 있어야 한다.

결합법칙도 엑셀을 이용해서 확인해 보자.

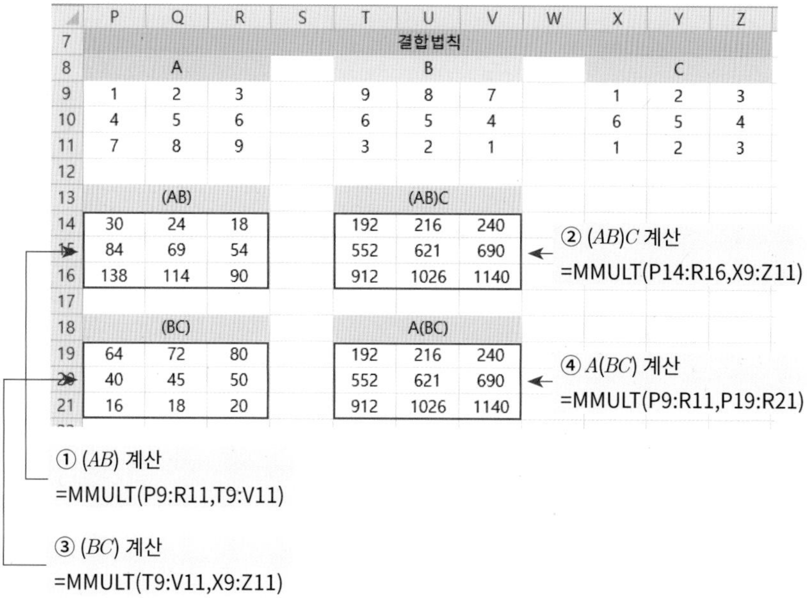

그림 2.37 결합법칙 (AB)C = A(BC)

엑셀 함수 =MMULT()는 $ABC$와 같이 행렬 세 개를 동시에 곱하는 형식은 지원하지 않는다. 그러므로 $(AB)C$를 계산하기 위해서는 $(AB)$를 함수 =MMULT()를 이용해서 먼저 계산을 하고 그 결과와 $C$를 함수 =MMULT()를 이용해서 차례대로 계산해야 한다. $A(BC)$도 같은 방법으로 $(BC)$를 먼저 계산한 후에 $A(BC)$를 계산하면 엑셀에서도 여러 개의 행렬의 곱셈을 계산할 수 있다.

그림 2.37은 위의 과정을 엑셀에서 진행한 과정과 결과를 보여주며 $(AB)C$의 계산 결과와 $A(BC)$의 계산 결과가 동일하다는 것을 확인할 수 있다.

분배법칙 $A(B+C) = AB+AC$와 $(A+B)C = AC+BC$도 엑셀에서 그림 2.38처럼 계산해서 확인 가능하다.

| | P | Q | R | S | T | U | V | W | X | Y | Z |
|---|---|---|---|---|---|---|---|---|---|---|---|
| 23 | | | | | | 분배법칙 | | | | | |
| 24 | | A | | | | B | | | | C | |
| 25 | 1 | 2 | 3 | | 9 | 8 | 7 | | 1 | 2 | 3 |
| 26 | 4 | 5 | 6 | | 6 | 5 | 4 | | 6 | 5 | 4 |
| 27 | 7 | 8 | 9 | | 3 | 2 | 1 | | 1 | 2 | 3 |
| 28 | | | | ④ =MMULT(P25:R27,X25:Z27) | | | | | | | |
| 29 | | (B+C) | | | | | | | | A(B+C) | |
| 30 | 10 | 10 | 10 | | | | | | 46 | 42 | 38 |
| 31 | 12 | 10 | 8 | | | | | | 124 | 114 | 104 |
| 32 | 4 | 4 | 4 | | | | | | 202 | 186 | 170 |
| 33 | ① =T25:V27+X25:Z27 | | | | | | | | ② =MMULT(P25:R27,P30:R32) | | |
| 34 | | AB | | | | AC | | | | AB+AC | |
| 35 | 30 | 24 | 18 | | 16 | 18 | 20 | | 46 | 42 | 38 |
| 36 | 84 | 69 | 54 | | 40 | 45 | 50 | | 124 | 114 | 104 |
| 37 | 138 | 114 | 90 | | 64 | 72 | 80 | | 202 | 186 | 170 |
| 38 | ③ =MMULT(P25:R27,T25:V27) | | | | | | | | ⑤ =P35:R37+T35:V37 | | |
| 39 | | (A+B) | | | | | | | | (A+B)C | |
| 40 | 10 | 10 | 10 | | | | | | 80 | 90 | 100 |
| 41 | 10 | 10 | 10 | | | | | | 80 | 90 | 100 |
| 42 | 10 | 10 | 10 | | | | | | 80 | 90 | 100 |
| 43 | ⑥ =P25:R27+T25:V27 | | | | | | | | ⑦ =MMULT(P40:R42,X25:Z27) | | |
| 44 | | AC | | | | BC | | | | AC+BC | |
| 45 | 16 | 18 | 20 | | 64 | 72 | 80 | | 80 | 90 | 100 |
| 46 | 40 | 45 | 50 | | 40 | 45 | 50 | | 80 | 90 | 100 |
| 47 | 64 | 72 | 80 | | 16 | 18 | 20 | | 80 | 90 | 100 |

⑧ =MMULT(P25:R27,X25:Z27)
⑨ =MMULT(T25:V27,X25:Z27)
⑩ =P45:R47+T45:V47

그림 2.38 분배 법칙

분배법칙도 한 번에 계산할 수가 없으므로 한 단계씩 연산을 하면서 최종 결과를 확인해야 한다. 간단한 식이지만, 엑셀에서 계산 결과를 확인하기 위해서는 그림 2.38과 같이 중간 결과를 남겨 놓아야 다음 계산 과정에서 이용할 수 있다는 것을 알 수 있다. 덧셈과 곱셈의 입력방식에 주의해서 실습해 보자.

마지막으로, 분산을 구하는 식에 대해서 알아보고 공분산행렬과 상관행렬을 보자. 이 두 가지 식은 데이터 분석에서 자주 나오는 행렬 표현이다.

$x$를 표준화한 열 벡터 $Z_x$를 다음과 같이 정의하자.

$$Z_x = \begin{bmatrix} z_{x_1} \\ z_{x_2} \\ \vdots \\ z_{x_n} \end{bmatrix}$$

표본집단의 분산을 구하는 식 (2.6)을 표준화 데이터에 대한 분산을 구하는 식으로 바꾸면 다음과 같다.

$$S^2 = \frac{1}{n-1} \sum_{i=1}^{n} (z_{x_i} - \overline{z_x})^2 = \frac{1}{n-1} \sum_{i=1}^{n} z_{x_i}^{\ 2} \quad\text{식 (2.15)}$$

왜냐하면 $z_x$의 평균 $\overline{z_x}$는 0이기 때문이다.

식 (2.15)의 각 데이터의 제곱 $z_{x_i}^{\ 2}$을 행렬로 어떻게 표현하는지에 대해서 알아보자.

$$\begin{aligned} Z_x{'}Z_x &= \begin{bmatrix} z_{x_1} & z_{x_2} & \cdots & z_{x_n} \end{bmatrix} \begin{bmatrix} z_{x_1} \\ z_{x_2} \\ \vdots \\ z_{x_n} \end{bmatrix} \\ &= z_{x_1}^{\ 2} + z_{x_2}^{\ 2} + \cdots + z_{x_n}^{\ 2} \\ &= \sum_{i=1}^{n} z_{x_i}^{\ 2} \quad\text{식 (2.16)} \end{aligned}$$

식 (2.16)과 같이 행렬의 곱셈을 이용하면 자기 자신의 제곱이 된다. 하지만 순서에 유의하자. $Z_x Z_x{'}$로 계산하면 식 (2.17)과 같이 전혀 다른 결과가 나온다.

$$Z_x Z_x{}' = \begin{bmatrix} z_{x_1} \\ z_{x_2} \\ \vdots \\ z_{x_n} \end{bmatrix} \begin{bmatrix} z_{x_1} & z_{x_2} & \cdots & z_{x_n} \end{bmatrix}$$

$$= \begin{bmatrix} z_{x_1}z_{x_1} & z_{x_1}z_{x_2} & \cdots & z_{x_1}z_{x_n} \\ z_{x_2}z_{x_1} & z_{x_2}z_{x_2} & \cdots & z_{x_2}z_{x_n} \\ & & \vdots & \\ z_{x_n}z_{x_1} & z_{x_n}z_{x_2} & \cdots & z_{x_n}z_{x_n} \end{bmatrix} \text{ —————————— 식 (2.17)}$$

따라서, 표준화된 데이터의 분산을 구하는 식을 행렬로 표현하면 다음과 같이 정의할 수 있다.

$$V_{z_x} = \frac{1}{(n-1)} Z_x{}' Z_x \text{ —————————— 식 (2.18)}$$

엑셀로 분산을 계산해 본 결과는 그림 2.39와 같다.

| ▲ | P | Q | R | S | T | U | V | W |
|---|---|---|---|---|---|---|---|---|
| 50 | | | | 행렬 분산 계산 | | | | |
| 51 | Zx | | | | Zx' | | | |
| 52 | -1.11 | | -1.11 | 0.49 | 1.55 | -0.58 | 0.75 | -1.11 |
| 53 | 0.49 | | | | | | | |
| 54 | 1.55 | | | | | | | ① =TRANSPOSE(P52:P57) |
| 55 | -0.58 | | | | | | | |
| 56 | 0.75 | | VAR.S 분산 | | 1.2 | ← | ② =VAR.S(P52:P57) | |
| 57 | -1.11 | | 행렬분산 | | 1.2 | ← | ③ =MMULT(R52:W52,P52:P57)/5 | |

그림 2.39 행렬의 분산 계산

먼저, 함수 =VAR.S()로 구한 분산은 1.2이다. 그리고 행렬 $Z_x$의 전치행렬을 =TRANSPOSE()로 구한 후에 식 (2.18)을 이용해 계산한 분산도 1.2로 같음을 확인할 수 있었다. ③을 계산할 때 데이터의 개수는 6개이므로 $(n-1)$ 대신에 5로 나눠주었다. ③번 계산도 역시 배열 계산이므로 입력이 끝난 후에는 [Shift] + [Ctrl] + [Enter]로 계산해야 한다.

### 2.6.3 공분산 행렬과 상관행렬

이제 공분산행렬과 상관행렬에 대해서 알아보자.

공분산행렬과 상관행렬이란 변수들 간의 공분산과 상관계수를 행렬로 나타낸 것이다.

변수 $m$개가 $x_1, x_2, \cdots, x_m$와 같이 있을 때 다음과 같이 정의할 수 있다.

$$\text{공분산행렬 } S = \begin{bmatrix} s_{x_1 x_1} & s_{x_1 x_2} & \dots & s_{x_1 x_m} \\ s_{x_2 x_1} & s_{x_2 x_2} & \dots & s_{x_2 x_m} \\ & & \vdots & \\ s_{x_m x_1} & s_{x_m x_2} & \dots & s_{x_m x_m} \end{bmatrix}$$

$$\text{상관행렬 } R = \begin{bmatrix} r_{x_1 x_1} & r_{x_1 x_2} & \dots & r_{x_1 x_m} \\ r_{x_2 x_1} & r_{x_2 x_2} & \dots & r_{x_2 x_m} \\ & & \vdots & \\ r_{x_m x_1} & r_{x_m x_2} & \dots & r_{x_m x_m} \end{bmatrix}$$

········· 식 (2.19)

$S_{x_1 x_1}$은 자기자신의 분산이고, $S_{x_1 x_2}$에는 $x_1$과 $x_2$의 공분산을 계산한 값이 들어간다. 공분산은 변수의 순서가 바뀌어도 상관이 없으므로 $S_{x_1 x_2} = S_{x_2 x_1}$이다.

상관행렬 $R$의 특징은 $i$와 $j$를 변수의 번호라고 했을때 다음과들 같이 정리할 수 있다.

1. 상관행렬의 대각성분($i = j$)은 자기 자신에 대한 상관계수를 나타낸다.

   자기 자신에 대한 상관계수는 1이다.

2. 대각성분 이외의 성분($i \neq j$)들은 각 변수들 간의 상관계수를 나타낸다.

3. 대각선을 중심으로 대칭되는 성분의 값은 같다.

   $x_1$과 $x_2$의 상관계수 $r_{x_1 x_2}$와, $x_2$와 $x_1$의 상관계수 $r_{x_2 x_1}$은 동일하다

상관계수에서도 설명했지만, 표준화된 데이터를 이용해서 공분산행렬 $S$를 계산하면 상관행렬 $R$이 된다.

이제 공분산행렬과 상관행렬이 어떻게 계산되는지 알아보자.

공분산과 상관계수는 식 (2.9)와 식 (2.11)을 이용하면 계산할 수 있으므로, 식 (2.19)에 두 식을 대입하면 다음과 같다.

$$
S = \frac{1}{(n-1)}
\begin{bmatrix}
\sum_{i=1}^{n}(x_{1i}-\overline{x_1})(x_{1i}-\overline{x_1}) & \sum_{i=1}^{n}(x_{1i}-\overline{x_1})(x_{2i}-\overline{x_2}) & \cdots & \sum_{i=1}^{n}(x_{1i}-\overline{x_1})(x_{mi}-\overline{x_m}) \\
\sum_{i=1}^{n}(x_{2i}-\overline{x_2})(x_{1i}-\overline{x_1}) & \sum_{i=1}^{n}(x_{2i}-\overline{x_2})(x_{2i}-\overline{x_2}) & \cdots & \sum_{i=1}^{n}(x_{2i}-\overline{x_2})(x_{mi}-\overline{x_m}) \\
& \vdots & & \\
\sum_{i=1}^{n}(x_{mi}-\overline{x_m})(x_{1i}-\overline{x_1}) & \sum_{i=1}^{n}(x_{mi}-\overline{x_m})(x_{2i}-\overline{x_2}) & \cdots & \sum_{i=1}^{n}(x_{mi}-\overline{x_m})(x_{mi}-\overline{x_m})
\end{bmatrix}
$$

식 (2.20)

$$
R = \frac{1}{(n-1)}
\begin{bmatrix}
\sum_{i=1}^{n}z_{x_1i}z_{x_1i} & \sum_{i=1}^{n}z_{x_1i}z_{x_2i} & \cdots & \sum_{i=1}^{n}z_{x_1i}z_{x_mi} \\
\sum_{i=1}^{n}z_{x_2i}z_{x_1i} & \sum_{i=1}^{n}z_{x_2i}z_{x_2i} & \cdots & \sum_{i=1}^{n}z_{x_2i}z_{x_mi} \\
& \vdots & & \\
\sum_{i=1}^{n}z_{x_mi}z_{x_1i} & \sum_{i=1}^{n}z_{x_mi}z_{x_2i} & \cdots & \sum_{i=1}^{n}z_{x_mi}z_{x_mi}
\end{bmatrix}
$$

식 (2.21)

여기서 $n$은 데이터의 개수이다.

이제 식 (2.21)을 계산해 보자.

변수 $x_1$, $x_2$은 $n$개의 데이터를 가지는 열 벡터이며 각 변수들의 표준화된 데이터를 다음과 같이 정의하자.

$$
z_{x_1} = \begin{bmatrix} z_{x_{11}} \\ z_{x_{21}} \\ \vdots \\ z_{x_{n1}} \end{bmatrix}, \quad
z_{x_2} = \begin{bmatrix} z_{x_{12}} \\ z_{x_{22}} \\ \vdots \\ z_{x_{n2}} \end{bmatrix}
$$

이 변수들의 집합을 $Z_x$라고 정의하고 다음과 같이 행렬로 정의하자.

$$Z_x = \begin{bmatrix} z_{x_{11}} & z_{x_{12}} \\ z_{x_{21}} & z_{x_{22}} \\ & \vdots \\ z_{x_{n1}} & z_{x_{n2}} \end{bmatrix}$$

표준화된 데이터 $Z_x$를 이용해서 상관행렬을 계산하려면 중복 계산을 포함해서 (변수의 개수)$^2$만큼 계산해야 한다. 하지만 행렬을 이용해서 간단하게 계산할 수 있다.

식 (2.21)을 행렬로 표현하면 다음과 같다.

$$R = \frac{1}{(n-1)} Z_x' Z_x \quad\text{식 (2.22)}$$

언뜻 보면, 분산을 구하는 (2.18) 식과 비슷하지만 식 (2.18)은 열 벡터를 사용하고 있지만, 식 (2.22)는 행렬을 사용하고 있다는 점이다.

식 (2.22)을 이용해서 위의 $Z_x$의 상관행렬을 구해 보면 다음과 같다.

$$R = \frac{1}{(n-1)} \begin{bmatrix} z_{x_{11}} & z_{x_{12}} \\ z_{x_{21}} & z_{x_{22}} \\ & \vdots \\ z_{x_{n1}} & z_{x_{n2}} \end{bmatrix}' \begin{bmatrix} z_{x_{11}} & z_{x_{12}} \\ z_{x_{21}} & z_{x_{22}} \\ & \vdots \\ z_{x_{n1}} & z_{x_{n2}} \end{bmatrix}$$

$$= \frac{1}{(n-1)} \begin{bmatrix} z_{x_{11}} & z_{x_{21}} & \cdots & z_{x_{n1}} \\ z_{x_{12}} & z_{x_{22}} & & z_{x_{n2}} \end{bmatrix} \begin{bmatrix} z_{x_{11}} & z_{x_{12}} \\ z_{x_{21}} & z_{x_{22}} \\ & \vdots \\ z_{x_{n1}} & z_{x_{n2}} \end{bmatrix} \quad\text{식 (2.23)}$$

식 (2.23)을 전개해서 정리하면 식 (2.21)이 된다. 이제 엑셀 실습을 이용해서 확인해 보자.

| | P | Q | R | S | T | U | V | W |
|---|---|---|---|---|---|---|---|---|
| 61 | | | | 상관행렬 계산 | | | | |
| 62 | 안타 | 2타 | 3타 | | | | | |
| 63 | 0.45 | 0.09 | -1.29 | | | | | |
| 64 | 0.52 | 0.86 | -0.32 | | | | | |
| 65 | -2.03 | -1.07 | 1.61 | | | | | |
| 66 | 0.24 | 1.11 | -0.32 | | | | | |
| 67 | 0.38 | -1.33 | -0.32 | | | | | |
| 68 | 0.45 | 0.34 | 0.65 | | | | | |
| 69 | | | | | | | | |
| 70 | | | | 엑셀 함수 상관행렬 | | | | |
| 71 | | | | 안타 | 2타 | 3타 | | |
| 72 | | | 안타 | 1 | 0.51 | -0.79 | | |
| 73 | | | 2타 | 0.51 | 1 | -0.36 | | |
| 74 | | | 3타 | -0.79 | -0.36 | 1 | | |

안타-안타의 상관계수
=CORREL($P$63:$P$68,P63:P68)

2타-3타의 상관계수
=CORREL($Q$63:$Q$68,R63:R68)

그림 2.40 엑셀 함수를 이용한 상관행렬 계산

그림 2.40은 상관행렬을 계산하는 함수 =CORREL()을 이용해서 상관행렬을 계산한 결과이다. 9번을 일일이 계산하는 것보다는 식의 참조 방식을 이용하면 좀 더 쉽게 구할 수 있다.

상관행렬을 보면서 위의 상관행렬의 특징을 살펴보자.

안타-안타의 상관계수는 자기자신과의 상관관계이므로 1이 나온 것을 알 수 있다. 그리고 1행2열의 안타-2타의 상관계수와, 2행1열의 2타-안타의 상관계수가 동일하다는 것도 확인할 수 있다. 자기상관계수가 있는 대각선은 1이며 대각선을 기준으로 위아래가 대칭인 것을 알 수 있다.

이제 그림 2.41을 보자. 위의 데이터를 가지고 식 (2.22)를 이용해 상관행렬을 계산한 결과를 확인할 수 있다.

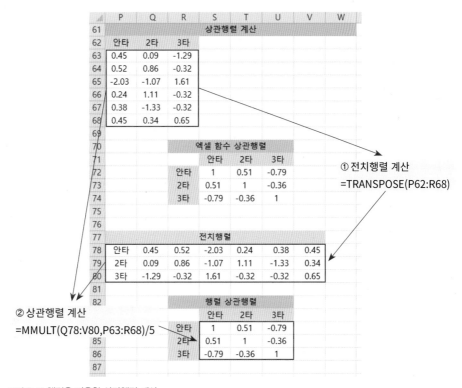

그림 2.41 행렬을 이용한 상관행렬 계산

행렬을 이용해서 계산하기 위해서 우선 전치행렬을 계산한 후에, 상관행렬을 계산했다. 엑셀 함수와 행렬, 두 가지 방법을 이용해 계산한 결과가 동일한 것을 확인할 수 있다.

분산을 행렬로 계산하는 식, 공분산행렬과 상관행렬의 표현, 그리고 상관행렬을 계산하는 식은 데이터 마이닝 교과서에 자주 등장하기 때문에 따로 정리해 보았다. 개념을 이해해 두자.

## 2.6.3 역행렬

행렬에서는 나눗셈이 존재하지 않는다. 하지만 행렬에서 역수의 역할을 하는 것이 역행렬 (inverse matrix)이다. 행렬 $A$가 있을 때 역행렬의 정의는 다음과 같이 정의한다.

$$AB = BA = I$$ ················································································ 식 (2.24)

위에서 행렬 $I$는 대각성분이 1이고 나머지는 0인 행렬인 단위행렬(identity Matrix, Unit Matrix)이다. 단위행렬은 일반적으로 숫자 1과 같은 의미로 해석할 수 있다.

식 (2.24)를 만족시키는 $B$는 $A$의 역행렬이며, $A$의 역행렬은 $A^{-1}$로 표시한다.

$$B = A^{-1}$$

이 역행렬은 (n x n)으로 이루어지는 행과 열이 같은 정방행렬에서만 계산할 수 있다.

역행렬은 중학교 과정에서 배운 것처럼 가우스 소거법 등의 다양한 방법으로 구할 수 있고, 엑셀에서도 역행렬을 구할 수 있는 함수 =MINVERSE()를 제공한다.

=MINVERSE(행렬의 범위)

함수 =MINVERSE()를 이용해 행렬 $A$를 가지고 그림 2.42와 같이 역행렬 $B$를 구해 보자.

① 역행렬 계산 결과가 들어갈 범위를 선택
② =MINVERSE(AF3:AH5)를 입력
③ [Shift] + [Ctrl]을 누른 상태에서 [Enter]

| AF | AG | AH | AI | AJ | AK | AL | AM | AN | AO | AP |
|----|----|----|----|----|----|----|----|----|----|----|
| | | | | | 역행렬 | | | | | |
| | A | | | | B(A의 역행렬) | | | | AB | |
| 1 | -2 | 3 | | 0.50 | 0.00 | 0.50 | | 1 | 0 | 0 |
| -1 | 2 | 3 | | 0.00 | 0.25 | 0.25 | | 0 | 1 | 0 |
| 1 | 2 | -3 | | 0.17 | 0.17 | 0.00 | | 0 | 0 | 1 |

① 행렬 곱 AB 계산 결과가 들어갈 범위를 선택
② =MMULT(AF3:AH5,AJ3:AL5)를 입력
③ [Shift] + [Ctrl]을 누른 상태에서 [Enter]

그림 2.42 역행렬 계산

배열 연산이므로 식 입력이 완료된 후에 반드시 [Shift] + [Ctrl] + [Enter]로 계산을 완료하자. 그림 2.42에서 행렬 $A$와 $A$의 역행렬 $B$와의 곱이 $AB = I$와 같이 (3 x 3) 단위행렬로 나오는 것을 확인할 수 있다.

역행렬의 기본 성질은 다음과 같다.

1. 역행렬에 다시 역행렬을 취하면 자기 자신이 된다.

$$(A^{-1})^{-1} = A$$

2. 행렬곱의 역행렬은 각 역행렬을 반대로 곱한 것이다.

$$(AB)^{-1} = B^{-1}A^{-1}$$

이 두 가지 성질에 대해서도 엑셀 함수를 이용해 검증해 보자.

$(A^{-1})^{-1} = A$를 알기 쉽게 설명하자면, 수학에서 $A=5$라고 하면 $A$의 역수는 $1/5$이 되고 $A$의 역수의 역수를 다음과 같은 식으로 표현할 수도 있다.

$$\frac{1}{\left(\frac{1}{5}\right)} = 5$$

실제로 엑셀로 확인해 본 결과가 그림 2.43이다.

| | AF | AG | AH | AI | AJ | AK | AL | AM | AN | AO | AP |
|---|---|---|---|---|---|---|---|---|---|---|---|
| 8 | | A | | | | A의 역행렬 | | | | A의 역행렬의 역행렬 | |
| 9 | 1 | -2 | 3 | | 0.5 | 0 | 0.5 | | 1 | -2 | 3 |
| 10 | -1 | 2 | 3 | | 0 | 0.25 | 0.25 | | -1 | 2 | 3 |
| 11 | 1 | 2 | -3 | | 0.166667 | 0.166667 | 0 | | 1 | 2 | -3 |

=MINVERSE(AF9:AH11)        =MINVERSE(AJ9:AL11)

그림 2.43 $(A^{-1})^{-1} = A$ 검증

역행렬의 역행렬은 자기자신이 되는 것을 확인할 수 있다.

그리고 $(AB)^{-1} = B^{-1}A^{-1}$는 특수한 형태이므로 잘 기억해 두도록 하자.

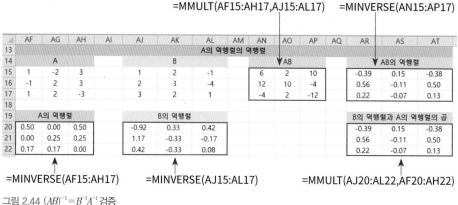

그림 2.44 $(AB)^{-1} = B^{-1}A^{-1}$ 검증

그림 2.44는 $(AB)^{-1} = B^{-1}A^{-1}$을 엑셀로 확인한 결과이다.

여기서, $AB$의 역행렬이 $B^{-1}A^{-1}$이므로 두식의 곱은 단위행렬이 되어야 한다. 이 과정은 다음과 같이 확인해 볼 수 있다.

$$A(BB^{-1})A^{-1} = I \quad (\text{결합법칙})$$
$$AIA^{-1} = I \quad (\text{단위행렬 } I \text{는 생략 가능})$$
$$AA^{-1} = I$$

이렇게 $ABB^{-1}A^{-1} = I$인 것을 확인할 수 있다.

참고로 행렬 $A$, 행렬 $B$, 행렬 $C$가 있을 때 $ABC$의 역행렬은 다음과 같다.

$$(ABC)^{-1} = C^{-1}B^{-1}A^{-1}$$

여기서도 $ABC$와 $C^{-1}B^{-1}A^{-1}$의 곱이 단위행렬이 되는 것을 확인할 수 있다.

$$AB(CC^{-1})B^{-1}A^{-1} = A(BB^{-1})A^{-1}$$
$$= AA^{-1}$$
$$= I$$

이제 역행렬을 이용한 행렬의 이항(transposition)에 대해서 알아보자. 이항이란 등식의 한 변에 있는 항을 다른 변으로 옮기는 것을 의미한다.

$a \times x = b$를 $x$에 대한 식으로 만드는 과정을 살펴보자.

$$a \times x = b$$
$$\frac{a \times x}{a} = \frac{b}{a} \quad \text{(양변을 } a\text{로 나눈다)}$$
$$x = \frac{b}{a}$$

위의 과정에서 왼쪽에 $x$만 남기기 위해서 왼쪽에 있는 $a$를 오른쪽으로 넘기는 것을 이항이라고 한다. 이항을 하기 위해서 양변을 $a$로 나누었다.

이제 행렬 $A$, 행렬 $B$, 행렬 $X$가 있을 때, $AX = B$를 행렬 $X$에 대한 식으로 바꿔보자.

$$AX = B$$
$$A^{-1}AX = A^{-1}B \quad (A^{-1}\text{을 곱한다})$$
$$IX = A^{-1}B$$
$$X = A^{-1}B$$

행렬 $A$를 없애기 위해서 $A^{-1}$을 양변에 곱한 것을 보자. 교환법칙이 성립하지 않으므로, 행렬 $A$를 없애려면 $A$의 왼쪽에 $A^{-1}$을 곱해서 단위행렬을 만들어야 한다. 따라서 $B$의 왼쪽에도 $A^{-1}$이 곱해져 있는 것을 알 수 있다. 식의 오른쪽, 왼쪽 중에서 어디에 곱해야 하는지 확인하고 계산해야 한다.

만약, $XA = B$라면 결과는 다음과 같다.

$$XA = B$$
$$XAA^{-1} = BA^{-1} \quad (A^{-1}\text{을 곱한다})$$
$$IX = BA^{-1}$$
$$X = BA^{-1}$$

역행렬이 항상 존재하는 것이 아니다. 행렬에 따라서 역행렬이 존재하지 않는 경우도 있다. 역행렬이 존재하지 않는 경우에는 그림 2.45와 같은 결과가 나타난다.

| | AF | AG | AH | AI | AJ |
|---|---|---|---|---|---|
| 24 | 역행렬이 존재하지 않는 행렬 | | | | |
| 25 | A | | | B(A의 역행렬) | |
| 26 | 1 | 2 | | #NUM! | #NUM! |
| 27 | 1 | 2 | | #NUM! | #NUM! |

그림 2.45 역행렬을 계산할 수 없을 때

역행렬이 존재하는지 존재하지 않는지를 알아볼 때 사용되는 것이 행렬식(determinant)이다. $(2 \times 2)$ 행렬 $A$의 행렬식은 $\det(A)$로 표시하며, 다음과 같이 정의한다.

$$\det(A) = \begin{vmatrix} a_{11} & a_{12} \\ a_{21} & a_{22} \end{vmatrix} = | a_{11}a_{22} - a_{12}a_{21} |$$

역행렬이 존재하기 위해서는 행렬식의 계산 결과가 0이 아니어야 한다.

$$\det(A) \neq 0$$

행렬 $A$와 행렬 $B$를 다음과 같이 정의하고 역행렬의 존재 여부를 파악해 보자.

$$A = \begin{bmatrix} 1 & 4 \\ 2 & 3 \end{bmatrix}, B = \begin{bmatrix} 1 & 4 \\ 2 & 8 \end{bmatrix}$$

먼저, $\det(A)$는 다음과 같이 계산할 수 있다.

$$\det(A) = | 1 \times 3 - 2 \times 4 | = 5$$

$\det(A) \neq 0$이므로 행렬 $A$의 역행렬이 존재한다.

그리고 $\det(B)$는 다음과 같다.

$$\det(A) = |1 \times 8 - 2 \times 4| = 0$$

그러므로 $\det(A)=0$이므로 행렬 B의 역행렬이 존재하지 않는다.

역행렬의 성질과 이항은 데이터 분석에서 많이 이용되는 내용이므로 꼭 알아두자. 행렬식은 역행렬의 존재 유무를 판단하기 위한 기준임을 명심하자.

마지막으로 역행렬을 가지는 행렬을 가역행렬이라고 부르며, 역행렬을 가지지 않는 행렬을 비가역행렬이라고 한다.

## 2.7 데이터 분석과 행렬

이번 장에서는 데이터 분석에서 행렬이 어떻게 사용되며 어떤 의미로 사용되는지에 대해서 알아보자. 가장 대표적인 방법은 방정식의 해를 구하는 것이다. 미지수가 있는 방정식이 있을 때 행렬을 이용하면 간단히 계산할 수 있다.

### 2.7.1 연립 방정식과 행렬

행렬이 대표적으로 가장 많이 쓰이는 분야는 연립방정식의 해를 구하는 분야이다.

다음과 같이 미지수가 $x_1$과 $x_2$ 두 개인 연립방정식을 풀어보자.

$$x_1 + x_2 = 2 \quad\text{식 (2.25)}$$

$$2x_1 - 2x_2 = 4 \quad\text{식 (2.26)}$$

먼저 식 (2.25) 양변에 2를 곱해 식 (2.27)을 만든다.

$$2x_1 + 2x_2 = 4 \quad\text{─────────────────── 식 (2.27)}$$

식 (2.27)과 식 (2.26)을 더해 $x_2$를 소거하면 $x_1$을 다음과 같이 구할 수 있다.

$$4x_1 = 8$$
$$x_1 = 2 \quad\text{─────────────────── 식 (2.28)}$$

구해진 식 (2.28)를 식 (2.25)에 대입하면 $x_2$가 구해진다.

$$2 + x_2 = 2$$
$$x_2 = 0$$

따라서, 연립방정식의 해 $x_1$과 $x_2$는 다음과 같다.

$$x_1 = 2, \ x_2 = 0$$

이 과정을 일반화해 보자.

미지수가 $m$개로 이루어진 $n$개의 방정식은 다음과 같이 쓸 수 있다.

$$a_{11}x_1 + a_{12}x_2 + \cdots + a_{1m}x_m = y_1$$
$$a_{21}x_1 + a_{22}x_2 + \cdots + a_{2m}x_m = y_2$$
$$\vdots$$
$$a_{n1}x_1 + a_{n2}x_2 + \cdots + a_{nm}x_m = y_n$$

위의 방정식들을 행렬 $A$, $X$, $Y$를 이용해서 다음과 같이 정의하면

$$A=\begin{bmatrix} a_{11}\,a_{12}\cdots a_{1m} \\ a_{21}\,a_{22}\cdots a_{2m} \\ \vdots \quad \vdots \quad \vdots \\ a_{n1}\,a_{n2}\cdots a_{nm} \end{bmatrix},\quad X=\begin{bmatrix} x_1 \\ x_2 \\ \vdots \\ x_m \end{bmatrix},\quad Y=\begin{bmatrix} y_1 \\ y_2 \\ \vdots \\ y_n \end{bmatrix}$$

위의 연립방정식은 다음과 같이 간단하게 표현할 수 있다.

$$AX = Y \quad \text{식 (2.29)}$$

식 (2.29)를 $X$에 대해서 정리를 하면 연립방정식으로부터 해를 구하는 과정과 같게 된다. 식 (2.29)를 $X$에 대해서 정리하기 위해서는 다음과 같이 역행렬을 이용할 수 있다.

$$\begin{aligned} A^{-1}AX &= A^{-1}Y \\ X &= A^{-1}Y \end{aligned} \quad \text{식 (2.30)}$$

따라서, 연립방정식의 해 $X$는 식 (2.30)을 계산하면 구해진다.

식 (2.25), (2.26)을 행렬 $A$, $X$, $Y$로 표현하면 다음과 같다.

$$A=\begin{bmatrix} 1 & 1 \\ 2 & -2 \end{bmatrix}, X=\begin{bmatrix} x_1 \\ x_2 \end{bmatrix}, Y=\begin{bmatrix} 2 \\ 4 \end{bmatrix}$$

엑셀을 이용해 위의 식을 계산해 보면 다음과 같다.

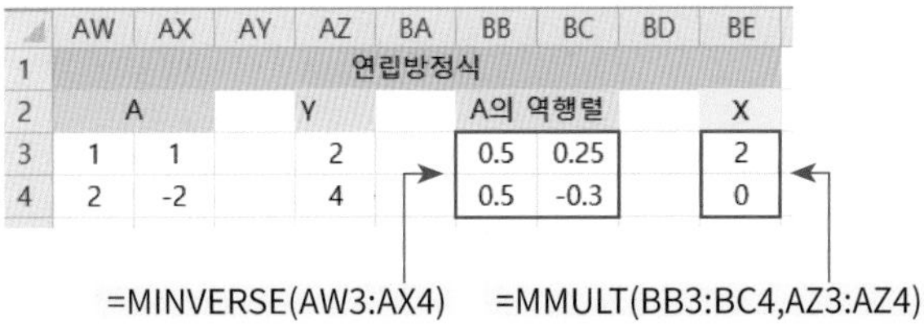

| | AW | AX | AY | AZ | BA | BB | BC | BD | BE |
|---|---|---|---|---|---|---|---|---|---|
| 1 | 연립방정식 | | | | | | | | |
| 2 | A | | | Y | | A의 역행렬 | | | X |
| 3 | 1 | 1 | | 2 | | 0.5 | 0.25 | | 2 |
| 4 | 2 | -2 | | 4 | | 0.5 | -0.3 | | 0 |



그림 2.46 역행렬을 이용한 연립방정식 풀기

그림 2.46과 같이 복잡한 연립방정식도 A의 역행렬이 계산 가능하다면 연립방정식은 역행렬을 이용해서 간단하게 계산을할 수 있다.

## 2.7.2 좌표변환과 행렬

행렬의 곱셈은 단순히 숫자의 곱을 의미하지만은 않는다. 그림 2.47을 보자.

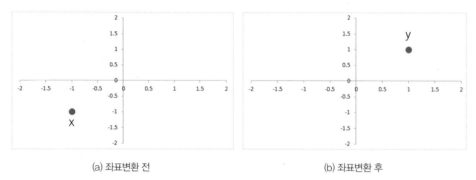

(a) 좌표변환 전                    (b) 좌표변환 후

그림 2.47 좌표변환

점 $x(-1, -1)$이 어떤 행렬에 의해 점 $y(1, 1)$로 바뀌었다. 임의의 숫자에 어떤 특수한 행렬을 곱하면 값이 변하는데 이것을 기하학적인 의미로 좌표변환이라고 말할 수 있다.

위의 좌표변환에는 다음 행렬이 사용되었다.

$$A = \begin{bmatrix} -1 & 0 \\ 0 & -1 \end{bmatrix}$$

점 $x$에서 점 $y$로의 좌표변환은 다음과 같은 과정을 거쳤다.

$$y = Ax$$

$$\begin{bmatrix} 1 \\ 1 \end{bmatrix} = \begin{bmatrix} -1 & 0 \\ 0 & -1 \end{bmatrix}\begin{bmatrix} -1 \\ -1 \end{bmatrix}$$

그렇다면, 점 $y$를 다시 $x$로 보내기 위해서는 어떻게 하면 될까? 정답은 역행렬을 곱해주면 된다.

$$A^{-1}y = x$$

$$\begin{bmatrix} -1 & 0 \\ 0 & -1 \end{bmatrix}\begin{bmatrix} 1 \\ 1 \end{bmatrix} = \begin{bmatrix} -1 \\ -1 \end{bmatrix}$$

여기서, 행렬 $A$의 역행렬과 $A$가 같은 것은 우연이다.

이 과정을 다시 그리면 그림 2.48과 같다.

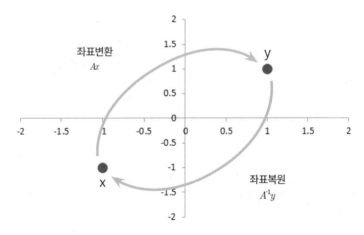

그림 2.48 좌표변환과 복원

행렬을 곱하게 되면 좌표가 변환되며, 그 역행렬을 곱하는 것은 원래의 좌표로 돌아간다는 의미이다.

대표적인 좌표변환 행렬은 다음과 같다.

$$x \text{ 축 대칭이동} = \begin{bmatrix} 1 & 0 \\ 0 & -1 \end{bmatrix}$$

$$y \text{ 축 대칭이동} = \begin{bmatrix} -1 & 0 \\ 0 & 1 \end{bmatrix}$$

$$\text{원점 대칭이동} = \begin{bmatrix} -1 & 0 \\ 0 & -1 \end{bmatrix}$$

점 $(-1, -1)$을 이용해서 위의 x 축 대칭이동과 y 축 대칭이동을 계산해 보자.

$$x \text{ 축 대칭이동} = \begin{bmatrix} 1 & 0 \\ 0 & -1 \end{bmatrix} \begin{bmatrix} -1 \\ -1 \end{bmatrix} = \begin{bmatrix} -1 \\ 1 \end{bmatrix}$$

$$y \text{ 축 대칭이동} = \begin{bmatrix} -1 & 0 \\ 0 & 1 \end{bmatrix} \begin{bmatrix} -1 \\ -1 \end{bmatrix} = \begin{bmatrix} 1 \\ -1 \end{bmatrix}$$

이 결과를 정리하면 그림 2.49와 같다.

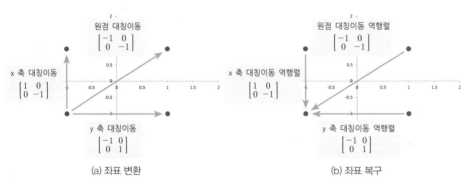

그림 2.49 여러 가지 좌표변환과 복구

좌표변환 기능을 가진 행렬을 이용하면 목표로 했던 좌표로 이동시킬 수 있다. 그리고 원래 좌표로 되돌리기 위해서는 그림 2.49 (b)와 같이 각 행렬의 역행렬을 이용하면 된다.

이런 좌표변환은 컴퓨터 그래픽 분야에서 대표적으로 사용된다. 간단한 도형에서부터 아이콘, 복잡한 모양의 물체까지 좌표이동뿐만 아니라 크기를 조정하거나, 회전도 시킬 수 있다.

대칭이동 행렬과는 다른 방법으로 좌표를 이동하는 방법에 대해서 알아보자. 좌표를 이동시키기 위해서는 $x$와 $y$에 $i$, $j$와 같이 이동시키고 싶은 임의의 상수를 더하면 된다.

$$\text{좌표 이동행렬} = \begin{bmatrix} i \\ j \end{bmatrix}$$

위의 좌표 이동행렬을 점 $(x, y)$에 더해 보자.

$$\begin{bmatrix} i \\ j \end{bmatrix} + \begin{bmatrix} x \\ y \end{bmatrix} = \begin{bmatrix} i + x \\ j + y \end{bmatrix}$$

행렬 덧셈 결과 $(x, y)$가 $(i + x, j + y)$로 더한 만큼 좌표가 변환된 것을 알 수 있다.

다음 행렬을 보자.

$$\text{확대축소 행렬} = \begin{bmatrix} i & 0 \\ 0 & j \end{bmatrix}$$

이 행렬의 원리를 살펴보자. 점 $(x, y)$가 있을 때 확대축소행렬을 곱해 보자.

$$\begin{bmatrix} i & 0 \\ 0 & j \end{bmatrix}\begin{bmatrix} x \\ y \end{bmatrix} = \begin{bmatrix} ix + 0 \times y \\ 0 \times x + jy \end{bmatrix} = \begin{bmatrix} ix \\ jy \end{bmatrix} \begin{cases} \text{확대}: i,j > 0 \\ \text{축소}: i,j < 0 \end{cases}$$

계산 후의 좌표는 $(ix, jy)$가 되어 원래 좌표의 $i$, $j$배가 되는 것을 알 수 있다. 따라서 축소를 하고 싶으면 $i$와 $j$를 1보다 작은 값으로 지정하고, 확대를 하고 싶으면 1보다 큰 값으로 지정해 계산을 하면 된다.

네 꼭짓점 좌표가 $(0, 0)$, $(0, 1)$, $(1, 0)$, $(1, 1)$인 사각형을 생각해 보자. 그림 2.50은 이 사각형의 각 변을 1/2로 축소하기 위해서 $i$와 $j$를 0.5로 지정을 하고 계산한 결과와 사각형의 꼭짓점을 그린 것이다.

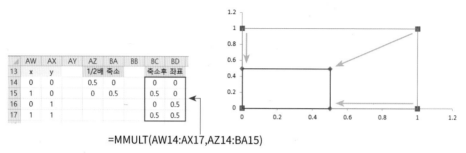

| | AW | AX | AY | AZ | BA | BB | BC | BD |
|---|---|---|---|---|---|---|---|---|
| 13 | x | y | | 1/2배 축소 | | | 축소후 좌표 | |
| 14 | 0 | 0 | | 0.5 | 0 | | 0 | 0 |
| 15 | 1 | 0 | | 0 | 0.5 | | 0.5 | 0 |
| 16 | 0 | 1 | | | | | 0 | 0.5 |
| 17 | 1 | 1 | | | | | 0.5 | 0.5 |

=MMULT(AW14:AX17,AZ14:BA15)

그림 2.50 축소 ($i=0.5, j=0.5$)

사각형의 꼭짓점을 연결해 보면 사각형의 각 변이 1/2 크기로 줄어든 것을 확인할 수 있다.

각 변을 두 배로 늘리면 어떻게 될까? $i=2, j=2$로 해 계산한 결과를 그림 2.51에서 확인할 수 있다.

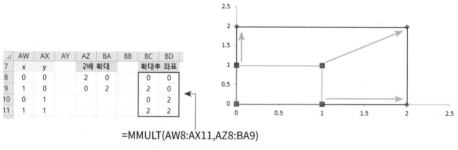

| | AW | AX | AY | AZ | BA | BB | BC | BD |
|---|---|---|---|---|---|---|---|---|
| 7 | x | y | | 2배 확대 | | | 확대후 좌표 | |
| 8 | 0 | 0 | | 2 | 0 | | 0 | 0 |
| 9 | 1 | 0 | | 0 | 2 | | 2 | 0 |
| 10 | 0 | 1 | | | | | 0 | 2 |
| 11 | 1 | 1 | | | | | 2 | 2 |

=MMULT(AW8:AX11,AZ8:BA9)

그림 2.51 확대 ($i=2, j=2$)

각 변의 길이가 두 배로 커진 것을 확인할 수 있다.

마지막으로, 회전에 대해서 알아보자. 도형을 회전시키기 위해서 사용하는 회전행렬은 삼각함수를 이용해 다음과 같이 정의할 수 있다.

$$A = \begin{bmatrix} \cos\theta & -\sin\theta \\ \sin\theta & \cos\theta \end{bmatrix} \begin{cases} \text{시계 방향}: \theta > 0 \\ \text{반시계 방향}: \theta < 0 \end{cases}$$

원점을 기준으로 시계방향으로 $\theta$만큼 각도의 회전을 원한다면 $\theta$를 0보다 큰 값으로 지정하면 된다. 마찬가지로, 반시계방향으로 $\theta$만큼의 각도로 회전하기를 원한다면 $\theta$를 0보다 작은 값으로 지정한다.

시계방향으로 45도 회전하는 행렬 $A$는 다음과 같이 정의할 수 있다.

$$A = \begin{bmatrix} \cos(45) & -\sin(45) \\ \sin(45) & \cos(45) \end{bmatrix} = \begin{bmatrix} 0.71 & -0.71 \\ 0.71 & 0.71 \end{bmatrix}$$

네 꼭짓점 좌표가 (0, 0), (0, 1), (1, 0), (1, 1)인 사각형을 시계방향으로 45도 회전시킨 후 x방향으로 2만큼, y방향으로 3만큼 이동시키는 식은 다음과 같다.

$$AX + B = \begin{bmatrix} 0.71 & -0.71 \\ 0.71 & 0.71 \end{bmatrix} \begin{bmatrix} x \\ y \end{bmatrix} + \begin{bmatrix} 2 \\ 3 \end{bmatrix}$$

이 과정을 엑셀로 계산한 과정은 그림 2.52와 같다.

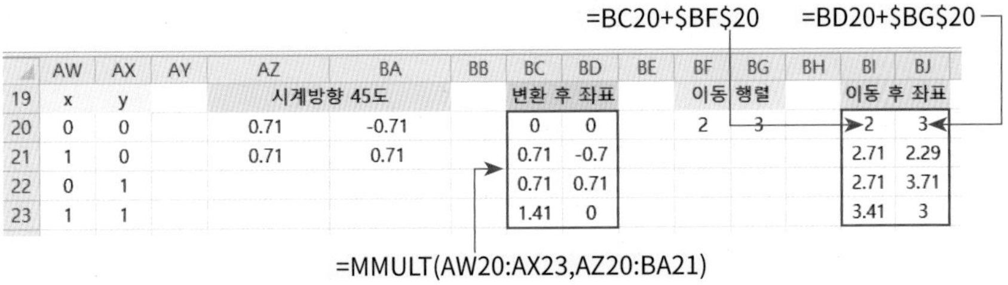

| | AW | AX | AY | AZ | BA | BB | BC | BD | BE | BF | BG | BH | BI | BJ |
|---|---|---|---|---|---|---|---|---|---|---|---|---|---|---|
| 19 | x | y | | 시계방향 45도 | | | 변환 후 좌표 | | | 이동 행렬 | | | 이동 후 좌표 | |
| 20 | 0 | 0 | | 0.71 | -0.71 | | 0 | 0 | | 2 | 3 | | 2 | 3 |
| 21 | 1 | 0 | | 0.71 | 0.71 | | 0.71 | -0.7 | | | | | 2.71 | 2.29 |
| 22 | 0 | 1 | | | | | 0.71 | 0.71 | | | | | 2.71 | 3.71 |
| 23 | 1 | 1 | | | | | 1.41 | 0 | | | | | 3.41 | 3 |



그림 2.52 시계방향으로 45도 회전 후 좌표이동 계산

위의 계산 결과를 좌표 이동 전의 사각형의 위치와 좌표이동 후의 사각형의 위치를 그림으로 그려보면 그림 2.53과 같다.

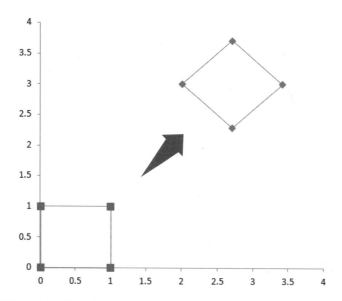

그림 2.53 사각형의 좌표 이동 전 후 비교

사각형이 45도로 회전되면서 $x$ 축으로 2만큼 $y$ 축으로 3만큼 이동한 것을 확인할 수 있다.

마지막으로, 반시계 방향으로 30도 회전하는 행렬 A는 다음과 같이 정의할 수 있다.

$$A = \begin{bmatrix} \cos(-30) & -\sin(-30) \\ \sin(-30) & \cos(-30) \end{bmatrix} = \begin{bmatrix} 0.87 & 0.5 \\ -0.5 & 0.87 \end{bmatrix}$$

그리고 $A$의 역행렬 $A^{-1}$은 다음과 같이 계산된다.

$$A^{-1} = \begin{bmatrix} 0.87 & -0.5 \\ 0.5 & 0.87 \end{bmatrix}$$

그림 2.54를 보자. 네 꼭짓점 좌표가 $(0, 0)$, $(0, 1)$, $(1, 0)$, $(1, 1)$인 사각형을 반시계 방향으로 30도 회전시킨 결과를 보여준다.

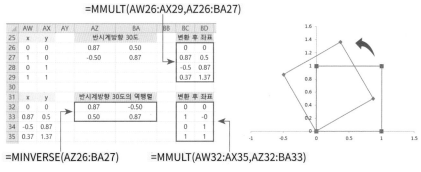

그림 2.54 반시계 방향 30도 회전

그리고 회전된 좌표를 원래의 좌표로 되돌리기 위해서 $A$의 역행렬을 곱한 결과를 보면 $(0,$ $0)$, $(0.87, 0.5)$, $(-0.5, 0.87)$, $(0.37, 1.37)$이 원래의 좌표 $(0, 0)$, $(0, 1)$, $(1, 0)$, $(1, 1)$로 돌아온 것을 확인할 수 있다.

지금까지 행렬 곱셈은 단순히 숫자를 곱하는 것뿐만이 아니라 기하학적으로는 좌표의 변환, 회전과 같은 의미를 가지는 것을 확인했다. 그리고 역행렬은 수학의 역수 역할을 하면서, 변환과 회전에서는 원래대로 되돌리기 위한 역할을 하는 것도 확인할 수 있었다.

## 2.8 미분과 편미분

데이터 마이닝에서 미분은 아주 중요하다. 하지만 고등학교 과정에서 배운 미분과, 미분의 확장형인 편미분의 의미만 이해한다면, 데이터 마이닝의 알고리즘을 이해할 준비는 다 됐다고 말할 수 있다.

미분이란 어떤 점에서의 기울기라고 배웠으며, 최대값이나 최솟값을 구하기 위한 수단으로 자주 사용된다. 그리고 편미분이란 어떤 함수가 여러 가지 변수를 가지고 있을 때 각 변수에 대해서 미분을 하는 방식을 말한다. 이제 우리는 시험공부를 위해 직접 연필을 들고 미분을 하지 않고, 각 함수별 미분공식을 외우지 않아도 필요할 때 미분공식을 보면 되기 때문에 부담 없이 이해하고 넘어가자.

## 2.8.1 미분

미분(derivation)이란 간단하게 이야기하면 어느 순간에 생기는 변화량이다. 일반적으로 이 변화량을 기울기라고 한다.

함수 y = f(x)가 있을 때, 고등학교 수학에서 나오는 미분의 정의는 다음과 같다.

$$\frac{df(x)}{dx} = \lim_{\Delta x \to 0} \frac{f(x + \Delta x) - f(x)}{\Delta x}$$ ------------------ 식 (2.31)

여기서 $\Delta x$는 $x$의 변화량을 말한다. $\lim_{\Delta x \to 0}$는 $x$의 변화량 $\Delta x$를 0에 한없이 가깝게 한다는 의미로 x의 변화량을 거의 0에 가까울 정도로 작게 하라는 의미이다. 기호 lim은 "리미트"라고 읽는다. 그리고 미분은 다음과 같이 여러 가지 방식으로 쓸 수 있다.

$$\frac{df(x)}{dx} \text{ 또는 } \frac{d}{dx}f(x) \text{ 또는 } f'(x)$$

식 (2.31)은 함수 $f(x)$를 $x$에 대해서 미분한다는 의미이며, $x$가 아주 조금 변했을 때 $y$가 얼마나 변했는지를 구하는 식이 된다.

일차 방정식의 기울기는 다음과 같이 구할 수 있다.

$$\text{기울기} = \frac{y \text{의 변화량}}{x \text{의 변화량}} = \frac{\Delta y}{\Delta x} = \frac{y_2 - y_1}{x_2 - x_1}$$ ------------------ 식 (2.32)

식 (2.31)과 식 (2.32)는 기본적으로 같은 의미이다. 단지 식 (2.32)에서 $\Delta x$를 0에 가까운 값을 가지게 하면 식 (2.31)과 같아진다.

$\Delta x$를 더 작게 정의할 수 있지만 계산을 쉽게 하기 위해 $\Delta x$=0.00001로 정의하고, 식 $y = x^2$에 대해서 $x = 1$, $x = 3$의 두 가지 경우를 식 (2.31)을 이용해서 미분해 보자.

$$f(x) = 1^2 = 1$$
$$f(x + \Delta x) = (1 + 0.00001)^2 = 1.0000200001$$

$$\frac{df(x)}{dx} = \frac{1.0000200001 - 1}{0.00001} = 2.00001$$

$$f(x) = 3^2 = 9$$
$$f(x + \Delta x) = (3 + 0.00001)^2 = 9.000600001$$

$$\frac{df(x)}{dx} = \frac{9.0000600001 - 9}{0.00001} = 6.00001$$

고등학교 과정에서 배운 미분공식을 이용하면 식 $y = x^2$을 미분한 결과는 다음과 같다.

$$\frac{df(x)}{dx} = 2x \text{ ------------------------------------------------- 식 (2.33)}$$

식 $y = x^2$의 $x = 1$, $x = 3$에 대한 미분 결과를 식 (2.33)을 이용하면 다음과 같다.

$$x = 1, \quad \frac{df(x)}{dx} = 2 \times 1 = 2$$
$$x = 3, \quad \frac{df(x)}{dx} = 2 \times 3 = 6$$

식 (2.31)을 이용한 미분 결과와 식 (2.33)을 이용한 미분결과는 $\Delta x$를 0에 한없이 가까운 0.0000000000000000000001과 같은 값으로 정의하면 거의 같아진다는 것을 알 수 있다.

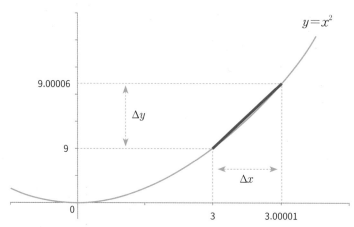

그림 2.55 x=3, $\Delta x$=0.00001일 때 미분

그림 2.55는 $x = 3$일 때의 미분이 어떻게 계산되었는지를 보여준다. $x$가 3에서 3.00001로 이동했을 때 $y$는 9에서 약 9.00006으로 $x$가 0.00001 증가했을 때, $y$는 약 0.00006 증가했으므로 기울기는 6이 되었다. 이 계산에서는 $\Delta x$=0.00001로 정의하고 계산했다. 하지만 미분의 의미가 $x$가 3일 때의 기울기이므로, 엄밀하게 이야기하면 $\Delta x$=0.0000000000000000000000000000000001과 같이 $\Delta x$를 더 0에 가까운 수로 정의해 계산해야 한다.

일반적으로 미분을 위와 같이 계산하지는 않고 그 대신에 미분공식을 이용해 계산을 한다. 상수와 간단한 함수에 대한 미분공식에 대해서 알아보자.

$y = 3$과 같이 함수가 상수인 경우는 그래프를 그려보면, 어느 장소든 기울기가 0이므로 다음과 같다.

$$\frac{dy}{dx} = \frac{d}{dx}f(x)$$
$$= \frac{d}{dx}3 = 0$$

식 (2.34)

여기서, $a$는 상수이다.

그리고 $x$에 대한 간단한 함수는 다음과 같이 정의한다.

$$\frac{d}{dx}\,x^a = ax^{(a-1)}$$ ------------------------------------------------ 식 (2.35)

식 (2.35)를 이용해서 $y = x^4$를 $x$에 대해서 미분하면 다음과 같다.

$$\frac{d}{dx}\,x^4 = 4x^{(4-1)} = 4x^3$$

함수의 최솟값, 최댓값을 찾는 문제에서 미분이 주로 많이 사용된다.

다음과 같은 2차함수가 있다고 가정하자.

$$y = x^2 + 1$$ ------------------------------------------------ 식 (2.36)

이 함수의 그래프를 그려보면 그림 2.56과 같다. 그림 2.56에서 최솟값은 $x = 0$일 때 $y = 1$
인 것을 알 수 있다.

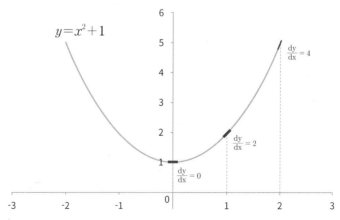

그림 2.56 함수의 최솟값

식 (2.36)을 미분해서, $x = \{0,\ 1,\ 2\}$에 대한 값을 구해 보자.

$$f'(x) = 2x \text{ ------------------------------------------------- 식 (2.37)}$$
$$f'(0) = 0$$
$$f'(1) = 2$$
$$f'(2) = 4$$

그림 2.56에서 각 점에 대한 기울기를 보면, 함수의 최솟값에 가까워질수록 기울기가 0에 가까워지는 것을 볼 수 있다.

그러므로 함수의 최댓값이나 최솟값을 구하기 위해서는 미분한 함수가 0이 되도록 방정식을 풀면 된다. 따라서 식 (2.37)로부터 다음과 같이 계산할 수 있다.

$$2x = 0$$
$$x = 0$$

이렇게 미분을 이용하면 각 점에서의 기울기뿐만 아니라 최솟값도 구할 수 있다.

## 2.8.2 편미분

이제 편미분에 대해서 알아보자.

편미분이란 변수가 두 개 이상인 함수를 하나의 변수에 대해서 미분하는 것을 말한다. 편미분의 정의도 미분과 같이 기울기를 의미한다. 하지만 변수가 여러 개이므로, 특정 변수에 대해서 편미분을 할 때에는 관계가 없는 다른 변수들을 상수로 취급해서 미분을 하면 된다.

편미분은 미분과는 다르므로 다음과 같이 표기한다.

$$\frac{\partial f(x)}{\partial x} \quad \text{또는} \quad \frac{\partial}{\partial x} f(x)$$

$\partial$는 편미분 기호이다. $x_1$, $x_2$와 같이 변수가 두 개인 다음 방정식을 보자.

$$y = f(x_1, x_2) = x_1^2 + x_1 x_2 - x_2^3 + 4 \text{ ------------------------------ 식 (2.38)}$$

식 (2.38)을 $x_1$에 대해서 편미분을 하면 $-x_2^3$과 4는 $x_1$과 관계가 없으므로 상수항 취급을 받는다. 따라서 편미분 결과는 다음과 같다. 간단한 함수의 미분은 식 (2.27)과 식 (2.28)을 참조하자.

$$\frac{\partial f(x_1, x_2)}{\partial x_1} = 2x_1 + x_2 \text{ ─────────────── 식 (2.39)}$$

$x_1 x_2$의 미분은 $x_2$만 남았다.

이제, 식 (2.38)을 $x_2$에 대해서 편미분을 해 보자. 역시 $x_1^2$과 4는 $x_2$와 관계가 없으므로 상수항 취급을 한다.

$$\frac{\partial f(x_1, x_2)}{\partial x_2} = x_1 - 3x_2^2 \text{ ─────────────── 식 (2.40)}$$

편미분은 변수가 많을 경우 다른 변수들을 고정한 상태에서의 그 변수에 대한 변화량을 의미한다.

예를 들어서, 식 (2.39)는 $x_2$를 어떤 한 점에 고정했을 때 $x_1$의 변화량(기울기)이 된다.

편미분의 중요성은 최근 딥러닝이 유명해지면서 다시 주목받고 있다. 딥러닝의 기본 구조인 신경망에는 무수히 많은 파라미터가 있으며, 오차역전파(back propagation)라는 학습 방법을 이용한다.

이 오차역전파법은 신경망의 손실 함수(loss function)가 최솟값을 가지도록 각 파라미터의 최적값을 찾는 학습방법이며 경사하강법(gradient decent)을 이용해서 구현한다.

편미분은 경사하강법에서 각 파라미터들을 학습시킬 때 이용하는 방법으로 알고리즘의 핵심이라고 할 수 있다.

미분과 편미분은 데이터 분석에서는 빠지지 않고 나오기 때문에 개념을 확실히 이해하고 넘어가자.

# 03장

# 압축 기법:
# 주성분분석

주성분분석의 장점은 데이터 압축이다. 딥러닝이 알려지기 전에 사람의 얼굴을 인식시키기 위해서 사진으로부터 중요한 특징을 상당히 많이 추출해 시스템을 구축하는 곳에 자문을 해준 적이 있다. 특징이 많은 만큼 인식률은 매우 좋았으나 데이터 처리에 시간이 많이 걸리는 등 불합리한 점도 많았다. 이때 주성분분석을 사용하게 함으로써 특징을 약 1/10로 줄여서 인식률을 조금 떨어뜨리는 대신에 처리 시간을 크게 줄일 수 있었다.

데이터의 압축으로 유명한 주성분 분석이지만, 데이터를 다른 방향으로 바라볼 수 있게 변환하여 데이터를 분석할 수 있는 도구로도 많이 사용된다. 특히, 여론조사나 앙케이트 결과를 종합 분석할 때 많이 사용된다. 주성분분석의 개념과 이 두 가지 분석 업무에 주성분분석이 어떻게 활용되는지 알아보자.

## 3.1 주성분분석 개요

데이터를 분석하다 보면 무수히 많은 변수를 가진 데이터를 만날 수 있다. 우리가 앞에서 실습한 프로야구 선수 데이터도 13개 변수로 이루어져 있다. 변수의 개수를 차원으로 표현하기도 한다.

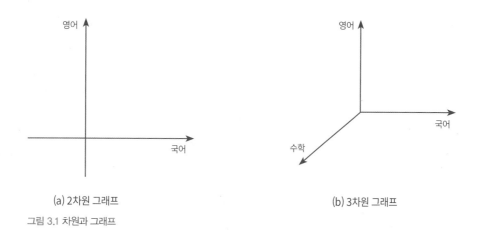

(a) 2차원 그래프                    (b) 3차원 그래프

그림 3.1 차원과 그래프

국어 점수, 영어 점수를 포함하는 성적표는 2차원 정보를 가지고 있다고 말할 수 있으며, 국어 점수, 영어 점수, 수학 점수를 포함하는 성적표는 3차원 정보를 가지고 있다고 말할 수 있다. 이 정보들을 가진 성적표는 그림 3.1과 같이 그래프로 표현할 수 있다. 이렇게 1차원, 2차원, 3차원까지는 그래프를 그려 시각화함으로써 데이터의 경향을 파악할 수 있지만, 국어, 영어, 수학, 과학 등 과목수가 많아지면서 차원의 수가 4차원을 넘어가게 되면 그래프를 그릴 수가 없다. 그래프를 그리지 못하면 데이터의 분포를 시각적으로 파악하기 힘들어진다.

조건이 다섯 개인 변수가 하나 있을 때 분석을 위해서 필요한 최소한의 데이터는 $n = 5$개라고 하면 변수가 두 개가 된다면 필요한 최소한의 데이터는 $n \times n = n^2 = 5 \times 5 = 25$개가 필요하다. 만약에 변수가 세 개가 된다면?

$$n^3 = 125 \qquad\qquad\qquad\qquad\qquad\qquad\qquad\qquad\qquad\qquad \text{식 (3.1)}$$

이므로, 125개가 필요하다.

이것을 그래프로 그리면 그림 3.2와 같다.

| 변수의 개수 | 데이터 수 |
|---|---|
| 1 | 5 |
| 2 | 25 |
| 3 | 125 |
| 4 | 625 |
| 5 | 3125 |
| 6 | 15625 |
| 7 | 78125 |
| 8 | 390625 |
| 9 | 1953125 |
| 10 | 9765625 |

그림 3.2 변수의 개수와 데이터 수의 관계

데이터의 차원이 커지면 커질수록 분석에 필요한 데이터 개수가 기하급수적으로 증가하며, 데이터가 많아지면 많아질수록 계산 비용도 기하급수적으로 증가한다. 또, 필요한 데이터를 구하기가 힘들어지므로 부족한 데이터로 적당히 분석을 하게 되고, 부족한 데이터를 사용해 분석하게 되면 적합한 모델을 구축하기가 어려워진다. 이러한 일련의 과정을 차원의 저주 (curse of dimensionality)라고 한다.

이런 차원의 저주를 피하기 위해서 여러 가지 데이터 분석 방법론이 제안되었는데 그중 하나 가 주성분분석(principal component analysis)이다. 주성분분석이란 고차원 데이터를 데이터의 손실을 최소화하면서 저차원 데이터로 압축함으로써 차원을 축소하는 방법이다.

우리가 쉽게 찾아볼 수 있는 차원축소의 예는 국어, 영어, 수학, 과학 등 교과 과목의 평균점 수이다. 예를 들어 국어 80점, 영어 70점, 수학 90점, 과학 90점이라면 평균은 다음과 같이 계산할 수 있다.

$$\text{과목 평균} = \frac{(80 + 70 + 90 + 90)}{4} = 82.5 \text{ 점} \quad\quad\quad \text{식 (3.2)}$$

우리는 국어, 영어, 수학, 과학이라는 4개 차원을 과목 평균이라는 1개 차원으로 줄이고 그 값을 82.5로 표현했다. 이 축소된 점수를 반에서 몇 등, 전교에서 몇 등과 같이 활용을 하게 된다.

같은 의미로 비만도를 표현하는 체질량지수(body mass index, BMI)도 키와 몸무게를 이용해 2차원 데이터를 1차원 데이터로 줄인 것이다.

$$BMI = \frac{\text{몸무게}}{\text{키}^2} \quad\quad\quad\quad\quad\quad\quad\quad\quad\quad\quad\quad\quad\quad\quad\quad\quad\quad\quad\quad \text{식 (3.3)}$$

차원축소에서 가장 중요한 것은 정보 손실을 최소화하는 것이다. 주성분분석은 위와 같이 차 원을 축소하지 않고 다른 방법을 사용한다. 이제부터, 어떻게 차원을 축소하는지 개념적으로 살펴보자.

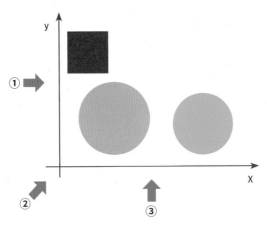

그림 3.3 육면체와 구체, 원뿔

그림 3.3은 육면체와 구체, 원뿔 세 개를 임의로 배치해 놓고 위에서 본 그림이다. 우리가 해야 할 일은 이 도형들을 옆에서 봤을 때 전체적으로 가장 잘 파악할 수 있는 위치를 찾는 것이다.

①번, ②번, ③번 중 도형들을 잘 볼 수 있는 위치는 어디일까?

그림 3.4는 각 방향에서 봤을 때 도형들이 보이는 모습을 그린 것이다.

(a) ①번에서 본 모습          (b) ②번에서 본 모습          (c) ③번에서 본 모습

그림 3.4 각 방향에서 본 도형의 배치

그림 3.4를 보면 ①번은 빨간색 물체와 오렌지색 물체만 파악이 가능할 뿐 녹색 물체가 구체에 가려져 있어 어떤 모양인지 파악을 하기가 어렵다. ③번은 오렌지색 물체와 녹색 물체가 파악이 가능하고, 빨간 물체가 구체에 가려져 잘 보이지 않는다. 하지만 ②번에서 보면 빨간색, 오렌지색, 녹색 물체를 한번에 다 볼 수 있으므로 육면체, 구체, 원뿔이란 것을 알 수 있다.

도형의 모양을 데이터라고 한다면 바라보는 방향에 따라 데이터의 일부나, 전체 모양을 파악할 수 있다. ①번은 원뿔의 정보가 손실됐으며, ③번은 육면체의 정보가 손실됐다고 말할 수 있다. 그러나 ②번에서 봤을 때에는 정보의 손실 없이 도형 배치를 전부 파악할 수 있다.

여기서, 전체적인 모양을 파악한다는 의미는 데이터에서 많은 정보를 얻을 수 있다는 의미와 같다. 그렇다면 이제 도형이 아닌 데이터 그래프를 가지고 생각해 보자.

데이터의 정보량을 데이터의 분산(데이터가 흐트러진 범위)이라고 가정하자.

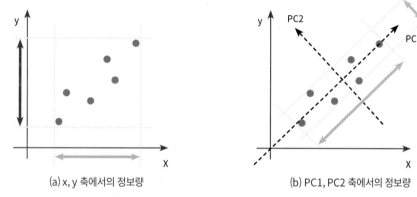

(a) x, y 축에서의 정보량          (b) PC1, PC2 축에서의 정보량

그림 3.5 각 데이터의 정보량 비교

그림 3.5의 (a)를 보자. 그래프에서 x, y 각 축에서 볼 수 있는 데이터의 정보량을 파란색과 빨간색 화살표로 표시해 놓았다. 그림 (b)는 같은 데이터에 임의의 새로운 축 PC1과 PC2를 만든 후에 그 축에서 볼 수 있는 정보량을 표시한 것이다. 두 그래프의 데이터가 같으므로 x, y 축에서 볼 수 있는 데이터의 정보량의 합과 PC1, PC2 축에서 볼 수 있는 데이터의 정보량의 합은 같다.

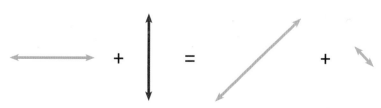

그림 3.6 두 그래프의 데이터 정보량의 합

두 그래프 모두 데이터는 2차원의 정보를 가지고 있다. 데이터가 변하지 않는다면, 새로운 축을 어떤 방법으로 만들어도 데이터 정보량의 합은 같다는 것을 그림 3.6에서 확인할 수 있었다. 그렇다면, 왜 새로운 축을 만드는 것일까?

그림 3.7은 극단적인 데이터의 모양을 보여준다.

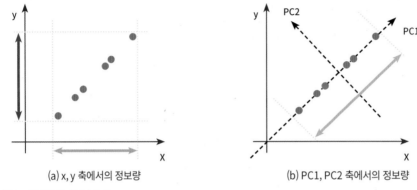

(a) x, y 축에서의 정보량          (b) PC1, PC2 축에서의 정보량

그림 3.7 극단적인 데이터의 예

그림 3.7의 (b)를 보자. 그림 3.5 (b)와는 달리 그림 3.7의 (b)에는 PC2 축의 정보량이 없다. 그 이유는 PC1 축에 모든 정보량이 포함되어 있기 때문이다. 따라서, PC2 축은 필요 없게 되며, 이것은 2차원으로 표현하던 데이터를 1차원으로 표현할 수 있다는 의미이다. 이때 PC1 축의 정보량과 x, y 축의 정보량은 같다. 위의 그래프의 정보량의 합을 그림 3.8과 같이 표현하였다.

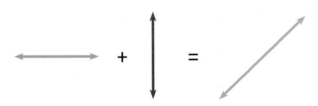

그림 3.8 극단적인 데이터의 정보량의 합

2차원 정보가 1차원으로 압축되는 이미지를 그림 3.8에서 볼 수 있다.

이러한 방식으로 2차원 데이터를 1차원으로 차원을 축소할 수 있다. 주성분분석의 정의를 간단하게 하면 다음과 같다.

**다차원 데이터의 정보를 가능한 한 손실 없이 저차원 공간에 압축하는 것**

이제 지금까지 설명한 것과 주성분분석과의 관계를 살펴보자.

주성분분석은 다음과 같은 과정을 거친다.

Step 0 _ 데이터 표준화

Step 1 _ 주성분 축 생성

    1-1 첫 번째 축을 만든다.

        • 분산이 가장 큰 (데이터가 가장 넓게 퍼져있는) 방향을 구한다
        • 그 방향으로 첫 번째 축을 만든다

    1-2. 두 번째 축을 만든다.

        • 첫 번째 축과 90도 직교하며, 분산이 두 번째로 큰 방향을 구한다
        • 그 방향으로 두 번째 축을 만든다

    1-3. 세 번째 축을 만든다.

        ...

Step 2 _ 구해진 새로운 공간으로 원래 데이터의 좌표를 이동시킨다.

그림 3.9 주성분분석 과정

먼저 Step 0에서는 데이터들을 표준화한다. 주성분분석의 목적이 차원축소이므로 사용하는 데이터는 많은 변수들을 포함하게 된다. 이 변수들을 같이 비교하기 위해서는 2장에서 배운 것처럼 데이터 표준화가 필요하다. 이렇게 데이터를 표준화하면, 모든 변수들의 단위가 없어지면서 같이 비교할 수 있게 되고, 그림 3.10과 같이 데이터의 분포가 평균은 0, 표준편차가 1인 데이터 분포로 변환된다.

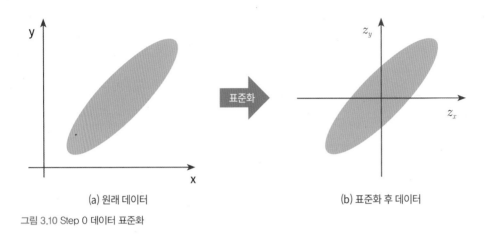

(a) 원래 데이터                              (b) 표준화 후 데이터

그림 3.10 Step 0 데이터 표준화

Step 1은 주성분을 생성하는 과정이다. 위에서 알아본 것처럼 분산이 가장 큰(데이터가 가장 많이 퍼져있는) 방향을 찾아서 첫 번째 주성분(principal component 1: PC1)을 생성한다. 그리고 두 번째 주성분(principal component 2: PC2), 세 번째 주성분(principal component 3: PC3)을 차례로 생성한다. Step 1에서 생성되는 주성분의 개수는 데이터의 차원이 3차원(변수가 세 개)이면 세 개의 새로운 주성분 축이 만들어진다. 다시 말하면, 원래 데이터의 차원과 새로 만들어 지는 주성분 축의 개수는 같다.

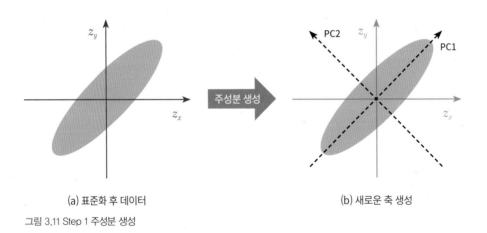

(a) 표준화 후 데이터                          (b) 새로운 축 생성

그림 3.11 Step 1 주성분 생성

그림 3.11은 2차원 데이터의 주성분 생성 과정을 보여준다. PC1이 분산이 가장 크며, PC2가 두 번째로 분산이 큰 축이 된다. 하지만 PC1을 생성한 다음, 데이터의 분산을 나타내는

PC2의 후보는 그림 3.12와 같이 많은 직선들이 있을 수 있다. 그래서 주성분분석에서는 각 주성분은 직교해야 한다는 조건을 두고 있다. 따라서 그림 3.12에서 PC1과 직교하면서 분산이 가장 큰 직선은 직선 c이기 때문에 직선 c가 PC2가 된다.

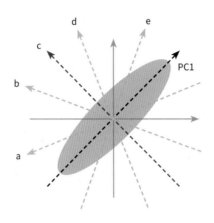

그림 3.12 주성분 2 결정 방법

마찬가지로, PC3은 PC1, PC2와 직교하면서 분산이 최대가 되는 직선이어야 한다.

마지막으로 Step 2는 그림 3.13과 같이 구해진 축으로 좌표를 변환하는 과정이다.

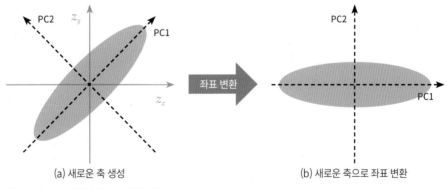

(a) 새로운 축 생성    (b) 새로운 축으로 좌표 변환

그림 3.13 Step 2 새로운 축으로 좌표변환

새로운 축으로 좌표변환이라고 해서 특별히 어려운 것은 없다. 이 과정은 간단하게 이야기하면, 2장에서 배운 행렬의 좌표변환과 비슷한 이미지라고 생각하면 된다. 이 이야기를 주성분

분석의 관점에서 서술해 보면 다른 차원의 축을 만들어 표준화된 데이터들을 그 차원으로 이동시킨다는 의미로 많은 교과서에서 설명하고 있다.

이렇게 간단하게 주성분분석 과정에 대해서 그림과 함께 설명해 보았다. 그림으로 보면서 이해했다면 이제 수학적으로 접근해 보자.

변수 $z_x$, $z_y$가 있다고 가정하자. 이 변수는 표준화되어 있으며, 각 $z$는 n개의 데이터를 가지고 있다.

$$PC = ZA = \begin{bmatrix} z_x & z_y \end{bmatrix} \begin{bmatrix} a_1 \\ a_2 \end{bmatrix} = a_1 z_x + a_2 z_y \quad \cdots\cdots\cdots\cdots \text{식 (3.4)}$$

$Z$: 표준화된 원래의 좌표 ($Z$)

$PC$: 주성분 공간에서의 좌표

$A$: 좌표변환행렬

식 (3.4)는 표준화 데이터 $Z$를 좌표변환행렬 $A$를 이용해 주성분 공간의 좌표 PC로 변환한다는 의미이며, 이것을 그림으로 표현하면 그림 3.14와 같다.

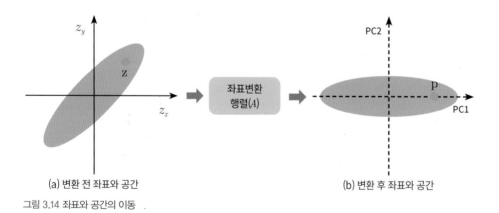

(a) 변환 전 좌표와 공간          (b) 변환 후 좌표와 공간

그림 3.14 좌표와 공간의 이동

2장 행렬의 좌표변환에서는 좌표만 이동하는 이미지로 설명을 했었다. 주성분분석에서의 좌표변환은 좌표뿐 아니라 좌표축의 이름도 바뀌기 때문에 좌표 공간도 함께 변하는 이미지이

다. 변환 전의 공간은 원래 데이터의 공간이지만, 변환 후의 공간은 주성분 공간으로 이동한다. 그러므로 축도 다음과 같이 바뀐다.

$$z_x \rightarrow \text{PC1}$$

$$z_y \rightarrow \text{PC2}$$

Step 1의 주성분 축 생성 과정과 Step 2의 구해진 새로운 공간으로 원래 데이터의 좌표를 이동시키는 과정은 데이터 $Z$를 주성분 공간의 좌표 PC로 이동시키는 과정과 동일하므로 식 (3.4)에서 좌표변환행렬 $A$를 구하기만 하면 된다.

Step 1에서 주성분 축은 데이터의 분산이 큰 순서대로 만들어진다. 정규화된 데이터 분산은 자기자신의 제곱으로 구할 수 있다고 2장에서 배웠다. 그러므로 PC의 분산도 각 요소의 제곱으로 구할 수 있으므로 식 (3.4)에서 계산된 PC의 분산 $V_{pc}$는 다음과 같이 구할 수 있다. 각 z의 i번째 데이터를 $z_{x_i}$, $z_{y_i}$라고 하자.

$$
\begin{aligned}
V_{pc} &= \frac{1}{(n-1)} PC'PC \\
&= \frac{1}{(n-1)} A'Z'ZA \\
&= \frac{1}{(n-1)} \sum_{i=1}^{n} (a_1 z_{x_i} + a_2 z_{y_i})^2 \\
&= \frac{1}{(n-1)} \sum_{i=1}^{n} (a_1^2 z_{x_i}^2 + 2a_1 a_2 z_{x_i} z_{y_i} + a_2^2 z_{y_i}^2) \\
&= a_1^2 \sum_{i=1}^{n} \frac{z_{x_i}^2}{(n-1)} + 2a_1 a_2 \sum_{i=1}^{n} \frac{z_{x_i} z_{y_i}}{(n-1)} + a_2^2 \sum_{i=1}^{n} \frac{z_{y_i}^2}{(n-1)} \\
&= a_1^2 S_{z_x} + 2a_1 a_2 S_{z_x z_y} + a_2^2 S_{z_y}
\end{aligned}
$$
식 (3.5)

여기서, $S_{z_x}$은 $z_x$의 분산이고 $S_{z_y}$는 $z_y$의 분산이다. 그리고 $S_{z_x z_y}$는 $z_x$, $z_y$의 공분산이다. 식 (3.5)에서 분산 $V_{pc}$를 최대화하는 $a_1$과 $a_2$를 구하면 된다. 분산은 크면 클수록 좋지만 무한히 커지는 것을 막기 위해 $a_1^2 + a_2^2 = 1$이라는 제한조건 안에서 분산을 최적화하는 $a_1$과 $a_2$를 찾는 것이 주성분분석에서 행렬 A를 구하는 과정이다.

제한조건 안에서 함수의 최댓값이나 최솟값을 찾는 방법으로 라그랑주 승수법(Lagrange multiplier method)이 있다. 라그랑주 승수법이란 최댓값이나 최솟값을 찾고 싶은 함수 $f$와 제한조건 $g$가 있을 때 제한조건 $g$를 만족시키는 함수 $f$의 최댓값이나 최솟값을 편미분을 이용해 구하는 방법이다.

식 (3.5)에서 우리가 최댓값을 찾고 싶은 함수 $f$와 제한조건 $g$는 다음과 같이 정의할 수 있다.

$$f = a_1^2 S_{z_x} + 2a_1 a_2 S_{z_x z_y} + a_2^2 S_{z_y}$$
$$g = a_1^2 + a_2^2 - 1 = 0$$

위의 $f$와 $g$를 라그랑주 승수법으로 표현하면 다음과 같다.

$$L = a_1^2 S_{z_x} + 2a_1 a_2 S_{z_x z_y} + a_2^2 S_{z_y} - \lambda(a_1^2 + a_2^2 - 1) \quad\text{········· 식 (3.6)}$$

이제, $L$을 최대화하기 위해서 식 (3.6)을 $a_1, a_2$에 대해서 편미분해 0이 되는 값을 찾으면 된다.

식 (3.6)을 $a_1, a_2$에 대해서 편미분을 해 정리하면 다음과 같다.

$$\frac{\partial L}{\partial a_1} = 2a_1 S_{z_x} + 2a_2 S_{z_x z_y} - 2\lambda a_1 = 0$$
$$= a_1 S_{z_x} + a_2 S_{z_x z_y} = \lambda a_1 \quad\text{··············· 식 (3.7)}$$

$$\frac{\partial L}{\partial a_2} = 2a_1 S_{z_x z_y} + 2a_2 S_{z_y} - 2\lambda a_2 = 0$$
$$= a_1 S_{z_x z_y} + a_2 S_{z_y} = \lambda a_2 \quad\text{··············· 식 (3.8)}$$

식 (3.7)과 식 (3.8)을 행렬로 정리하면 식 (3.9)와 같이 된다.

$$\begin{bmatrix} S_{z_x} & S_{z_x z_y} \\ S_{z_x z_y} & S_{z_y} \end{bmatrix} \begin{bmatrix} a_1 \\ a_2 \end{bmatrix} = \lambda \begin{bmatrix} a_1 \\ a_2 \end{bmatrix} \quad\text{··············· 식 (3.9)}$$

이제 $a_1, a_2$와 $\lambda$를 구하면 된다.

식 (3.9)에서 앞의 행렬은 2장에서 배운 공분산 행렬과 같다. 그리고 위에서 우리는 표준화된 데이터$(z_x, z_y)$를 사용한다고 가정했으므로 공분산 행렬은 상관행렬과 같다. 그러므로 식 (3.9)는 다음과 같이 다시 쓸 수 있다.

$$RA = \lambda A \quad\text{식 (3.10)}$$

$R$은 상관행렬이다.

식 (3.10)을 행렬 $A$에 대해서 정리해 보자.

$$RA - \lambda A = 0$$
$$(R - \lambda I)A = 0 \quad\text{식 (3.11)}$$

위 식에서 $\lambda$에 단위행렬 $I$를 곱한 것은 행렬과 상수는 덧셈이 성립하지 않으므로 차원을 맞추기 위한 것이다.

계속해서 행렬 $A$에 대해서 정리해 보면 다음과 같다.

$$(R - \lambda I)^{-1}(R - \lambda I)A = (R - \lambda I)^{-1} \times 0$$
$$A = 0$$

정답은 행렬 $A$가 영행렬이 되는 것으로 나왔다. 행렬 $A$가 0이면 PC의 분산을 정의한 식 (3.5)도 0이 되어버린다.

그러므로 식 (3.11)에서 $\lambda$와 행렬 $A$를 구할 수 있는 조건은 행렬 $(R-\lambda I)$가 역행렬을 가지지 않아야 한다.

식 (3.10)의 해를 푸는 과정은 수학에서 고윳값과 고유벡터를 계산하는 과정과 동일하다고 알려져 있다. 왜 그런지 알아보자.

우선 고윳값, 고유벡터의 정의부터 알아보자. 임의의 행렬 $K$가 (n × n)인 n차 정방행렬일 때, 식 (3.12)를 만족시키는 0이 아닌 벡터 $v$와 정수 $\lambda$가 존재한다면 $\lambda$를 행렬 K의 고윳값(eigenvalue)이라고 하고, 벡터 $v$를 고유벡터(eigenvector)라고 한다.

$$Kv = \lambda v \text{ 그리고 } v \neq 0 \quad\text{················· 식 (3.12)}$$

식 (3.12)를 벡터 $v$에 대해서 정리하면 다음과 같다.

$$Kv - \lambda v = 0$$

$\lambda$가 정수이므로 행렬형식으로 바꿔 주기 위해 단위행렬을 곱해서 계산을 진행한다.

$$Kv - \lambda Iv = 0$$
$$(K - \lambda I)v = 0 \quad\text{················· 식 (3.13)}$$

식 (3.12)에서 벡터 $v \neq 0$이므로 $(K-\lambda I)$의 역행렬을 이용해 식 (3.13)을 풀어보면 다음과 같다.

$$(K - \lambda I)^{-1}(K - \lambda I)v = (K - \lambda I)^{-1} \times 0$$
$$v = 0$$

$(K-\lambda I)$의 역행렬이 존재한다면, 고유벡터 $v=0$이 되어 우리가 원하는 고유벡터를 구할 수 없게 된다. 따라서, 고유벡터 $v$가 존재하기 위해서는 행렬 $(K-\lambda I)$가 비가역행렬이어야 한다. 행렬 $(K-\lambda I)$의 역행렬이 존재하지 않기 위해서는 2장에서 배운 행렬식이 0이면 되므로 다음 식을 풀면 된다.

$$\det(K - \lambda I) = 0 \quad\text{················· 식 (3.14)}$$

예를 들어, 행렬 $K$와 고유벡터 $v$를 다음과 같이 정의해 보자.

$$K = \begin{bmatrix} -1 & 2 \\ 3 & 4 \end{bmatrix}, \quad v = \begin{bmatrix} v_1 \\ v_2 \end{bmatrix}$$

행렬 $K$의 고웃값 $\lambda$와 고유벡터 $v$를 구해 보자.

$$(K - \lambda I) = \begin{bmatrix} -1 & 2 \\ 3 & 4 \end{bmatrix} - \lambda \begin{bmatrix} 1 & 0 \\ 0 & 1 \end{bmatrix}$$

$$= \begin{bmatrix} -1 & 2 \\ 3 & 4 \end{bmatrix} - \begin{bmatrix} \lambda & 0 \\ 0 & \lambda \end{bmatrix}$$

$$= \begin{bmatrix} -1-\lambda & 2 \\ 3 & 4-\lambda \end{bmatrix}$$

$$\det(K - \lambda I) = \begin{vmatrix} -1-\lambda & 2 \\ 3 & 4-\lambda \end{vmatrix}$$

$$= (-1-\lambda)(4-\lambda) - 2 \times 3$$

$$= -4 - 3\lambda + \lambda^2 - 6$$

$$= \lambda^2 - 3\lambda - 10$$

$$= (\lambda + 2)(\lambda - 5)$$

$$\therefore \lambda = -2 \quad \text{또는} \quad \lambda = 5$$

고웃값 $\lambda$가 계산되었으므로 고유벡터를 구해 보자.

$\lambda = -2$일 때, 고유벡터는 다음과 같다.

$$\begin{bmatrix} -1-\lambda & 2 \\ 3 & 4-\lambda \end{bmatrix} \begin{bmatrix} v_1 \\ v_2 \end{bmatrix} = \begin{bmatrix} 0 \\ 0 \end{bmatrix}$$

$$\begin{bmatrix} 1 & 2 \\ 3 & 6 \end{bmatrix} \begin{bmatrix} v_1 \\ v_2 \end{bmatrix} = \begin{bmatrix} 0 \\ 0 \end{bmatrix}$$

$$v_1 + 2v_2 = 0$$

$$3v_1 + 6v_2 = 0$$

$$v_1 = 2, \, v_2 = -1$$

$\lambda=5$일 때, 고유벡터는 다음과 같다

$$\begin{bmatrix} -1-\lambda & 2 \\ 3 & 4-\lambda \end{bmatrix}\begin{bmatrix} v_1 \\ v_2 \end{bmatrix} = \begin{bmatrix} 0 \\ 0 \end{bmatrix}$$

$$\begin{bmatrix} -6 & 2 \\ 3 & -1 \end{bmatrix}\begin{bmatrix} v_1 \\ v_2 \end{bmatrix} = \begin{bmatrix} 0 \\ 0 \end{bmatrix}$$

$$-6v_1 + 2v_2 = 0$$

$$3v_1 - v_2 = 0$$

$$v_1 = 1,\ v_2 = 3$$

고윳값 $\lambda$와 고유벡터 $v$는 복잡하지만 위의 과정을 거쳐 계산하게 된다.

고윳값, 고유벡터를 정의한 식 (3.12)와 분산을 최대화하기 위한 식 (3.10)을 비교해 보면 동일하다는 것을 알 수 있다. 따라서 식 (3.10)을 고윳값과 고유벡터 문제로 풀어서 $\lambda$와 행렬 $A$를 구하면 원래의 목적인 분산을 최대화하기 위한 답을 얻을 수 있게 된다.

참고로 식 (3.5) ~ 식 (3.9)의 과정을 행렬로 정리해 보면 다음과 같다.

$$V_p = \frac{1}{(n-1)}PC'PC$$

$$= \frac{1}{(n-1)}A'Z'ZA = A'RA$$

$$L = A'RA - \lambda(A'A - 1) = 0$$

$$\frac{\partial L}{\partial A} = 2RA - 2\lambda A = 0$$

$$RA = \lambda A \quad\text{식 (3.15)}$$

마찬가지로, 식 (3.12)와 식 (3.15)는 동일하다.

이렇게, Step 1의 주성분 축 생성 과정과 Step 2의 구해진 새로운 공간으로 원래 데이터의 좌표를 이동시키는 과정은 수학적으로 상관행렬의 고윳값과 고유벡터를 계산하는 과정과 동일하다는 것을 배웠다.

이 과정은 주성분분석을 이해하기 위해서 반드시 필요한 과정은 아니지만 수학적으로 이해해 두는 것이 좋다. 이해가 어려우면 의미만 파악하고 시간이 날 때 천천히 살펴보는 것을 추천한다.

지금까지의 과정을 정리하면 그림 3.9의 Step 1, Step 2를 그림 3.15와 같이 바꿔 쓸 수 있다.

Step 0 _ 데이터 표준화

Step 1 _ 주성분 축 생성

    **1-1 첫 번째 축을 만든다.**

        • 분산이 가장 큰 (데이터가 가장 넓게 퍼져있는) 방향을 구한다

        • 그 방향으로 첫 번째 축을 만든다

    **1-2. 두 번째 축을 만든다.**

        • 첫 번째 축과 90도 직교하며, 분산이 두 번째로 큰 방향을 구한다

        • 그 방향으로 두 번째 축을 만든다

    **1-3. 세 번째 축을 만든다.**

        …

Step 2 _ 구해진 새로운 공간으로 원래 데이터의 좌표를 이동시킨다.

Step 0 _ 데이터 표준화

Step 1 _ 상관행렬을 구한다.

Step 2 _ 상관행렬의 고윳값, 고유벡터를 구한다.

Step 3 _ 고유벡터를 이용하여 표준화된 데이터를 주성분 공간으로 이동시킨다.

그림 3.15 주성분분석 방법

이제 새롭게 정리한 주성분분석을 하는 방법을 이용해 데이터를 분석해 보자.

## 3.2 주성분분석 실습

엑셀의 [주성분분석] 시트를 이용해서 주성분분석을 시작해 보자. 여기서부터는 엑셀 실습을 병행하는 것이 알고리즘을 이해하는 데 도움이 된다. 차근차근 실습하며 이해해 보자.

| | A 선수 | B 안타 | C 2루타 | D 3루타 | E 홈런 | F 타점 | G 득점 | H 도루 | I 사사구 | J 삼진 | K 타율 | L 출루율 | M 장타율 | N OPS |
|---|---|---|---|---|---|---|---|---|---|---|---|---|---|---|
| 2 | 김선빈 | 176.00 | 34.00 | 1.00 | 5.00 | 64.00 | 84.00 | 4.00 | 44.00 | 40.00 | 0.37 | 0.42 | 0.48 | 0.90 |
| 3 | 박건우 | 177.00 | 40.00 | 2.00 | 20.00 | 78.00 | 91.00 | 20.00 | 51.00 | 64.00 | 0.37 | 0.42 | 0.58 | 1.01 |
| 4 | 박민우 | 141.00 | 25.00 | 4.00 | 3.00 | 47.00 | 84.00 | 11.00 | 57.00 | 51.00 | 0.36 | 0.44 | 0.47 | 0.91 |
| 5 | 나성범 | 173.00 | 42.00 | 2.00 | 24.00 | 99.00 | 103.00 | 17.00 | 60.00 | 116.00 | 0.35 | 0.42 | 0.58 | 1.00 |
| 6 | 박용택 | 175.00 | 23.00 | 2.00 | 14.00 | 90.00 | 83.00 | 4.00 | 78.00 | 88.00 | 0.34 | 0.43 | 0.48 | 0.90 |
| 7 | 최형우 | 176.00 | 36.00 | 3.00 | 26.00 | 120.00 | 98.00 | 0.00 | 107.00 | 82.00 | 0.34 | 0.45 | 0.58 | 1.03 |
| 8 | 김재환 | 185.00 | 34.00 | 2.00 | 35.00 | 115.00 | 110.00 | 4.00 | 88.00 | 123.00 | 0.34 | 0.43 | 0.60 | 1.03 |
| 9 | 로사리오 | 151.00 | 30.00 | 1.00 | 37.00 | 111.00 | 100.00 | 10.00 | 60.00 | 61.00 | 0.34 | 0.41 | 0.66 | 1.07 |
| 10 | 손아섭 | 193.00 | 35.00 | 4.00 | 20.00 | 80.00 | 113.00 | 25.00 | 87.00 | 96.00 | 0.34 | 0.42 | 0.51 | 0.93 |
| 11 | 서건창 | 179.00 | 28.00 | 3.00 | 6.00 | 76.00 | 87.00 | 15.00 | 68.00 | 68.00 | 0.33 | 0.40 | 0.43 | 0.83 |
| 12 | 이명기 | 154.00 | 24.00 | 4.00 | 9.00 | 63.00 | 79.00 | 8.00 | 31.00 | 57.00 | 0.33 | 0.37 | 0.46 | 0.83 |
| 13 | 송광민 | 143.00 | 26.00 | 0.00 | 13.00 | 75.00 | 71.00 | 2.00 | 24.00 | 88.00 | 0.33 | 0.36 | 0.48 | 0.83 |
| 14 | 이정후 | 179.00 | 29.00 | 8.00 | 2.00 | 47.00 | 111.00 | 12.00 | 66.00 | 67.00 | 0.32 | 0.40 | 0.42 | 0.81 |
| 15 | 전준우 | 146.00 | 27.00 | 1.00 | 18.00 | 69.00 | 76.00 | 2.00 | 37.00 | 70.00 | 0.32 | 0.37 | 0.50 | 0.87 |
| 16 | 이대호 | 173.00 | 13.00 | 0.00 | 34.00 | 111.00 | 73.00 | 1.00 | 65.00 | 84.00 | 0.32 | 0.39 | 0.53 | 0.93 |
| 17 | 버나디나 | 178.00 | 26.00 | 8.00 | 27.00 | 111.00 | 118.00 | 32.00 | 52.00 | 112.00 | 0.32 | 0.37 | 0.54 | 0.91 |
| 18 | 최정 | 136.00 | 18.00 | 1.00 | 46.00 | 113.00 | 89.00 | 1.00 | 89.00 | 107.00 | 0.32 | 0.43 | 0.68 | 1.11 |
| 19 | 안치홍 | 154.00 | 29.00 | 2.00 | 21.00 | 93.00 | 95.00 | 7.00 | 47.00 | 70.00 | 0.32 | 0.37 | 0.51 | 0.89 |
| 20 | 러프 | 162.00 | 38.00 | 0.00 | 31.00 | 124.00 | 90.00 | 2.00 | 72.00 | 107.00 | 0.32 | 0.40 | 0.57 | 0.97 |
| 21 | 윤석민 | 168.00 | 30.00 | 1.00 | 20.00 | 105.00 | 90.00 | 0.00 | 41.00 | 85.00 | 0.31 | 0.36 | 0.48 | 0.84 |

그림 3.16 2017년 프로야구 타자 상위 20위 기록

그림 3.16은 2017년 프로야구 타자 상위 20명의 안타, 2루타, 3루타, 홈런, 타점, 득점, 도루, 사사구, 삼진, 타율, 출루율, 장타율, OPS 데이터이다.

변수(항목) 개수 $m = 13$으로 $x = \{x_1, x_2, x_3, x_4, x_5, x_6, x_7, x_8, x_9, x_{10}, x_{11}, x_{12}, x_{13}\}$은 다음과 같이 정의한다.

$x = \{$안타, 2루타, 3루타, 홈런, 타점, 득점, 도루, 사사구, 삼진, 타율, 출루율, 장타율, OPS$\}$

상위 20명의 데이터이므로 데이터 개수 $n = 20$이 된다.

위의 엑셀 데이터를 행렬로 일반화하면 다음과 같다.

$$x = \begin{bmatrix} x_{11} & x_{12} & \cdots & x_{1m} \\ x_{21} & x_{22} & \cdots & x_{2m} \\ & & \vdots & \\ x_{n1} & x_{n2} & \cdots & x_{nm} \end{bmatrix}$$

이 데이터를 그림 3.15 주성분분석 방법 Step에 따라 주성분분석을 진행해 보자.

## Step 0. 데이터 표준화

주성분분석을 하기 위해서는 우선 데이터 표준화가 필요하다. 2장에서 배웠듯이 안타와 2루타, 3루타 등 각 변수들은 기준이 달라서 서로 비교할 수 없기 때문이다. 이제 각 변수 안타, 2루타, 3루타 등에 대해서 표준화를 진행해 보자.

먼저, 평균과 표준편차를 계산해 보자.

평균은 =AVERAGE(), 표준편차는 =STDEV.S()의 엑셀 함수를 사용한다.

안타의 데이터 범위는 "B2:B21"이므로 다음과 같이 입력하면 계산할 수 있다.

  예) 안타의 평균 = AVERAGE(B2:B21)
     안타의 표준편차 = STDEV.S(B2:B21)

나머지, 2루타, 3루타 등도 식을 복사하면 간단하게 평균과 표준편차를 계산할 수 있다.

그림 3.17은 평균과 표준편차를 계산한 결과이다.

| ⊿ | A | B | C | D | E | F | G | H | I | J | K | L | M | N |
|---|---|---|---|---|---|---|---|---|---|---|---|---|---|---|
| 1 | 선수 | 안타 | 2루타 | 3루타 | 홈런 | 타점 | 득점 | 도루 | 사사구 | 삼진 | 타율 | 출루율 | 장타율 | OPS |
| 2 | 김선빈 | 176.00 | 34.00 | 1.00 | 5.00 | 64.00 | 84.00 | 4.00 | 44.00 | 40.00 | 0.37 | 0.42 | 0.48 | 0.90 |
| 3 | 박건우 | 177.00 | 40.00 | 2.00 | 20.00 | 78.00 | 91.00 | 20.00 | 51.00 | 64.00 | 0.37 | 0.42 | 0.58 | 1.01 |
| 4 | 박민우 | 141.00 | 25.00 | 4.00 | 3.00 | 47.00 | 84.00 | 11.00 | 57.00 | 51.00 | 0.36 | 0.44 | 0.47 | 0.91 |
| 5 | 나성범 | 173.00 | 42.00 | 2.00 | 24.00 | 99.00 | 103.00 | 17.00 | 60.00 | 116.00 | 0.35 | 0.42 | 0.58 | 1.00 |
| 6 | 박용택 | 175.00 | 23.00 | 2.00 | 14.00 | 90.00 | 83.00 | 4.00 | 78.00 | 88.00 | 0.34 | 0.43 | 0.48 | 0.90 |
| 7 | 최형우 | 176.00 | 36.00 | 3.00 | 26.00 | 120.00 | 98.00 | 0.00 | 107.00 | 82.00 | 0.34 | 0.45 | 0.58 | 1.03 |
| 8 | 김재환 | 185.00 | 34.00 | 2.00 | 35.00 | 115.00 | 110.00 | 4.00 | 88.00 | 123.00 | 0.34 | 0.43 | 0.60 | 1.03 |
| 9 | 로사리오 | 151.00 | 30.00 | 1.00 | 37.00 | 111.00 | 100.00 | 10.00 | 60.00 | 61.00 | 0.34 | 0.41 | 0.66 | 1.07 |
| 10 | 손아섭 | 193.00 | 35.00 | 4.00 | 20.00 | 80.00 | 113.00 | 25.00 | 87.00 | 96.00 | 0.34 | 0.42 | 0.51 | 0.93 |
| 11 | 서건창 | 179.00 | 28.00 | 3.00 | 6.00 | 76.00 | 87.00 | 15.00 | 68.00 | 68.00 | 0.33 | 0.40 | 0.43 | 0.83 |
| 12 | 이명기 | 154.00 | 24.00 | 4.00 | 9.00 | 63.00 | 79.00 | 8.00 | 31.00 | 57.00 | 0.33 | 0.37 | 0.46 | 0.83 |
| 13 | 송광민 | 143.00 | 26.00 | 0.00 | 13.00 | 75.00 | 71.00 | 2.00 | 24.00 | 88.00 | 0.33 | 0.36 | 0.48 | 0.83 |
| 14 | 이정후 | 179.00 | 29.00 | 8.00 | 2.00 | 47.00 | 111.00 | 12.00 | 66.00 | 67.00 | 0.32 | 0.40 | 0.42 | 0.81 |
| 15 | 전준우 | 146.00 | 27.00 | 1.00 | 18.00 | 69.00 | 76.00 | 2.00 | 37.00 | 70.00 | 0.32 | 0.37 | 0.50 | 0.87 |
| 16 | 이대호 | 173.00 | 13.00 | 0.00 | 34.00 | 111.00 | 73.00 | 1.00 | 65.00 | 84.00 | 0.32 | 0.39 | 0.53 | 0.93 |
| 17 | 버나디나 | 178.00 | 26.00 | 8.00 | 27.00 | 111.00 | 118.00 | 32.00 | 52.00 | 112.00 | 0.32 | 0.37 | 0.54 | 0.91 |
| 18 | 최정 안타의 평균 | | | 안타의 표준편차 | | | | 1.00 | 89.00 | 107.00 | 0.32 | 0.43 | 0.68 | 1.11 |
| 19 | 안타 =AVERAGE(B2:B21) | | | =STDEV.S(B2:B21) | | | 75.00 | 7.00 | 47.00 | 70.00 | 0.32 | 0.37 | 0.51 | 0.89 |
| 20 | 러프 | | | | | | 90.00 | 2.00 | 72.00 | 107.00 | 0.32 | 0.40 | 0.57 | 0.97 |
| 21 | 윤석민 | 168.00 | 30.00 | 1.00 | 20.00 | 105.00 | 90.00 | 0.00 | 41.00 | 85.00 | 0.31 | 0.36 | 0.48 | 0.84 |
| 22 | 평균 → | 165.95 | 29.35 | 2.45 | 20.55 | 89.55 | 92.25 | 8.85 | 61.20 | 81.80 | 0.33 | 0.40 | 0.53 | 0.93 |
| 23 | 표준편차 | 16.32 ← | 7.19 | 2.28 | 12.24 | 24.12 | 13.59 | 8.99 | 21.44 | 23.05 | 0.02 | 0.03 | 0.07 | 0.09 |

그림 3.17 평균과 표준편차 계산

평균과 표준편차의 계산이 끝났으니 이제 데이터를 표준화해 보자. 2장에서 배운 표준화 식을 다시 한 번 써보면 다음과 같다.

$$z_i = \frac{(x_i - \overline{x})}{\sigma}$$

각 변수에 대해서 위의 식을 이용해서 계산하면 된다.

먼저, 김선빈 선수의 안타를 표준화해 보자.

예) 김선빈 선수의 안타 표준화 결과

안타의 평균: 165.95

안타의 표준편차: 16.32

김선빈 선수의 안타: 176

$$z_i = \frac{(x_i - \overline{x})}{\sigma} = \frac{(176 - 165.95)}{16.32} \fallingdotseq 0.62$$

김선빈 선수의 안타를 표준화하기 위해 셀 B28에 다음과 같이 입력하면 된다.

=(B2-B$22)/B$23

김선빈 선수의 계산 결과는 그림 3.18과 같다.

| | A | B | C | D | E | F | G | H | I | J | K | L | M | N |
|---|---|---|---|---|---|---|---|---|---|---|---|---|---|---|
| 1 | 선수 | 안타 | 2루타 | 3루타 | 홈런 | 타점 | 득점 | 도루 | 사사구 | 삼진 | 타율 | 출루율 | 장타율 | OPS |
| 2 | 김선빈 | 176.00 | 34.00 | 1.00 | 5.00 | 64.00 | 84.00 | 4.00 | 44.00 | 40.00 | 0.37 | 0.42 | 0.48 | 0.90 |
| 3 | 박건우 | 177.00 | 40.00 | 2.00 | 20.00 | 78.00 | 91.00 | 20.00 | 51.00 | 64.00 | 0.37 | 0.42 | 0.58 | 1.01 |
| 4 | 박민우 | 141.00 | 25.00 | 4.00 | 3.00 | 47.00 | 84.00 | 11.00 | 57.00 | 51.00 | 0.36 | 0.44 | 0.47 | 0.91 |
| 5 | 나성범 | 173.00 | 42.00 | 2.00 | 24.00 | 99.00 | 103.00 | 17.00 | 60.00 | 116.00 | 0.35 | 0.42 | 0.58 | 1.00 |
| 6 | 박용택 | 175.00 | 23.00 | 2.00 | 14.00 | 90.00 | 83.00 | 4.00 | 78.00 | 88.00 | 0.34 | 0.43 | 0.48 | 0.90 |
| 7 | 최형우 | 176.00 | 36.00 | 3.00 | 26.00 | 120.00 | 98.00 | 0.00 | 107.00 | 82.00 | 0.34 | 0.45 | 0.58 | 1.03 |
| 8 | 김재환 | 185.00 | 34.00 | 2.00 | 35.00 | 115.00 | 110.00 | 4.00 | 88.00 | 123.00 | 0.34 | 0.43 | 0.60 | 1.03 |
| 9 | 로사리오 | 151.00 | 30.00 | 1.00 | 37.00 | 111.00 | 100.00 | 10.00 | 60.00 | 61.00 | 0.34 | 0.41 | 0.66 | 1.07 |
| 10 | 손아섭 | 193.00 | 35.00 | 4.00 | 20.00 | 80.00 | 113.00 | 25.00 | 87.00 | 96.00 | 0.34 | 0.42 | 0.51 | 0.93 |
| 11 | 서건창 | 179.00 | 28.00 | 3.00 | 6.00 | 76.00 | 87.00 | 15.00 | 68.00 | 68.00 | 0.33 | 0.40 | 0.43 | 0.83 |
| 12 | 이명기 | 154.00 | 24.00 | 4.00 | 9.00 | 63.00 | 79.00 | 8.00 | 31.00 | 57.00 | 0.33 | 0.37 | 0.46 | 0.83 |
| 13 | 송광민 | 143.00 | 26.00 | 0.00 | 13.00 | 75.00 | 71.00 | 2.00 | 24.00 | 88.00 | 0.33 | 0.36 | 0.48 | 0.83 |
| 14 | 이정후 | 179.00 | 29.00 | 8.00 | 2.00 | 47.00 | 111.00 | 12.00 | 66.00 | 67.00 | 0.32 | 0.40 | 0.42 | 0.81 |
| 15 | 전준우 | 146.00 | 27.00 | 1.00 | 18.00 | 69.00 | 76.00 | 2.00 | 37.00 | 70.00 | 0.32 | 0.37 | 0.50 | 0.87 |
| 16 | 이대호 | 173.00 | 13.00 | 0.00 | 34.00 | 111.00 | 73.00 | 1.00 | 65.00 | 84.00 | 0.32 | 0.39 | 0.53 | 0.93 |
| 17 | 버나디나 | 178.00 | 26.00 | 8.00 | 27.00 | 111.00 | 118.00 | 32.00 | 52.00 | 112.00 | 0.32 | 0.37 | 0.54 | 0.91 |
| 18 | 최정 | 136.00 | 18.00 | 1.00 | 46.00 | 113.00 | 89.00 | 1.00 | 89.00 | 107.00 | 0.32 | 0.43 | 0.68 | 1.11 |
| 19 | 안치홍 | 154.00 | 29.00 | 4.00 | 21.00 | 93.00 | 95.00 | 7.00 | 47.00 | 70.00 | 0.32 | 0.37 | 0.51 | 0.89 |
| 20 | 러프 | 162.00 | 38.00 | 0.00 | 31.00 | 124.00 | 90.00 | 2.00 | 72.00 | 107.00 | 0.32 | 0.40 | 0.57 | 0.97 |
| 21 | 윤석민 | 168.00 | 30.00 | 1.00 | 20.00 | 105.00 | 90.00 | 0.00 | 41.00 | 85.00 | 0.31 | 0.36 | 0.48 | 0.84 |
| 22 | 평균 | 165.95 | 29.35 | 2.45 | 20.55 | 89.55 | 92.25 | 8.85 | 61.20 | 81.80 | 0.33 | 0.40 | 0.53 | 0.93 |
| 23 | 표준편차 | 16.32 | 7.19 | 2.28 | 12.24 | 24.12 | 13.59 | 8.99 | 21.44 | 23.05 | 0.02 | 0.03 | 0.07 | 0.09 |
| 24 | | | | | | | | | | | | | | |
| 25 | | | | 김선빈 선수 안타 표준화 계산 | | | | | | | | | | |
| 26 | | | | =(B2-B$22)/B$23 | | | | 터 | | | | | | |
| 27 | 선수 | 안타 | 2루타 | 3루타 | 홈런 | 타점 | 득점 | 도루 | 사사구 | 삼진 | 타율 | 출루율 | 장타율 | OPS |
| 28 | 김선빈 | 0.62 | | | | | | | | | | | | |
| 29 | 박건우 | | | | | | | | | | | | | |

그림 3.18 김선빈 선수 안타 표준화

입력한 내용을 보면 평균의 행번호와 표준편차의 행번호에 "$"를 붙여 행을 고정시켰다. 이 것은 이 식을 종방향의 다른 선수들과 횡방향의 변수들을 한 번에 계산할 수 있도록 작성한 것이다.

그림 3.19는 김선빈 선수 안타의 표준화 식을 복사해 다른 셀에 복사하는 방법을 보여준다.

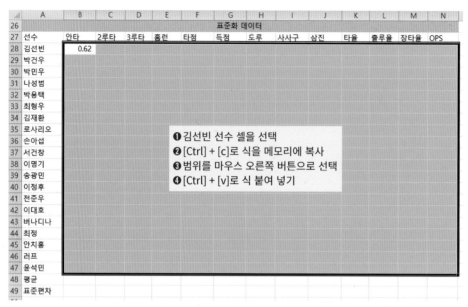

그림 3.19 식 복사와 붙여넣기 준비

그림 3.19를 보면 B28 셀을 [Ctrl]+[c]로 식을 복사한 후 식을 복사할 전체 범위를 선택해 [Ctrl]+[v]로 붙여 넣는 순서를 보여준다. 식 복사 결과는 그림 3.20에서 확인할 수 있다.

| | A | B | C | D | E | F | G | H | I | J | K | L | M | N |
|---|---|---|---|---|---|---|---|---|---|---|---|---|---|---|
| 26 | | | | | | | 표준화 데이터 | | | | | | | |
| 27 | 선수 | 안타 | 2루타 | 3루타 | 홈런 | 타점 | 득점 | 도루 | 사사구 | 삼진 | 타율 | 출루율 | 장타율 | OPS |
| 28 | 김선빈 | 0.62 | 0.65 | -0.64 | -1.27 | -1.06 | -0.61 | -0.54 | -0.80 | -1.81 | 2.06 | 0.62 | -0.70 | -0.38 |
| 29 | 박건우 | 0.68 | 1.48 | -0.20 | -0.04 | -0.48 | -0.09 | 1.24 | -0.48 | -0.77 | 1.83 | 0.76 | 0.75 | 0.87 |
| 30 | 박민우 | -1.53 | -0.60 | 0.68 | -1.43 | -1.76 | -0.61 | 0.24 | -0.20 | -1.34 | 1.66 | 1.36 | -0.77 | -0.20 |
| 31 | 나성범 | 0.43 | 1.76 | -0.20 | 0.28 | 0.39 | 0.79 | 0.91 | -0.06 | 1.48 | 0.74 | 0.44 | 0.78 | 0.80 |
| 32 | 박용택 | 0.55 | -0.88 | -0.20 | -0.54 | 0.02 | -0.68 | -0.54 | 0.78 | 0.27 | 0.57 | 0.80 | -0.68 | -0.30 |
| 33 | 최형우 | 0.62 | 0.92 | 0.24 | 0.45 | 1.26 | 0.42 | -0.98 | 2.14 | 0.01 | 0.46 | 1.68 | 0.67 | 1.10 |
| 34 | 김재환 | 1.17 | 0.65 | -0.20 | 1.18 | 1.06 | 1.31 | -0.54 | 1.25 | 1.79 | 0.34 | 0.94 | 1.05 | 1.17 |
| 35 | 로사리오 | -0.92 | 0.09 | -0.64 | 1.34 | 0.89 | 0.57 | 0.13 | -0.06 | -0.90 | 0.28 | 0.41 | 1.85 | 1.65 |
| 36 | 손아섭 | 1.66 | 0.79 | 0.68 | -0.04 | -0.40 | 1.53 | 1.80 | 1.20 | 0.62 | 0.05 | 0.62 | -0.19 | 0.04 |
| 37 | 서건창 | 0.80 | -0.19 | 0.24 | -1.19 | -0.56 | -0.39 | 0.68 | 0.32 | -0.60 | -0.12 | 0.02 | -1.37 | -1.13 |
| 38 | 이명기 | -0.73 | -0.74 | 0.68 | -0.94 | -1.10 | -0.97 | -0.09 | -1.41 | -1.08 | -0.12 | -1.11 | -0.95 | -1.14 |
| 39 | 송광민 | -1.41 | -0.47 | -1.07 | -0.62 | -0.60 | -1.56 | -0.76 | -1.74 | 0.27 | -0.40 | -1.64 | -0.72 | -1.13 |
| 40 | 이정후 | 0.80 | -0.05 | 2.43 | -1.52 | -1.76 | 1.38 | 0.35 | 0.22 | -0.64 | -0.58 | -0.26 | -1.54 | -1.36 |
| 41 | 전준우 | -1.22 | -0.33 | -0.64 | -0.21 | -0.85 | -1.20 | -0.76 | -1.13 | -0.51 | -0.75 | -1.15 | -0.34 | -0.65 |
| 42 | 이대호 | 0.43 | -2.27 | -1.07 | 1.10 | 0.89 | -1.42 | -0.87 | 0.18 | 0.10 | -0.81 | -0.40 | 0.07 | -0.06 |
| 43 | 버나디나 | 0.74 | -0.47 | 2.43 | 0.53 | 0.89 | 1.89 | 2.57 | -0.43 | 1.31 | -0.81 | -1.08 | 0.17 | -0.20 |
| 44 | 최정 | -1.84 | -1.58 | -0.64 | 2.08 | 0.97 | -0.24 | -0.87 | 1.30 | 1.09 | -1.04 | 0.87 | 2.17 | 2.08 |
| 45 | 안치홍 | -0.73 | -0.05 | -0.20 | 0.04 | 0.14 | 0.20 | -0.21 | -0.66 | -0.51 | -1.04 | -1.04 | -0.20 | -0.51 |
| 46 | 러프 | -0.24 | 1.20 | -1.07 | 0.85 | 1.43 | -0.17 | -0.76 | 0.50 | 1.09 | -1.09 | -0.23 | 0.57 | 0.40 |
| 47 | 윤석민 | 0.13 | 0.09 | -0.64 | -0.04 | 0.64 | -0.17 | -0.98 | -0.94 | 0.14 | -1.27 | -1.61 | -0.62 | -1.04 |
| 48 | 평균 | | | | | | | | | | | | | |
| 49 | 표준편차 | | | | | | | | | | | | | |

그림 3.20 식 복사 결과

그림 3.18, 그림 3.19, 그림 3.20을 차례로 보여주는 이유는 엑셀에서 여러 번 계산해야 할 것을 식참조를 잘 활용하면 한 번에 가능하다는 것을 보여주기 위해서이다. 식 참조를 잘 모른다면 위의 표준화 계산은 20 × 13 = 260번 식을 입력해야 한다. 이 책에서 앞으로도 이런 식으로 계산할 일이 많으므로 식참조를 잘 활용해야 하는 예로 자세하게 설명했다.

마지막으로, 표준화가 잘 되었는지 각 표준화된 데이터의 평균과 표준편차를 계산해 보자.

| | A | B | C | D | E | F | G | H | I | J | K | L | M | N |
|---|---|---|---|---|---|---|---|---|---|---|---|---|---|---|
| 26 | | | | | | | 표준화 데이터 | | | | | | | |
| 27 | 선수 | 안타 | 2루타 | 3루타 | 홈런 | 타점 | 득점 | 도루 | 사사구 | 삼진 | 타율 | 출루율 | 장타율 | OPS |
| 28 | 김선빈 | 0.62 | 0.65 | -0.64 | -1.27 | -1.06 | -0.61 | -0.54 | -0.80 | -1.81 | 2.06 | 0.62 | -0.70 | -0.38 |
| 29 | 박건우 | 0.68 | 1.48 | -0.20 | -0.04 | -0.48 | -0.09 | 1.24 | -0.48 | -0.77 | 1.83 | 0.76 | 0.75 | 0.87 |
| 30 | 박민우 | -1.53 | -0.60 | 0.68 | -1.43 | -1.76 | -0.61 | 0.24 | -0.20 | -1.34 | 1.66 | 1.36 | -0.77 | -0.20 |
| 31 | 나성범 | 0.43 | 1.76 | -0.20 | 0.28 | 0.39 | 0.79 | 0.91 | -0.06 | 1.48 | 0.74 | 0.44 | 0.78 | 0.80 |
| 32 | 박용택 | 0.55 | -0.88 | -0.20 | -0.54 | 0.02 | -0.68 | -0.54 | 0.78 | 0.27 | 0.57 | 0.80 | -0.68 | -0.30 |
| 33 | 최형우 | 0.62 | 0.92 | 0.92 | 0.45 | 1.26 | 0.42 | -0.98 | 2.14 | 0.01 | 0.46 | 1.68 | 0.67 | 1.10 |
| 34 | 김재환 | 1.17 | 0.65 | -0.20 | 1.18 | 1.06 | 1.31 | -0.54 | 1.25 | 1.79 | 0.34 | 0.94 | 1.05 | 1.17 |
| 35 | 로사리오 | -0.92 | 0.09 | -0.64 | 1.34 | 0.89 | 0.57 | 0.13 | -0.06 | -0.90 | 0.28 | 0.41 | 1.85 | 1.65 |
| 36 | 손아섭 | 1.66 | 0.79 | 0.68 | -0.04 | -0.40 | 1.53 | 1.80 | 1.20 | 0.62 | 0.05 | 0.62 | -0.19 | 0.04 |
| 37 | 서건창 | 0.80 | -0.19 | 0.24 | -1.19 | -0.56 | -0.39 | 0.68 | 0.32 | -0.60 | -0.12 | 0.02 | -1.37 | -1.13 |
| 38 | 이명기 | -0.73 | -0.74 | 0.68 | -0.94 | -1.10 | -0.97 | -0.09 | -1.41 | -1.08 | -0.12 | -1.11 | -0.95 | -1.14 |
| 39 | 송광민 | -1.41 | -0.47 | -1.07 | -0.62 | -0.60 | -1.56 | -0.76 | -1.74 | 0.27 | -0.40 | -1.64 | -0.72 | -1.13 |
| 40 | 이정후 | 0.80 | -0.05 | 2.43 | -1.52 | -1.76 | 1.38 | 0.35 | 0.22 | -0.64 | -0.58 | -0.26 | -1.54 | -1.36 |
| 41 | 전준우 | -1.22 | -0.33 | -0.64 | -0.21 | -0.85 | -1.20 | -0.76 | -1.13 | -0.51 | -0.75 | -1.15 | -0.34 | -0.65 |
| 42 | 이대호 | 0.43 | -2.27 | -1.07 | 1.10 | 0.89 | -1.42 | -0.87 | 0.18 | 0.10 | -0.81 | -0.40 | 0.07 | -0.06 |
| 43 | 버나디나 | 0.74 | -0.47 | 2.43 | 0.53 | 0.89 | 1.89 | 2.57 | -0.43 | 1.31 | -0.81 | -1.08 | 0.17 | -0.20 |
| 44 | 최정 | -1.84 | -1.58 | -0.64 | 2.08 | 0.97 | -0.24 | -0.87 | 1.30 | 1.09 | -1.04 | 0.87 | 2.17 | 2.08 |
| 45 | 안치홍 | -0.73 | -0.05 | -0.20 | 0.04 | 0.14 | 0.20 | -0.21 | -0.66 | -0.51 | -1.04 | -1.04 | -0.20 | -0.51 |
| 46 | 러프 | -0.24 | 1.20 | -1.07 | 0.85 | 1.43 | -0.17 | -0.76 | 0.50 | 1.09 | -1.09 | -0.23 | 0.57 | 0.40 |
| 47 | 윤석민 | 0.13 | 0.09 | -0.64 | -0.04 | 0.64 | -0.17 | -0.98 | -0.94 | 0.14 | -1.27 | -1.61 | -0.62 | -1.04 |
| 48 | 평균 | 0.00 | 0.00 | 0.00 | 0.00 | 0.00 | 0.00 | 0.00 | 0.00 | 0.00 | 0.00 | 0.00 | 0.00 | 0.00 |
| 49 | 표준편차 | 1.00 | 1.00 | 1.00 | 1.00 | 1.00 | 1.00 | 1.00 | 1.00 | 1.00 | 1.00 | 1.00 | 1.00 | 1.00 |

그림 3.21 표준화 결과

그림 3.21은 표준화 결과에 대한 평균과 표준편차를 보여준다. 2.3절에서 언급했듯이 표준화된 데이터의 평균은 0이고 표준편차는 1이다.

표준화 결과의 의미를 하나씩 정리해 보자.

## 1. 각 변수를 서로 비교할 수 있게 되었다.

이것은 매우 중요하다. 안타와 2루타, 득점과 홈런과 같이 서로 기준이 달라 비교할 수 없던 것들이 단위를 없애서 같이 비교할 수 있게 되었으므로, 데이터 간의 우열을 판단할 기준이 마련되었다.

## 2. 모든 변수는 정보량이 1이 되었다.

표준화 결과 모든 변수들의 정보량(분산)은 1이 된다(분산은 표준편차의 제곱이다). 표준화를 하게 되면 전체 데이터의 정보량의 합은 변수의 개수와 같게 된다. 우리가 가지고 있는 데이터의 경우에 안타, 2루타 등 13개 변수로 이루어져 있으므로 전체 정보량은 13이 된다. 이 정보량은 주성분분석에서 가장 중요한 개념이다.

## 3. 데이터 표준화의 결과, 그림 3.22와 같이 데이터의 분포의 중심이 0으로 이동하게 된다.

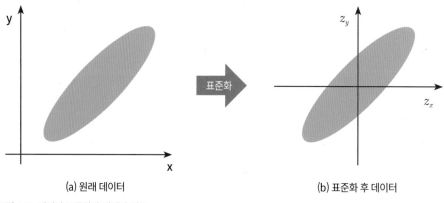

(a) 원래 데이터　　　　　　　　(b) 표준화 후 데이터

그림 3.22 데이터 표준화와 데이터 이동

표준화 결과로 행렬 $X$는 행렬 $Z$로 바뀐다.

$$Z = \begin{bmatrix} z_{11} & z_{12} & \cdots & z_{1m} \\ z_{21} & z_{22} & \cdots & z_{2m} \\ & & \vdots & \\ z_{n1} & z_{n2} & \cdots & z_{nm} \end{bmatrix}$$

## Step 1. 상관행렬을 구한다

상관행렬이란 변수들 간의 상관계수를 행렬로 나타낸 것이다. 프로야구 선수 데이터는 13개 변수로 이루어져 있다. 안타와 안타의 상관계수, 안타와 2루타의 상관계수부터 시작해서 장타율과 OPS의 상관계수, OPS와 OPS의 상관계수의 조합으로 전부 169개의 상관계수로 상관행렬이 이루어져 있으며 상관행렬의 크기는 (13 × 13)이 된다.

행렬 $Z$의 상관행렬 $R$은 다음과 같이 표현할 수 있다.

$$R = \begin{bmatrix} r_{z_1z_1} \, r_{z_1z_2} \cdots r_{z_1z_m} \\ r_{z_2z_1} \, r_{z_2z_2} \cdots r_{z_2z_m} \\ \vdots \\ r_{z_mz_1} \, r_{z_mz_2} \cdots r_{z_mz_m} \end{bmatrix}$$

상관행렬을 구하는 방법은 두 가지가 있다.

첫 번째는 함수 =CORREL()을 사용해 계산하는 방법이고, 두 번째는 2장에서 배운 식 (2.22)를 이용한 행렬로 계산하는 방법이다.

함수를 이용한 방법은 식 참조 방법을 잘 사용해야 계산 횟수를 줄일 수 있고, 상관계수 값을 계산하면서 하나하나 바로 확인이 가능한 장점이 있다. 행렬을 이용한 방법은 전치행렬을 계산한 후에 상관행렬을 계산하므로 중간 과정을 저장해 둘 셀 확보가 필요하다.

처음으로 하는 일이므로 두 가지 방법을 다 사용해서 계산해 보자.

그림 3.23은 함수 =CORREL()을 이용해서 상관행렬 계산 결과를 보여준다.

안타 – 안타의 함수식을 보면 앞부분에 절대 참조를 사용하였다. 복사한 후에 안타 행에 바로 복사할 수 있다. 그 다음, 이 함수식을 2루타–안타의 셀에 복사를 하고, 식 내부의 참조셀을 다음과 같이 수정하면 2루타 행에 바로 복사할 수 있다.

$B$28:$B$47 → $C$28:$C$47

이렇게 차례차례 진행하면 전부 계산하는 수고를 덜 수 있다.

식1 : 안타 - 안타의 상관 계수
=CORREL($B$28:$B$47,B28:B47)

식1을 복사하여 붙이는 구간

|  | 안타 | 2루타 | 3루타 | 홈런 | 타점 | | | | | 타율 | 출루율 | 장타율 | OPS |
|---|---|---|---|---|---|---|---|---|---|---|---|---|---|
| 안타 | 1.00 | 0.41 | 0.35 | -0.10 | 0.11 | 0.55 | 0.43 | 0.40 | 0.23 | 0.21 | 0.24 | -0.17 | -0.06 |
| 2루타 | 0.41 | 1.00 | 0.02 | -0.08 | 0.07 | 0.46 | 0.28 | 0.12 | 0.12 | 0.40 | 0.27 | 0.15 | 0.21 |
| 3루타 | 0.35 | 0.02 | 1.00 | -0.37 | -0.35 | 0.63 | 0.67 | 0.10 | -0.03 | 0.01 | 0.02 | -0.34 | -0.28 |
| 홈런 | -0.10 | -0.08 | -0.37 | 1.00 | 0.87 | 0.21 | -0.15 | 0.43 | 0.63 | -0.37 | 0.14 | 0.90 | 0.79 |
| 타점 | 0.11 | 0.07 | -0.35 | 0.87 | 1.00 | 0.24 | -0.18 | 0.47 | 0.68 | -0.39 | 0.09 | 0.72 | 0.63 |
| 득점 | 0.55 | 0.46 | 0.63 | 0.21 | 0.24 | 1.00 | 0.62 | 0.45 | 0.43 | -0.02 | 0.25 | 0.26 | 0.29 |
| 도루 | 0.43 | 0.28 | 0.67 | -0.15 | -0.18 | | | | | 0.20 | 0.05 | -0.05 | 0.03 |
| | | | | | 0.47 | | | | | 0.04 | 0.75 | 0.43 | 0.60 |
| | | | | | 0.68 | 0.43 | 0.11 | 0.43 | 1.00 | -0.42 | 0.01 | 0.47 | 0.39 |
| | | | | | -0.39 | -0.02 | 0.20 | 0.04 | -0.42 | 1.00 | 0.65 | -0.02 | 0.20 |
| 출루율 | 0.24 | 0.27 | 0.02 | 0.14 | 0.09 | 0.25 | 0.05 | 0.75 | 0.01 | 0.65 | 1.00 | 0.39 | 0.65 |

식2 : 안타 – 득점과의 상관계수
=CORREL($G$28:$G$47,B28:B47)

식2를 복사하여 붙이는 구간

그림 3.23 함수를 이용한 상관행렬 계산 결과

그림 3.24는 행렬을 이용한 상관행렬 계산 과정과 결과를 보여준다.

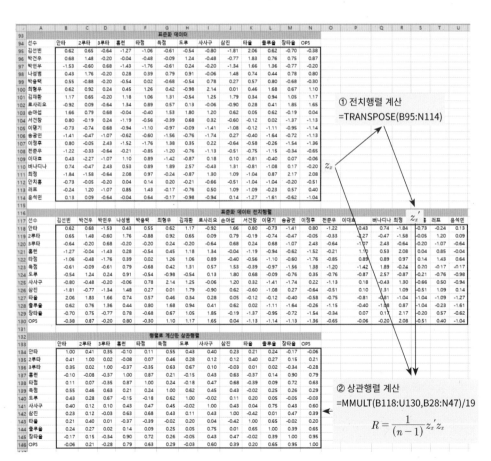

그림 3.24는 행렬을 이용한 상관행렬 계산 과정과 결과

당연한 결과지만, 함수를 이용해서 계산한 상관행렬과 행렬을 이용해서 계산한 상관행렬은 동일하다는 것을 알 수 있다.

상관행렬 계산이 끝났으니 분석을 진행해 보자. 절댓값을 기준으로 상관계수 0.5 이상인 항목에 파란색으로 표시했다.

| | A | B | C | D | E | F | G | H | I | J | K | L | M | N |
|---|---|---|---|---|---|---|---|---|---|---|---|---|---|---|
| 51 | | | | | | 상관행렬 | | | | | | | | |
| 52 | | 안타 | 2루타 | 3루타 | 홈런 | 타점 | 득점 | 도루 | 사사구 | 삼진 | 타율 | 출루율 | 장타율 | OPS |
| 53 | 안타 | 1.00 | 0.41 | 0.35 | -0.10 | 0.11 | 0.55 | 0.43 | 0.40 | 0.23 | 0.21 | 0.24 | -0.17 | -0.06 |
| 54 | 2루타 | 0.41 | 1.00 | 0.02 | -0.08 | 0.07 | 0.46 | 0.28 | 0.12 | 0.12 | 0.40 | 0.27 | 0.15 | 0.21 |
| 55 | 3루타 | 0.35 | 0.02 | 1.00 | -0.37 | -0.35 | 0.63 | 0.67 | 0.10 | -0.03 | 0.01 | 0.02 | -0.34 | -0.28 |
| 56 | 홈런 | -0.10 | -0.08 | -0.37 | 1.00 | 0.87 | 0.21 | -0.15 | 0.43 | 0.63 | -0.37 | 0.14 | 0.90 | 0.79 |
| 57 | 타점 | 0.11 | 0.07 | -0.35 | 0.87 | 1.00 | 0.24 | -0.18 | 0.47 | 0.68 | -0.39 | 0.09 | 0.72 | 0.63 |
| 58 | 득점 | 0.55 | 0.46 | 0.63 | 0.21 | 0.24 | 1.00 | 0.62 | 0.45 | 0.43 | -0.02 | 0.25 | 0.26 | 0.29 |
| 59 | 도루 | 0.43 | 0.28 | 0.67 | -0.15 | -0.18 | 0.62 | 1.00 | -0.02 | 0.11 | 0.20 | 0.05 | -0.05 | -0.03 |
| 60 | 사사구 | 0.40 | 0.12 | 0.10 | 0.43 | 0.47 | 0.45 | -0.02 | 1.00 | 0.43 | 0.04 | 0.75 | 0.43 | 0.60 |
| 61 | 삼진 | 0.23 | 0.12 | -0.03 | 0.63 | 0.68 | 0.43 | 0.11 | 0.43 | 1.00 | -0.42 | 0.01 | 0.47 | 0.39 |
| 62 | 타율 | 0.21 | 0.40 | 0.01 | -0.37 | -0.39 | -0.02 | 0.20 | 0.04 | -0.42 | 1.00 | 0.65 | -0.02 | 0.20 |
| 63 | 출루율 | 0.24 | 0.27 | 0.02 | 0.14 | 0.09 | 0.25 | 0.05 | 0.75 | 0.01 | 0.65 | 1.00 | 0.39 | 0.65 |
| 64 | 장타율 | -0.17 | 0.15 | -0.34 | 0.90 | 0.72 | 0.26 | -0.05 | 0.43 | 0.47 | -0.02 | 0.39 | 1.00 | 0.95 |
| 65 | OPS | -0.06 | 0.21 | -0.28 | 0.79 | 0.63 | 0.29 | -0.03 | 0.60 | 0.39 | 0.20 | 0.65 | 0.95 | 1.00 |

그림 3.25 상관행렬 분석

대각선을 기준으로 대칭행렬이므로 한쪽만 보면 된다. 안타와 득점의 상관계수는 0.55로 비례관계에 있다는 것을 알 수 있다. 홈런을 보면 장타율과의 상관계수가 0.9로 매우 높은 것을 알 수 있다. 삼진은 의외로 타점과 상관관계가 높다. 마지막으로 OPS(on base plus slugging)는 장타율과 출루율을 더한 값이다. 당연하지만 OPS와 상관관계가 높은 항목 중에 장타율과 출루율이 포함되어 있는 것을 확인할 수 있다.

이렇게 상관행렬을 계산하면 변수 간의 관계를 한눈에 확인할 수 있으므로 분석 초기에 많이 활용하자.

## Step 2. 상관행렬의 고윳값, 고유벡터를 구한다.

고윳값과 고유벡터는 공분산행렬과 상관행렬로 계산하는 두 가지 방법이 있다. 우리는 데이터 표준화 후에 상관행렬을 계산했으므로, 상관행렬로부터 고윳값과 고유벡터를 계산한다.

강력한 기능을 가진 엑셀이지만 아쉽게도 고윳값과 고유벡터를 바로 계산하는 기능이 없어 고윳값과 고윳값을 계산하는 실습이 어려우므로, 간단하게 고윳값과 고유벡터를 계산하는 엑셀 매크로를 [고유값 고유벡터] 엑셀 시트에 만들었다. 이 책에서는 이 매크로를 사용해서 고윳값과 고유벡터를 계산한다.

Step 1에서 계산한 상관행렬의 값을 복사해 [고유값 고유벡터] 엑셀 시트에 마우스 오른쪽 버튼을 클릭한 후 [선택해 붙여넣기] - [값에 체크]를 선택해 그림 3.26과 같이 붙여넣기를 하자. 복사되는 데이터의 형식은 1행에는 변수 이름이 있어야 하며, 2행부터 데이터가 있어야 한다.

| | A | B | C | D | E | F | G | H | I | J | K | L | M | N | O | P | Q | R | S |
|---|---|---|---|---|---|---|---|---|---|---|---|---|---|---|---|---|---|---|---|
| 1 | 안타 | 2루타 | 3루타 | 홈런 | 타점 | 득점 | 도루 | 사사구 | 삼진 | 타율 | 출루율 | 장타율 | OPS | | | 고유값 고유벡터 계산 | | | |
| 2 | 1.00 | 0.41 | 0.35 | -0.10 | 0.11 | 0.55 | 0.43 | 0.40 | 0.23 | 0.21 | 0.24 | -0.17 | -0.06 | | | | | | |
| 3 | 0.41 | 1.00 | 0.02 | -0.08 | 0.07 | 0.46 | 0.28 | 0.12 | 0.12 | 0.40 | 0.27 | 0.15 | 0.21 | | | | | | |
| 4 | 0.35 | 0.02 | 1.00 | -0.37 | -0.35 | 0.63 | 0.67 | 0.10 | -0.03 | 0.01 | 0.02 | -0.34 | -0.28 | | | | | | |
| 5 | -0.10 | -0.08 | -0.37 | 1.00 | 0.87 | 0.21 | -0.15 | 0.43 | 0.63 | -0.37 | 0.14 | 0.90 | 0.79 | | | | | | |
| 6 | 0.11 | 0.07 | -0.35 | 0.87 | 1.00 | 0.24 | -0.18 | 0.47 | 0.68 | -0.39 | 0.09 | 0.72 | 0.63 | | | | | | |
| 7 | 0.55 | 0.46 | 0.63 | 0.21 | 0.24 | 1.00 | 0.62 | 0.45 | 0.43 | -0.02 | 0.25 | 0.26 | 0.29 | | | | | | |
| 8 | 0.43 | 0.28 | 0.67 | -0.15 | -0.18 | 0.62 | 1.00 | -0.02 | 0.11 | 0.20 | 0.05 | -0.05 | -0.03 | | | | | | |
| 9 | 0.40 | 0.12 | 0.10 | 0.43 | 0.47 | 0.45 | -0.02 | 1.00 | 0.43 | 0.04 | 0.75 | 0.43 | 0.60 | | | | | | |
| 10 | 0.23 | 0.12 | -0.03 | 0.63 | 0.68 | 0.43 | 0.11 | 0.43 | 1.00 | -0.42 | 0.01 | 0.47 | 0.39 | | | | | | |
| 11 | 0.21 | 0.40 | 0.01 | -0.37 | -0.39 | -0.02 | 0.20 | 0.04 | -0.42 | 1.00 | 0.65 | -0.02 | 0.20 | | | | | | |
| 12 | 0.24 | 0.27 | 0.02 | 0.14 | 0.09 | 0.25 | 0.05 | 0.75 | 0.01 | 0.65 | 1.00 | 0.39 | 0.65 | | | | | | |
| 13 | -0.17 | 0.15 | -0.34 | 0.90 | 0.72 | 0.26 | -0.05 | 0.43 | 0.47 | -0.02 | 0.39 | 1.00 | 0.95 | | | | | | |
| 14 | -0.06 | 0.21 | -0.28 | 0.79 | 0.63 | 0.29 | -0.03 | 0.60 | 0.39 | 0.20 | 0.65 | 0.95 | 1.00 | | | | | | |
| 15 | | | | | | | | | | | | | | | | | | | |
| 16 | | | | | | | | | | | | | | | | | | | |

◄ ◄ ► ►I │고유값고유벡터│ 상관계수 │ 공분산 │ 데이터 표준화 │ 정규분포와 시그마 │ 기초통계량 │ ◄

그림 3.26 데이터 복사

그리고 [고유값 고유벡터 계산] 버튼을 누르면 그림 3.27과 같이 데이터를 선택하는 화면이 나타난다.

| | A | B | C | D | E | F | G | H | I | J | K | L | M | N | O | P | Q | R | S |
|---|---|---|---|---|---|---|---|---|---|---|---|---|---|---|---|---|---|---|---|
| 1 | 안타 | 2루타 | 3루타 | 홈런 | 타점 | 득점 | 도루 | 사사구 | 삼진 | 타율 | 출루율 | 장타율 | OPS | | | 고유값 고유벡터 계산 | | | |
| 2 | 1.00 | 0.41 | 0.35 | -0.10 | 0.11 | 0.55 | 0.43 | 0.40 | 0.23 | 0.21 | 0.24 | -0.17 | -0.06 | | | | | | |
| 3 | 0.41 | 1.00 | 0.02 | -0.08 | 0.07 | 0.46 | 0.28 | 0.12 | 0.12 | 0.40 | 0.27 | 0.15 | 0.21 | | | | | | |
| 4 | 0.35 | 0.02 | 1.00 | -0.37 | -0.35 | 0.63 | 0.67 | 0.10 | -0.03 | 0.01 | 0.02 | UserForm1 | | | | × | | | |
| 5 | -0.10 | -0.08 | -0.37 | 1.00 | 0.87 | 0.21 | -0.15 | 0.43 | 0.63 | -0.37 | 0.14 | 데이터를 선택하세요 | | | | | | | |
| 6 | 0.11 | 0.07 | -0.35 | 0.87 | 1.00 | 0.24 | -0.18 | 0.47 | 0.68 | -0.39 | 0.09 | | | | | | | | |
| 7 | 0.55 | 0.46 | 0.63 | 0.21 | 0.24 | 1.00 | 0.62 | 0.45 | 0.43 | -0.02 | 0.25 | | | | | | | | |
| 8 | 0.43 | 0.28 | 0.67 | -0.15 | -0.18 | 0.62 | 1.00 | -0.02 | 0.11 | 0.20 | 0.05 | | | | | | | | |
| 9 | 0.40 | 0.12 | 0.10 | 0.43 | 0.47 | 0.45 | -0.02 | 1.00 | 0.43 | 0.04 | 0.75 | | | | | | | | |
| 10 | 0.23 | 0.12 | -0.03 | 0.63 | 0.68 | 0.43 | 0.11 | 0.43 | 1.00 | -0.42 | 0.01 | 고유값고유벡터계산 | | | | | | | |
| 11 | 0.21 | 0.40 | 0.01 | -0.37 | -0.39 | -0.02 | 0.20 | 0.04 | -0.42 | 1.00 | 0.65 | | | | | | | | |
| 12 | 0.24 | 0.27 | 0.02 | 0.14 | 0.09 | 0.25 | 0.05 | 0.75 | 0.01 | 0.65 | 1.00 | | | | | | | | |
| 13 | -0.17 | 0.15 | -0.34 | 0.90 | 0.72 | 0.26 | -0.05 | 0.43 | 0.47 | -0.02 | 0.39 | | | | | | | | |
| 14 | -0.06 | 0.21 | -0.28 | 0.79 | 0.63 | 0.29 | -0.03 | 0.60 | 0.39 | 0.20 | 0.65 | 0.95 | 1.00 | | | | | | |

그림 3.27 데이터 선택 화면

그림 3.27의 데이터 선택 다이얼로그 박스에서 빨간색 박스를 클릭한 후 그림 3.28과 같이 마우스 왼쪽 버튼을 클릭하면서 복사한 데이터 범위를 선택한다.

| | A | B | C | D | E | F | G | H | I | J | K | L | M | N | O | P | Q | R | S |
|---|---|---|---|---|---|---|---|---|---|---|---|---|---|---|---|---|---|---|---|
| 1 | 안타 | 2루타 | 3루타 | 홈런 | 타점 | 득점 | 도루 | 사사구 | 삼진 | 타율 | 출루율 | 장타율 | OPS | | | 고유값 고유벡터 계산 | | | |
| 2 | 1.00 | 0.41 | 0.35 | -0.10 | 0.11 | 0.55 | 0.43 | 0.40 | 0.23 | 0.21 | 0.24 | -0.17 | -0.06 | | | | | | |
| 3 | 0.41 | 1.00 | 0.02 | -0.08 | 0.07 | 0.46 | 0.28 | 0.12 | 0.12 | 0.40 | 0.27 | 0.15 | 0.21 | | | | | | |
| 4 | 0.35 | 0.02 | 1.00 | -0.37 | -0.35 | 0.63 | 0.67 | 0.10 | -0.03 | 0.01 | 0.02 | | | | UserForm1 | | | × | |
| 5 | -0.10 | -0.08 | -0.37 | 1.00 | 0.87 | 0.21 | -0.15 | 0.43 | 0.63 | -0.37 | 0.14 | | | | 데이터를 선택하세요 | | | | |
| 6 | 0.11 | 0.07 | -0.35 | 0.87 | 1.00 | 0.24 | -0.18 | 0.47 | 0.68 | -0.39 | 0.09 | | | | | | | | |
| 7 | 0.55 | 0.46 | 0.63 | 0.21 | 0.24 | 1.00 | 0.62 | 0.45 | 0.43 | -0.02 | 0.25 | | | | 고유값고유벡터!\$A\$1:\$M\$14 | | | | |
| 8 | 0.43 | 0.28 | 0.67 | -0.15 | -0.18 | 0.62 | 1.00 | -0.02 | 0.11 | 0.20 | 0.05 | | | | | | | | |
| 9 | 0.40 | 0.12 | 0.10 | 0.43 | 0.47 | 0.45 | -0.02 | 1.00 | 0.43 | 0.04 | 0.75 | | | | | | | | |
| 10 | 0.23 | 0.12 | -0.03 | 0.63 | 0.68 | 0.43 | 0.11 | 0.43 | 1.00 | -0.42 | 0.01 | | | | | 고유값고유벡터계산 | | | |
| 11 | 0.21 | 0.40 | 0.01 | -0.37 | -0.39 | -0.02 | 0.20 | 0.04 | -0.42 | 1.00 | 0.65 | | | | | | | | |
| 12 | 0.24 | 0.27 | 0.02 | 0.14 | 0.09 | 0.25 | 0.05 | 0.75 | 0.01 | 0.65 | 1.00 | | | | | | | | |
| 13 | -0.17 | 0.15 | -0.34 | 0.90 | 0.72 | 0.26 | -0.05 | 0.43 | 0.47 | -0.02 | 0.39 | 1.00 | 0.95 | | | | | | |
| 14 | -0.06 | 0.21 | -0.28 | 0.79 | 0.63 | 0.29 | -0.03 | 0.60 | 0.39 | 0.20 | 0.65 | 0.95 | 1.00 | | | | | | |

그림 3.28 데이터 선택

데이터 범위 선택이 끝나면 [고유값 고유벡터 계산] 버튼을 누르면 엑셀 매크로가 자동으로 계산하게 되며 그림 3.29와 같이 고윳값과 고유벡터를 계산한 결과를 보여준다.

고윳값

| | A | B | C | D | E | F | G | H | I | J | K | L | M | N |
|---|---|---|---|---|---|---|---|---|---|---|---|---|---|---|
| 16 | | PC1 | PC2 | PC3 | PC4 | PC5 | PC6 | PC7 | PC8 | PC9 | PC10 | PC11 | PC12 | PC13 |
| 17 | 고유값 | 4.67 | 3.17 | 2.10 | 1.02 | 0.96 | 0.43 | 0.33 | 0.15 | 0.11 | 0.05 | 0.00 | 0.00 | 0.00 |
| 18 | | | | | | | | | | | | | | |
| 19 | 고유벡터 | | | | | | | | | | | | | |
| 20 | | PC1 | PC2 | PC3 | PC4 | PC5 | PC6 | PC7 | PC8 | PC9 | PC10 | PC11 | PC12 | PC13 |
| 21 | 안타 | 0.08 | 0.40 | -0.12 | 0.01 | 0.55 | -0.48 | -0.29 | -0.12 | -0.29 | -0.26 | -0.10 | 0.18 | 0.00 |
| 22 | 2루타 | 0.11 | 0.30 | 0.14 | 0.67 | 0.25 | 0.48 | 0.02 | 0.20 | 0.13 | -0.25 | 0.15 | -0.04 | 0.00 |
| 23 | 3루타 | -0.10 | 0.41 | -0.28 | -0.31 | -0.32 | 0.22 | -0.05 | -0.36 | 0.31 | -0.51 | 0.09 | 0.00 | -0.01 |
| 24 | 홈런 | 0.41 | -0.21 | -0.12 | 0.03 | -0.14 | -0.16 | -0.18 | -0.02 | -0.22 | -0.16 | 0.74 | -0.28 | -0.01 |
| 25 | 타점 | 0.39 | -0.16 | -0.18 | 0.09 | 0.19 | -0.15 | -0.27 | -0.13 | 0.76 | 0.23 | -0.06 | 0.08 | 0.00 |
| 26 | 득점 | 0.21 | 0.41 | -0.26 | 0.04 | -0.13 | 0.32 | -0.22 | -0.25 | -0.30 | 0.63 | -0.02 | -0.03 | 0.01 |
| 27 | 도루 | 0.00 | 0.42 | -0.21 | 0.17 | -0.43 | -0.45 | 0.12 | 0.56 | 0.15 | 0.10 | -0.00 | -0.02 | 0.00 |
| 28 | 사사구 | 0.33 | 0.17 | 0.09 | -0.51 | 0.27 | 0.19 | 0.03 | 0.40 | 0.04 | -0.04 | -0.19 | -0.53 | 0.01 |
| 29 | 삼진 | 0.32 | -0.01 | -0.36 | 0.05 | 0.18 | -0.06 | 0.83 | -0.22 | -0.05 | -0.02 | -0.03 | 0.04 | 0.00 |
| 30 | 타율 | -0.04 | 0.27 | 0.56 | 0.15 | -0.07 | -0.31 | 0.16 | -0.45 | 0.14 | 0.13 | 0.02 | -0.47 | 0.00 |
| 31 | 출루율 | 0.23 | 0.23 | 0.47 | -0.32 | 0.02 | 0.04 | 0.15 | 0.09 | 0.08 | 0.13 | 0.35 | 0.57 | -0.25 |
| 32 | 장타율 | 0.41 | -0.12 | 0.10 | 0.16 | -0.32 | -0.01 | -0.11 | -0.07 | -0.16 | -0.24 | -0.45 | 0.02 | -0.61 |
| 33 | OPS | 0.42 | -0.02 | 0.23 | 0.02 | -0.26 | 0.00 | -0.04 | -0.03 | -0.11 | -0.17 | -0.23 | 0.21 | 0.75 |

고유벡터

그림 3.29 고윳값과 고유벡터

그림 3.29에서 PC는 주성분의 영어식 표기인 principle component의 머리글자이며 뒤의 숫자는 주성분 축의 번호를 나타낸다. PC1이 첫 번째 주성분이며 PC13은 13번째 주성분이 된다.

이 계산결과를 그림 3.30과 같이 [주성분분석] 시트에 다시 복사해 붙여 넣자.

| | P | Q | R | S | T | U | V | W | X | Y | Z | AA | AB | AC |
|---|---|---|---|---|---|---|---|---|---|---|---|---|---|---|
| 26 | | | | | | | 고유값 | | | | | | | |
| 27 | | PC1 | PC2 | PC3 | PC4 | PC5 | PC6 | PC7 | PC8 | PC9 | PC10 | PC11 | PC12 | PC13 |
| 28 | 고유값 | 4.67 | 3.17 | 2.10 | 1.02 | 0.96 | 0.43 | 0.33 | 0.15 | 0.11 | 0.05 | 0.00 | 0.00 | 0.00 |
| 29 | 기여율 | | | | | | | | | | | | | |
| 30 | 누적기여율 | | | | | | | | | | | | | |
| 31 | | | | | | | | | | | | | | |
| 32 | | | | | | | 고유벡터 | | | | | | | |
| 33 | | PC1 | PC2 | PC3 | PC4 | PC5 | PC6 | PC7 | PC8 | PC9 | PC10 | PC11 | PC12 | PC13 |
| 34 | 안타 | 0.08 | 0.40 | -0.12 | 0.01 | 0.55 | -0.48 | -0.29 | -0.12 | -0.29 | -0.26 | -0.10 | 0.18 | 0.00 |
| 35 | 2루타 | 0.11 | 0.30 | 0.14 | 0.67 | 0.25 | 0.48 | 0.02 | 0.20 | 0.13 | -0.25 | 0.15 | -0.04 | 0.00 |
| 36 | 3루타 | -0.10 | 0.41 | -0.28 | -0.31 | -0.32 | 0.22 | -0.05 | -0.36 | 0.31 | -0.51 | 0.09 | 0.00 | -0.01 |
| 37 | 홈런 | 0.41 | -0.21 | -0.12 | 0.03 | -0.14 | -0.16 | -0.18 | -0.02 | -0.22 | -0.16 | 0.74 | -0.28 | -0.01 |
| 38 | 타점 | 0.39 | -0.16 | -0.18 | 0.09 | 0.19 | -0.15 | -0.27 | -0.13 | 0.76 | 0.23 | -0.06 | 0.08 | 0.00 |
| 39 | 득점 | 0.21 | 0.41 | -0.26 | 0.04 | -0.13 | 0.32 | -0.22 | -0.25 | -0.30 | 0.63 | -0.02 | -0.03 | 0.01 |
| 40 | 도루 | 0.00 | 0.42 | -0.21 | 0.17 | -0.43 | -0.45 | 0.12 | 0.56 | 0.15 | 0.10 | 0.00 | -0.02 | 0.00 |
| 41 | 사사구 | 0.33 | 0.17 | 0.09 | -0.51 | 0.27 | 0.19 | 0.03 | 0.40 | 0.04 | -0.04 | -0.19 | -0.53 | 0.01 |
| 42 | 삼진 | 0.32 | -0.01 | -0.36 | 0.05 | 0.18 | -0.06 | 0.83 | -0.22 | -0.05 | -0.02 | -0.03 | 0.04 | 0.00 |
| 43 | 타율 | -0.04 | 0.27 | 0.56 | 0.15 | -0.07 | -0.31 | 0.16 | -0.45 | 0.14 | 0.13 | 0.02 | -0.47 | 0.00 |
| 44 | 출루율 | 0.23 | 0.23 | 0.47 | -0.32 | 0.02 | 0.04 | 0.15 | 0.09 | 0.08 | 0.13 | 0.35 | 0.57 | -0.25 |
| 45 | 장타율 | 0.41 | -0.12 | 0.10 | 0.16 | -0.32 | -0.01 | -0.11 | -0.07 | -0.16 | -0.24 | -0.45 | 0.02 | -0.61 |
| 46 | OPS | 0.42 | -0.02 | 0.23 | 0.02 | -0.26 | 0.00 | -0.04 | -0.03 | -0.11 | -0.17 | -0.23 | 0.21 | 0.75 |

그림 3.30 주성분분석 시트 결과 복사

계산된 고유벡터는 다음과 같이 행렬 $V$로 정의할 수 있다.

$$V = \begin{bmatrix} v_{11} \, v_{12} \cdots v_{1l} \\ v_{21} \, v_{22} \cdots v_{2l} \\ \vdots \\ v_{m1} \, v_{m2} \cdots v_{ml} \end{bmatrix}$$

행렬 $V$에서 $l$은 주성분 번호이며, m은 변수의 번호이다. 주성분분석에서 새로운 축의 개수는 원래 축의 개수와 같다고 했으므로 고유벡터 $V$는 정방행렬이며, m = l이 된다.

지금까지 상관행렬로부터 고윳값과 고유벡터를 계산했다. 주성분분석에서 고윳값과 고유벡터는 다음과 같은 의미를 가진다.

**고윳값**: 각 주성분의 정보량(분산)

**고유벡터**: 표준화된 데이터를 주성분 공간으로 이동시키는 좌표 변환 행렬

## Step 3. 고유벡터를 이용해 표준화된 데이터를 주성분 공간으로 이동시킨다.

표준화된 데이터 Z를 주성분 공간의 좌표 PC로 변환하기 위한 좌표변환 행렬(고유벡터)을 V로 정의해서 식 (3.4)를 다시 쓰면 다음과 같다.

$$PC = ZV \text{~~~~~~~~~~~~~~~~~~~~~~~~~~~~~~~~~~~~~~~~~~~~~~~~~~~~~~~~ 식 (3.16)}$$

Step 2에서 계산한 고유벡터가 좌표변환 행렬이 되므로 그림 3.14는 그림 3.31과 같이 바꿀 수 있다.

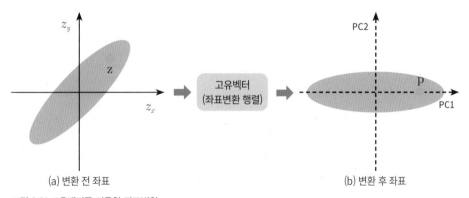

(a) 변환 전 좌표          (b) 변환 후 좌표

그림 3.31 고유벡터를 이용한 좌표변환

식 (3.16)을 이용해 표준화 데이터 Z를 주성분 축으로 좌표변환을 해보자. 식 (3.16)은 행렬 연산이므로 엑셀 함수 =MMULT()를 이용해 다음과 같이 입력하면 계산할 수 있다.

=MMULT(표준화 데이터의 범위,고유벡터 데이터의 범위)

표준화 데이터는 (20 × 13)이고 고유벡터는 (13 × 13)이므로 계산 결과는 (20 × 13) 행렬로 나타난다. 따라서 엑셀 함수를 계산하기 전에 (20 × 13) 범위를 선택한 후에 위의 식을 입력

해야 한다. 좌표변환 계산 결과를 내는 과정은 그림 3.32와 같으며 주성분점수 계산 결과는 그림 3.33과 같다.

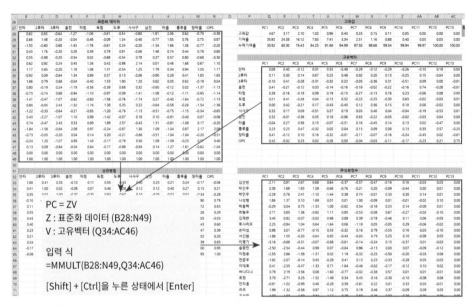

그림 3.32 주성분점수 계산

| | P | Q | R | S | T | U | V | W | X | Y | Z | AA | AB | AC |
|---|---|---|---|---|---|---|---|---|---|---|---|---|---|---|
| 51 | | | | | | 주성분점수 | | | | | | | | |
| 52 | | PC1 | PC2 | PC3 | PC4 | PC5 | PC6 | PC7 | PC8 | PC9 | PC10 | PC11 | PC12 | PC13 |
| 53 | 김선빈 | -2.11 | 0.81 | 2.67 | 0.68 | 0.64 | -0.37 | -0.57 | -0.47 | -0.16 | 0.16 | -0.03 | 0.03 | 0.00 |
| 54 | 박건우 | 0.38 | 1.69 | 1.93 | 1.59 | -0.66 | -0.76 | -0.21 | 0.20 | -0.09 | -0.44 | 0.00 | 0.01 | 0.00 |
| 55 | 박민우 | -2.29 | 0.76 | 2.41 | -1.10 | -1.44 | 0.38 | 0.74 | -0.01 | 0.33 | 0.30 | 0.14 | 0.01 | 0.00 |
| 56 | 나성범 | 1.86 | 1.37 | 0.10 | 1.69 | 0.01 | 0.01 | 1.00 | -0.09 | 0.01 | -0.01 | -0.02 | 0.10 | 0.00 |
| 57 | 박용택 | -0.29 | 0.04 | 0.75 | -1.33 | 1.08 | -0.62 | 0.54 | -0.18 | 0.23 | 0.14 | -0.08 | 0.01 | 0.00 |
| 58 | 최형우 | 2.71 | 0.85 | 1.36 | -0.92 | 1.11 | 0.85 | -0.53 | -0.08 | 0.67 | -0.27 | -0.02 | -0.10 | 0.00 |
| 59 | 김재환 | 3.45 | 0.82 | -0.07 | -0.02 | 0.96 | 0.08 | 0.39 | -0.78 | -0.46 | 0.11 | 0.06 | -0.05 | 0.00 |
| 60 | 로사리오 | 2.25 | -0.84 | 1.04 | 0.64 | -1.64 | 0.06 | -1.18 | -0.05 | -0.05 | 0.29 | -0.06 | -0.02 | 0.00 |
| 61 | 손아섭 | 0.98 | 3.01 | -0.77 | -0.15 | 0.33 | -0.32 | 0.16 | 0.79 | -0.55 | 0.16 | 0.03 | 0.03 | 0.00 |
| 62 | 서건창 | -1.88 | 1.05 | -0.20 | -0.64 | 0.85 | -0.43 | -0.03 | 0.79 | 0.25 | 0.10 | -0.08 | 0.05 | 0.00 |
| 63 | 이명기 | -3.16 | -0.68 | -0.31 | -0.07 | -0.68 | -0.01 | -0.14 | -0.24 | 0.15 | -0.37 | 0.01 | -0.03 | 0.00 |
| 64 | 송광민 | -2.50 | -2.54 | -0.44 | 0.99 | 0.07 | -0.04 | 0.96 | -0.13 | 0.00 | 0.07 | -0.09 | -0.12 | 0.00 |
| 65 | 이정후 | -2.55 | 2.66 | -1.38 | -1.31 | 0.02 | 1.19 | -0.32 | -0.25 | -0.50 | -0.20 | -0.03 | 0.06 | 0.00 |
| 66 | 전준우 | -1.92 | -2.07 | -0.14 | 0.45 | -0.28 | 0.41 | 0.13 | 0.23 | -0.33 | -0.28 | 0.05 | -0.03 | 0.00 |
| 67 | 이대호 | 0.41 | -2.55 | -0.47 | -1.33 | 0.71 | -1.64 | -0.46 | -0.02 | -0.17 | -0.12 | 0.01 | 0.03 | 0.00 |
| 68 | 버나디나 | 0.78 | 2.19 | -3.56 | 0.08 | -1.60 | -0.77 | -0.02 | -0.38 | 0.57 | 0.01 | 0.01 | -0.01 | 0.00 |
| 69 | 최정 | 3.70 | -2.71 | 0.25 | -1.52 | -1.49 | 0.34 | 0.45 | 0.16 | -0.30 | -0.10 | -0.08 | 0.06 | 0.00 |
| 70 | 안치홍 | -0.81 | -1.02 | -0.99 | 0.46 | -0.28 | 0.59 | -0.61 | 0.22 | 0.01 | 0.33 | 0.03 | -0.01 | 0.00 |
| 71 | 러프 | 1.99 | -1.32 | -0.58 | 0.97 | 1.12 | 0.75 | 0.19 | 0.46 | 0.37 | -0.09 | 0.05 | 0.05 | 0.00 |
| 72 | 윤석민 | -1.00 | -1.53 | -1.59 | 0.84 | 1.17 | 0.29 | -0.50 | -0.26 | 0.03 | 0.20 | 0.00 | 0.06 | 0.00 |

그림 3.33 주성분점수 계산 결과

이렇게 변환된 값을 일반적으로 주성분점수(principal component score)라고 한다. principal component score에서 score라는 낱말을 점수로 해석해서 주성분점수라고 표현한 것으로 알려져 있으며, 이 때문에 조금 혼동하기가 쉽지만, 단순하게 정리하면 변환된 좌푯값이라고 생각하면 된다.

예를 들어서 김선빈 선수가 안타를 176개 2루타를 34개 쳤을 때 2차원 그래프의 김선빈 선수의 좌표는 (176, 34)가 되는 것처럼, 주성분 공간에서 PC1, PC2로 2차원 그래프를 그렸을 때의 김선빈 선수의 좌표는 (-2.11, 0.81)이 되는 것과 같다.

식 (3.16)을 행렬로 정리해 보자.

$$PC = \begin{bmatrix} pc_{11} pc_{12} \cdots pc_{1m} \\ pc_{21} pc_{22} \cdots pc_{2m} \\ \vdots \\ pc_{n1} pc_{n2} \cdots pc_{nm} \end{bmatrix} = \begin{bmatrix} z_{11} z_{12} \cdots z_{1m} \\ z_{21} z_{22} \cdots z_{2m} \\ \vdots \\ z_{n1} z_{n2} \cdots z_{nm} \end{bmatrix} \begin{bmatrix} v_{11} v_{12} \cdots v_{1l} \\ v_{21} v_{22} \cdots v_{2l} \\ \vdots \\ v_{m1} v_{m2} \cdots v_{ml} \end{bmatrix} \quad \text{식 (3.17)}$$

$pc_{ij}$에서 i는 데이터의 번호이며 j는 주성분의 번호를 의미한다.

그림 3.33에서 $pc_{11}$은 김선빈 선수의 PC1의 좌표이다. $pc_{11}$의 좌표를 식 (3.17)로 풀어보면 다음과 같이 계산할 수 있다.

$$pc_{11} = \begin{bmatrix} z_{11} z_{12} \cdots z_{1m} \end{bmatrix} \begin{bmatrix} v_{11} \\ v_{21} \\ \vdots \\ v_{m1} \end{bmatrix} = v_{11}z_{11} + v_{21}z_{12} + \cdots + v_{m1}z_{1m}$$

$$= v_{11} \times 안타 + v_{21} \times 2루타 + \cdots + v_{m1} \times OPS \quad \text{식 (3.18)}$$

식 (3.18)에 고유벡터 값까지 대입하면 다음과 같다.

$$pc_{11} = 0.08 \times 안타 + 0.11 \times 2루타 - 0.10 \times 3루타 + 0.41 \times 홈런 + 0.39 \times 타점$$

$$+ 0.21 \times 득점 + 0.00 \times 도루 + 0.33 \times 사사구 + 0.32 \times 삼진 - 0.04 \times 타율$$

$$+ 0.21 \times 득점 + 0.00 \times 도루 + 0.33 \times 사사구 + 0.32 \times 삼진 - 0.04 \times 타율$$

김선빈 선수의 PC1 값(주성분 득점)은 위와 같이 표준화된 데이터의 변수들에 고유벡터가 가중치처럼 곱해져 있는 것을 알 수 있다.

다시 고유벡터에서 PC1과 변수들과의 관계를 표로 정리해 보자.

표 3.1 각 변수와 PC1과의 관계

|        | PC1    |
| ------ | ------ |
| 안타    | 0.08   |
| 2루타   | 0.11   |
| 3루타   | −0.10  |
| 홈런    | 0.41   |
| 타점    | 0.39   |
| 득점    | 0.21   |
| 도루    | 0.00   |
| 사사구   | 0.33   |
| 삼진    | 0.32   |
| 타율    | −0.04  |
| 출루율   | 0.23   |
| 장타율   | 0.41   |
| OPS    | 0.42   |

안타는 고유벡터가 0.08로 PC1의 값에는 크게 영향을 미치지 않는다는 의미이다. OPS, 장타율, 홈런, 타점의 가중치가 높게 나타났다. 이 네 가지 요소를 PC1을 결정하는 가장 중요한 요소로 볼 수 있다. 마지막으로 3루타는 고유벡터가 −0.10으로 영향력은 작지만 미세하게 반비례 관계를 형성한다고 분석할 수 있다. 이렇게 고유벡터의 크기와 부호의 의미를 알아보았다.

이렇게 우리는 고유벡터를 이용해 원래 가지고 있던 데이터를 주성분 점수로 변환하는 일을 끝냈다. 지금까지 진행한 새로운 축으로의 좌표변환이 앞에서 설명한 주성분분석의 원래 목적인 차원축소와는 어떤 관계가 있을까?

주성분분석을 하면서 상관행렬을 이용해서 고윳값과 고유벡터를 계산했다. 그리고 고유벡터를 이용해서 원래 데이터의 좌표를 주성분 공간으로 이동시켰다. 고유벡터는 좌표변환 기능을 했다고 볼 수 있다.

이제 고윳값의 의미와 어떻게 활용하는지 알아보자. 그림 3.34는 우리가 계산한 각 주성분에 대해서 분산을 계산한 결과와 고윳값을 비교한 것이다. 각 주성분의 분산은 엑셀 함수 =VAR.S()를 이용해 계산하였다.

| | P | Q | R | S | T | U | V | W | X | Y | Z | AA | AB | AC |
|---|---|---|---|---|---|---|---|---|---|---|---|---|---|---|
| 51 | | | | | | | 주성분 점수 | | | | | | | |
| 52 | | PC1 | PC2 | PC3 | PC4 | PC5 | PC6 | PC7 | PC8 | PC9 | PC10 | PC11 | PC12 | PC13 |
| 53 | 김선빈 | -2.11 | 0.81 | 2.67 | 0.68 | 0.64 | -0.37 | -0.57 | -0.47 | -0.16 | 0.16 | -0.03 | 0.03 | 0.00 |
| 54 | 박건우 | 0.38 | 1.69 | 1.93 | 1.59 | -0.66 | -0.76 | -0.21 | 0.20 | -0.09 | -0.44 | 0.00 | 0.01 | 0.00 |
| 55 | 박민우 | -2.29 | 0.76 | 2.41 | -1.10 | -1.44 | 0.38 | 0.74 | -0.01 | 0.33 | 0.30 | 0.14 | 0.01 | 0.00 |
| 56 | 나성범 | 1.86 | 1.37 | 0.10 | 1.69 | 0.01 | 0.01 | 1.00 | -0.09 | 0.01 | -0.01 | -0.02 | 0.10 | 0.00 |
| 57 | 박용택 | -0.29 | 0.04 | 0.75 | -1.33 | 1.08 | -0.62 | 0.54 | -0.18 | 0.23 | 0.14 | -0.08 | 0.01 | 0.00 |
| 58 | 최형우 | 2.71 | 0.85 | 1.36 | -0.92 | 1.11 | 0.85 | -0.53 | -0.08 | 0.67 | -0.27 | -0.02 | -0.10 | 0.00 |
| 59 | 김재환 | 3.45 | 0.82 | -0.07 | -0.02 | 0.96 | 0.08 | 0.39 | -0.78 | -0.46 | 0.11 | 0.06 | -0.05 | 0.00 |
| 60 | 로사리오 | 2.25 | -0.84 | 1.04 | 0.64 | -1.64 | 0.06 | -1.18 | 0.05 | -0.05 | 0.29 | -0.06 | -0.02 | 0.00 |
| 61 | 손아섭 | 0.98 | 3.01 | -0.77 | -0.15 | 0.33 | -0.32 | 0.16 | 0.79 | -0.55 | 0.16 | 0.01 | -0.10 | 0.00 |
| 62 | 서건창 | -1.88 | 1.05 | -0.20 | -0.64 | 0.85 | -0.43 | -0.03 | 0.79 | 0.25 | 0.10 | -0.08 | 0.05 | 0.00 |
| 63 | 이명기 | -3.16 | -0.68 | -0.31 | -0.07 | -0.68 | -0.01 | -0.14 | -0.24 | 0.15 | -0.37 | 0.01 | -0.03 | 0.00 |
| 64 | 송광민 | -2.50 | -2.54 | -0.44 | 0.99 | 0.07 | -0.04 | 0.96 | -0.13 | 0.00 | 0.07 | -0.09 | -0.12 | 0.00 |
| 65 | 이정후 | -2.55 | 2.66 | -1.38 | -1.31 | 0.02 | 1.19 | -0.32 | -0.25 | -0.50 | -0.20 | -0.03 | 0.06 | 0.00 |
| 66 | 전준우 | -1.92 | -2.07 | -0.14 | 0.45 | -0.28 | 0.41 | 0.13 | 0.23 | -0.33 | -0.28 | -0.05 | -0.03 | 0.00 |
| 67 | 이대호 | 0.41 | -2.55 | -0.47 | -1.33 | 0.71 | -1.64 | -0.46 | -0.02 | -0.17 | -0.12 | 0.10 | 0.02 | 0.00 |
| 68 | 버나디나 | 0.78 | 2.19 | -3.56 | 0.08 | -1.60 | -0.77 | -0.02 | -0.38 | 0.57 | 0.01 | 0.01 | -0.01 | 0.00 |
| 69 | 최정 | 3.70 | -2.71 | 0.25 | -1.52 | -1.49 | 0.34 | 0.45 | 0.16 | -0.30 | -0.10 | -0.08 | 0.06 | 0.00 |
| 70 | | =VAR.S(Q53:Q72) | | 1.02 | -0.99 | 0.46 | -0.28 | 0.59 | -0.61 | 0.22 | 0.01 | 0.33 | 0.03 | -0.01 | 0.00 |
| 71 | | | | 1.32 | 0.97 | 1.12 | 0.75 | 0.19 | 0.46 | 0.37 | -0.09 | 0.09 | 0.05 | 0.00 |
| 72 | 윤석민 | -1.00 | -1.53 | -1.59 | 0.84 | 1.17 | 0.29 | -0.50 | -0.26 | 0.03 | 0.20 | 0.00 | 0.06 | 0.00 |
| 73 | 분산 | 4.67 | 3.17 | 2.10 | 1.02 | 0.96 | 0.43 | 0.33 | 0.15 | 0.11 | 0.05 | 0.00 | 0.00 | 0.00 |

| | P | Q | R | S | T | U | V | W | X | Y | Z | AA | AB | AC | AD |
|---|---|---|---|---|---|---|---|---|---|---|---|---|---|---|---|
| 26 | | | | | | | | 고유값 | | | | | | | | |
| 27 | | PC1 | PC2 | PC3 | PC4 | PC5 | PC6 | PC7 | PC8 | PC9 | PC10 | PC11 | PC12 | PC13 | 합계 |
| 28 | 고유값 | 4.67 | 3.17 | 2.10 | 1.02 | 0.96 | 0.43 | 0.33 | 0.15 | 0.11 | 0.05 | 0.00 | 0.00 | 0.00 | 13.00 |

그림 3.34 각 주성분의 분산과 고윳값과의 비교

이제 고윳값과 연관된 특징을 하나씩 알아보자.

### 1. 각 주성분의 분산과 고윳값은 일치한다.

그림 3.34를 보자. PC1의 분산은 4.67이고 PC2의 분산은 3.17이다. 그리고 PC1과 PC2의 고윳값을 보면 4.67, 3.17로 각 주성분의 분산과 고윳값이 일치한다. 나머지 PC13까지 비교해 봐도 일치한다는 것을 알 수 있다. 이것이 고윳값을 각 주성분의 정보량(분산)이라고 정의한 이유이다.

### 2. 좌표변환 전과 변환 후의 정보량은 같다.

고윳값을 전부 더하면 13이 나온다. 표준화된 데이터의 변수가 13개로 분산을 전부 더했을 때 총합은 13이다. 그러므로 고윳값의 총합과 표준화된 데이터의 분산의 총합도 같다. 이것이 주성분분석에서 고윳값이 각 주성분의 정보량(분산)이라는 의미이며, 변환 전과 변환 후의 정보량은 같다는 의미이다.

### 3. 고윳값은 크기 순으로 정렬된다.

고윳값을 살펴보면 PC1이 4.67로 가장 크다. 그 다음 PC2가 3.17로 두 번째로 크며, 뒤로 갈수록 점점 작아지는 특징을 가지고 있다. 소수점 셋째 자리 반올림 결과 11번째, 12번째, 13번째 주성분의 고윳값은 0이다. 그림 3.9의 Step 1에서 가장 분산이 큰 방향의 순서로 주성분 축을 생성한다고 말하였다. 이렇게 가장 큰 고윳값을 가진 주성분 축부터 변환 전 변수의 수만큼 주성분이 생성된다.

### 4. 고윳값은 포함하고 있는 정보량을 보여준다.

PC1의 분산은 4.67이다. PC1 한 축에 4.67의 정보량이 압축되어 있다. 이것은 표준화 데이터의 한 축의 정보량이 1인 것을 생각하면 PC1은 표준화 데이터 한 축의 약 4.67배의 정보량을 가진 것과 같다고 할 수 있다. 또는 PC1에는 표준화 데이터의 4.67개 축의 정보량이 압축되었다고 말할 수 있다. PC11, PC12, PC13은 소수점 셋째 자리 반올림 결과 0으로 계산되었다. 이것은 그림 3.7 (b) 극단적인 데이터의 예와 같이 PC1 ~ PC10까지 주성분 축에 정보량이 다 포함되어 있어 필요한 정보가 없다는 의미로 해석할 수 있다.

지금까지 고윳값과 연관된 특징을 알아보았다.

표준화 데이터는 각 축의 정보량이 1로 동일했지만 주성분분석에서는 각 주성분의 정보량이 다르고 그 정보량은 고윳값과 같다는 것을 알았다. 이제 각 주성분이 전체 정보량에서 어느 정도 정보를 가지고 있는지를 알아보자. 이 정보를 알려주는 것이 기여율(proportion of variance)과 누적 기여율(cumulative proportion)이다.

> **기여율**: 전체 정보량 중 자기 정보량의 비율
>
> **누적 기여율**: 제1주성분부터 자기 정보량까지의 총합의 비율

기여율과 누적 기여율은 다음과 같이 계산할 수 있다.

$$j번째 \; 주성분의 \; 기여율 \; pv_j(\%) = \frac{\lambda_j}{\sum_{i=1}^{m} \lambda_i} \times 100 \qquad 식 \, (3.19)$$

여기서, m은 주성분(변수)의 개수이다.

$$j번째까지 \; 주성분의 \; 누적 \; 기여율 \; cv_j(\%) = \sum_{i=1}^{j} pv_i \qquad 식 \, (3.20)$$

각 고윳값($\lambda_i$)을 가지고 기여율과 누적 기여율을 계산해 보자. 고윳값의 총 합은 13이므로 $\sum_{i=1}^{m} \lambda_i = 13$이 된다. 따라서 각 주성분 축의 기여율은 자기자신의 고윳값을 13으로 나누면 된다. 예를 들어 PC3의 기여율과 누적 기여율은 다음과 같이 계산할 수 있다.

**PC3의 기여율:**

$$16.12\,(\%) = \frac{2.10}{13} \times 100$$

**PC3의 누적 기여율:**

$$76.43(\%) = 35.92 + 24.38 + 16.12$$

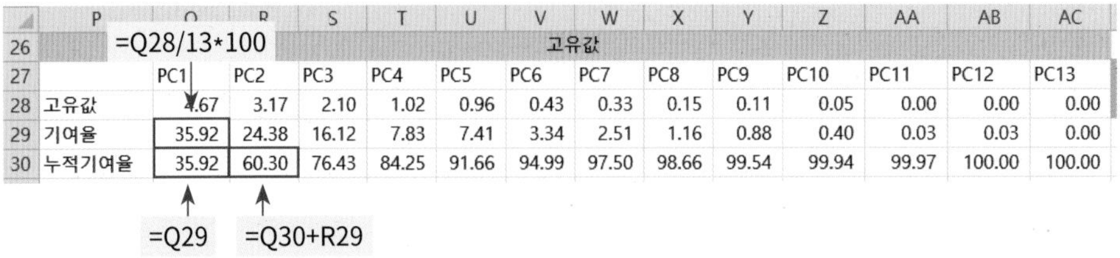

| | P | Q | R | S | T | U | V | W | X | Y | Z | AA | AB | AC |
|---|---|---|---|---|---|---|---|---|---|---|---|---|---|---|
| 26 | | | | | | | | 고유값 | | | | | | |
| 27 | | PC1 | PC2 | PC3 | PC4 | PC5 | PC6 | PC7 | PC8 | PC9 | PC10 | PC11 | PC12 | PC13 |
| 28 | 고유값 | 4.67 | 3.17 | 2.10 | 1.02 | 0.96 | 0.43 | 0.33 | 0.15 | 0.11 | 0.05 | 0.00 | 0.00 | 0.00 |
| 29 | 기여율 | 35.92 | 24.38 | 16.12 | 7.83 | 7.41 | 3.34 | 2.51 | 1.16 | 0.88 | 0.40 | 0.03 | 0.03 | 0.00 |
| 30 | 누적기여율 | 35.92 | 60.30 | 76.43 | 84.25 | 91.66 | 94.99 | 97.50 | 98.66 | 99.54 | 99.94 | 99.97 | 100.00 | 100.00 |



**그림 3.35** 기여율과 누적 기여율

그림 3.35는 기여율과 누적 기여율을 PC1부터 PC13까지 계산한 결과이다. PC1의 기여율은 35.92%로 전체 정보량 13에서 고윳값 4.67이 차지하는 비율을 나타낸다. 전체 정보량에서 각 주성분의 비율을 알 수 있는 것이 기여율이다. PC2는 전체 정보량의 24.38%를 차지한다. PC3의 누적 기여율은 76.43%이다. PC3까지의 누적 정보량이 전체 정보량의 76.43%를 차지한다는 의미이다.

## 3.3 주성분분석 활용

주성분분석은 대표적으로 다음과 같이 두 가지 목적으로 분석에 활용할 수 있다.

첫 번째는 차원축소이다. 가장 중요한 목적은 차원축소이다. 많은 차원의 데이터들을 정보의 손실을 줄이며 적은 차원으로 데이터를 압축해 차원의 저주를 피하는 것이다. 압축된 데이터는 다른 회귀분석이나 신경망 등 여러 가지 데이터 마이닝 방법의 입력으로도 활용된다.

두 번째는 좌표변환 후 데이터 분석이다. 좌표변환으로 다시 생성된 데이터가 원래 데이터로는 볼 수 없었던 정보를 보여준다. 이 새로운 데이터를 고윳값, 고유벡터, 주성분점수를 이용해서 분석을 한다.

### 3.3.1 차원축소

주성분분석에서 차원을 축소할 수 있는 방법은 여러 가지가 있다. 그중 고윳값과 누적 기여율을 기준으로 차원을 축소하는 방법이 널리 사용된다.

#### 고윳값을 이용해 축소하는 방법

예를 들면, 표준화된 데이터의 한 축의 정보량은 1이다. 그리고 주성분분석 결과, 주성분 축들의 고윳값은 1보다 큰 것도 있고 1보다 작은 것도 있을 것이다. 그러므로 주성분 축의 데이터의 정보량이 1보다 작은 것은 의미가 없다고 판단해 삭제하는 것이다. 그림 3.36 (a)를 보자. 실습 데이터를 보면 고윳값의 크기가 1보다 큰 것은 제4 주성분까지이다. 그러므로 제4 주성분까지 데이터 분석에 사용하게 되는 것이다.

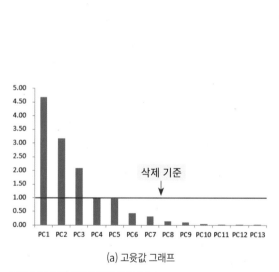

| | P | Q | R | S | T |
|---|---|---|---|---|---|
| 52 | | PC1 | PC2 | PC3 | PC4 |
| 53 | 김선빈 | -2.11 | 0.81 | 2.67 | 0.68 |
| 54 | 박건우 | 0.38 | 1.69 | 1.93 | 1.59 |
| 55 | 박민우 | -2.29 | 0.76 | 2.41 | -1.10 |
| 56 | 나성범 | 1.86 | 1.37 | 0.10 | 1.69 |
| 57 | 박용택 | -0.29 | 0.04 | 0.75 | -1.33 |
| 58 | 최형우 | 2.71 | 0.85 | 1.36 | -0.92 |
| 59 | 김재환 | 3.45 | 0.82 | -0.07 | -0.02 |
| 60 | 로사리오 | 2.25 | -0.84 | 1.04 | 0.64 |
| 61 | 손아섭 | 0.98 | 3.01 | -0.77 | -0.15 |
| 62 | 서건창 | -1.88 | 1.05 | -0.20 | -0.64 |
| 63 | 이명기 | -3.16 | -0.68 | -0.31 | -0.07 |
| 64 | 송광민 | -2.50 | -2.54 | -0.44 | 0.99 |
| 65 | 이정후 | -2.55 | 2.66 | -1.38 | -1.31 |
| 66 | 전준우 | -1.92 | -2.07 | -0.14 | 0.45 |
| 67 | 이대호 | 0.41 | -2.55 | -0.47 | -1.33 |
| 68 | 버나디나 | 0.78 | 2.19 | -3.56 | 0.08 |
| 69 | 최정 | 3.70 | -2.71 | 0.25 | -1.52 |
| 70 | 안치홍 | -0.81 | -1.02 | -0.99 | 0.46 |
| 71 | 러프 | 1.99 | -1.32 | -0.58 | 0.97 |
| 72 | 윤석민 | -1.00 | -1.53 | -1.59 | 0.84 |

(a) 고윳값 그래프        (b) 고윳값으로 선택한 데이터

그림 3.36 고윳값을 이용한 데이터 축소

그림 3.36 (b)가 제4 주성분까지 선택할 경우의 데이터이며 13차원의 데이터를 4차원으로 축소한 것이 된다. 선택된 데이터는 전체 데이터 정보량의 84.25%를 차지한다.

PC5의 경우 고윳값이 0.96으로 고윳값으로 선택했을 때의 기준 1과 매우 가까운 것을 알 수 있다. 이 경우에는 분석하는 사람의 재량에 따라 포함할지 포함하지 않을지 결정할 수 있다.

## 누적 기여율을 이용하는 방법

원래 데이터 정보량의 몇 %를 이용할 것인가를 정해 누적 기여율을 보고 데이터를 선택하는 방법이다. 그림 3.37 (a)의 누적 기여율 그래프를 보자. 예를 들어, 전체 데이터의 80% 정도까지를 사용하기 원한다면, PC3까지의 누적 기여율이 76.43%이므로 PC1 ~ PC3만 사용하면 된다.

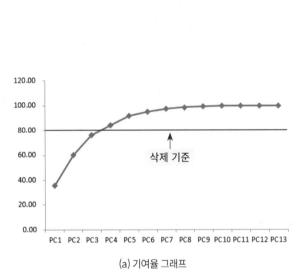

| | P | Q | R | S |
|---|---|---|---|---|
| 52 | | PC1 | PC2 | PC3 |
| 53 | 김선빈 | -2.11 | 0.81 | 2.67 |
| 54 | 박건우 | 0.38 | 1.69 | 1.93 |
| 55 | 박민우 | -2.29 | 0.76 | 2.41 |
| 56 | 나성범 | 1.86 | 1.37 | 0.10 |
| 57 | 박용택 | -0.29 | 0.04 | 0.75 |
| 58 | 최형우 | 2.71 | 0.85 | 1.36 |
| 59 | 김재환 | 3.45 | 0.82 | -0.07 |
| 60 | 로사리오 | 2.25 | -0.84 | 1.04 |
| 61 | 손아섭 | 0.98 | 3.01 | -0.77 |
| 62 | 서건창 | -1.88 | 1.05 | -0.20 |
| 63 | 이명기 | -3.16 | -0.68 | -0.31 |
| 64 | 송광민 | -2.50 | -2.54 | -0.44 |
| 65 | 이정후 | -2.55 | 2.66 | -1.38 |
| 66 | 전준우 | -1.92 | -2.07 | -0.14 |
| 67 | 이대호 | 0.41 | -2.55 | -0.47 |
| 68 | 버나디나 | 0.78 | 2.19 | -3.56 |
| 69 | 최정 | 3.70 | -2.71 | 0.25 |
| 70 | 안치홍 | -0.81 | -1.02 | -0.99 |
| 71 | 러프 | 1.99 | -1.32 | -0.58 |
| 72 | 윤석민 | -1.00 | -1.53 | -1.59 |

(a) 기여율 그래프          (b) 기여율로 선택한 데이터

그림 3.37 기여율 그래프

그림 3.37 (b)는 기여율 80%로 결정했을 경우에 선택된 데이터로 13차원의 데이터를 3차원으로 축소했다고 말할 수 있다.

또, 고윳값과 누적 기여율을 종합적으로 고려해 판단하는 방법도 쓰인다. 이런 방식으로 축소된 데이터 그림 3.36 (b)나 그림 3.37 (b)의 압축된 데이터들은 회귀분석이나 다양한 데이터 분석 방법의 입력으로 사용함으로써 차원의 저주에서 벗어날 수 있다. 예를 들어서, 5장에서 배울 예정인 주성분 회귀가 한 예라고 할 수 있다.

## 3.3.2 데이터 분석

원래 데이터의 각 변수들은 안타, 2루타, 3루타 등 변수의 이름을 가지고 있어 그 의미를 명확하게 알 수 있다. 하지만 주성분분석에서 구한 각 축들은 PC1, PC2라는 이름만 가지고 있을 뿐 어떤 의미를 가지고 있는지 알 수가 없다. 좌표변환을 한 이유가 원래 데이터에서 볼 수 없었던 새로운 의미를 찾는 것이 목적이지만 축들의 의미를 몰라서 새로운 의미를 찾는 것도 어렵다고 생각할 수 있다.

데이터의 특성을 파악하는 방법 중에 가장 좋은 방법은 그래프를 그려보는 방법이다. 엑셀에서 그래프에 레이블(데이터 이름)을 붙이는 기능이 없어서, 그래프를 그려도 데이터가 무엇을 가리키는지 알 수가 없어 답답할 때가 있다. 그래서 분석을 진행하기 전에 먼저 무료 소프트웨어를 하나 소개한다.

이 무료 소프트웨어는 그래프에 레이블을 추가할 수 있는 엑셀 애드인(add-in) 프로그램으로 내려받아서 유용하게 쓸 수 있다.

1. 우선 인터넷에서 "The XY Chart Labeler"를 검색해 "The XY Chart Labeler Add-in – Application Professionals" 링크로 들어가면 그림 3.38과 같은 홈페이지를 들어가게 된다.

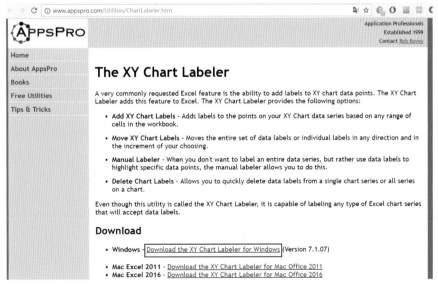

그림 3.38 XY Chart Labeler 다운로드 페이지

자기 컴퓨터 OS에 맞는 설치파일을 내려받아 설치하자. 엑셀을 실행하면 그림 3.39와 같이 메뉴바에 추가기능이 생긴다.

추가기능이 생기지 않는다면 엑셀 2010 기준으로 다음과 같이 해 보자.

1. 메뉴에서 '파일' – '옵션' 선택

2. 왼쪽 메뉴의 추가기능 선택 후 오른쪽 맨 밑에 이동 버튼 클릭

3. 찾아보기에서 자기 컴퓨터에 맞는 폴더로 이동해서 애드온(add-on) 파일 선택

   C:\Program Files\AppsPro\ChartLabeler\XYChartLabeler.xlam

   C:\Program Files (x86)\AppsPro\ChartLabeler\XYChartLabeler.xlam

4. 추가기능 창에서 XY chart Laber 선택

분산형 그래프를 그린 다음부터 그림 3.39와 같이 사용해 보자.

1. 그래프를 선택한 상태에서 추가기능을 누른다.

2. XY Chart Labesl 메뉴를 클릭하고 Add Chart Labels 메뉴를 클릭하면 레이블을 선택하는 창이 나온다.

3. 레이블을 선택하는 창이 나오면 그래프에 추가하고 싶은 데이터의 레이블(엑셀 파일에서는 선수들의 이름)을 선택하면 분산형 그래프에 선수들의 이름을 추가할 수 있다.

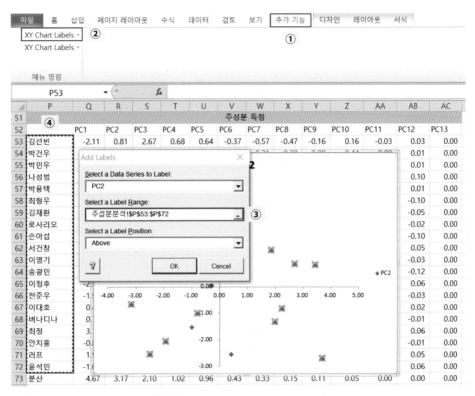

그림 3.39 The XY Chart Labeler 사용 방법

이제 주성분점수 PC1, PC2의 데이터를 가지고 분산형 그래프를 그리고 데이터 레이블을 추가해 보자. 그림 3.40이 이 결과를 보여준다.

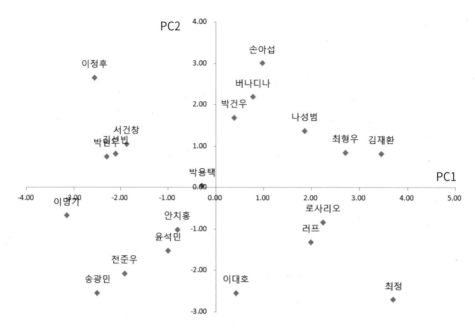

그림 3.40 제1 주성분과 제2 주성분 그래프

각 점이 누구를 가리키는지 알 수 있어서 좋다.

이제 분석을 진행해 보자. 그림 3.40의 가로축 PC1과 세로축 PC2는 어떤 의미를 가질까? 이 그래프만 가지고는 판단하기가 조금 어렵다. 주성분 축의 의미를 파악하는 방법을 알아보자.

먼저, 각 주성분과 원래 데이터의 변수들과의 상관계수를 계산해 보자. 그림 3.41은 표준화된 데이터와 주성분스코어의 상관행렬을 계산하는 방법을 보여준다.

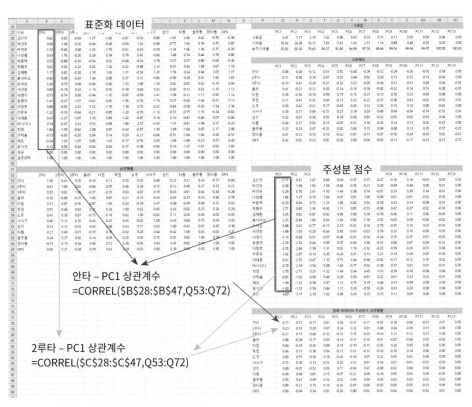

그림 3.41 표준화된 데이터와 주성분점수의 상관행렬

그림 3.41에서는 안타-PC1의 상관계수를 계산한 후에 안타 행에 복사하고, 그 식을 2루타-PC1 상관계수 셀에 복사한 후 식을 수정해 2루타 행에 복사하고 이런 식으로 반복해 계산하였다.

그림 3.42는 표준화된 데이터와 주성분의 상관계수를 계산한 상관행렬을 보여준다. 이 상관계수를 주성분 부하량(principal component loading)이라고 한다.

| | P | Q | R | S | T | U | V | W | X | Y | Z | AA | AB | AC |
|---|---|---|---|---|---|---|---|---|---|---|---|---|---|---|
| 76 | | | | | | 원래 데이터와 주성분의 상관행렬 | | | | | | | | |
| 77 | | PC1 | PC2 | PC3 | PC4 | PC5 | PC6 | PC7 | PC8 | PC9 | PC10 | PC11 | PC12 | PC13 |
| 78 | 안타 | 0.17 | 0.72 | -0.17 | 0.01 | 0.54 | -0.31 | -0.17 | -0.05 | -0.10 | -0.06 | -0.01 | 0.01 | 0.00 |
| 79 | 2루타 | 0.23 | 0.53 | 0.20 | 0.67 | 0.24 | 0.32 | 0.01 | 0.08 | 0.04 | -0.06 | 0.01 | 0.00 | 0.00 |
| 80 | 3루타 | -0.21 | 0.73 | -0.40 | -0.32 | -0.31 | 0.15 | -0.03 | -0.14 | 0.11 | -0.12 | 0.01 | 0.00 | 0.00 |
| 81 | 홈런 | 0.88 | -0.38 | -0.17 | 0.03 | -0.14 | -0.11 | -0.10 | -0.01 | -0.07 | -0.04 | 0.05 | -0.02 | 0.00 |
| 82 | 타점 | 0.84 | -0.29 | -0.26 | 0.09 | 0.19 | -0.10 | -0.15 | -0.05 | 0.26 | 0.05 | 0.00 | 0.00 | 0.00 |
| 83 | 득점 | 0.46 | 0.73 | -0.38 | 0.04 | -0.13 | 0.21 | -0.12 | -0.10 | -0.10 | 0.14 | 0.00 | 0.00 | 0.00 |
| 84 | 도루 | 0.00 | 0.75 | -0.30 | 0.18 | -0.42 | -0.30 | 0.07 | 0.22 | 0.05 | 0.02 | 0.00 | 0.00 | 0.00 |
| 85 | 사사구 | 0.72 | 0.30 | 0.13 | -0.52 | 0.26 | 0.12 | 0.01 | 0.16 | 0.01 | -0.01 | -0.01 | -0.03 | 0.00 |
| 86 | 삼진 | 0.68 | -0.01 | -0.52 | 0.05 | 0.17 | -0.04 | 0.47 | -0.08 | -0.02 | 0.00 | 0.00 | 0.00 | 0.00 |
| 87 | 타율 | -0.08 | 0.48 | 0.81 | 0.15 | -0.07 | -0.21 | 0.09 | -0.18 | 0.05 | 0.03 | 0.00 | -0.03 | 0.00 |
| 88 | 출루율 | 0.50 | 0.41 | 0.68 | -0.32 | 0.02 | 0.03 | 0.09 | 0.03 | 0.03 | 0.03 | 0.02 | 0.03 | 0.00 |
| 89 | 장타율 | 0.89 | -0.21 | 0.15 | 0.16 | -0.32 | -0.01 | -0.06 | -0.03 | -0.06 | -0.05 | -0.03 | 0.00 | 0.00 |
| 90 | OPS | 0.90 | -0.04 | 0.34 | 0.02 | -0.26 | 0.00 | -0.02 | -0.01 | -0.04 | -0.04 | -0.02 | 0.01 | 0.00 |

그림 3.42 표준화된 데이터와 주성분의 상관행렬

그림 3.42에서 PC1부터 PC13까지 상관계수가 0.5 이상인 항목을 파란색으로, -0.5 이하인 항목을 분홍색으로 색칠해 놓았다. PC1은 홈런, 타점, 사사구, 삼진, 출루율, OPS와 높은 상관관계를 나타내고 PC2는 안타, 2루타, 3루타, 득점, 도루와 높은 상관관계를 나타내고 있다. 각 주성분별로 상관계수가 높은 순으로 표 3.2에 정리했다.

표 3.2 주성분별 상관계수가 높은 항목

| 주성분 | 상관 계수가 높은 항목 | | | | |
|---|---|---|---|---|---|
| PC1 | OPS | 장타율 | 홈런 | 타점 | 사사구 | 삼진 |
| PC2 | 도루 | 3루타 | 득점 | 안타 | 2루타 |
| PC3 | 타율 | 출루율 | 삼진 | | |
| PC4 | 2루타 | 사사구 | | | |
| PC5 | 안타 | | | | |

표 3.2를 보면, PC1은 장타율, 홈런, 타점과 같이 장타자들의 특성이 많이 보이며, PC2는 도루, 3루타, 득점 등 발이 빠른 것과 관계가 깊다는 것을 파악할 수 있다.

이렇게 분석한 결과와 PC1, PC2를 가지고 산포도를 그려서 매칭해 보자.

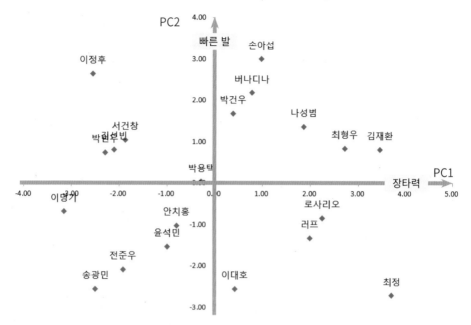

그림 3.43 PC1, PC2의 해석

그림 3.43은 주성분 부하량을 이용해 PC1, PC2에 의미를 부여한 것이다. PC1의 오른쪽으로 갈수록 장타력이 있으며 PC2의 위쪽으로 갈수록 빠른 발을 가진 선수라는 의미를 부여하였다. 이 의미를 종합해 보면, 1 사분면에 있는 선수들은 호타준족이라고 볼 수 있다. 발이 빠를 뿐만 아니라, 장타력까지 겸비했기 때문이다. 그렇다면 3 사분면의 선수들은 느리고 장타력도 없는 선수들이라고 판단할 수 있을까?

그것은 실습 데이터가 어떤 데이터인지 알아야 판단할 수 있다. 우리가 분석하고 있는 데이터는 투수를 제외한 300여 명의 프로야구 선수들 중 상위 20명의 데이터이다. 그러므로 3 사분면의 선수들이 장타력이 없고 발이 느리다는 의미는 절대 아니다.

이런 방법으로, PC1과 PC3 또는 PC2와 PC3과 같이 유효한 주성분에 대해서 그래프를 그려 분석할 수 있다. 버나디나 선수와 박건우 선수 그리고 로사리오 선수와 러프 선수는 서로 가까이 자리잡고 있기 때문에 성향이 같은 선수라고 판단할 수 있다. 참고로 같은 방법으로 이승엽 선수를 대체할 만한 선수를 찾기 위해서 2012년도에 그 당시 프로야구 선수들의 데이터를 가지고 분석했을 때 최정 선수가 가장 성향이 비슷한 선수로 나왔었다. 주성분분석으로 이런 식의 분석도 가능하다.

분석하는 사람마다 해석하는 방법이 다를 수 있다. 100% 정답은 없으며 데이터 분석 경험이 많을수록 주성분분석으로  더 많은 정보를 찾아낼 수 있다.

PC2와 PC3의 그래프를 그림 3.44에 그려 놓았다. 표 3.2를 보면서 어떤 의미인지 한번 생각해 보기를 권한다.

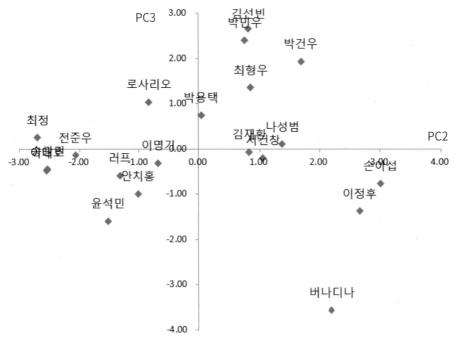

그림 3.44 PC2, PC3의 해석

마지막으로, 분석에 도움을 줄 수 있는 것이 고유벡터의 PC1, PC2로 그린 분산형 그래프와 주성분 부하량의 PC1, PC2 분산형 그래프이다.

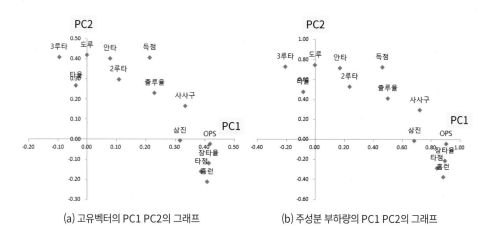

(a) 고유벡터의 PC1 PC2의 그래프        (b) 주성분 부하량의 PC1 PC2의 그래프

그림 3.45 고유벡터와 주성분 부하량의 PC1, PC2 그래프

그림 3.45를 보면 두 그래프는 값만 다를 뿐 같은 모양을 하고 있다. 굳이 표준화된 데이터와 주성분의 상관행렬을 계산하지 않아도 고유벡터 값으로 각 항목과 선수들을 연결할 수 있으며, 의미를 확장하면 축의 의미도 유추 가능하다. 그러나 공분산과 상관계수의 관계와 같이 고유벡터로는 의미 파악은 가능하지만 정확하게 숫자로 파악하기는 어렵다. 그러므로 주성분 부하량을 이용해 분석하는 것이 좀 더 정확하다.

이런 방법은 일반적으로 언론, 자동차업계, 금융업계에서 앙케이트 데이터, 여론조사 데이터를 분석하는 데 많이 활용된다.

# 04장

# 분류 기법:
# 마할라노비스-다구찌 시스템

## 4.1 개요

분류 알고리즘(classification algorithm)이란 주어진 데이터를 특정 목적에 맞게 분류하는 알고리즘을 의미한다. 예를 들어서, 개와 고양이를 분류하는 알고리즘, 지문이나 사진으로 사용자를 판단하는 알고리즘, 공장 설비가 정상으로 작동하는지를 감시하는 알고리즘 등이 있으며, 최근 딥러닝(deep learning)의 등장으로 엄청난 성과를 내고 있는 분야이다.

그림 4.1은 대표적인 분류 알고리즘의 하나인 결정 트리에 쓰이는 훈련 데이터의 일부이다.

| 입력 | | | | 출력 |
|---|---|---|---|---|
| Outlook | Temperature | Humidity | Wind | PlayTennis |
| Sunny | 79 | 90 | Strong | No |
| Sunny | 56 | 70 | Weak | Yes |
| Sunny | 79 | 75 | Strong | Yes |
| Sunny | 60 | 90 | Strong | No |
| Overcast | 88 | 88 | Weak | No |
| Overcast | 63 | 75 | Strong | Yes |
| Overcast | 88 | 95 | Weak | Yes |
| Rain | 78 | 60 | Weak | Yes |
| Rain | 66 | 70 | Weak | No |
| Rain | 68 | 60 | Strong | No |

그림 4.1 분류를 위한 훈련 데이터의 일부

이 데이터의 목적은 모델을 만들어 새로운 데이터를 넣었을 때 테니스를 칠 수 있는지 여부를 분류하는 것이다. 이때 입력은 Outlook(날씨), Temperature(온도), Humidity(습도), Wind(바람)가 되고 출력은 PlayTennis의 Yes(테니스를 칠 수 있다)나 No(테니스를 칠 수 없다)이다.

여기서 PlayTennis의 Yes나 No와 같은 것을 레이블(label)이나 클래스(class)[1] 라고 한다.

이 데이터에는 Outlook(날씨), Temperature(온도), Humidity(습도), Wind(바람), PlayTennis(테니스 하기)와 같이 5개의 속성(attribute)이 있다. 그리고 Outlook이 가지고 있는 데이터를 보면 Sunny, Overcast, Rain과 같이 숫자가 아닌 데이터를 가지고 있다. 이와 같은 데이터를 범주형 자료(categorical data)라고 하며, Wind와 PlayTennis도 같은 범주형 자료를 가지고 있다. 반면에, Temperature, Wind는 익숙한 숫자 데이터를 가지고 있다. 이것을 수치형 자료(numerical data)라고 한다.

분류 알고리즘은 다음과 같이 훈련할 수 있다.

먼저, 알고리즘에 분류하고 싶은 훈련 데이터(Training data)를 주고 훈련한 후에 테스트 데이터(testing data)를 주어 훈련 결과를 확인하는 것이다.

이때 분류 알고리즘의 학습은 두 가지 종류가 있다. PlayTennis와 같이 클래스가 Yes와 No 두 가지 중에 하나를 학습해야 하는 것을 이진 분류(binary classification)라고 하며, 개, 고양이, 토끼처럼 여러 가지 클래스를 학습해야 하는 것을 다중 클래스 분류(multi-class classification)라고 한다.

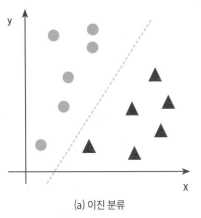
(a) 이진 분류

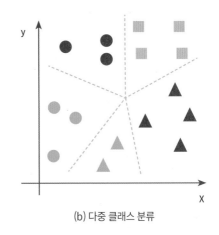
(b) 다중 클래스 분류

그림 4.2 이진 분류와 다중 클래스 분류

1 통계학에서의 계급(class)은 데이터를 어떤 기준으로 나눈 구간을 의미하며 이것을 이용하여 히스토그램과 같은 그래프를 만든다. 데이터 과학 분야에서는 어떤 그룹을 정의한 대푯값을 의미한다. 개념이 다소 차이가 나므로 계급이라고 부르지 않고 클래스라고 호칭한다. 우리말로는 '분류'에 해당한다.

그림 4.2는 이진 분류와, 5개를 분류하는 다중 클래스 분류의 이미지를 보여준다.

다중 클래스 분류는 신경망, 결정 트리와 같이 한 번에 다중 클래스를 학습시켜서 분류를 하는 방법과 여러 개의 이진 클래스로 나누어서 학습을 시키는 방법이 있다. 이때 각 분류 알고리즘의 특징을 파악해 사용하는 것이 중요하다.

이진 분류는 가장 기초적이며 실용적인 알고리즘이다. 정상/비정상, 좋음/나쁨, 비/갬 등 세상의 모든 문제는 이진 분류 문제로 표현 가능하다.

이런, 이진 분류 문제도 두 가지로 분류할 수 있다.

개와 거북이, 남자와 여자 등 명확히 나눌 수 있는 두 개의 클래스를 분류하는 것과 정상/비정상과 같이 클래스는 두 개이지만 명확히 나눌 수 없는 두 개의 클래스를 분류하는 것이다.

여기서 정상/비정상이 명확히 나눌 수 없는 두 개의 클래스라는 이유는 다음과 같다.

개와 거북이, 남자와 여자는 두 가지 다 정확하게 정의할 수 있다. 하지만 정상 상태와 비정상 상태는 매우 비슷한 것이 특징이다.

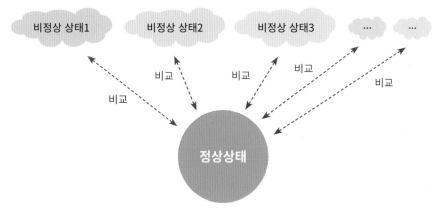

그림 4.3 정상 상태와 비정상 상태들

그림 4.3과 같이 정상 상태는 명확하게 정의가 가능하지만 비정상 상태는 너무 많은 패턴을 가지고 있어서 패턴을 정의할 수 없다. 핸드폰이 정상일 때는 모든 기능이 잘 동작하지만 비정상일 때는 어떤 부품이 어떻게 동작할지를 전부 정의할 수 없기 때문이다.

명확하게 나눌 수 있는 클래스의 데이터와 명확하게 나눌 수 없는 클래스의 데이터는 알고리
즘이 사용하는 훈련 데이터도 다르다.

| x1 | x2 | x3 | x4 | Class |
|----|----|----|----|-------|
| | | | | 남자 |
| | | | | 여자 |
| | 훈련 데이터 | | | 여자 |
| | | | | 남자 |
| | | | | 여자 |
| | | | | 남자 |
| | | | | 남자 |
| | | | | 여자 |
| | 테스트 데이터 | | | 여자 |
| | | | | 남자 |
| | | | | 여자 |
| | | | | 남자 |

(a) 명확하게 나눌 수 있는 클래스의 데이터

| x1 | x2 | x3 | x4 | Class |
|----|----|----|----|-------|
| | | | | 정상 |
| | | | | 정상 |
| | 훈련 데이터 | | | 정상 |
| | | | | 정상 |
| | | | | 정상 |
| | | | | 정상 |
| | | | | 정상 |
| | | | | 비정상 |
| | 테스트 데이터 | | | 비정상 |
| | | | | 정상 |
| | | | | 비정상 |
| | | | | 정상 |

(b) 명확하게 나눌 수 없는 클래스의 데이터

그림 4.4 두 가지 데이터의 종류

그림 4.4 (a)는 명확하게 나눌 수 있는 클래스를 분류하는 알고리즘을 학습시키기 위한 훈련
데이터와 테스트 데이터이다. 훈련 데이터는 데이터를 최대한 많이 수집하는 것이 중요하며,
분류할 클래스가 남자 3명, 여자 3명과 같이 데이터를 균등하게 포함하는 것이 좋다.

결정 트리, 서포트 벡터 머신(support vector machine), 신경망 등 대부분의 분류 알고리
즘이 이런 데이터를 이용해서 학습하고 테스트를 하게 된다.

그림 4.4 (b)는 명확하게 나눌 수 없는 클래스를 분류하는 알고리즘을 학습시키기 위한 훈
련 데이터와 테스트 데이터이다. (a)와는 달리 훈련 데이터의 클래스는 정상밖에 없는 것
을 알 수 있다. 이 데이터를 이용하는 알고리즘은 정상 상태를 학습한 후에 테스트 데이터가
정상 상태와 똑같은지 아니면 다른지를 구분하는 데 특화되어 있다. 알고리즘으로는 MT법
(Mahalanobis Taguchi method)이 있으며 이것은 이번 장에서 배울 마할라노비스-다구
찌 시스템의 기본 알고리즘이다.

수학에서 두 점 사이의 거리를 계산하는 방법은 여러 가지가 있지만 대표적으로 유클리드 거리(Euclidean distance)와 마할라노비스 거리(Mahalanobis distance)가 있다.

먼저, 유클리드 거리에 대해서 알아보자.

유클리드 거리는 점과 점 사이의 직선거리를 의미한다. $m$차원 공간에서 점 $A$의 좌표가 $(a_1,a_2,\cdots,a_m)$ 점 $B$의 좌표가 $(b_1,b_2,\cdots,b_m)$이라고 하면 점 $A$와 점 $B$의 유클리드 거리를 정의한 식은 다음과 같다.

$$d_e(A,B) = \sqrt{(a_1-b_1)^2 + (a_2-b_2)^2 + \cdots + (a_m-b_m)^2}$$
$$= \sqrt{\sum_{i=1}^{m}(a_i-b_i)^2} \quad \text{식 (4.1)}$$

예를 들어, 점 $A$ $(-1,5)$와 점 $B$ $(2, 1)$의 유클리드 거리를 계산해 보자.

$$d_e(A,B) = \sqrt{(-1-2)^2 + (5-1)^2} = 5$$

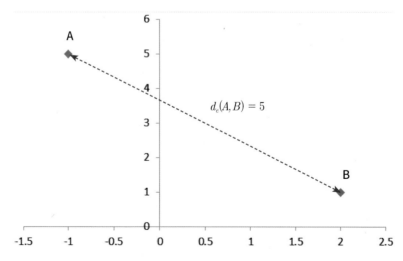

그림 4.5 유클리드 거리 계산

점 $A$와 점 $B$ 사이의 거리는 5가 된다. 식 (4.1)은 그림 4.5와 같이 점 $A$와 점 $B$ 사이의 직선 거리를 의미한다.

마할라노비스(Mahalanobis)는 인도 통계수리연구소의 초대 소장을 지낸 유명한 통계학자이며 마할라노비스 거리를 고안한 사람이다. 마할라노비스 거리는 1936년 발표된 〈On the Generalized Distance in Statistics〉라는 논문에 포함되었으며, 인도에서 발견된 동물의 뼈를 구분하기 위해서 고안된 수식으로 알려져 있다. 참고로 인도어로 마할라는 '부자', 노비스는 '고귀한 일족'이라는 뜻이다.

마할라노비스 거리는 데이터가 가지고 있는 확률분포, 상관관계를 고려한 거리다.

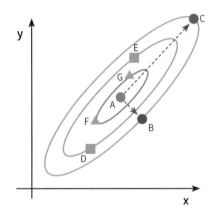

그림 4.6 마할라노비스 거리

그림 4.6에서 데이터의 중심점 A에서 점 B, 점 C와의 거리를 생각해 보자.

각 점의 좌표를 A (3,3), B (4, 2), C (6, 6)로 정의하면 점 A와 점 B, 점 A와 점 C의 유클리드 거리는 다음과 같이 계산할 수 있다.

$$d_e(A,B) = \sqrt{(3-4)^2 + (3-2)^2} = \sqrt{2}$$
$$d_e(A,C) = \sqrt{(3-6)^2 + (3-6)^2} = \sqrt{18}$$

유클리드 거리로 계산하면 점 C가 점 B보다 데이터의 중심 A에서 더 멀다는 걸 알 수 있다. 그러나 마할라노비스 거리는 데이터의 분포, 상관관계를 고려해 데이터 중심에서 점 A와 점 B의 거리를 계산한다.

그림 4.6에서 중심 A를 둘러싼 동심원 세 개가 있다. 데이터 분포 관점에서 점 B와 점 C처럼 같은 색깔의 타원 위에 존재하는 점들은 데이터 중심으로부터의 같은 거리로 취급한다는 의미이다. 따라서 마할라노비스 거리를 $MD(A, B)$로 정의하면 다음과 같이 된다.

$$MD(A,B)=MD(A,C)$$

$$MD(A,D)=MD(A,E)$$

$$MD(A,F)=MD(A,G)$$

일본의 타구찌 켄이치(田口 玄一)라는 품질 공학자가 품질의 좋고 나쁨을 판단하기 위해 마할라노비스 거리 알고리즘을 조금 수정하여 품질공학에 도입했다. 이 시스템을 마할라노비스-다구찌 시스템(Mahalanobis Taguchi system)이라고 하며 MT시스템 또는 MTS로 줄여서 표현한다. MTS는 대표적인 분류 알고리즘으로 제품의 양/불량, 시스템 등의 정상/비정상 상태를 판단하는 이상 감지 분야에서 많이 쓰이고 있을 뿐만이 아니라 손 글씨, 개, 고양이 등 이미지를 이용한 패턴인식 분야에도 많이 응용되고 있다(일본의 타구찌 켄이치와 인도의 마할라노비스 두 사람은 친한 사이로 많은 교류를 했다고 알려져 있다).

MTS는 다른 분류 알고리즘과 같이 모델이 필요하다. 모델이란 패턴 인식, 정상/비정상 등과 같이 시스템의 목적이 들어있는 수식이나 규칙을 의미하며, 판단하는 기준을 말한다. MTS를 이용한 이상 감지 시스템의 모델은 정상 상태의 특징을 모델이 포함하며, 모델의 출력은 정상/비정상, 양/불량과 같이 두 가지 값을 사용자에게 제시한다.

그림 4.7은 MTS를 이용한 이상감지 시스템의 개요를 보여준다.

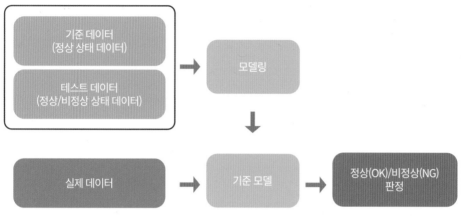

그림 4.7 이상 감지 시스템 개요

MTS는 목표 시스템의 정상 상태만을 포함하는 기준 데이터를 이용해 모델을 만들고 테스트 데이터를 이용해서 모델을 테스트한다. 테스트 데이터는 정상 상태와 비정상 상태의 데이터가 포함되어 있으므로 모델이 정상/비정상을 잘 구분하는지를 알 수 있다. 여러 번의 검증을 통해 최적의 모델이 완성되는데 이것을 기준 모델이라고 한다. 기준 모델이 만들어지면 현장에 배치되어 실제 데이터를 가지고 정상/비정상을 판단하게 된다.

모델링 과정에서는 시간이 걸리더라도 철저히 검증해야 한다. 그렇지 않으면 실전에서 오작동하게 되어 생산라인을 멈추게 하거나, 불량을 정상으로 잘못 판단하는 경우도 발생해 큰 손실을 끼칠 수 있다.

MTS의 장점은 다른 이진 분류와 같이 정상/비정상 등 클래스를 보여주는 것뿐만 아니라 비정상이라면 **어느 정도 다른지를 수치화해 보여준다**. 이 수치화의 기준이 마할라노비스 거리가 되며, 사용자가 시스템의 고장이나 이상을 숫자로 쉽게 파악할 수 있다는 장점이 있다.

MTS의 장점은 결과의 수치화뿐만이 아니다.

그림 4.8은 과거 몇 년간 여름의 기온과 습도의 데이터 분포를 그림으로 그려낸 것이다. 기온이 높아질수록 습도는 낮아지며, 기온이 낮아지면 습도가 높아지는 반비례 관계를 볼 수 있다. 이 과거 데이터와 함께 올해 8월과 9월의 기온과 습도 데이터를 표시했다. 이상 감지 시스템은 일변량(univariate)을 이용한 이상 검출과 다변량(multivariate)을 이용한 이상 검출로 나눌 수 있다.

일변량을 이용한 이상 검출은 한번에 하나의 변수로 이상유무를 판단하며, 다변량을 이용한 이상 검출은 이상 유무를 두 개 이상의 변수를 동시에 사용해 판단한다. 다변량을 이용한 이상 검출 방법은 여러 가지이지만 여기서는 MTS에 대해서 설명하겠다.

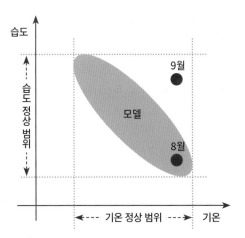

그림 4.8 기온과 습도 그래프 이상 데이터 검출

### 1. 일변량을 이용한 이상 검출

일변량으로 이상을 검출할 때에는 각각의 변수에 정상 조건을 지정해서 이상을 검출하는 방식이다. 기온과 습도의 정상 범위를 각기 따로 계산해 최솟값과 최댓값을 지정해 두고 새로운 값이 정상 범위 안에 있으면 정상(예년의 기온 습도 패턴과 동일한 수준으로 판정), 정상 범위 밖에 있으면 비정상(예년 기온과 습도 패턴과 다른 것으로 판정)으로 결정을 한다. 따라서 다음과 같이 판단할 수 있다.

1. **8월 데이터**: 기온과 습도가 모두 정상 범위 안에 있으므로 **정상으로 판정**
2. **9월 데이터**: 기온과 습도가 모두 정상 범위 안에 있으므로 **정상으로 판정**

### 2. MTS를 이용한 이상 검출

MTS를 이용해 이상을 검출할 때에는 데이터의 분포를 고려해 정상 조건을 지정해서 이상을 검출한다. MTS는 과거의 기온과 습도 데이터의 분포를 기준으로 그림 4.8과 같이 정상 범위를 모델화(오렌지색 원)한다. 그리고 새로운 값이 모델 안에 포함이 되어 있는지 여부에 의해서 정상/비정상을 판단하게 된다.

1. **8월 데이터**: 데이터가 모델 안에 포함되어 있으므로 **정상으로 판정**
2. **9월 데이터**: 데이터가 모델 밖에 있으므로 **비정상으로 판정**

9월 데이터의 경우에는 기온은 예년과 비슷하지만 습도가 높아 이상하게 느낄 수도 있다. 하지만 일변량을 이용해 판단하게 되면 예년과 비슷하다는 판정하게 되어 실제 느끼는 것과 다르게 판단할 수도 있다.

하지만 MTS(다변량)를 이용하면 데이터의 분포를 이용하므로 좀 더 정확한 이상 판단을 할 수 있다는 장점이 있다.

초기 MTS는 역행렬을 이용해서 정상/비정상을 판단했다.

데이터 $x$가 2차원($x_1$, $x_2$)로 구성되어 있고, 각 차원의 평균이 $\overline{x} = (\overline{x_1}, \overline{x_2})$일 때, $x_1$과 $x_2$의 공분산 행렬 $S_{x_1 x_2}$은 다음과 같이 정의할 수 있다.

$$S_{x_1 x_2} = \begin{bmatrix} s_{x_1 x_1} & s_{x_1 x_2} \\ s_{x_2 x_1} & s_{x_2 x_2} \end{bmatrix}$$

이 정상집단에서 어떤 점 $x = (x_{i1}, x_{i2})$의 마할라노비스 거리를 역행렬을 이용하면 다음과 같이 정의한다.

$$MD(x) = \sqrt{(x - \overline{x}) S_{x_1 x_2}^{-1} (x - \overline{x})'} \quad \text{식 (4.2)}$$

데이터 $x$가 표준화되어 있다면 공분산 행렬 $S_{x_1 x_2}$는 상관행렬 $R_{x_1 x_2}$로 바꿀 수 있어 다음과 같이 된다.

$$MD(z_x) = \sqrt{z_x R_{x_1 x_2}^{-1} z_x'} \quad \text{식 (4.3)}$$

MTS의 마할라노비스 거리는 일반적인 마할라노비스 거리의 제곱을 사용하며, 변수의 개수 m으로 나눠준다. 이렇게 계산하면 정상 데이터로 모델링을 한 후에, 정상 데이터의 마할라노비스 거리의 평균은 1이 된다.

그리고 공분산 행렬은 앞에서 말했듯이 데이터의 단위에 따라 값이 바뀌므로 이진 분류에서 마할라노비스 거리를 사용하기에는 어려움이 있다. 그러므로 MTS에서는 상관행렬을 이용한 마할라노비스 거리를 사용한다.

따라서, MTS의 마할라노비스 거리는 다음과 같이 정의된다.

$$MD^2 = \frac{z_x R^{-1} z_x{}'}{m} \quad\text{식 (4.4)}$$

여기서, $m$은 변수의 개수이다.

예를 들어 어떤 정상그룹의 상관행렬 R과 거리를 계산하기 원하는 표준화된 데이터 $x$를 다음과 같이 정의할 때

$$R = \begin{bmatrix} 1 & -0.77 \\ -0.77 & 1 \end{bmatrix},\ x = (0.42, 0.55)$$

계산 순서에 유의해서 마할라노비스의 거리를 구해보자.

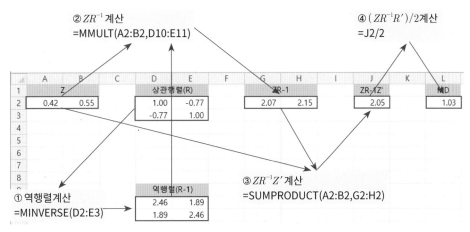

그림 4.9 마할라노비스 거리 계산

결과는 다음과 같다.

$$MD^2 = 1.03$$

이것은 정상집단의 중심에서 점 $x$는 1.03만큼 떨어져 있다는 의미이다.

계산 순서는 정상그룹의 상관행렬의 역행렬 $R^{-1}$을 계산한 후에 데이터와 역행렬을 행렬곱으로 $ZR^{-1}$을 계산한 결과에 다시 $Z$의 전치행렬을 곱해주고 데이터의 차원 2로 나누면 된다.

그림 4.9에서 3단계 $ZR^{-1}$와 $Z'$의 행렬곱을 계산할 때 =MMULT() 함수 대신에 =SUMPRODUCT()를 사용했다. =SUMPRODUCT() 함수는 다음과 같이 사용한다.

=SUMPRODUCT(데이터범위1, 데이터범위2)

=SUMPRODUCT()는 대응하는 요소들끼리 전부 곱한 후에 더한 결과를 보여준다. =SUMPRODUCT(A2:B2,G2:H2)를 수식으로 표현하면 다음과 같다.

2.05 = 0.42 × 2.07 + 0.55 × 2.15

=SUMPRODUCT()는 데이터별로 전치행렬의 행렬을 곱할 때 유용하게 사용할 수 있다.

이렇게 역행렬을 이용한 마할라노비스 거리 $MD^2$는 간단하게 계산할 수 있었다. 여기서 역행렬이 이 MTS시스템의 모델이 된다. 모델이란 패턴 인식, 정상/비정상 등과 같이 시스템의 목적이 들어있는 수식이나 규칙을 의미하며, 판단하는 기준을 말한다고 이야기했다. 역행렬에는 정상 집단의 데이터 분포인 상관행렬 정보가 들어가 있다. 이 역행렬을 이용해서 새로운 데이터에 대한 마할라노비스 거리를 계산해서 정상/비정상의 상태를 판단하게 된다.

역행렬이 이상감지 시스템에 이용되었으나 시스템 중에는 행렬식이 계산이 안 되어 역행렬을 사용할 수 없는 케이스가 발생하기 시작했다. 그래서 역행렬을 사용하지 않아도 계산할 수 있는 MTS를 생각하게 되었다.

식 (4.4)를 살펴보면 데이터의 중심이 원점인 표준화된 데이터를 역행렬로 나누어 줌으로써 타원 모양의 분포가 원 모양으로 바뀌면 중심에서 점까지의 거리를 구하게 되는 이미지이다. 이 과정을 그린 것이 그림 4.10이다.

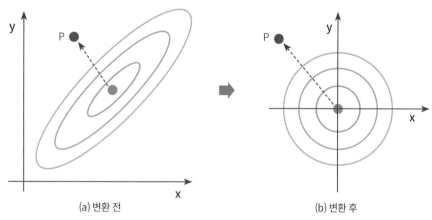

(a) 변환 전　　　　　　　　　　　　　(b) 변환 후

그림 4.10 역행렬 마할라노비스 거리의 계산 이미지

그림 4.10을 보자. 한두 번 본 그림이 아니다. 매우 익숙한 변환 전과 변환 후의 이미지를 볼 수 있다.

그림 4.10 (b)에서 원점에서 점 P와의 마할라노비스의 거리는 다음과 같다.

$$MD^2 = \frac{\|P\|^2}{2} \quad \text{································· 식 (4.5)}$$

식 (4.5)에서 $\|\ \|$은 벡터의 크기를 나타내는 스칼라 값이며 norm(노름, 놈)이라고 한다. 놈은 일반적으로 다음과 같이 정의된다.

$$\|x\|_p := \sqrt[p]{\left(\sum_{i=1}^{m} |x_i|p\right)} \geq 0 \quad \text{································· 식 (4.6)}$$

여기서, $p = 2$가 일반적이며 다음과 같이 재정의할 수 있다.

$$\| x \|_2 := \sqrt{\left( \sum_{i=1}^{m} | x_i |^2 \right)} = \sqrt{x_1^2 + x_2^2 + \cdots + x_m^2} \quad \text{식 (4.7)}$$

따라서, 원점에서 점 $P(x, y)$까지의 유클리드 거리는 norm으로 표현하면 다음과 같다.

$$\| P \| = \sqrt{x^2 + y^2}$$

이제, 그림 4.10 (a) 변환 전에서 (b) 변환 후로 이동시키기 위해서는 데이터 분포의 중심을 원점으로 이동시키고, 타원을 동심원으로 만드는 변환행렬 $A$를 곱해주면 된다.

이것을 식으로 표현하면 다음과 같다.

$$P = ZA \quad \text{식 (4.8)}$$

이제, 식 (4.8)을 식 (4.5)에 대입하면 다음과 같다.

$$MD^2 = \frac{ZAA'Z'}{m} \quad \text{식 (4.9)}$$

식 (4.9)과 식 (4.4)를 비교해 보자.

$$MD^2 = \frac{ZAA'Z'}{m} = \frac{z_x R^{-1} z_x{}'}{m}$$

변환행렬 $A$만 구하면 역행렬을 이용하지 않아도 마할라노비스 거리를 구할 수 있다는 것을 알았다.

이 과정은 3장에서 배운 주성분분석과 동일한 과정인 것을 눈치 챌 수 있다.

이렇게, 주성분분석을 이용한 MTS가 사용되게 되었다.

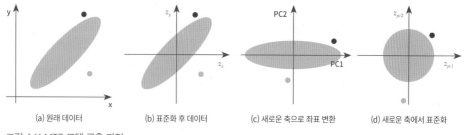

그림 4.11 MTS 모델 구축 과정

그림 4.11은 MTS 모델 구축 과정을 설명한 것이다. 과정의 대부분은 앞서 설명한 주성분분석과 일치한다. 데이터 분포(타원)를 기준으로 빨간 점과 파란 점은 중심에서 거의 같은 거리에 위치해 있다(그림 4.11 (a), (b), (c)).

여기까지는 주성분분석과 일치한다. 하지만 (c)를 보면 데이터의 분포가 아직 타원인 것을 알 수 있다.

(c)의 상태에서 한 번 더 표준화를 하게 되면 데이터의 분포가 원(3차원의 경우에는 구체 모양이 된다) 모양으로 만들어진다. 이 과정을 거치고 나면, 원점에서 각 점과의 유클리드 거리가 데이터의 분포를 고려한 거리가 된다.

이 과정을 확대해 보면 다음과 같다.

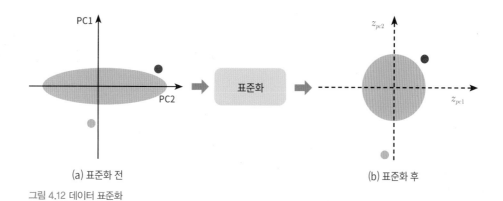

그림 4.12 데이터 표준화

주성분분석을 되돌아보자.

그림 4.12 (a)에서 $\lambda$를 고윳값이라고 가정하면 PC1의 표준편차는 $\sqrt{\lambda_1}$, PC2의 표준편차는 $\sqrt{\lambda_2}$가 된다. 표준화는 각 축의 값에서 평균을 빼고 표준편차로 나눠주는 것을 기억하고 있을 것이다. 그러므로 각 축의 표준화는 다음과 같이 계산할 수 있다.

$$Z_{pc1} = \frac{PC1}{\sqrt{\lambda_1}}$$
$$Z_{pc2} = \frac{PC2}{\sqrt{\lambda_2}}$$

$\text{────────────────────}$ 식 (4.10)

PC1, PC2의 평균은 0이므로 각 축을 각각의 표준편차로 나누면 PC1, PC2도 평균 0, 표준편차가 1인 분포가 되므로, 그림 4.12 (b)와 같이 데이터 분포가 원형이 된다는 의미이다.

MTS 모델이 구축되면 새로운 데이터를 가지고 이상 유무를 판단하게 된다. 판단 기준은 마할라노비스 거리가 된다. 그림 4.13은 MTS를 이용한 이상 판단을 위한 구성요소와 활용 예를 보여준다.

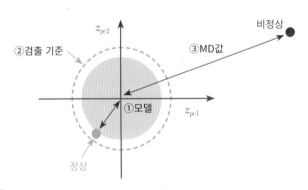

그림 4.13 MTS 활용

우선 정상집단으로 ①모델을 구축한다. 정상집단을 단위공간이라고도 한다. 모델을 구축하면서 ②검출 기준(threshold)을 정하게 된다. 이 검출 기준은 정상/비정상을 구별하는 기준으로 간단하게는 정상집단의 분포(오렌지색 원) 안쪽에 있으면 정상집단에 포함되어 있으므로 정상으로 판단하고, 정상집단의 밖에 있으면 정상집단에 포함되지 않으므로, 비정상으로 판단하게 된다. 하지만 정상집단을 포함하는 범위에서 조금 크게 검출 기준을 결정하는 것이 일반적이다. 구축된 모델을 이용해서 새로운 데이터의 ③MD값을 계산하게 되며, 이 MD값이 검출 기준보다 작으면 정상, 검출 기준보다 크면 비정상으로 판단한다. 그림 4.13의 이미지로 이야기하면 새로운 데이터를 모델과 같이 그렸을 때 ②검출 기준 원 안에 그려지면 정상이고 검출 기준 원 밖에 그려지면 비정상으로 판단한다.

실제 데이터를 이용해 MTS를 이용한 이상감지 시스템을 구축하는 과정은 그림 4.14와 같다.

1. 모델 구축

   Step 1 _ 기준 데이터 결정

       1-1. 초기 데이터로부터 이상치(outlier)를 제거한다

   Step 2 _ 기준 데이터를 이용하여 정상 모델 작성

       2-1. 데이터 표준화

       2-2. 상관행렬을 구한다

       2-3. 상관행렬에 대한 고윳값, 고유벡터를 구한다

       2-4. 고유벡터를 표준화한다

       2-5. 표준화된 고유벡터를 이용하여 표준화된 데이터의 좌표를 이동시킨다

   Step 3 _ 기준 데이터를 이용하여 검출 기준 결정

2. 모델 활용 (이상 감지)

   Step 1 _ 구축된 모델을 이용하여 실제 데이터의 $MD^2$ 계산

   Step 2 _ 정상/비정상 판단

그림 4.14 MTS시스템 구축 및 활용 과정

먼저 모델을 구축해야 한다. 모델 구축은 크게 두 부분으로 나눌 수 있다. 첫 번째는 주성분 분석을 이용해서 표준화된 주성분 공간으로 좌표를 이동시키는 것이다. 이 과정에서 모델 구축이 이루어지며 어떤 것이 모델이 되는지는 다음 장에서 확인할 수 있다. 두 번째는 구축된 모델을 이용해서 검출 기준을 결정하는 것이다.

모델 구축이 끝나면 실제 데이터를 이용해서 이상감지를 하여, 정상/비정상을 판단하면 된다.

## 4.2 MTS 분석 실습

2001년부터 2016년까지 우리나라 여름의 평균기온 및 습도 데이터를 이용해 MTS를 구현해 보자. 1장의 데이터 분석 프로세스를 참고해 어느 부분에 해당되는지 생각하면서 엑셀의 [MTS] 시트를 이용해서 진행해 보자. MTS의 목적은 과거의 기온 및 습도 데이터를 정상이라고 정의하고 올해의 기온과 습도가 과거와 어느 정도 다른지를 판단하는 것으로 정상이라면 올해 평균기온과 습도가 예년과 비슷하다는 의미이며, 비정상이라면 예년과 다르다는 의미이다.

그림 4.15는 우리나라 기상청에서 2001년부터 2016년까지 우리나라 여름의 평균기온 및 습도 데이터로 다운받은 후에 MTS 모델 구축 과정을 쉽게 설명하기 위해 데이터를 조금 수정했다.

| ▲ | A | B | C |
|---|---|---|---|
| 1 | | 기준 데이터 | |
| 2 | | 기온 | 습도 |
| 3 | 2001년 | 25.00 | 72 |
| 4 | 2002년 | 23.90 | 72 |
| 5 | 2003년 | 23.20 | 74 |
| 6 | 2004년 | 24.70 | 72 |
| 7 | 2005년 | 24.40 | 73 |
| 8 | 2006년 | 24.00 | 73 |
| 9 | 2007년 | 24.60 | 70 |
| 10 | 2008년 | 24.00 | 71 |
| 11 | 2009년 | 24.20 | 70 |
| 12 | 2010년 | 25.20 | 71 |
| 13 | 2011년 | 24.20 | 73 |
| 14 | 2012년 | 25.60 | 65 |
| 15 | 2013년 | 25.90 | 69 |
| 16 | 2015년 | 25.20 | 67 |
| 17 | 2016년 | 26.00 | 67 |

그림 4.15 2001년부터 2016년까지 기온과 습도

MTS를 구현하기 위해서는 우선 모델을 만들어야 한다. 이 과정을 모델 구축이라고도 한다.

## 4.2.1. 모델 구축

### Step 1 _ 기준 데이터 결정

#### 1.1 초기 데이터로부터 이상점을 제거한다.

기준 데이터란 수집된 초기 데이터 중에서 이상점(outlier)을 제거한 데이터 집합을 말한다.

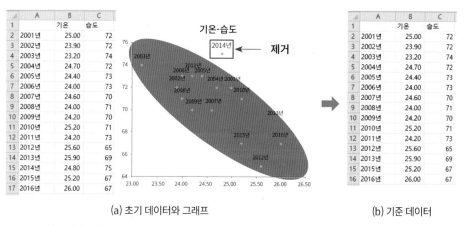

(a) 초기 데이터와 그래프                    (b) 기준 데이터

그림 4.16 기준 데이터 결정

그림 4.16은 초기데이터와 초기데이터의 분산형 그래프, 그리고 최종 결정된 기준 데이터를 보여준다. 초기데이터의 분산형 그래프를 보면, 2014년 데이터가 전체적인 데이터 분포(빨간색 타원)에서 좀 떨어져 있는 것을 볼 수 있다. 빨간색 타원은 임의로 그린 것이다. 2014년 데이터를 어떻게 볼 것인가? 기준 데이터에 포함해서 데이터 분포를 좀더 크게 할 것인가? 아니면, 이상기후로 보고 삭제할 것인가? 여러 가지 관점에서 결정할 수 있겠지만, 이 책에서는 이 데이터를 이상점으로 정의하고 기준 데이터에서 제거하도록 하겠다. 물론, 기준 데이터에 포함해서 진행을 해도 상관 없다. 기준 데이터는 16개의 초기 데이터에서 이상점 데이터 1개를 제거한 15개로 결정했다.

## Step 2 _ 기준 데이터를 이용해 정상 모델 작성

### 2.1 데이터 표준화

기온과 습도 각 데이터에 대해서 표준화를 해 보자. 표준화를 위해서는 기준 데이터의 평균과 표준편차를 미리 계산해야 하며 평균은 =AVERAGE(), 표준편차는 =STDEV.P()의 엑셀함수를 사용한다. =STDEV.S()를 사용해도 상관없지만 앞에서 모델 구축 후 기준 데이터의 $MD^2$값의 평균이 1이라고 말했다. 이것을 확인하기 위해서는 표본집단의 표준편차가 아닌 모집단의 표준편차로 계산해야 한다. 기준 데이터의 표준과 표준편차 계산이 끝나면 기온과 습도에 대해서 식 (2.8)을 이용해 표준화를 계산해 보자.

2001년 기온의 표준화는 다음과 같이 계산한다.

예) 2001년 기온의 표준화 결과

기온의 평균: 24.67

기온의 표준편차: 0.77

2001년 기온: 25

$$z_i = \frac{(x_i - \overline{x})}{\sigma} = \frac{(25 - 24.67)}{0.77} \fallingdotseq 0.42$$

그림 4.17은 표준화 결과를 보여준다. 표준화 후, 각각의 평균과 표준편차가 0과 1임을 꼭확인하자.

| | A | B | C | D | E | F | G |
|---|---|---|---|---|---|---|---|
| 1 | 기준 데이터 | | | | 표준화 데이터 | | |
| 2 | | 기온 | 습도 | | | 기온 | 습도 |
| 3 | 2001년 | 25.00 | 72 | | 2001년 | 0.42 | 0.55 |
| 4 | 2002년 | 23.90 | 72 | | 2002년 | 1.00 | 0.55 |
| 5 | 2003년 | 23.20 | 74 | | 2003년 | -1.90 | 1.35 |
| 6 | 2004년 | 24.70 | 72 | | ② 2001년 기온 표준화 | | 0.55 |
| 7 | 2005년 | 24.40 | 73 | | =(B3-B$18)/B$19 | | 0.95 |
| 8 | 2006년 | 24.00 | 73 | | | | 0.95 |
| 9 | 2007년 | 24.60 | 70 | | 2007년 | -0.09 | -0.24 |
| 10 | 2008년 | 24.00 | 71 | | 2008년 | -0.87 | 0.16 |
| 11 | 2009년 | 24.20 | 70 | | 2009년 | -0.61 | -0.24 |
| 12 | 2010년 | 25.20 | 71 | | ③ 표준화 후 꼭 확인 | | 0.16 |
| 13 | ① 기준데이터의 | | 73 | | 1. 평균 = 0 | | 0.95 |
| 14 | | | 65 | | | | 2.22 |
| 15 | 평균과 표준편차 계산 | | 69 | | 2. 표준편차 =1 | | 0.63 |
| 16 | 2015년 | 25.20 | 67 | | 2015년 | 0.68 | -1.43 |
| 17 | 2016년 | 26.00 | 67 | | 2016년 | 1.71 | -1.43 |
| 18 | 평균 | 24.67 | 70.6 | | 평균 | 0.00 | 0.00 |
| 19 | 표준편차 | 0.77 | 2.52 | | 표준편차 | 1.00 | 1.00 |

그림 4.17 표준화 결과

함수 =STDEV.P()를 이용해서 표준화를 해도 역시 표준편차는 1임을 확인할 수 있다.

## 2.2 상관행렬을 구한다

변수가 기온, 습도 두 종류이므로 상관행렬은 기온–기온, 기온–습도, 습도–기온, 습도–습도 4종류의 상관계수로 구성된다. 상관계수는 함수 =CORREL()을 사용해 계산할 수 있으며, 그림 4.18는 상관행렬 계산 결과를 보여준다.

| ⊿ | A | B | C | D | E | F | G | H | I | J | K |
|---|---|---|---|---|---|---|---|---|---|---|---|
| 1 | 기준 데이터 | | | | 기온-기온 상관계수 | | | | 상관행렬 | | |
| 2 | | 기온 | 습도 | | =CORREL(F3:F17,F3:F17) | | | | | 기온 | 습도 |
| 3 | 2001년 | 25.00 | 72 | | 2001년 | 0.42 | 0.55 | | 기온 | 1 | -0.7696 |
| 4 | 2002년 | 23.90 | 72 | | 2002년 | -1.00 | 0.55 | | 습도 | -0.7696 | 1 |
| 5 | 2003년 | 23.20 | 74 | | 기온-습도 상관계수 | | | | | | |
| 6 | 2004년 | 24.70 | 72 | | =CORREL(G3:G17,F3:F17) | | | | 고유벡터 | | |
| 7 | 2005년 | 24.40 | 73 | | | | | | | PC1 | PC2 |
| 8 | 2006년 | 24.00 | 73 | | 2006년 | -0.87 | 0.95 | | 기온 | | |
| 9 | 2007년 | 24.60 | 70 | | 2007년 | -0.09 | -0.24 | | 습도 | | |
| 10 | 2008년 | 24.00 | 71 | | 2008년 | -0.87 | 0.16 | | | | |
| 11 | 2009년 | 24.20 | 70 | | 2009년 | -0.61 | -0.24 | | 고윳값 | | |
| 12 | 2010년 | 25.20 | 71 | | 2010년 | 0.68 | 0.16 | | | PC1 | PC2 |
| 13 | 2011년 | 24.20 | 73 | | 2011년 | -0.61 | 0.95 | | 고유값 | | |
| 14 | 2012년 | 25.60 | 65 | | 2012년 | 1.20 | -2.22 | | | | |
| 15 | 2013년 | 25.90 | 69 | | 2013년 | 1.58 | -0.63 | | 표준화된 고유벡터 | | |
| 16 | 2015년 | 25.20 | 67 | | 2015년 | 0.68 | -1.43 | | | PC1 | PC2 |
| 17 | 2016년 | 26.00 | 67 | | 2016년 | 1.71 | -1.43 | | 기온 | | |
| 18 | 평균 | 24.67 | 70.6 | | 평균 | 0.00 | 0.00 | | 습도 | | |
| 19 | 표준편차 | 0.77 | 2.52 | | 표준편차 | 1.00 | 1.00 | | | | |

그림 4.18 상관행렬 계산

기온과 습도의 상관계수는 -0.7696으로 음의 상관관계이다. 그림 4.16의 빨간 원을 보면 음의 상관관계를 짐작할 수 있지만, 숫자로 정확하게 파악할 수 있다.

## 2.3 상관행렬에 대한 고윳값, 고유벡터를 구한다

앞에서 계산한 상관행렬의 값을 [고윳값고유벡터] 엑셀 시트에 [선택해 붙여넣기] – [값에 체크]해 그림 4.19 (a)와 같이 복사하자. 먼저 고윳값과 고유벡터를 계산한다. 자세한 사용법은 그림 3.26 ~ 그림 3.29을 참고하자. 계산이 끝나면, 그림 4.19 (b)와 같이 (a)에서 계산된 고윳값, 고유벡터를 복사해서 붙이자.

(a) 고윳값 고유벡터 계산

(b) 계산된 고윳값 고유벡터 복사

그림 4.19 고윳값 고유벡터 계산 후 복사

## 2.4 고유벡터를 표준화한다

그림 4.12 (a)를 보면 변환된 데이터는 아직 찌그러져 있는 것 볼 수 있다. 유클리드 거리로 간단하게 계산할 수 있도록 표준화를 함으로써 찌그러진 데이터 공간을 동그랗게 만든다. 이 과정에서 필요한 것이 표준화이다. 그림 4.12 (b)와 같이 새로운 좌표축에서 데이터의 분포를 원으로 만드는 방법은 두 가지가 있다.

첫 번째는 좌표변환 후 표준화이다.

고유벡터를 사용해 좌표변환을 한 후에 식 (4.10)과 같이 각 주성분 축에 대해서 고윳값으로 데이터들을 표준화하는 방법이다. 이 방법은 일반적으로 우리가 지금까지 진행해 왔던 표준화와 같은 방법이다. 이것은 그림 4.12와 같다.

두 번째는 표준화 후 좌표변환이다.

고유벡터를 표준화한 후에 좌표변환을 하는 방법이다. 표준화를 하기 위해서는 평균을 빼고 표준편차로 나눠 준다. 하지만 변환된 데이터는 평균이 변함없이 0이므로, 각 데이터를 자기 자신의 표준편차로 나누어 주기만 하면 된다. 고윳값이 주성분의 분산과 같다는 것을 주성분 분석에서 확인했다. 고윳값의 제곱근이 각 주성분 축의 표준편차와 같으므로, 고유벡터를 고 윳값의 제곱근으로 나눠 줌으로써 고유벡터가 표준화된다. 이것을 이미지화하면 그림 4.11 이 그림 4.20과 같이 바뀐다.

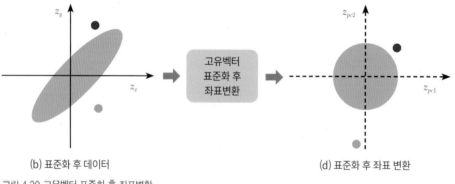

(b) 표준화 후 데이터                          (d) 표준화 후 좌표 변환

그림 4.20 고유벡터 표준화 후 좌표변환

첫 번째와 두 번째 방법은 순서만 다를 뿐 같은 방법이다. 이 책에서는 고유벡터를 표준화한 후에 좌표변환을 하는 두 번째 방법을 사용한다. 이렇게 표준화한 후에 좌표를 이동시키면 그림 4.20과 같이 데이터 공간이 동그랗게 변한다.

두 번째 방법을 고유벡터의 표준화를 식으로 정리해 보자 고유벡터 $V$와 고윳값 $\lambda$를 다음과 같이 정의하자.

$$V = \begin{bmatrix} v_{11} & v_{12} & \cdots & v_{1l} \\ v_{21} & v_{22} & \cdots & v_{2l} \\ & & \vdots & \\ v_{m1} & v_{m2} & \cdots & v_{ml} \end{bmatrix}, \quad \lambda = \{\lambda_1, \lambda_2, \cdots \lambda_l\}$$

$l$은 주성분의 번호이며, $m$은 변수의 번호이다. $m = l$ 이므로 고유벡터 $V$는 정방행렬이다.

고유벡터의 표준화는 각 주성분의 표준편차 (고윳값의 제곱근)을 나눠주면 된다.

그러므로 표준화된 고유벡터 $Z_v$는 다음과 같이 계산된다.

$$Z_v = \begin{bmatrix} \dfrac{v_{11}}{\sqrt{\lambda_1}} & \dfrac{v_{12}}{\sqrt{\lambda_2}} & \cdots & \dfrac{v_{1l}}{\sqrt{\lambda_l}} \\ \dfrac{v_{21}}{\sqrt{\lambda_1}} & \dfrac{v_{22}}{\sqrt{\lambda_2}} & \cdots & \dfrac{v_{2l}}{\sqrt{\lambda_l}} \\ & & \vdots & \\ \dfrac{v_{m1}}{\sqrt{\lambda_1}} & \dfrac{v_{m2}}{\sqrt{\lambda_2}} & \cdots & \dfrac{v_{ml}}{\sqrt{\lambda_l}} \end{bmatrix} \quad \text{-------------------- 식 (4.11)}$$

PC1 – 기온 고유벡터의 표준화를 계산해 보자.

**PC1 - 기온 고유벡터 ($v_{11}$):** -0.71

**PC1의 고윳값 ($\lambda_1$):** 1.77

$$Z_{v_{11}} = \frac{-0.71}{\sqrt{1.77}} \fallingdotseq -0.53$$

엑셀에서 제곱근은 함수 =SQRT()를 사용하면 된다. 식 (4.11)을 이용해 고유벡터를 표준화하면 그림 4.21과 같은 결과를 얻을 수 있다.

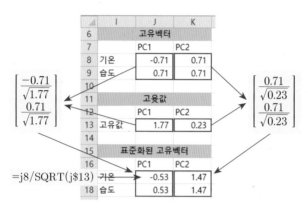

그림 4.21 고유벡터 표준화

## 2.5 고유벡터를 이용해 표준화 데이터의 좌표를 이동시킨다

식 (4.11)의 표준화된 고유벡터가 기온, 습도를 이용해 만든 MTS의 모델이 된다. 역행렬을 이용한 MTS에서는 상관행렬의 역행렬이 모델이라고 이야기했다. 주성분분석을 이용한 MTS에서 모델은 표준화된 고유벡터가 MTS의 모델이 된다. 표준화된 고유벡터를 가지고 $MD^2$ 계산하고 정상/비정상을 판단하게 된다.

이제부터는 모델의 성능 평가와 검출 기준을 결정해야 한다. 이 과정을 진행하기 위해서는 기준 데이터의 $MD^2$을 계산해 $MD^2$의 분포를 확인하면서 결정해야 한다.

이제 우리의 모델인 표준화된 고유벡터를 이용해 좌표를 이동시키자. 새로운 축의 좌표는 다음과 같이 정의된다는 것을 주성분분석에서 확인하였다.

$$Z_{pc} = ZZ_v$$

$Z$: 표준화된 데이터

$Z_v$: 표준화된 고유벡터

행렬곱을 구하는 함수 =MMULT를 이용해 새로운 축의 좌표를 구한 결과는 그림 4.22와 같다.

| | 표준화 데이터 | | | 상관행렬 | | | | 좌표 변환 | |
|---|---|---|---|---|---|---|---|---|---|
| | 기온 | 습도 | | 기온 | 습도 | | | PC1 | PC2 |
| 2001년 | 0.42 | 0.55 | | | | | 2001년 | 0.07 | 1.44 |
| 2002년 | -1.00 | 0.55 | | | | | 2002년 | 0.83 | -0.65 |
| 2003년 | -1.90 | 1.35 | | | | | 2003년 | 1.73 | -0.82 |
| 2004년 | 0.03 | 0.55 | | | | | 2004년 | 0.28 | 0.87 |
| 2005년 | -0.35 | 0.95 | | | | | 2005년 | 0.69 | 0.88 |
| 2006년 | -0.87 | 0.95 | | | | | 2006년 | 0.97 | 0.12 |
| 2007년 | -0.09 | -0.24 | | | | | 2007년 | -0.08 | -0.49 |
| 2008년 | -0.87 | 0.16 | | | | | 2008년 | 0.55 | -1.05 |
| 2009년 | -0.61 | -0.24 | | | | | 2009년 | 0.20 | -1.25 |
| 2010년 | 0.68 | 0.16 | | | | | 2010년 | -0.28 | 1.24 |
| 2011년 | -0.61 | 0.95 | | | | | 2011년 | 0.83 | 0.50 |
| 2012년 | 1.20 | -2.22 | | | | | 2012년 | -1.82 | -1.50 |
| 2013년 | 1.58 | -0.63 | | | | | 2013년 | -1.18 | 1.40 |
| 2015년 | 0.68 | -1.43 | | | | | 2015년 | -1.12 | -1.10 |
| 2016년 | 1.71 | -1.43 | | | | | 2016년 | -1.67 | 0.42 |
| 평균 | 0.00 | 0.00 | | | | | | | |
| 표준편차 | 1.00 | 1.00 | | | | | | | |

중간부:

$Z_{pc} = ZZ_v$
Z : 표준화 데이터 (F3:G17)
$Z_v$ : 표준화된 고유벡터 (J17:K18)

입력 식
=MMULT(F3:G17,J17:K18)

[Shift] + [Ctrl] + [Enter]

고유값

| | PC1 | PC2 |
|---|---|---|
| 고유값 | 1.77 | 0.23 |

표준화된 고유벡터

| | PC1 | PC2 |
|---|---|---|
| 기온 | -0.53 | 1.47 |
| 습도 | 0.53 | 1.47 |

그림 4.22 표준화된 고유벡터를 이용한 좌표변환

## Step 3 _ 기준 데이터를 이용해 검출 기준 결정

다시 한 번 이야기하지만 이 실습의 목적은 과거 기온, 습도 데이터를 이용한 이상감지 시스템 구축이다. 이상 감지 시스템은 정상/비정상을 판정하기 위한 검출 기준이 있어야 한다. 그림 4.13과 같은 검출 기준을 모델 구축 과정에서 결정하여, 새로운 데이터의 값이 이 검출 기준을 만족하는지 하지 않는지를 판단하는 것이다. 이 검출 기준을 결정하기 위해서 $MD^2$을 구해야 한다. 주성분 공간에서의 $MD^2$은 원점에서의 유클리드 거리를 계산하면 된다. 첫 번째 식 (4.5)를 주성분 좌표로 변형하면 식 (4.12)와 같다.

$$MD_i^2 = \frac{\sum_{j=1}^{m} Z_{pc_{ij}}^2}{PC의 \ 개수}$$ 식 (4.12)

$i$: 데이터 번호

$j$: 주성분 번호

식 (4.12)에서 분자 $\sum_{j=1}^{m} Z_{pc_{ij}}{}^2$는 임의의 점에서 원점까지의 유클리드 거리를 구하는 식과 같다. 이 값을 PC의 개수로 나눠주면 MD의 값이 계산된다. 2001년의 MD 값을 계산해 보면 다음과 같다.

$$MD_{2001년}{}^2 = \frac{0.07^2 + 1.44^2}{2} \fallingdotseq 1.04$$

식 (4.12)에서 데이터의 제곱의 합은 엑셀에서는 =SUMSQ() 함수를 사용하면 쉽게 구할 수 있다. 말 그대로 범위 안에 있는 데이터들을 제곱해 더하는 함수이다. 그림 4.23은 변환된 좌표를 분산형 그래프와 각 MD값들에 대한 최댓값, 평균, 표준편차를 계산한 결과이다.

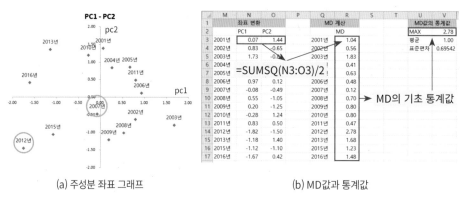

(a) 주성분 좌표 그래프                    (b) MD값과 통계값

그림 4.23 MD값과 통계값

$MD^2$의 의미를 살펴보자 $MD^2$은 단순히 중심에서 점과의 유클리드 거리와 같다고 했다. 그림 그림 4.23의 (a)에서 파란 원으로 표시한 2012년 데이터가 중심에서 가장 멀리 떨어져 있고, 녹색 원으로 표시한 2007년의 데이터가 중심에서 가장 가깝다는 것을 알 수 있다.

그림 4.23의 (b)에서 $MD^2$을 확인해 보면 2012년의 $MD^2$은 2.59로 가장 크고 2007년의 $MD^2$은 0.11로 가장 작다. 이것은 2014년을 제외한 2001년부터 2016년 우리나라 여름의 기온과 습도 데이터의 평균을 계산했을 때 2007년이 평균에 가장 가까웠다는 의미이며, 2012년이 기준 데이터 중에서 편차가 가장 크다는 의미이다.

$MD^2$의 통계값을 보면 앞에서 이야기했듯이 기준 데이터의 $MD^2$의 평균은 1인 것을 확인할 수 있다. 이것은 기준 데이터의 표준편차를 =STDEV.P()로 계산한 결과이며, =STDEV.S()로 계산하면 조금 크게 나오나 깊은 의미는 없다. 이것을 기준으로 모델이 제대로 계산이 되었는지 확인할 수 있다.

그림 4.24는 기준 데이터의 $MD^2$의 구간별 히스토그램을 보여준다.

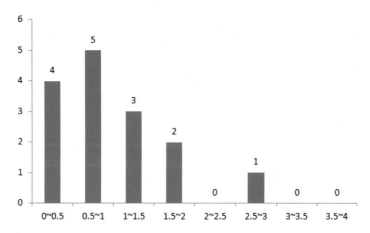

그림 4.24 $MD^2$ 히스토그램

기준 데이터의 $MD^2$은 3이내에 모든 값이 들어있으며, 평균 1을 중심으로 퍼져 있는 것을 알 수 있다.

이제 $MD^2$의 통계값과 히스토그램을 바탕으로 검출 기준을 결정해 보자.

이상 감지를 위한 검출 기준을 정하는 방법은 다음과 같이 여러 가지 방법이 있다.

첫 번째는 기준 데이터의 $MD^2$ 값을 가지고 결정하는 방법이다.

기준 데이터의 $MD^2$ 값의 기초통계값을 보면 최댓값은 2.78 평균은 1, 표준편차는 0.695이다. 이 통계값을 활용해 기준을 설정하는 방법이다. 예를 들면, 기준 데이터의 모든 케이스를 포함하고 싶은 경우에는 검출 기준을 2.78로 두어 MD 값이 2.78을 초과할 경우를 비정상으로 판단하도록 할 수 있다. 또 2장에서 배운 것처럼 3시그마를 기준으로 결정하고 싶을 때에는 1 + 3시그마 = 1 + 3 × 0.695 = 3.085을 검출 기준으로 설정할 수 있다. 물론 4시그마, 5시그마를 기준으로 검출 기준을 설정해도 된다.

두 번째는 통계적으로 결정하는 방법이다.

$MD^2$은 원래의 데이터의 차원이 m이라면 $MD^2$은 자유도 m의 카이제곱분포를 따른다고 알려져 있다. 그리고 그러나 감마분포, F분포로 가정해 자유도에 의해 기준값을 정하는 방법론이 연구되고 있다. 각 분포에 해당하는 검출 기준으로 $MD^2$을 정하면 된다.

마지막으로 첫 번째와 비슷하나 기준 데이터를 가지고 여러 가지 아이디어를 이용해서 복합적으로 판단하는 방법도 많이 쓰이며 경험적으로 3이나 4도 많이 사용된다.

여기서는 검출 기준을 3으로 정하겠다. 이렇게 되면, 테스트 데이터의 $MD^2$이 3 이하이면 정상, 3을 초과할 경우 비정상으로 판단한다.

## 4.2.2 모델 활용(이상 감지)

### Step 1 _ 구축된 모델을 이용해 실제 데이터 계산

이제 모델을 이용해서 실제 데이터가 정상인지 비정상인지를 결정하는 단계이다.

실제 데이터의 $MD^2$은 식 (4.9)를 이용하면 계산 가능하며, 변환행렬 $A$를 표준화된 고유벡터로 바꾸고 정리하면 다음과 같다.

$$MD^2 = \frac{ZZ_v Z_v' Z'}{m} = \frac{Z_{pc} Z_{pc}'}{m} \quad\text{------------------------------ 식 (4.13)}$$

$$Z_{pc} = ZZ_v \quad\text{---------------------------------------------------------- 식 (4.14)}$$

$Z$는 표준화된 데이터, $Z_v$는 모델, $Z_{pc}$는 표준화된 주성분 공간에서의 좌표를 의미한다. 2014년을 제외한 2001년부터 2016년에 이르는 15개년 데이터를 이용해 모델을 만들고 검출 기준을 결정하였다. 기준 데이터를 이용해서 구축한 모델은 식 (4.11)로 계산된 표준화된 고유벡터로 그림 4.25와 같다.

| 표준화된 고유벡터 | | |
|---|---|---|
| | PC1 | PC2 |
| 기온 | -0.53 | 1.47 |
| 습도 | 0.53 | 1.47 |

그림 4.25 이상 감지 시스템의 모델

이제 실제 데이터에 대해서 이상 감지가 어떻게 동작하는지 알아보자.

실제 데이터는 2017년 6월부터 9월까지의 기온, 습도 데이터이며 그림 4.26과 같다.

| | A | B | C |
|---|---|---|---|
| 21 | | 실제 데이터 | |
| 22 | | 기온 | 습도 |
| 23 | 2017년6월 | 23.30 | 62.00 |
| 24 | 2017년7월 | 26.90 | 77.00 |
| 25 | 2017년8월 | 25.10 | 71.00 |
| 26 | 2017년9월 | 25.60 | 73.00 |

그림 4.26 실제 데이터

이 데이터를 2001년부터 2016년 데이터와 비교하기 위해서는 모델을 이용해 $MD^2$을 계산하고 검출 기준으로 판단하면 된다. 우선 표준화를 한 후, 모델을 이용해 좌표를 이동시키고 $MD^2$을 구한다.

여기서, 표준화할 때 주의해야 할 점이 있다. **실제 데이터를 표준화할 때에는 기준 데이터의 평균과 표준편차를 사용해서 표준화를 해야 한다는 것이다.** 그러므로 2017년 데이터는 2001년~2016년 데이터의 평균과 표준편차를 가지고 표준화를 하면 된다.

2017년 6월 데이터의 기온과 습도를 표준화해 보자.

기준 데이터 기온의 평균: 24.67
기준 데이터 기온의 표준편차: 0.77
2017년 6월 기온: 23.3

$$2017년 6월 기온 표준화 = \frac{(23.3 - 24.67)}{0.77} ≒ -1.77$$

기준 데이터 습도의 평균: 70.6

기준 데이터 습도의 표준편차: 2.52

2017년 6월 습도: 62

$$2017년\ 6월\ 습도\ 표준화 = \frac{(62 - 70.6)}{2.52} ≒ -3.41$$

표준화 결과를 보면 예년보다 기온과 습도가 낮은 것을 부호로 알 수 있다.

| ◢ | A | B | C | D | E | F | G |
|---|---|---|---|---|---|---|---|
| 1 | | 기준 데이터 | | | | 표준화 데이터 | |
| 2 | | 기온 | 습도 | | | 기온 | 습도 |
| 3 | 2001년 | 25.00 | 72 | | 2001년 | 0.42 | 0.55 |
| 4 | 2002년 | 23.90 | 72 | | 2002년 | -1.00 | 0.55 |
| 5 | 2003년 | 23.20 | 74 | | 2003년 | -1.90 | 1.35 |
| 6 | 2004년 | 24.70 | 72 | | 2004년 | 0.03 | 0.55 |
| 7 | 2005년 | 24.40 | 73 | | 2005년 | -0.35 | 0.95 |
| 8 | 2006년 | 24.00 | 73 | | 2006년 | -0.87 | 0.95 |
| 9 | 2007년 | 24.60 | 70 | | 2007년 | -0.09 | -0.24 |
| 10 | 2008년 | 24.00 | 71 | | 2008년 | -0.87 | 0.16 |
| 11 | 2009년 | 24.20 | 70 | | 2009년 | -0.61 | -0.24 |
| 12 | 2010년 | 25.20 | 71 | | 2010년 | 0.68 | 0.16 |
| 13 | 2011년 | 24.20 | 73 | | 2011년 | -0.61 | 0.95 |
| 14 | 2012년 | 25.60 | 65 | | 2012년 | 1.20 | -2.22 |
| 15 | 2013년 | 25.90 | 69 | | 2013년 | 1.58 | -0.63 |
| 16 | 2015년 | 25.20 | 67 | | 기준데이터의 평균, 표준 | | |
| 17 | 2016년 | 26.00 | 67 | | 편차를 이용하여 표준화 | | |
| 18 | 평균 | 24.67 | 70.6 | | 평균 | 0.00 | 0.00 |
| 19 | 표준편차 | 0.77 | 2.52 | | 표준편차 | 1.00 | 1.00 |
| 20 | | | | | | | |
| 21 | | 실제 데이터 | | | | 실제 데이터 표준화 | |
| 22 | | 기온 | 습도 | | | 기온 | 습도 |
| 23 | 2017년6월 | 23.3 | 62 | | 6월 | -1.77 | -3.41 |
| 24 | 2017년7월 | 26.9 | 77 | | 7월 | 2.88 | 2.54 |
| 25 | 2017년8월 | 25.1 | 71 | | 8월 | 0.55 | 0.16 |
| 26 | 2017년9월 | 25.6 | 73 | | 9월 | 1.20 | 0.95 |
| 27 | | | | | | | |
| | 표준화된 실제데이터의 평균은 0이 아니며, 표준편차는 1이 아니다 | | | | 평균 | 0.71 | 0.06 |
| | | | | | 표준편차 | 1.67 | 2.18 |

그림 4.27 실제 데이터 표준화

그림 4.27은 실제 데이터의 표준화를 계산한 결과이다. 다시 한 번 강조하지만 실제 데이터의 표준화는 모델을 만들었을때의 데이터(기준데이터)의 평균과 표준편차를 사용해야 한다. 그러므로 당연하지만 표준화된 실제 데이터의 평균과 표준편차도 0과 1이 아닌 것을 확인할 수 있다.

표준화가 끝났으니 식 (4.14)를 이용해서 좌표 P를 계산해 보자.

$$Z_{pc} = ZZ_v = [-1.71 - 3.41]\begin{bmatrix} -0.53 & 1.47 \\ 0.53 & 1.47 \end{bmatrix} = [-0.87 - 7.63]$$

좌표 P의 계산이 끝나면 식 (4.13)을 이용해서 $MD^2$을 계산하면 된다.

$$MD^2 = \frac{Z_{pc}Z_{pc}{}'}{m} = \frac{(-0.87)^2 + (-7.63)^2}{2} \fallingdotseq 29.49$$

참고로, 위 식에서 $Z_{pc}=[-0.87\ -7.63]$이므로 $Z_{pc}Z_{pc}{}'$를 풀어 쓰면 다음과 같다.

$$Z_{pc}Z_{pc}{}' = [-0.87\ -7.63]\begin{bmatrix} -0.87 \\ -7.63 \end{bmatrix} = (-0.87)^2 + (-7.63)^2$$

각 요소의 제곱의 합을 계산하는 엑셀 함수는 =SUMSQ()를 이용한다.

$MD^2$가 29.49로 계산되었다. 이제 검출 기준을 이용해서 정상/비정상을 판단해야 한다.

검출 기준은 3이므로 판단 결과는 다음과 같다.

판단 결과 : 3 < 29.49 → 비정상

6월의 $MD^2$ 값이 이상감지 검출 기준 3보다 크므로 비정상으로 판단한다.

실시간 이상 감지 시스템의 경우에는 실제 데이터가 하나씩 들어오게 되므로 6월, 7월, 8월, 9월 데이터를 따로따로 계산해서 판단해야 한다.

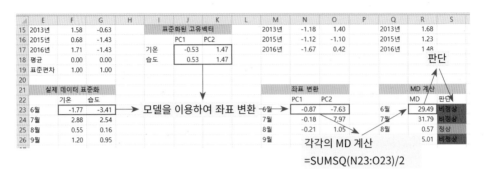

그림 4.28 실제 데이터 $MD^2$ 계산

그림 4.28는 실제 데이터의 $MD^2$을 계산한 결과이다. 6월이 29.49, 7월이 31.79, 8월이 0.57, 9월이 5.01로 계산되었다. 이상 감지 검출 기준을 3으로 결정했으므로, 3 이하인 8월을 제외하고는 다 비정상으로 판단할 수 있다. 여기서 비정상의 의미는 2001년부터 2016년까지의 기준 데이터를 기준으로 비정상이라는 의미이다.

| 일변량과 MTS 판정 결과 | | |
|---|---|---|
| | 일변량 | MTS |
| 2017년6월 | 비정상 | 비정상 |
| 2017년7월 | 비정상 | 비정상 |
| 2017년8월 | 정상 | 정상 |
| 2017년9월 | 정상 | 비정상 |

그림 4.29 일변량과 MTS 판정결과 비교

그림 4.29는 실제 데이터를 일변량과 MTS 판정 기준으로 판정한 결과를 비교한 표이다. 2017년 6월과 7월, 8월 데이터는 일변량과 MTS의 판정 결과가 동일하다. 하지만 9월 데이터는 일변량과 MTS의 판정 결과가 다른 것을 볼 수 있다. 왜 이런 결과가 나왔는지를 알아보자.

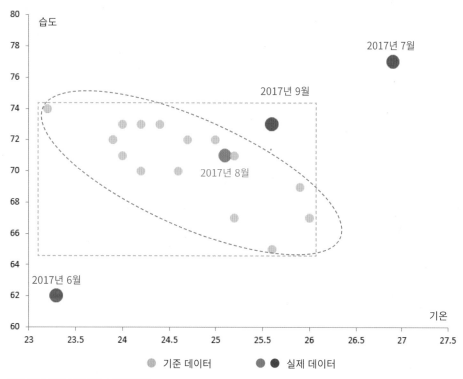

그림 4.30 기준 데이터와 실제 데이터

그림 4.30은 기준 데이터와 실제 데이터를 그린 그래프이다. 사각형은 기온과 습도를 각 일변량으로 따로 정상 범위를 계산해 최솟값과 최댓값을 지정해 두고 이상감지를 했을 때의 정상판단조건이고 타원은 MTS로 이상감지를 했을 때의 정상판단조건이다. 실제 데이터가 정상판단조건의 내부에 위치할 때 정상으로 판정되며, 외부에 위치하면 비정상으로 판정된다.

9월 데이터를 보면 기온과 습도가 과거의 데이터 범위(연두색 네모)에 포함되어 있어서 일변량으로는 정상으로 판정되었다. 하지만 데이터 분포(파란 타원)로 판단했을 때에는 벗어나 있는 것을 볼 수 있으므로 MTS는 비정상으로 판정을 하였다. 이렇게 MTS는 데이터 분포를 이용하므로 일변량에서 보지 못하는 데이터의 분포를 기준으로 한 정상/비정싱을 판단할 수 있다.

이것은 대단히 중요하다. 품질 데이터나 설비 데이터 등을 모니터링할 때 데이터는 정상인데 문제가 생기는 경우를 많이 볼 수 있다. 이 경우에는 데이터의 분포(상관관계)를 보는 것이 좋다.

비정상으로 판단되었을 때 원인을 분석하는 방법에 대해서 알아보자.

비정상에 대한 원인은 두 가지이다.

첫 번째는 각각의 데이터의 정상 범위를 계산해 최솟값과 최댓값을 지정해 두고 이상 감지를 했을 때 정상판단조건에서 벗어나는 경우이다. 이 경우는 그림 4.30에서 연두색 네모를 벗어나는 경우이다. 이 경우는 기준 데이터의 표준화 데이터의 최댓값과 최솟값을 계산해 두고 감시하면 된다. 비정상의 내용은 일변량에서 체크된 항목이므로 일변량이라고 하자.

두 번째는 데이터의 상관관계가 붕괴되는 경우이다. 데이터의 상관관계가 붕괴되면 그림 4.30에서 데이터가 파란 타원과 연두색 네모 사이에 존재하게 된다. 이것은 상관관계에서 체크되었으므로 비정상 내용을 상관관계라고 하자.

|  | 기온 | 습도 |
|---|---|---|
| 최댓값 | 1.71 | 1.35 |
| 최솟값 | -1.90 | -2.22 |

|  | 기온 | 습도 | 판단 | 비정상 내용 |
|---|---|---|---|---|
| 6월 | -1.77 | -3.41 | 비정상 | 일변량 |
| 7월 | 2.88 | 2.54 | 비정상 | 일변량 |
| 8월 | 0.55 | 0.16 | 정상 |  |
| 9월 | 1.20 | 0.95 | 비정상 | 상관관계 |

(a) 표준화 데이터의 최대/최소값        (b) 비정상 원인 추적

그림 4.31 비정상의 원인 분석

그림 4.31의 (a)는 기온과 습도의 표준화 데이터의 최댓값과 최솟값이다. (b)는 이 기준을 실제 데이터에 적용해 본 결과를 보여준다. 규격을 벗어난 항목에 빨간색이 칠해져 있다. 6월의 습도와 7월의 기온, 습도가 빨간색으로 되어 있다. 비정상의 원인이 일변량인 것을 알 수 있다. 실제로 보면 6월의 습도는 최솟값보다 작으며, 7월의 기온과 습도는 최댓값보다 크다.

9월은 일변량으로는 감지할 수 없는 비정상을 보여준다. 이것은 상관관계가 붕괴되면서 나온 경우이기 때문이다. 예제 케이스는 변수가 두 개여서 기온과 습도의 상관관계가 이상해지

면서 나온 비정상 케이스라고 짐작할 수 있지만, 변수가 많아지면 많아질수록 짐작하기가 어려워진다. 실제로, 특정 변수와 변수의 상관관계의 붕괴를 명확하게 알려주는 방법은 알려진 것이 거의 없다.

이렇게 MTS는 주성분분석을 이용한 이상 감지 시스템으로 실습해 보았으며 같은 방법으로 패턴 인식 시스템, 이상 감지 시스템 등 다양한 분야에서 활용되고 있다.

먼저, 주성분분석을 이용해 MTS를 구축하는 방법을 설명했지만, 상관행렬의 역행렬만을 이용해 간단하게 계산하는 방법도 있다는 것을 말했다. 이 방법이 일반적으로 학과 과정에서 배우는 방법이다. 이 방법을 먼저 배우게 되면 MTS가 왜 데이터의 분포를 고려한 이상감지 시스템인지에 대해서 이해하기 어려우므로 주성분분석과 연계해 학습하는 방법이 좋다.

## 4.3 역행렬을 이용한 MTS 구축

역행렬 문제만 해결된다면, 역행렬을 이용한 방법이 시스템을 구축하는 것도 간단하다.

그러므로 이번에는 마지막으로 다음 데이터를 이용해서 역행렬을 이용한 사물인식 시스템을 구축해 보자.

사용할 데이터는 유명한 아이리스(iris, 붓꽃) 데이터의 클래스를 개, 고양이, 토끼로 바꾸고, 변수 이름을 머리둘레, 몸통길이, 꼬리길이로 바꿨으며 변수 한 개는 삭제한 데이터이다.

사용할 데이터는 다음과 같다.

| 기준 데이터 : 개 | | | | 기준 데이터 : 고양이 | | | | 테스트 데이터 | | | |
|---|---|---|---|---|---|---|---|---|---|---|---|
| 머리둘레 | 몸통길이 | 꼬리길이 | Class | 머리둘레 | 몸통길이 | 꼬리길이 | Class | 머리둘레 | 몸통길이 | 꼬리길이 | Class |
| 5.10 | 3.50 | 1.40 | dog | 7.00 | 3.20 | 4.70 | cat | 5.40 | 3.70 | 1.50 | dog |
| 4.90 | 3.00 | 1.40 | dog | 6.40 | 3.20 | 4.50 | cat | 4.80 | 3.40 | 1.60 | dog |
| 4.70 | 3.20 | 1.30 | dog | 6.90 | 3.10 | 4.90 | cat | 7.00 | 3.20 | 4.70 | cat |
| 4.60 | 3.10 | 1.50 | dog | 5.50 | 2.30 | 4.00 | cat | 6.40 | 3.20 | 4.50 | cat |
| 5.00 | 3.60 | 1.40 | dog | 6.50 | 2.80 | 4.60 | cat | 6.30 | 3.30 | 6.00 | rabbit |
| 5.40 | 3.90 | 1.70 | dog | 5.70 | 2.80 | 4.50 | cat | 5.80 | 2.70 | 5.10 | rabbit |
| 4.60 | 3.40 | 1.40 | dog | 6.30 | 3.30 | 4.70 | cat | 4.90 | 3.00 | 1.40 | dog |
| 5.00 | 3.40 | 1.50 | dog | 4.90 | 2.40 | 3.30 | cat | 5.70 | 2.80 | 4.10 | cat |
| 4.40 | 2.90 | 1.40 | dog | 6.60 | 2.90 | 4.60 | cat | 6.30 | 3.30 | 6.00 | rabbit |
| 4.90 | 3.10 | 1.50 | dog | 5.20 | 2.70 | 3.90 | cat | | | | |

그림 4.32 기준 데이터와 테스트 데이터

앞에서 했던 것과는 다르게 기준 데이터가 두 개이다. 하나는 개를 나타내는 데이터이고, 다른 하나는 고양이를 나타내는 데이터가 10개씩 있다. 그리고 테스트 데이터를 보면 개와 고양이 그리고 토끼가 포함되어 있는 것을 확인할 수 있다.

우리가 구축할 MTS의 목적은 다음과 같다.

1. 개와 고양이를 구분한다.
2. 개와 고양이가 아닌 것도 구분한다.

목적을 잘 보면 우리는 개, 고양이, 개도 고양이도 아닌 것 세 개를 구분해야 한다. 그러나 MTS는 이진 분류여서 세 개를 구분하기는 어렵다. 불가능하다고 말하지 않고 어렵다고 말한 이유는 세 개 이상도 구현이 가능하기 때문이다. 그 중에서 단순하지만 가장 확실한 방법을 소개하려고 한다.

우선 기준 데이터가 두 개이므로 MTS가 두 개 필요하다.

두 개의 MTS는 기준 데이터 개와 고양이에 대해서 모델을 구축한다. 같은 과정을 두 번 반복한다고 생각하면 된다. 구축된 모델을 실제 데이터에 적용시킬 때 MTS(개)는 개와 개가 아님, MTS(고양이)는 고양이와 고양이가 아님을 출력한다.

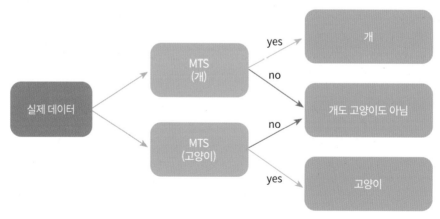

그림 4.33 기준 데이터가 두 개인 MTS

그림 4.33이 이 모델에 대한 설명이다. MTS(개)와 MTS(고양이)가 둘 다 아니라고 했을 때에는 개도 고양이도 아닌 것이 된다.

다음은 역행렬을 이용한 MTS 구축 순서이다.

### 1. 모델 구축

**Step 1 _ 기준 데이터 결정**

1-1. 초기 데이터로부터 이상점(outlier)을 제거한다.

**Step 2 _ 역행렬을 이용하여 정상 모델 작성**

2-1. 데이터를 표준화한다.

2-2. 상관행렬을 구한다.

2-3. 역행렬을 구한다.

**Step 3 _ 기준 데이터를 이용하여 검출 기준 결정**

3-1. $MD^2$를 구한다.

3-2. 검출 기준을 결정한다.

### 2. 모델 활용 (이상 감지)

**Step 1 _ 구축된 모델을 이용하여 실제 데이터의 $MD^2$을 계산한다.**

**Step 2 _ 정상/비정상을 판단한다.**

주성분분석을 이용한 방법과 비교해 보면, Step 2 정상 모델 작성 부분만 다를 뿐 나머지는 동일하다.

개와 고양이의 기준 데이터를 다시 한 번 확인해 보자.

| | A | B | C | D | E |
|---|---|---|---|---|---|
| 1 | | 기준 데이터 : 개 | | | |
| 2 | | 머리둘레 | 몸통길이 | 꼬리길이 | Class |
| 3 | | 5.10 | 3.50 | 1.40 | dog |
| 4 | | 4.90 | 3.00 | 1.40 | dog |
| 5 | | 4.70 | 3.20 | 1.30 | dog |
| 6 | | 4.60 | 3.10 | 1.50 | dog |
| 7 | | 5.00 | 3.60 | 1.40 | dog |
| 8 | | 5.40 | 3.90 | 1.70 | dog |
| 9 | | 4.60 | 3.40 | 1.40 | dog |
| 10 | | 5.00 | 3.40 | 1.50 | dog |
| 11 | | 4.40 | 2.90 | 1.40 | dog |
| 12 | | 4.90 | 3.10 | 1.50 | dog |
| 13 | 평균 | 4.86 | 3.31 | 1.45 | |
| 14 | 표준편차 | 0.28 | 0.29 | 0.10 | |
| 15 | | 기준 데이터 : 고양이 | | | |
| 16 | | 머리둘레 | 몸통길이 | 꼬리길이 | Class |
| 17 | | 7.00 | 3.20 | 4.70 | cat |
| 18 | | 6.40 | 3.20 | 4.50 | cat |
| 19 | | 6.90 | 3.10 | 4.90 | cat |
| 20 | | 5.50 | 2.30 | 4.00 | cat |
| 21 | | 6.50 | 2.80 | 4.60 | cat |
| 22 | | 5.70 | 2.80 | 4.50 | cat |
| 23 | | 6.30 | 3.30 | 4.70 | cat |
| 24 | | 4.90 | 2.40 | 3.30 | cat |
| 25 | | 6.60 | 2.90 | 4.60 | cat |
| 26 | | 5.20 | 2.70 | 3.90 | cat |
| 27 | 평균 | 6.10 | 2.87 | 4.37 | |
| 28 | 표준편차 | 0.69 | 0.32 | 0.46 | |

=STDEV.P(B3:B12)

=STDEV.P(B17:B26)

그림 4.34 개와 고양이 데이터

여기서 앞과 같이 모집단의 표준편차를 구하는 =STEDV.P()를 사용했다. =STDEV.S()를 사용해도 된다.

이제, 실제로 시스템을 구축해 보자. 이 실습은 엑셀의 [MTS (상관행렬)] 시트를 이용하자. 모델 구축 과정에서 사용하는 엑셀 함수들은 새로운 것이 없으므로 익숙해지는 것이 중요하다.

## 4.3.1 모델 구축

### Step 1 _ 기준 데이터 결정

### 1.1 초기 데이터로부터 이상점을 제거

앞에서 이상점을 제거하는 방법에 대해서 설명했으며, 지금 가지고 있는 데이터는 이상점이 없는 데이터를 골랐으므로 이 부분은 그냥 넘어가겠다. 하지만 새로운 데이터로 시스템을 구축할 때에는 반드시 확인을 하고 넘어가자.

## Step 2 _ 역행렬을 이용해 정상 모델 작성

### 2.1 데이터 표준화

그림 4.34에서 개와 고양이의 기준 데이터를 표준화하자. 표준화는 각 개와 고양이의 평균과 표준편차를 가지고 그림 4.35와 같이 계산을 하면 된다.

그림 4.35 기준 데이터 표준화

표준화를 한 후에는 개와 고양이의 표준화 결과가 반드시 평균 0, 표준편차 1인 것을 확인하자.

### 2.2 상관행렬 구하기

행렬로 상관행렬을 구하는 방법은 2장에서 배웠다. 모집단의 상관행렬은 다음과 같다.

$$R = \frac{1}{n} z_x{}' z_x$$

먼저 함수 =TRANSPOSE()를 이용해서 표준화된 개와 고양이의 전치행렬 $z_x{}'$를 구하고, 함수 =MMULT()를 이용해서 $z_x{}' z_x$를 구한 후 데이터의 개수 n으로 나눠주면 된다.

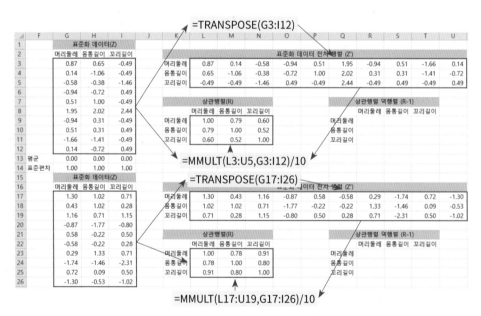

그림 4.36 상관행렬 계산

함수 =TRANSPOSE(), =MMULT()는 배열 연산이므로 [Shift] + [Ctrl] + [Enter]로 계산해야 한다. 그림 4.36에서 상관행렬을 구할 때, 데이터의 개수 10을 나눌 때, $z_x{}' z_x$를 계산한 후에 10을 나눠도 되고, 행렬식에 직접 나눠도 된다. 개와 고양이를 따로 계산했지만, 개의 전치행렬과 상관행렬을 구한 후에, 식을 복사해서 고양이의 셀에 붙여도 된다.

## 2.3 역행렬 구하기

함수 =MINVERSE()를 사용하면 그림 4.37과 같이 역행렬을 간단히 구할 수 있다.

| | K | L | M | N | O | P | Q | R | S | T | U |
|---|---|---|---|---|---|---|---|---|---|---|---|
| 2 | | | | | 표준화 데이터 전치 행렬 (Z') | | | | | | |
| 3 | 머리둘레 | 0.87 | 0.14 | -0.58 | -0.94 | 0.51 | 1.95 | -0.94 | 0.51 | -1.66 | 0.14 |
| 4 | 몸통길이 | 0.65 | -1.06 | -0.38 | -0.72 | 1.00 | 2.02 | 0.31 | 0.31 | -1.41 | -0.72 |
| 5 | 꼬리길이 | -0.49 | -0.49 | -1.46 | 0.49 | -0.49 | 2.44 | -0.49 | 0.49 | -0.49 | 0.49 |
| 6 | | | | | | | | | | | |
| 7 | | 상관행렬(R) | | | | | | 상관행렬 역행렬 (R-1) | | | |
| 8 | | 머리둘레 | 몸통길이 | 꼬리길이 | | | | 머리둘레 | 몸통길이 | 꼬리길이 | |
| 9 | 머리둘레 | 1.00 | 0.79 | 0.60 | | | 머리둘레 | 3.03 | -1.97 | -0.79 | |
| 10 | 몸통길이 | 0.79 | 1.00 | 0.52 | | | 몸통길이 | -1.97 | 2.65 | -0.19 | |
| 11 | 꼬리길이 | 0.60 | 0.52 | 1.00 | | | 꼬리길이 | -0.79 | -0.19 | 1.58 | |
| 12 | | | | | | | | | | | |
| 13 | | | | | | | | | 식을 복사해서 | | |
| 14 | | | | | =MINVERSE(L9:N11) | | | | 붙여넣기를 해도 된다. | | |
| 15 | | | | | | | | | | | |
| 16 | | | | | 표준화 데이터 전치 행렬 (Z') | | | | | | |
| 17 | 머리둘레 | 1.30 | 0.43 | 1.16 | -0.87 | 0.58 | -0.58 | 0.29 | -1.74 | 0.72 | -1.30 |
| 18 | 몸통길이 | 1.02 | 1.02 | 0.71 | -1.77 | -0.22 | -0.22 | 1.33 | -1.46 | 0.09 | -0.53 |
| 19 | 꼬리길이 | 0.71 | 0.28 | 1.15 | -0.80 | 0.50 | 0.28 | 0.71 | -2.31 | 0.50 | -1.02 |
| 20 | | | | | | | | | | | |
| 21 | | 상관행렬(R) | | | | | | 상관행렬 역행렬 (R-1) | | | |
| 22 | | 머리둘레 | 몸통길이 | 꼬리길이 | | | | 머리둘레 | 몸통길이 | 꼬리길이 | |
| 23 | 머리둘레 | 1.00 | 0.78 | 0.91 | | | 머리둘레 | 6.21 | -0.93 | -4.92 | |
| 24 | 몸통길이 | 0.78 | 1.00 | 0.80 | | | 몸통길이 | -0.93 | 2.89 | -1.46 | |
| 25 | 꼬리길이 | 0.91 | 0.80 | 1.00 | | | 꼬리길이 | -4.92 | -1.46 | 6.65 | |

=MINVERSE(L23:N25)

그림 4.37 역행렬 구하기

이렇게 계산된 기준 데이터 개와 고양이의 역행렬이 우리가 구하려고 하는 MTS 모델이 된다.

## Step 3 _ 기준 데이터를 이용해 검출 기준 결정

이제 검출 기준을 결정할 차례이다. 개와 고양이 모델인 역행렬을 이용해서 기준 데이터의 $MD^2$를 계산하고, 검출 기준을 결정해 보자.

역행렬을 이용한 $MD^2$은 다음과 같이 계산할 수 있다.

$$MD^2 = \frac{z_x R^{-1} z_x{}'}{m}$$

### 3.1 $MD^2$ 구하기

$z_x R^{-1} z_x{}'$이 복잡하게 보이지만 개의 첫 번째 데이터를 이용해서 수식으로 표현하면 다음과 같다.

$$z_x R^{-1} z_x{}' = \begin{bmatrix} 0.87 & 0.65 & -0.49 \end{bmatrix} \begin{bmatrix} 3.03 & -1.97 & -0.79 \\ -1.97 & 2.65 & -0.19 \\ -0.79 & -0.19 & 1.58 \end{bmatrix} \begin{bmatrix} 0.87 \\ 0.65 \\ -0.49 \end{bmatrix} = 2.35$$

앞에서부터 차근차근 엑셀로 계산을 해 보면 다음과 같다.

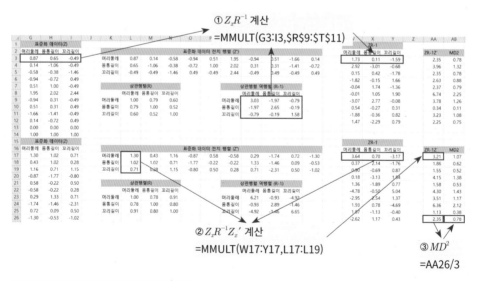

그림 4.38 개와 고양이 기준 데이터의 $MD^2$ 계산

그림 4.38과 같이 데이터 단위로 계산해야 하므로 역행렬은 절대 참조로 고정해 놓으면 식을 복사해서 붙이기가 쉽다. 그림에서는 계산 단계를 개와 고양이에 걸쳐서 표시해 놓았지만 3단계까지 개와 고양이를 따로따로 계산해야 한다. 계산된 $MD^2$을 개와 고양이별로 따로 평균을 계산해 보면 1인 것을 확인해 보자.

### 3.2 검출 기준 결정

계산된 $MD^2$를 이용해서 검출 기준을 결정해 보자. 그림 4.39는 개와 고양이 $MD^2$의 평균, 표준편차, 최댓값을 계산한 것이다.

| | A | B 개의 MD2 | C 고양이의 MD2 |
|---|---|---|---|
| 1 | | 개의 MD2 | 고양이의 MD2 |
| 2 | | 0.78 | 1.07 |
| 3 | | 1.32 | 0.62 |
| 4 | | 0.78 | 0.52 |
| 5 | | 0.88 | 1.38 |
| 6 | | 0.79 | 0.53 |
| 7 | | 2.25 | 1.43 |
| 8 | | 1.26 | 1.17 |
| 9 | | 0.11 | 2.12 |
| 10 | | 1.08 | 0.38 |
| 11 | | 0.75 | 0.78 |
| 12 | 평균 | 1.00 | 1.00 |
| 13 | 표준편차 | 0.52 | 0.52 |
| 14 | MAX | 2.25 | 2.12 |

그림 4.39 $MD^2$의 통계값

이번에는 3시그마 규칙을 이용해 보자.

개와 고양이의 3시그마 규칙을 이용한 검출 기준은 다음과 같이 계산할 수 있다.

```
개 검출 기준: 1 + 3 × 0.52 = 2.56
고양이의 검출 기준: 1 + 3 × 0.52 = 2.56
```

우연히도 개와 고양이의 검출 기준이 2.56으로 동일한 값이 나왔다. 이 예제에서 우연히 개와 고양이의 검출 기준이 같은 것일 뿐, 두 개가 다른 경우도 있다.

개와 고양이 둘 다 검출 기준은 2.56으로 정하겠다. 이 검출 기준이 개의 최댓값 2.25와 고양이의 최댓값 2.12를 포함하고 있으므로 문제가 없다고 판단할 수 있다.

## 4.3.2 모델 활용(이상 감지)

지금까지 구축된 모델(역행렬)과 검출 기준 2.56을 이용해 실제 데이터가 어떻게 계산되고 판단되는지 알아보자.

### Step 1 _ 구축된 모델을 이용해 실제 데이터의 $MD^2$ 계산

먼저 데이터의 표준화를 계산해 보자. 앞에서도 이야기했지만, 실제 데이터를 표준화할 때에는 비교 모델의 기준 데이터의 평균과 표준편차를 이용해서 표준화를 해야 한다.

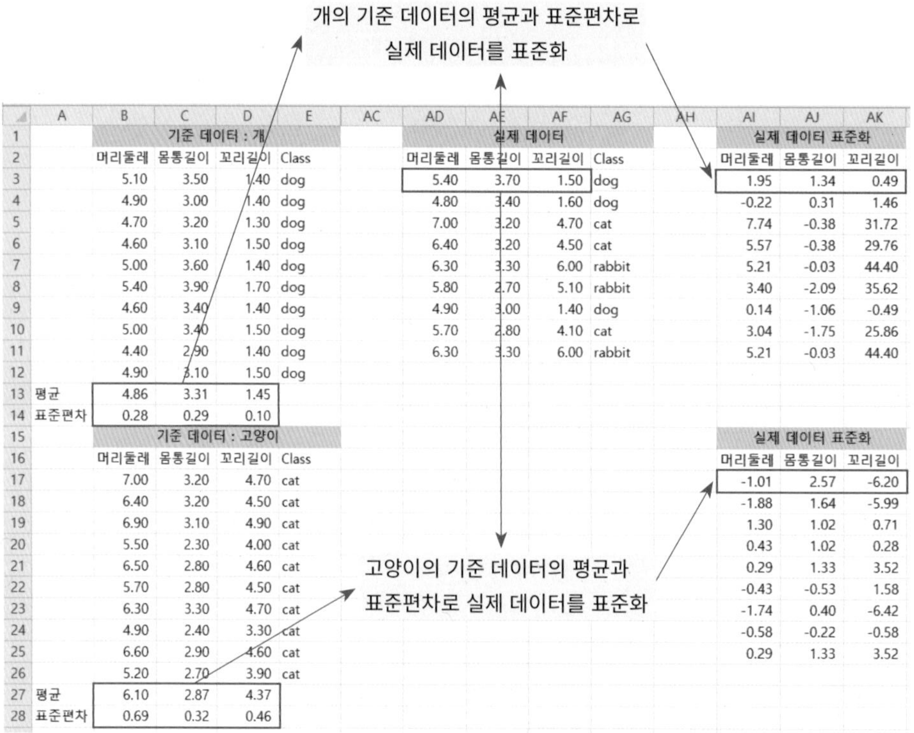


| | A | B | C | D | E |
|---|---|---|---|---|---|
| 1 | | 기준 데이터 : 개 | | | |
| 2 | | 머리둘레 | 몸통길이 | 꼬리길이 | Class |
| 3 | | 5.10 | 3.50 | 1.40 | dog |
| 4 | | 4.90 | 3.00 | 1.40 | dog |
| 5 | | 4.70 | 3.20 | 1.30 | dog |
| 6 | | 4.60 | 3.10 | 1.50 | dog |
| 7 | | 5.00 | 3.60 | 1.40 | dog |
| 8 | | 5.40 | 3.90 | 1.70 | dog |
| 9 | | 4.60 | 3.40 | 1.40 | dog |
| 10 | | 5.00 | 3.40 | 1.50 | dog |
| 11 | | 4.40 | 2.90 | 1.40 | dog |
| 12 | | 4.90 | 3.10 | 1.50 | dog |
| 13 | 평균 | 4.86 | 3.31 | 1.45 | |
| 14 | 표준편차 | 0.28 | 0.29 | 0.10 | |
| 15 | | 기준 데이터 : 고양이 | | | |
| 16 | | 머리둘레 | 몸통길이 | 꼬리길이 | Class |
| 17 | | 7.00 | 3.20 | 4.70 | cat |
| 18 | | 6.40 | 3.20 | 4.50 | cat |
| 19 | | 6.90 | 3.10 | 4.90 | cat |
| 20 | | 5.50 | 2.30 | 4.00 | cat |
| 21 | | 6.50 | 2.80 | 4.60 | cat |
| 22 | | 5.70 | 2.80 | 4.50 | cat |
| 23 | | 6.30 | 3.30 | 4.70 | cat |
| 24 | | 4.90 | 2.40 | 3.30 | cat |
| 25 | | 6.60 | 2.90 | 4.60 | cat |
| 26 | | 5.20 | 2.70 | 3.90 | cat |
| 27 | 평균 | 6.10 | 2.87 | 4.37 | |
| 28 | 표준편차 | 0.69 | 0.32 | 0.46 | |

| | AD | AE | AF | AG |
|---|---|---|---|---|
| 1 | 실제 데이터 | | | |
| 2 | 머리둘레 | 몸통길이 | 꼬리길이 | Class |
| 3 | 5.40 | 3.70 | 1.50 | dog |
| 4 | 4.80 | 3.40 | 1.60 | dog |
| 5 | 7.00 | 3.20 | 4.70 | cat |
| 6 | 6.40 | 3.20 | 4.50 | cat |
| 7 | 6.30 | 3.30 | 6.00 | rabbit |
| 8 | 5.80 | 2.70 | 5.10 | rabbit |
| 9 | 4.90 | 3.00 | 1.40 | dog |
| 10 | 5.70 | 2.80 | 4.10 | cat |
| 11 | 6.30 | 3.30 | 6.00 | rabbit |

| | AI | AJ | AK |
|---|---|---|---|
| 1 | 실제 데이터 표준화 | | |
| 2 | 머리둘레 | 몸통길이 | 꼬리길이 |
| 3 | 1.95 | 1.34 | 0.49 |
| 4 | -0.22 | 0.31 | 1.46 |
| 5 | 7.74 | -0.38 | 31.72 |
| 6 | 5.57 | -0.38 | 29.76 |
| 7 | 5.21 | -0.03 | 44.40 |
| 8 | 3.40 | -2.09 | 35.62 |
| 9 | 0.14 | -1.06 | -0.49 |
| 10 | 3.04 | -1.75 | 25.86 |
| 11 | 5.21 | -0.03 | 44.40 |
| 15 | 실제 데이터 표준화 | | |
| 16 | 머리둘레 | 몸통길이 | 꼬리길이 |
| 17 | -1.01 | 2.57 | -6.20 |
| 18 | -1.88 | 1.64 | -5.99 |
| 19 | 1.30 | 1.02 | 0.71 |
| 20 | 0.43 | 1.02 | 0.28 |
| 21 | 0.29 | 1.33 | 3.52 |
| 22 | -0.43 | -0.53 | 1.58 |
| 23 | -1.74 | 0.40 | -6.42 |
| 24 | -0.58 | -0.22 | -0.58 |
| 25 | 0.29 | 1.33 | 3.52 |

그림 4.40 실제 데이터 표준화

우리는 지금 MTS(개)와 MTS(고양이)라는 2개 모델을 이용하고 있기 때문에 실제 데이터도 2개 모델에 각기 입력할 수 있도록 표준화해야 한다.

그림 4.40과 같이 개의 모델과 비교하기 위해서는 개의 기준 데이터의 평균과 표준편차를 이용해서 표준화를 해야 하며, 고양이 모델과의 비교는 고양이의 기준 데이터의 평균과 표준편차로 실제 데이터를 표준화해야 한다.

표준화가 끝났으니 $z_x R^{-1}$을 계산할 차례이다. $z_x R^{-1}$도 표준화와 마찬가지로 비교모델(역행렬)과 계산을 해야 한다. 모델을 구축할 때 계산해 두었던 역행렬을 이용해서 그림 4.41과 같이 계산을 진행해 보자.

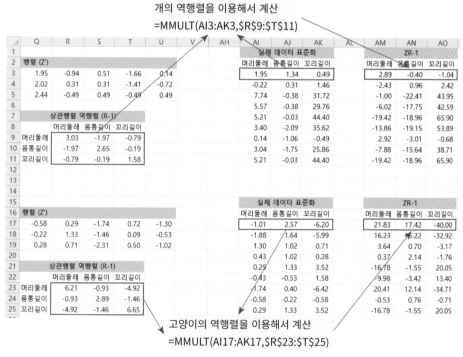

그림 4.41 $z_x R^{-1}$ 계산

이제 계속해서 $MD^2$를 계산해 보면 다음과 같다. 표준화 데이터의 전치행렬이 없으므로, 앞에서 계산한 것처럼 =SUMPRODUCT()를 이용해서 데이터마다 계산한다. 마지막으로 변수의 개수 3으로 나눠주면 실제 데이터의 $MD^2$의 계산이 끝나게 된다. 그림 4.42를 참고하자.

| | AI | AJ | AK | AL | AM | AN | AO | AP | AQ | AR |
|---|---|---|---|---|---|---|---|---|---|---|
| 1 | 실제 데이터 표준화 | | | | ZR-1 | | | | | |
| 2 | 머리둘레 | 몸통길이 | 꼬리길이 | | 머리둘레 | 몸통길이 | 꼬리길이 | | ZR-1Z' | MD |
| 3 | 1.95 | 1.34 | 0.49 | | 2.89 | -0.40 | -1.04 | | 4.61 | 1.54 |
| 4 | -0.22 | 0.31 | 1.46 | | -2.43 | 0.96 | 2.42 | | 4.37 | 1.46 |
| 5 | 7.74 | -0.38 | 31.72 | | -1.00 | -22.41 | 43.95 | | 1394.62 | 464.87 |
| 6 | 5.57 | -0.38 | 29.76 | | -6.02 | -17.75 | 42.59 | | 1240.94 | 413.65 |
| 7 | 5.21 | -0.03 | 44.40 | | -19.42 | -18.96 | 65.90 | | 2825.77 | 941.92 |
| 8 | 3.40 | -2.09 | 35.62 | | -13.86 | -19.15 | 53.89 | | 1912.36 | 637.45 |
| 9 | 0.14 | -1.06 | -0.49 | | 2.92 | -3.01 | -0.68 | | 3.96 | 1.32 |
| 10 | 3.04 | -1.75 | 25.86 | | -7.88 | -15.64 | 38.71 | | 1004.61 | 334.87 |
| 11 | 5.21 | -0.03 | 44.40 | | -19.42 | -18.96 | 65.90 | | 2825.77 | 941.92 |
| 12 | | | | | | | | | | |
| 13 | | | =SUMPRODUCT(AI11:AK11,AM11:AO11) | | | | | | =AQ11/3 | |
| 14 | | | | | | | | | | |
| 15 | 실제 데이터 표준화 | | | | ZR-1 | | | | | |
| 16 | 머리둘레 | 몸통길이 | 꼬리길이 | | 머리둘레 | 몸통길이 | 꼬리길이 | | ZR-1Z' | MD |
| 17 | -1.01 | 2.57 | -6.20 | | 21.83 | 17.42 | -40.00 | | 270.74 | 90.25 |
| 18 | -1.88 | 1.64 | -5.99 | | 16.23 | 15.22 | -32.92 | | 191.53 | 63.84 |
| 19 | 1.30 | 1.02 | 0.71 | | 3.64 | 0.70 | -3.17 | | 3.21 | 1.07 |
| 20 | 0.43 | 1.02 | 0.28 | | 0.37 | 2.14 | -1.76 | | 1.86 | 0.62 |
| 21 | 0.29 | 1.33 | 3.52 | | -16.78 | -1.55 | 20.05 | | 63.72 | 21.24 |
| 22 | -0.43 | -0.53 | 1.58 | | -9.98 | -3.42 | 13.40 | | 27.28 | 9.09 |
| 23 | -1.74 | 0.40 | -6.42 | | 20.41 | 12.14 | -34.71 | | 192.15 | 64.05 |
| 24 | -0.58 | -0.22 | -0.58 | | -0.53 | 0.76 | -0.71 | | 0.56 | 0.19 |
| 25 | 0.29 | 1.33 | 3.52 | | -16.78 | -1.55 | 20.05 | | 63.72 | 21.24 |

=SUMPRODUCT(AI25:AK25,AM25:AO25)          =AQ25/3

그림 4.42 실제 데이터의 계산

## Step 1 _ 정상/비정상 판단

각 모델이 계산한 $MD^2$을 가지고 결과를 판정해 보자. 이 모델은 정상/비정상을 판정하는 주성분을 이용한 MTS와는 달리 개나 고양이인지 아닌지를 구별하는 시스템이다. 검출 기준 2.56을 기준으로 각각 판정한 결과는 다음과 같다.

| 개의 MD$^2$ | 판정 결과 | 고양이의 MD$^2$ | 판정 결과 |
|---|---|---|---|
| 1.54 | dog | 90.25 | not cat |
| 1.46 | dog | 63.84 | not cat |
| 464.87 | not dog | 1.07 | cat |
| 413.65 | not dog | 0.62 | cat |
| 941.92 | not dog | 21.24 | not cat |
| 637.45 | not dog | 9.09 | not cat |
| 1.32 | dog | 64.05 | not cat |
| 334.87 | not dog | 0.19 | cat |
| 941.92 | not dog | 21.24 | not cat |

그림 4.43 개와 고양이를 각기 판정한 결과

그림 4.43을 어떻게 정리하면 좋을까? 앞에서 우리가 그렸던 그림 4.33을 보면 개나 고양이로 판정이 되는 경우에는 그 결과를 따르고, 개도 고양이도 아닌 경우에는 '개도 고양이도 아님'이라고 판정하는 것을 알 수 있다. 그러므로 그림 4.43을 정리해서 최종 판단과 원래의 클래스를 비교하면 다음과 같다.

| 머리둘레 | 몸통길이 | 꼬리길이 | 클래스 | 최종판정결과 |
|---|---|---|---|---|
| 5.40 | 3.70 | 1.50 | dog | dog |
| 4.80 | 3.40 | 1.60 | dog | dog |
| 7.00 | 3.20 | 4.70 | cat | cat |
| 6.40 | 3.20 | 4.50 | cat | cat |
| 6.30 | 3.30 | 6.00 | rabbit | not dog, not cat |
| 5.80 | 2.70 | 5.10 | rabbit | not dog, not cat |
| 4.90 | 3.00 | 1.40 | dog | dog |
| 5.70 | 2.80 | 4.10 | cat | cat |
| 6.30 | 3.30 | 6.00 | rabbit | not dog, not cat |

그림 4.44 최종판정 결과 비교

그림 4.44를 보면 개는 개로, 고양이는 고양이로 정확하게 분류한 것을 알 수 있다. 또 하나 볼 것은 원래 클래스에 토끼가 있었지만, MTS는 토끼에 대한 정보가 없으므로 분류 결과가 모델을 만들 때 사용했던 기준에 대해서만 판정을 하게 된다. 여기서 MTS는 적어도 개와 고양이는 아니라고 판정하는 것이다. 토끼를 판정하고 싶다면, 토끼에 대한 모델을 추가해 주면 된다.

클래스가 여러 개인 MTS를 이런 식으로 간단히 구성해 보았다.

역행렬을 이용한 MTS와 주성분분석을 이용한 MTS의 결과는 같다. 역행렬을 이용한 MTS는 간단하게 시스템을 구축할 수 있는 반면에 역행렬을 구할 수 없는 경우에는 활용할 수 없다는 단점이 있다. 하지만 주성분분석을 이용한 MTS는 역행렬을 구할 수 없는 경우에도 이상 감지 시스템 구축이 가능하며, 이 방법은 품질 공학에서 많이 쓰이는 방법으로 주성분분석과 같이 차원을 줄여서 시스템을 구축할 수도 있다.

# 05장

예측 기법:
회귀 분석

회귀분석(regression analysis)이란 두 변수 사이의 관계를 통계적 분석을 통해 방정식을 구하는 것이다. 일반적으로 변수는 그림 5.1과 같이 나눌 수 있다.

| X : 원인 | Y : 결과 |
|---|---|
| 독립변수 (independent variable) | 종속변수 (dependent variable) |
| 설명변수 (explanatory variable) | 목적변수 (criterion variable) |

그림 5.1 변수의 종류

그림 5.1에서 원인에 해당하는 X를 독립변수 또는 설명변수라 하고 결과에 해당하는 Y를 종속변수, 목적변수라 한다.

종속변수는 결과를 나타내며, 우리가 알고 싶어 하는 값을 말한다. 그리고 독립변수는 종속변수를 움직일 수 있는 변수로 입력을 나타내며, 독립변수가 변하면서 종속변수가 어떻게 변하는지 알기 위한 변수이다.

예를 들면, 공부시간과 성적의 관계를 보면 성적이 공부시간에 영향을 미치지는 않지만, 공부시간이 성적에 영향을 미친다. 그러므로 공부시간은 독립변수가 되며, 성적은 종속변수가 된다.

회귀분석은 크게 나누어 단순회귀(simple regression)와 다중회귀(multiple regression)로 나눌 수 있다. 그림 5.2와 같이 단순회귀는 독립변수 $x$가 한 개이며, 다중회귀는 독립변수 $x$가 두 개 이상으로 구성되며, 회귀식도 독립변수의 개수만큼 단순회귀에 비해 많이 복잡해진다.

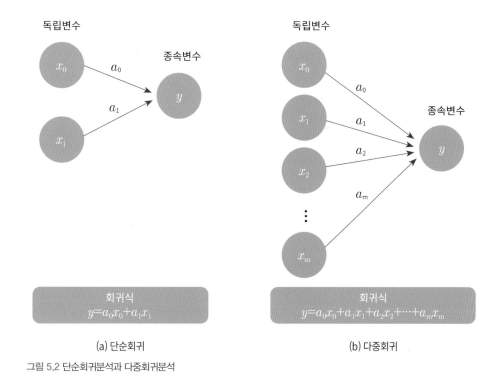

그림 5.2 단순회귀분석과 다중회귀분석

그림 5.2에서 각 독립변수에 곱해지는 계수 $a_1, a_2$ 등은 종속변수에 대한 독립변수의 가중치를 의미한다. 이 가중치를 회귀계수라 하며, **회귀계수들을 구하는 것이 회귀 분석의 목적**이다.

나중에 다시 설명하겠지만, 일반적으로 $x_0$는 0이나 1의 값을 가지는 상수항을 의미한다. 그리고, 고등학교 과정까지는 $a_0$는 $b$가 되어 회귀식도 $y = ax + b$와 같은 형식으로 배웠다. 그래서 그림 5.2 (a)에서 독립변수가 두 개인 것처럼 보이지만 변수의 개수를 셀 때에는 상수항 $x_0$는 포함시키지 않는 것이 일반적이다.

상수항 $x_0$가 0이면 $y$ 절편이 0이 되어 원점을 지나는 회귀직선이 되며, $x_0$가 1이면 $y$ 절편이 0이 아닌 $a_0$나 $b$를 지나는 회귀직선이 된다.

회귀분석은 인구수, 회사의 이익 등 주어진 데이터에 대해 모델(회귀식)을 만든 후에 예측하는 곳에 주로 사용된다. 이번 장에서는 기본적인 선형회귀분석, 선형회귀분석의 약점을 보완한 부분최소제곱(partial least squares, PLS), 주성분회귀(principal component regression, PCR)에 대해서 알아보도록 한다.

## 5.1 선형회귀분석

### 5.1.1 단순 선형 회귀

그림 5.2에서 선형회귀에서 독립변수가 하나인 경우를 단순 선형회귀(simple linear regression)라고 한다. 단순 선형회귀를 이용해서 일반적인 회귀분석의 개념과 절차를 알아보자. 다음 예제를 보자.

예제 _ 두 점 A(1, 2)와 B(5, 6)를 지나는 직선이 있다. X가 3일 때 y의 값은?

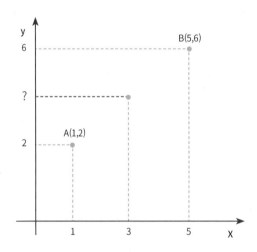

그림 5.3 예제

그림 5.3을 보자. 중학교 수학시간에 자주 풀던 예제이다. 이 예제를 풀기 위해서는 점 A와 점 B를 지나는 다음과 같은 직선의 방정식을 구하면 된다.

$$y = ax + b \quad\text{식 (5.1)}$$

여기서, $a$는 직선의 기울기이고, $b$는 $y$ 절편이라고 배웠다.

우리가 배운 공식을 적용해 기울기를 구해 보면 다음과 같다.

$$a = \frac{y의\ 변화량}{x의\ 변화량} = \frac{6-2}{5-1} = 1 \quad\text{............................ 식 (5.2)}$$

기울기 $a = 1$이 구해졌으므로, 식 (5.1)을 다음과 같이 바꿀 수 있다.

$$y = x + b \quad\text{.................................................. 식 (5.3)}$$

이제 $y$ 절편 $b$를 구해 보자. $b$는 식 (5.3)에 점 A나 점 B의 좌표를 대입하면 구할 수 있다는 것을 알고 있다. 점 B(5, 6)을 대입해서 $b$를 구해 보자.

$$b = y - x = 6 - 5 = 1$$

기울기 $a$와 $y$ 절편 $b$가 계산되었으니 회귀식은 다음과 같다.

$$y = x + 1$$

이렇게 주어진 데이터에 대해서 회귀식을 만들었으니, 예제가 원하는 $x$가 3일 때 $y$의 값을 예측해 보자. **예측**은 간단하다. 회귀식에 $x = 3$을 대입하면 된다.

$$y = 3 + 1 = 4$$

그러므로 $y$는 4가 된다. 이렇게 어렸을 때부터 알게 모르게 예측문제를 풀고 있었다.

다른 예제를 풀어보자. 그림 5.4는 [단순회귀분석] 시트에 들어있는 아이스크림 회사의 데이터이다. 데이터는 가게 면적과 일일 평균손님 수로 이루어져 있으며, 새로운 점포를 낼 때마다 일일 평균 손님의 수를 예측해 매출을 예상해 보려고 한다. 어떻게 하면 좋을까?

| 일일 평균 손님 수 (Y) | 가게 면적 (X) |
| --- | --- |
| 557.00 | 75.73 |
| 149.00 | 35.11 |
| 326.00 | 57.24 |
| 486.00 | 94.62 |
| 282.00 | 64.35 |
| 547.00 | 73.22 |
| 538.00 | 72.93 |
| 393.00 | 65.52 |
| 484.00 | 80.86 |
| 253.00 | 61.83 |
| 270.00 | 47.83 |
| 506.00 | 59.87 |

그림 5.4 아이스크림 가게 데이터

그림 5.3과 같이 가게 면적과 손님 수와의 통계적 관계를 이용해 회귀식을 만들면 된다. 일일 평균 손님 수는 종속변수에 해당하며, 가게 면적은 목적변수에 해당한다. 그런데 그림 5.3에 나오는 데이터와는 조금 다르다. 무엇이 다른지 간단하게 살펴보자.

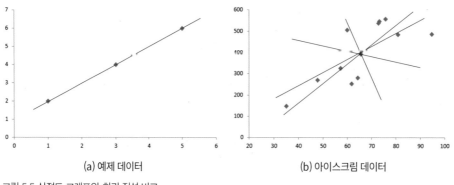

(a) 예제 데이터          (b) 아이스크림 데이터

그림 5.5 산점도 그래프와 회귀 직선 비교

그림 5.5는 그림 5.3의 예제 데이터와 그림 5.4의 아이스크림 데이터를 산점도로 그린 그래프를 보여준다.

그림 5.5 (a) 그래프에서는 세 점을 한 번에 통과할 수 있는 회귀직선을 그릴 수가 있다. 따라서 중학교 때 배운 기울기와 절편을 구하는 식을 이용하면 회귀식을 구할 수 있다. 그러나 그림 5.5 (b) 그래프를 보면 데이터 중심을 기준으로 무수히 많은 직선을 그릴 수가 있는 것을 알 수 있다. 그러므로 어떤 직선이 회귀식으로 적당한지 알기가 어렵다.

어떻게 그리는 것이 좋을까? 알려진 유명한 방법론 중의 하나가 최소제곱법(ordinary least squares method, OLS method)이다. 최소제곱법을 간단히 이야기하면 실제 값(Y)과 회귀식으로 예측한 값(y)의 차이를 잔차(residual)라고 하며, 이 잔차를 최소화하는 방법론이다.

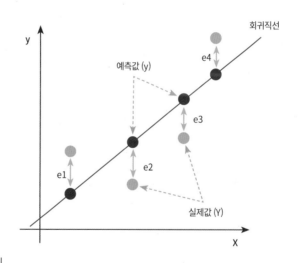

그림 5.6 잔차의 의미

그림 5.6에서 파란 점을 실제 데이터 값, 빨간 점을 회귀식에 의해 구해진 예측값이라고 하자. 여기서, e1, e2, e3, e4는 실제값과 예측값의 차이를 보여주며, 잔차를 의미한다. 그림 5.3 예제에서는 회귀식이 모든 점을 정확하게 통과하므로 e1, e2, e3, e4와 같은 잔차는 0이 된다. 하지만 이런 데이터는 실제 생활에서 찾기가 힘들고 그림 5.5의 (b)와 같이 어떤 회귀직선을 그려야 할지 모르는 데이터들을 더욱 많이 볼 수 있다.

잔차가 생기는 이유로는 회귀직선을 제대로 못 만들었기 때문이라고 말할 수 있지만 이것은 정확한 이유는 아니다. 잔차가 생기는 대표적인 이유로는 두 가지가 있다.

첫 번째는 생략된 변수로 인한 잔차이다.

완벽한 회귀식은 종속변수를 설명할 수 있는 모든 독립변수를 이용하는 것이다. 앞의 예제와 같이 y를 설명하는 인자는 x 하나만 있으면 되기 때문에 잔차가 생기지 않는 회귀식이 만들어진 것이다. 하지만 일반적으로 종속변수를 변화시키는 독립변수를 100% 수집하고 적용하는 것은 불가능하다. 그렇기 때문에 종속변수 일부만을 독립변수로 이용해서 회귀식을 만들게 되면 어쩔 수 없이 잔차가 생기게 된다.

두 번째는 종속변수 Y의 측정오차이다.

종속변수를 설명할 수 있는 모든 독립변수를 준비해도 종속변수의 값에 오차가 있다면 완벽한 회귀식의 예측결과와 종속변수의 값이 일치하지 않는다. 일일 평균 손님 수를 예측하기 위한 모든 독립변수를 준비해도 손님 수를 카운트하는 기계가 어떤 이유로 카운트를 더하거나 덜 하게 된다면, 오차가 발생할 수밖에 없다는 것이다.

이렇게 오차가 발생할 수밖에 없으므로 다양한 회귀분석 알고리즘을 이용해서 최적의 회귀식을 찾는 것이다.

최소제곱법은, 수많은 회귀직선 중에서 잔차들의 합을 최소화하는 회귀식을 찾는 것이다. 그런데 그림 5.6의 잔차들을 보면 (+), (−) 값이 있어 계산하기가 복잡하므로 분산을 구할 때처럼 각 잔차를 제곱해 계산을 하기로 한다.

최소제곱법은 잔차의 제곱의 합을 최소로 하는 것이라는 의미다.

그럼 어떻게 잔차를 최소화하는지 알아보자.

잔차는 실제 값($Y$)과 회귀식으로 예측한 값($y$)의 차이를 잔차라고 정의했으며, 다음과 같이 수식으로 표현할 수 있다.

$$e_i = Y_i - y_i \quad \text{······ 식 (5.4)}$$

여기서, i={1, 2,, n}은 데이터 번호로, 잔차는 데이터별로 생기게 된다. 그렇다면 데이터 n개에 의한 잔차의 제곱의 합은 다음과 같이 정의할 수 있다.

$$E = \sum_{i=1}^{n} e_i^2 = \sum_{i=1}^{n} (Y_i - y_i)^2 = \sum_{i=1}^{n} (Y_i - (ax_i + b))^2 \quad \text{식 (5.5)}$$
$$\because y_i = ax_i + b$$

여기서, $E$는 모든 잔차들의 제곱의 합이다. 우리의 목적은 $E$가 가장 작은 값, 최솟값을 가질 때의 기울기 $a$와 $y$ 절편 $b$를 구하는 것이다. 이것은, $E$를 변수 $a$와 $b$ 각각에 대해 편미분해서 0이 되는 값을 찾으면 되므로 다음과 같이 쓸 수 있다.

$$\frac{\partial E}{\partial a} = 0 \quad \text{그리고} \quad \frac{\partial E}{\partial b} = 0 \quad \text{식 (5.6)}$$

식 (5.5)를 $a$와 $b$에 대해서 편미분을 해 보자. 다음 과정은 반드시 이해할 필요는 없다. 우선 $a$와 $b$의 최종 결과의 의미만 이해하고, 좀 더 원리가 알고 싶을 경우에 살펴보자.

우선 $b$를 구하기 위해 식 (5.5)를 $b$에 대해서 편미분을 해 보자.

$$\frac{\partial E}{\partial b} = \sum_{i=1}^{n} (Y_i - ax_i - b)^2 = 0$$
$$-2 \left( \sum_{i=1}^{n} Y_i - \sum_{i=1}^{n} ax_i - \sum_{i=1}^{n} b \right) = 0$$
$$-\sum_{i=1}^{n} Y_i + \sum_{i=1}^{n} ax_i + nb = 0$$
$$nb = \sum_{i=1}^{n} Y_i - \sum_{i=1}^{n} ax_i$$
$$b = \frac{\sum_{i=1}^{n} Y_i}{n} - a \frac{\sum_{i=1}^{n} x_i}{n}$$
$$b = \overline{Y} - a\overline{x} \quad \text{식 (5.7)}$$

여기서 $\overline{x}$는 $x$의 평균이고 $\overline{Y}$는 $Y$의 평균이다. 식 (5.7)은 최소제곱법을 이용해서 만든 회귀식은 데이터의 중심(평균)을 지나간다는 것을 보여준다. 그림 5.5 (b)에서 회귀직선을 그릴 때 데이터 중심을 기준으로 무수히 많은 직선을 그릴 수가 있다고 말한 이유가 회귀직선은 항상 데이터의 중심을 지나기 때문이다.

$y$ 절편 $b$를 구했으니, 기울기 $a$를 구해 보자.

$$\frac{\partial E}{\partial a} = \sum_{i=1}^{n} (Y_i - ax_i - b)^2 = 0$$

$$-2\sum_{i=1}^{n} (Y_i - ax_i - b)x_i = 0$$

$$\sum_{i=1}^{n} (Y_i - ax_i - b)x_i = 0$$

$$\sum_{i=1}^{n} (Y_i x_i - ax_i^2 - bx_i) = 0 \quad\text{------ 식 (5.8)}$$

식 (5.7)을 식 (5.8)에 대입하고 정리를 하면 다음과 같이 된다.

$$\sum_{i=1}^{n} \left( Y_i x_i - ax_i^2 - (\overline{Y} - a\overline{x})x_i \right) = 0$$

$$\sum_{i=1}^{n} \left( Y_i x_i - ax_i^2 - \overline{Y}x_i + a\overline{x}x_i \right) = 0$$

$$\sum_{i=1}^{n} Y_i x_i - a\sum_{i=1}^{n} x_i^2 - \overline{Y}\sum_{i=1}^{n} x_i + a\overline{x}\sum_{i=1}^{n} x_i = 0$$

$$a = \frac{\sum_{i=1}^{n} Y_i x_i - \overline{Y}\sum_{i=1}^{n} x_i}{\sum_{i=1}^{n} x_i^2 - \overline{x}\sum_{i=1}^{n} x_i}$$

$$= \frac{\sum_{i=1}^{n} Y_i x_i - \overline{Y}\sum_{i=1}^{n} x_i - \dfrac{\sum_{i=1}^{n} Y_i x_i}{n} + \dfrac{\sum_{i=1}^{n} Y_i x_i}{n}}{\sum_{i=1}^{n} x_i^2 - 2\dfrac{\sum_{i=1}^{n} x_i^2}{n} + \dfrac{\sum_{i=1}^{n} x_i^2}{n}}$$

$$= \frac{\sum_{i=1}^{n} Y_i x_i - \overline{Y}\sum_{i=1}^{n} x_i - \overline{x}\sum_{i=1}^{n} Y_i + n\dfrac{\sum_{i=1}^{n} Y_i x_i}{n^2}}{\sum_{i=1}^{n} x_i^2 - 2\overline{x}\sum_{i=1}^{n} x_i + n\dfrac{\sum_{i=1}^{n} x_i^2}{n^2}}$$

$$= \frac{\sum_{i=1}^{n} \left( Y_i x_i - \overline{Y}x_i - \overline{x}Y_i + \overline{Y}\,\overline{x} \right)}{\sum_{i=1}^{n} \left( x_i^2 - 2\overline{x}x_i + \overline{x}^2 \right)}$$

$$= \frac{\sum_{i=1}^{n} (Y_i - \overline{Y})(x_i - \overline{x})}{\sum_{i=1}^{n} (x_i - \overline{x})} = \frac{S_{xy}}{S_x} \quad\text{------ 식 (5.9)}$$

위 식은 평균을 정의한 (2.1)을 잘 활용하여 계산한 것이다.

여기서 $S_{xy}$는 $x$와 $y$의 공분산, $S_x$는 $x$의 분산이다. 기울기 $a$는 $x$와 $y$의 변화량과 $x$의 변화량의 비율로 해석할 수 있다.

그리고 $y$ 절편이 0인 원점을 지나는 회귀식이 있다. 원점을 지나는 회귀식은 신생아의 키와 몸무게의 관계와 같이 태어나지 않았을 때는 키와 몸무게가 0부터 시작하는 경우를 볼 수 있다. 이럴 때의 기울기 $a$는 어떻게 계산을 하면 될까?

원점을 지나는 회귀식의 $y$ 절편 $b=0$이 되므로 다음과 같이 정의할 수 있다.

$$y_i = ax_i \qquad\qquad\qquad\qquad\qquad\qquad \text{식 (5.10)}$$

이제 잔차 $E$도 다음과 같이 정의할 수 있다.

$$E = \sum_{i=1}^{n} e_i^2 = \sum_{i=1}^{n} (Y_i - y_i)^2 = \sum_{i=1}^{n} (Y_i - ax_i)^2 \qquad\qquad \text{식 (5.11)}$$

이제 식 (5.11)을 $a$에 대해서 편미분하면 되므로 풀이 과정은 다음과 같다.

$$\frac{\partial E}{\partial a} = \sum_{i=1}^{n} (Y_i - ax_i)^2 = 0$$

$$-2\sum_{i=1}^{n} (Y_i - ax_i)x_i = 0$$

$$\sum_{i=1}^{n} Y_i x_i - a\sum_{i=1}^{n} x_i^2 = 0$$

$$a\sum_{i=1}^{n} x_i^2 = \sum_{i=1}^{n} Y_i x_i$$

$$a = \frac{\sum_{i=1}^{n} Y_i x_i}{\sum_{i=1}^{n} x_i^2} \qquad\qquad\qquad\qquad \text{식 (5.12)}$$

원점을 지나는 회귀식이므로 $y$ 절편 $b$는 당연히 없다.

마지막으로, 특별한 케이스가 있다. $y$ 절편을 미리 아는 경우이다. 예를 들면, 잔업시간과 월급의 경우를 생각해 볼 수 있다. 기본급 200만원에 잔업시간에 의해 잔업수당이 붙는다고 가정하면, 잔업시간과 월급의 회귀식의 $y$ 절편은 200만원이 될 것이다. 특별한 케이스라고 말했지만, 데이터 분석을 하다 보면, 은근히 고려해야 할 케이스 중에 하나이다.

$y$ 절편을 미리 아는 경우의 회귀식은 $y$ 절편 $b$ 임의의 상수 $b_0$로 두면 다음과 같이 정의할 수 있다.

$$y_i = ax_i + b_0 \text{————————————— 식 (5.13)}$$

이제 잔차 $E$도 다음과 같이 정의할 수 있다.

$$E = \sum_{i=1}^{n} e_i^2 = \sum_{i=1}^{n} (Y_i - y_i)^2 = \sum_{i=1}^{n} (Y_i - ax_i - b_0)^2 \text{———— 식 (5.14)}$$

이제 식 (5.14)를 $a$에 대해서 편미분하면 되므로 풀이 과정은 다음과 같다.

$$\frac{\partial E}{\partial a} = \sum_{i=1}^{n} (Y_i - ax_i - b_0)^2 = 0$$

$$-2\sum_{i=1}^{n} (Y_i - ax_i - b_0)x_i = 0$$

$$\sum_{i=1}^{n} Y_i x_i - a\sum_{i=1}^{n} x_i^2 - b_0 \sum_{i=1}^{n} x_i = 0$$

$$a\sum_{i=1}^{n} x_i^2 = \sum_{i=1}^{n} Y_i x_i - b_0 \sum_{i=1}^{n} x_i$$

$$a = \frac{\sum_{i=1}^{n} Y_i x_i - b_0 \sum_{i=1}^{n} x_i}{\sum_{i=1}^{n} x_i^2} \text{———————— 식 (5.15)}$$

이제 기울기를 구하는 식 (5.9)와 $y$ 절편을 구하는 시 (5.7)을 이용해시 실세토 아이스크림 가게 손님 수 예측을 위한 회귀식을 [단순회귀분석] 시트를 이용해서 만들어 보자.

식 (5.9)와 식 (5.7)을 이용해서 기울기 $a$와 $y$ 절편 $b$를 구하기 위해서는 $x$와 $Y$의 평균, $x$의 분산, $x$와 $Y$의 공분산을 미리 계산해 두어야 한다.

엑셀에서 각 통계값은 다음과 같은 함수를 이용하면 계산할 수 있다.

```
평균 = AVERAGE(데이터의 범위)
표준편차 = STDEV.S(데이터의 범위)
공분산 = COVARIANCE.S(데이터1의 범위,데이터2의 범위)
```

| | A | B | C |
|---|---|---|---|
| 1 | | 일일 평균 손님수 (Y) | 가게 면적 (x) |
| 2 | | 557 | 75.73 |
| 3 | | 149 | 35.11 |
| 4 | | 326 | 57.24 |
| 5 | | 486 | 94.62 |
| 6 | | 282 | 64.35 |
| 7 | | 547 | 73.22 |
| 8 | | 538 | 72.93 |
| 9 | | 393 | 65.52 |
| 10 | | 484 | 80.86 |
| 11 | | 253 | 61.83 |
| 12 | | 270 | 47.83 |
| 13 | | 506 | 59.87 |
| 14 | | | |

공분산=COVARIANCE.S(B2:B13,C2:C13)　　　99.25　　65.76　←　평균=AVERAGE(C2:C13)

| 16 | 분산 | 19267.48 | 241.19 | ← 분산=VAR.S(C2:C13) |
| 17 | 공분산 | 1652.52 | | |
| 18 | | | | |
| 19 | 기울기 (a) | 6.85 | ← 기울기 (a)=B17/C16 |
| 20 | y절편 (b) | -51.31 | ← Y절편 (b)=B15-B19*C15 |

그림 5.7 기울기와 y 절편 계산

그림 5.7에서 먼저 독립변수 가게 면적의 평균과 표준편차를 계산했고, 일일 평균 손님 수와 가게 면적의 공분산을 계산했다. 여기까지 계산이 끝나면 식 (5.9)과 식 (5.7)을 이용해 기울기 $a$와 $y$ 절편을 구할 수 있으며, 최종적으로 우리가 구하는 회귀식은 다음과 같다.

$$y = 6.85x - 51.31 \quad\quad\quad\quad\quad\quad\quad\quad\quad\quad\quad\quad\quad\quad\text{식 (5.16)}$$

이것이 우리가 일일 평균 손님 수를 예측하기 위한 회귀식이며, $y$는 예측값이다.

이제 결과를 분석해 보자. 기울기는 6.85이다. 기울기가 (+)이므로 $x$가 증가할 때 $y$도 증가한다는 의미이며, $x$가 1씩 증가하면 $y$는 6.85씩 증가한다. '가게 면적이 $1m^2$ 증가하면 손님도 6.85명씩 증가한다'고 해석할 수 있다. 하지만 식 (5.16)을 볼 때 다르게 생각할 수도 있다. 가게 면적이 0일 때 손님 수가 -51.31명이 되며, 가게 면적이 약 $7.49m^2$가 되어야 비로소 손님 수가 0부터 시작된다. 이것은 영업할 수 있는 최소한의 가게 면적이 $7.49m^2$라는 소리로 해석할 수도 있다.

그렇다면, 앞에서 배운 회귀식이 원점을 지날 때와 $y$ 절편을 미리 아는 경우에 대해서도 연습 삼아 계산해 보자.

먼저 가게 면적이 0일 때 손님 수가 0이 되게 회귀식을 만들어 보자. 식 (5.12)를 이용해서 기울기 $a$를 계산해 보자.

| | I | J | K |
|---|---|---|---|
| 1 | | 일일 평균 손님수 (Y) | 가게 면적 (x) |
| 2 | | 557 | 75.73 |
| 3 | | 149 | 35.11 |
| 4 | | 326 | 57.24 |
| 5 | | 486 | 94.62 |
| 6 | | 282 | 64.35 |
| 7 | | 547 | 73.22 |
| 8 | | 538 | 72.93 |
| 9 | | 393 | 65.52 |
| 10 | | 484 | 80.86 |
| | =SUMPRODUCT(J2:J13,K2:K13) | 253 | 61.83 |
| 12 | | 270 | 47.83 |
| 13 | | 506 | 59.87 |
| 14 | | | |
| 15 | 시그마 yx | 333229.85 | =SUMSQ(K2:K13) |
| 16 | 시그마 xx | 54544.27 | |
| 17 | | | =J15/J16 |
| 18 | 기울기 (a) | 6.11 | |

그림 5.8 원점을 지나는 회귀식 계산

그림 5.8은 원점을 지나는 회귀식의 계산 과정이다. x와 y의 곱의 합은 함수 =SUMPRODUCT()를 이용했으며, x의 자기 자신의 제곱의 합은 함수 =SUMSQ()를 이용했다. 마지막으로 두 식을 나눗셈으로 기울기 a를 계산해 다음과 같은 회귀식을 얻을 수 있다.

$$y = 6.11x \quad \text{식 (5.17)}$$

기울기는 식 (5.16)과 같이 (+) 이므로 $x$가 증가할 때 $y$도 증가한다는 의미이며, $x$가 1씩 증가하면 $y$는 6.11씩 증가하게 된다.

식 (5.16)과 식 (5.17)을 비교해 보면 기울기 부호가 같으므로 경향은 같지만 기울기는 조금 달라서, 면적이 증가함에 따라 손님 수가 증가하는 비율도 다르게 된다.

마지막으로, $y$ 절편을 미리 아는 경우이다. 정식 가게가 없어 가판으로 했을 때 손님이 40명이었다고 가정을 하자. 말도 안 되는 경우이지만 스토리를 만들려면 어쩔 수 없으니 이해하자.

식 (5.15)를 이용해서 $y$ 절편이 40인 회귀식을 만들어 보면 다음과 같다.

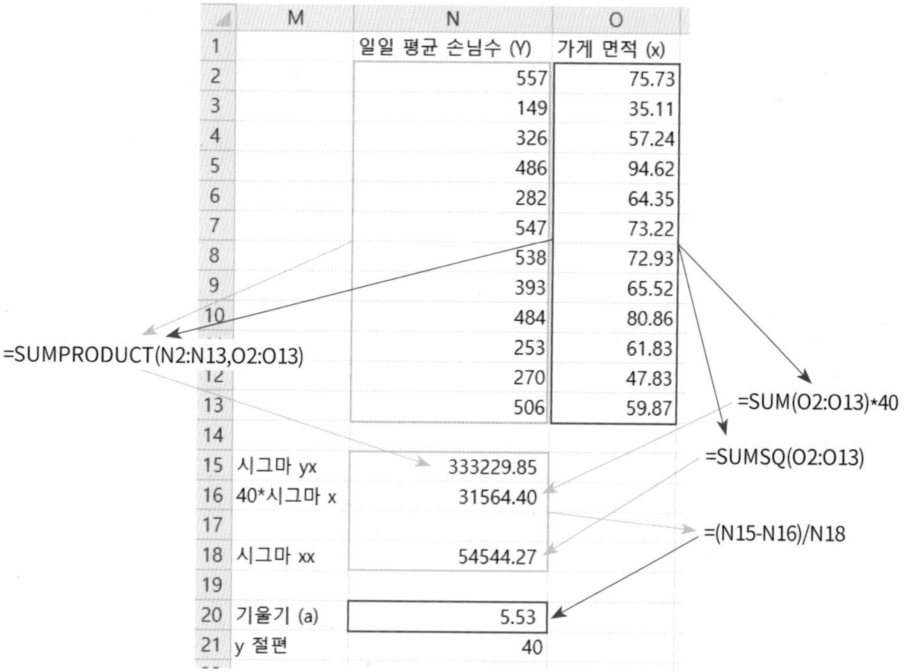

그림 5.9 $y$ 절편이 40인 회귀식 계산

그림 5.9와 같이 계산하면 다음과 같이 $y$ 절편이 40인 다음과 같은 회귀식을 얻을 수 있다.

$$y = 5.53x + 40$$  ......................................................... 식 (5.18)

이렇게 원점을 지나지 않는 회귀식의 기울기 $a$와 $y$ 절편, 원점을 지나는 회귀식의 기울기 $a$, $y$ 절편이 고정되어 있는 회귀식의 기울기 $a$를 구하는 방법에 대해서 배웠다.

앞으로의 실습은 원점을 지나지 않는 회귀식을 기준으로 진행한다.

다시, 원점을 지나지 않는 회귀식의 기울기 $a$와 $y$절편 $b$를 정리해 보자.

$$a = \frac{\sum_{i=1}^{n}(Y_i - \overline{Y})(x_i - \overline{x})}{\sum_{i=1}^{n}(x_i - \overline{x})^2} = \frac{S_{xy}}{S_x}$$  ················· 식 (5.19)

$$b = \overline{Y} - a\overline{x}$$

최소제곱법은 이렇게 잔차의 제곱의 합을 최소화하는 방법을 의미한다.

식 (5.16)과 같이 최소제곱법으로 회귀식을 구했으니, 예측을 해 보자.

| | A | B | C | D | E | F |
|---|---|---|---|---|---|---|
| 1 | | 일일 평균 손님수 (Y) | 가게 면적 (x) | | | 일일 평균 손님수 (예측) |
| 2 | | 557 | 75.73 | | | 467.57 |
| 3 | | 149 | 35.11 | | | 189.25 |
| 4 | | 326 | 57.24 | | | 340.88 |
| 5 | | 486 | 94.62 | | | 596.99 |
| 6 | | 282 | 64.35 | | | 389.59 |
| 7 | | 547 | 73.22 | | | 450.37 |
| 8 | | 538 | 72.93 | | | 448.38 |
| 9 | | 393 | 65.52 | | | 397.61 |
| 10 | | 484 | | y=ax+b | | 502.72 |
| 11 | | 253 | | =$B$19*C2+$B$20 | | 372.33 |
| 12 | | 270 | 47.85 | | | 276.41 |
| 13 | | 506 | 59.87 | | | 358.90 |
| 14 | | | | | | |
| 15 | 평균 | 399.25 | 65.76 | | | |
| 16 | 분산 | 19267.48 | 241.19 | | | |
| 17 | 공분산 | 1652.52 | | | | |
| 18 | | | | | | |
| 19 | 기울기 (a) | 6.85 | | | | |
| 20 | y절편 (b) | -51.31 | | | | |

그림 5.10 손님 수 예측 결과

그림 5.10은 식 (5.16)을 이용해 손님 수를 예측한 결과이다. 기울기 a와 가게 면적 x를 곱한 후에 y 절편을 더하는 식을 만들면 된다. 데이터별로 다 계산해야 하므로 절대 참조를 적절히 활용해서 계산하자.

이렇게 예측값을 계산했으니 실제값과 예측값이 얼마나 차이가 나는지 그래프를 그려서 비교를 해 보자.

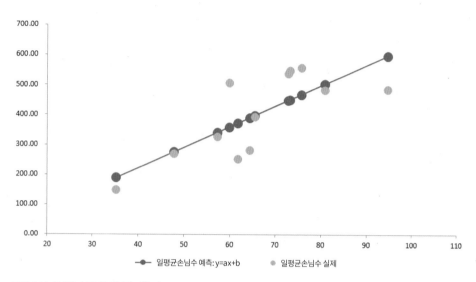

그림 5.11 실제값과 각 회귀식의 예측값

그림 5.11은 실제 손님 수(연두색 점)와 회귀식에 의해 예측된 손님 수(빨간색 점)를 볼 수 있다. 실제값과 예측값이 거의 비슷한 부분도 있고 많이 동떨어진 부분도 보인다. 이 빨간 선이 그림 5.5 (b)의 무수히 많은 후보들 중에서 잔차를 가장 적게 하는 직선이다.

그림 5.11을 보면서 어느 부분에서 예측이 덜 되고 어느 부분에서 예측이 잘 되었는지 확인을 했지만, 이 회귀식이 어느 정도 적합한 회귀식인지 궁금하다.

이제 회귀식을 평가하는 방법에 대해서 알아보자. 회귀식의 성능을 수치로 나타내는 방법은 여러 가지가 있다.

대표적으로 상관계수, 제곱근평균제곱오차[1] (root mean square error, RMSE), 결정계수가 있다. 상관계수는 2장에서도 설명했으므로 제곱근평균제곱오차와 결정계수에 대해서 알아보자.

## 1. 제곱근평균제곱오차

제곱근평균제곱오차(RMSE)를 RMS라고도 하며 오차를 제곱해 합한 후 평균을 계산해 다시 제곱근을 계산한다. 수식을 다음과 같이 정의할 수 있다.

$$RMS = \sqrt{\frac{\sum_{i=1}^{n}(y_i - Y_i)^2}{n}}$$  ⟶ 식 (5.20)

식 (5.20)을 보면 실제값 $Y$와 예측값 $y$가 같다면 잔차 $y_i - Y_i$가 0이 되고 분자가 0이 되어 RMS는 0이 된다. 그러므로 RMS는 작으면 작을수록 좋으며 회귀식의 성능도 좋다는 것을 의미한다. 그러나 이 RMS는 단독으로는 의미가 없으며 여러 가지 회귀식을 비교할 때 많이 사용된다. 나 혼자 수학 90점을 받았다고 기분 좋아해 봤자, 비교할 친구들의 점수가 없으니 90점에서 의미를 찾을 수 없다는 의미와 같다. 그림 5.12는 RMS를 계산하는 과정과 결과를 보여준다.

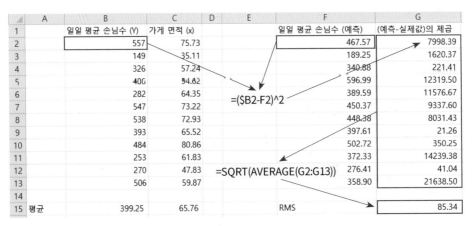

그림 5.12 회귀식의 RMS 계산

---

1    보통 '제곱근오차'라고도 흔히 부르지만, 정확한 용어는 '제곱근평균제곱오차'이다.

엑셀에서 제곱은 두 가지 방법을 사용할 수 있다.

첫 번째는 식 뒤에 ^2을 붙이는 방법이다. ^는 승수의 의미로 사용하며, x의 3승은 x^3, x의 100승은 x^100으로 사용하면 된다.

두 번째는 식을 반복해서 쓰는 것이다. x의 제곱은 x * x, x의 4승은 x * x * x * x와 같이 사용하면 된다.

식 (5.20)에서 루트 안의 식은 잔차 제곱들의 평균이므로 함수 =AVERAGE()를 이용했으며, 루트는 함수 =SQRT()를 이용한 것을 확인하면서 실습해 보자.

회귀식의 RMS는 85.34가 나왔다.

## 2. 결정계수

결정계수(coefficient of determination)는 회귀식에 의해 실제 데이터를 어느 정도 설명하는가를 알려주는 지표이다. 실제값과 예측값이 가지는 변동을 이용해서 이 지표를 계산한다. 변동이란 분산분석에서 나오는 정의로 편차들의 제곱의 합을 의미하며, 다음과 같이 설명할 수 있다.

$$\sum_{i=1}^{n}(Y_i - \overline{Y})^2 = \sum_{i=1}^{n}(y_i - \overline{Y})^2 + \sum_{i=1}^{n}(Y_i - y_i)^2 \quad\text{-------------- 식 (5.21)}$$

$$\text{총변동 (sum of square total, SST)} = \sum_{i=1}^{n}(Y_i - \overline{Y})^2$$

$$\text{회귀변동(sum of square regression, SSR)} = \sum_{i=1}^{n}(y_i - \overline{Y})^2$$

$$\text{잔차변동(sum of square error, SSE)} = \sum_{i=1}^{n}(Y_i - y_i)^2$$

식 (5.21)의 세 가지 변동의 의미를 그래프로 그리면 다음과 같다.

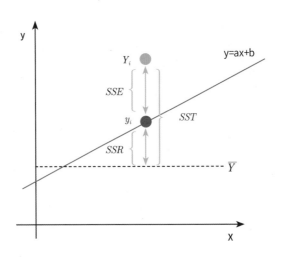

**그림 5.13** 변동 설명

그림 5.13에서 총변동(SST)은 평균에서 각 데이터의 잔차를 의미하며, 회귀변동(SSR)은 평균과 회귀식에 의해 예측된 값의 잔차를 의미한다. 마지막으로 잔차변동(SSE)은 실제값과 회귀직선으로 예측한 값의 잔차를 의미하며, 회귀식으로 표현을 못 한 부분을 의미한다.

결정계수는 $R^2$으로 표시하며, 총변동 중 회귀변동에 의해 설명되는 비율을 의미한다. 수식으로 표현하면 다음과 같다.

$$R^2 = \frac{SSR}{SST} = \frac{SST - SSE}{SST} = 1 - \frac{SSE}{SST} = \frac{\sum_{i=1}^{n}(y_i - \overline{Y})^2}{\sum_{i=1}^{n}(Y_i - \overline{Y})^2} \quad \text{------ 식 (5.22)}$$

식 (5.22)를 보자. 회귀식이 실제값을 완벽하게 예측해서 잔차가 0이 되면, 잔차변동(SSE)이 0이 되어서 결정계수 $R^2$은 1로 최댓값을 가지게 된다. 반면에, 회귀식의 성능이 좋지 않아서 회귀식으로 설명할 수 있는 부분이 없다면, SSR은 0이 되고 결정계수 $R^2$은 0이 되어 최솟값을 가지게 된다.

그러므로 결정계수의 범위는 다음과 같이 정리할 수 있다.

$$0 \le R^2 \le 1$$

상관계수와는 다르게 결정계수는 0에서 1 사이의 값을 가지게 되며, 회귀식의 성능이 좋을수록 1에 가까운 값을 가진다.

식 (5.22)에서 분모는 원래 데이터의 분산, 분자는 예측한 데이터의 분산과 같으므로, 다음과 같이 바꿔서 쓸 수도 있다. 왜냐하면 원래 데이터의 평균 $\overline{Y}$와 예측한 데이터의 평균 $\overline{y}$는 같기 때문이다.

$$R^2 = \frac{S_y}{S_Y} \quad\quad\quad\quad\quad 식 (5.23)$$

참고로, 선형회귀에서 최소제곱법으로 회귀식을 만들 경우, 상관계수의 제곱과 결정계수는 같다.

이렇게 계산한 결정계수에도 약점이 있다. 모든 데이터 분석에서도 통하는 이야기이지만, 변수의 개수가 늘어날수록 예측 성능이 좋아지므로 결정계수도 1에 가까워지게 된다. 이것을 보완하기 위해서 나온 것이 조정된 결정계수(adjusted coefficient of determinant)이다.

조정된 결정계수는 다음과 같이 보완되었다.

$$Adjuted\ R^2 = 1 - \left(\frac{n-1}{n-m-1} \times \frac{SSE}{SST}\right) \quad\quad 식 (5.24)$$

여기서, n은 데이터의 개수, m은 변수의 개수이다. 이 식을 보면, 데이터의 개수 n을 임의의 숫자로 고정했을 때, 변수의 개수 m이 증가하면, 괄호 안의 값이 커지므로 조정된 결정계수의 값은 작아지게 된다.

예를 들어서 데이터의 개수를 100개, 변수의 개수를 10개, 50개로 놓고 $\frac{n-1}{n-m-1}$을 계산해 보자.

$$\frac{100-1}{100-10-1} = 1.11$$
$$\frac{100-1}{100-50-1} = 2.02$$

이렇게 변수의 개수에 역으로 가중치를 줌으로써, 조정된 결정계수는 결정계수를 보완하게 된다.

식 (5.23)을 이용해서 결정계수와 함께 상관계수를 계산해 보자.

| | A | B | C | D | E | F | G |
|---|---|---|---|---|---|---|---|
| 1 | | 일일 평균 손님수 (Y) | 가게 면적 (x) | | | 일일 평균 손님수 (예측) | (예측-실제값)의 제곱 |
| 2 | | 557 | 75.73 | | | 467.57 | 7998.39 |
| 3 | | 149 | 35.11 | | | 189.25 | 1620.37 |
| 4 | | 326 | 57.24 | | | 340.88 | 221.41 |
| 5 | | 486 | 94.62 | | | 596.99 | 12319.50 |
| 6 | | 282 | 64.35 | | | 389.59 | 11576.67 |
| 7 | | 547 | 73.22 | | | 450.37 | 9337.60 |
| 8 | | 538 | 72.93 | | | 448.38 | 8031.43 |
| 9 | | 393 | 65.52 | | | 397.61 | 21.26 |
| 10 | | 484 | 80.86 | | | 502.72 | |
| 11 | | 253 | 61.83 | | | 372.33 | =VAR.S(F2:F13) |
| 12 | | 270 | 47.83 | | | 276.41 | 41.04 |
| 13 | | 506 | 59.87 | | | 358.90 | 21638.50 |
| 14 | | | | | | | |
| 15 | 평균 | 399.25 | 65.76 | | | RMS | 85.34 |
| 16 | 분산 | 19267.48 | 241.19 | | | | |
| 17 | 공분산 | 1652.52 | | | | 분산 | 11322.40 |
| 18 | | | | | | 결정계수(R2) | 0.59 |
| 19 | 기울기 (a) | 6.85 | | | | 상관계수 | 0.77 |

=G17/B16          =CORREL(B2:B13,F2:F13)

그림 5.14 결정계수와 상관계수 계산

그림 5.14는 결정계수와 상관계수를 계산하는 과정이다. 복잡하지만 먼저 결정계수를 계산하기 위해 예측값의 분산을 계산하고, 미리 계산된 실제값의 분산으로 나누었다. 그리고 상관계수를 계산하였다. 결정계수는 0.59이고 상관계수는 0.77로 매우 높지는 않지만 어느 정도 상관성이 있다는 결과를 보여주었다.

마지막으로, 상관계수 0.77을 제곱하면 0.59가 되어 결정계수와 같다는 것을 확인해 보자.

이제, 잔차에 대해서 생각해 보자. 잔차분석이라는 항목이 있을 정도로 잔차도 신경 써야 할 부분 중에 하나이다. 간단하게 살펴보자.

잔차의 평균은 0으로 알려져 있으며, 예측값의 잔차를 그래프로 그려보면 일반적으로 네 가지 패턴이 나온다.

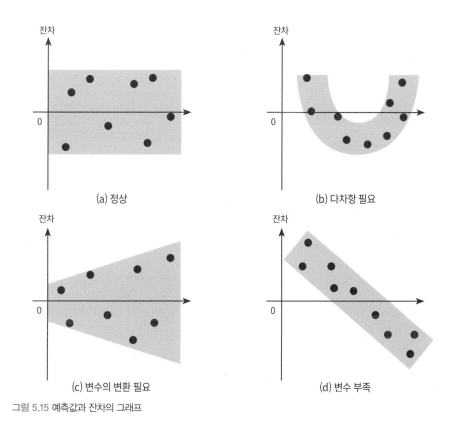

그림 5.15 예측값과 잔차의 그래프

그림 5.15 그래프를 정리하면 다음과 같다.

- (a)의 그래프를 보자. 통계적으로 문제가 없는 회귀식에 의한 잔차는 평균이 0이므로, 0을 중심으로 그림과 같이 데이터의 분산이 일정한 것을 볼 수 있다. 이것을 등분산성이라고 한다.

- (b)는 잔차의 그래프가 2차곡선과 같이 일정한 패턴을 갖는 경우이다. 이 경우에는 변수 중에 이 패턴에 맞는 차항의 변수가 없어서 나타나는 그래프이다. 그러므로 다차항을 추가한 회귀식이 필요하다.

- (c)는 변수들의 분산이 일정하지 않아서 발생한다. 변수들 중에 일부는 정규분포를 따르지만, 일부는 정규분포를 따르지 않는 경우에 발생할 수 있다. 이 경우에는 정규분포를 따르지 않는 변수들을 정규분포로 변환을 해서 회귀분석을 진행해야 한다. 정규분포로의 변환은 데이터들에 로그를 취하거나 루트를 취하는 방법 등이 있다.

- (d)는 그림과 같은 경향을 가지는 변수가 부족해서 생기는 그래프이다. 필요한 변수를 추가해서 회귀분석을 진행한다.

통계프로그램 R 등을 보면 회귀식을 만들어 예측값을 계산한 후에는 잔차들의 그래프를 그려주는 것을 많이 봐왔을 것이다. 이 그래프를 간과하지 말고 계산된 회귀식이 적당한지의 여부를 생각해 보자.

## 5.1.2 다중회귀

상수항 $x_0$를 제외한 독립변수가 두 개 이상일 경우를 다중회귀분석(multiple regression analysis)이라고 한다.

앞 절에서 변수가 하나인 단순선형회귀를 진행했다. 일일 평균 손님 수를 가게 면적만으로 회귀를 했을 때 상관계수가 0.77로 괜찮은 수준의 회귀식이 완성되었지만, 좀 더 성능이 좋았으면 하는 아쉬움이 있다. 그래서 좀 더 성능이 좋은 회귀식을 만들기 위해 고민한 결과 손님 수와 관련이 있을 것 같은 정보를 두 개 추가하였다. 하나는 지하철 역과 매장과의 거리이고 또 하나는 평균기온이다.

추가 데이터는 [다중회귀분석] 시트에 있으며 그림 5.16과 같다.

| | A | B | C | D |
|---|---|---|---|---|
| 1 | 일일 평균 손님수 (Y) | 가게 면적 | 지하철역과의 거리 | 기온 |
| 2 | 557 | 75.73 | 36.2 | 32.6 |
| 3 | 149 | 35.11 | 65.6 | 29.2 |
| 4 | 326 | 57.24 | 61.4 | 29.5 |
| 5 | 486 | 94.62 | 23.8 | 30 |
| 6 | 282 | 64.35 | 46.4 | 28.8 |
| 7 | 547 | 73.22 | 37.2 | 33.4 |
| 8 | 538 | 72.93 | 32.2 | 31.3 |
| 9 | 393 | 65.52 | 46.2 | 29.1 |
| 10 | 484 | 80.86 | 23.7 | 32.8 |
| 11 | 253 | 61.83 | 51.8 | 27.8 |
| 12 | 270 | 47.83 | 69.4 | 29.2 |
| 13 | 506 | 59.87 | 47.9 | 33.3 |

그림 5.16 추가 데이터

단순선형회귀에서는 독립변수가 하나였지만, 이제 세 개로 늘었다. 위의 추가 데이터에서 일일 평균 손님 수(Y)를 종속변수 Y로, 가게 면적, 지하철역과의 거리, 기온을 독립변수 X로 놓고 각각을 $x_{i1}, x_{i2}, x_{i3}$이라고 하면 행렬로 다음과 같이 설명할 수 있다. i는 데이터 번호이다.

$$Y = \begin{bmatrix} Y_1 \\ Y_2 \\ \vdots \\ Y_n \end{bmatrix}, X = \begin{bmatrix} x_{11} & x_{12} & \cdots & x_{1m} \\ x_{21} & x_{22} & \cdots & x_{2m} \\ & & \vdots & \\ x_{n1} & x_{n2} & \cdots & x_{nm} \end{bmatrix}$$ ⋯⋯⋯⋯⋯⋯ 식 (5.25)

여기서, $n$은 데이터의 개수이고, $m$은 변수의 개수이다.

이제 추가 데이터를 가지고 회귀분석을 해 보자. 다중회귀는 단지 단순선형회귀를 확장한 것이라고 생각하면 된다.

다중회귀식은 다음과 같이 일반화할 수 있으며,

$$Y_i = a_0 x_{i0} + a_1 x_{i1} + a_2 x_{i2} + \cdots + a_m x_{im} + e_i$$ ⋯⋯⋯⋯⋯⋯ 식 (5.26)

$i$: 데이터 번호 (i=1,2,⋯,n)

$m$: 변수의 번호

여기서, $e_i$는 i번째 데이터로 회귀식을 이용해 예측했을 때 다중회귀로 예측하지 못한 오차항으로 다음과 같이 정의한다.

$$E = \begin{bmatrix} e_1 \\ e_2 \\ \vdots \\ e_n \end{bmatrix} = \begin{bmatrix} Y_1 - y_1 \\ Y_2 - y_2 \\ \vdots \\ Y_n - y_n \end{bmatrix}$$ ⋯⋯⋯⋯⋯⋯ 식 (5.27)

식 (5.26)과 식 (5.1)을 비교하면 $y$ 절편 $b$가 $a_0 x_{i0}$로 바뀐 것을 알 수 있다. 이 $a_0 x_{i0}$를 상수항이라고 하며, 그림 5.17과 같이 독립변수 X의 가장 왼쪽 열에 1을 추가해 $x_{i0}$를 1로 정의하면 식 (5.26)과 같이 b 대신에 상수항 $a_0 x_{i0}$가 추가가 된다.

| ▲ | A | B | C | D | E |
|---|---|---|---|---|---|
| 1 | 일일 평균 손님수 (Y) | 상수 | 가게 면적 | 지하철역과의 거리 | 기온 |
| 2 | 557 | 1 | 75.73 | 36.2 | 32.6 |
| 3 | 149 | 1 | 35.11 | 65.6 | 29.2 |
| 4 | 326 | 1 | 57.24 | 61.4 | 29.5 |
| 5 | 486 | 1 | 94.62 | 23.8 | 30 |
| 6 | 282 | 1 | 64.35 | 46.4 | 28.8 |
| 7 | 547 | 1 | 73.22 | 37.2 | 33.4 |
| 8 | 538 | 1 | 72.93 | 32.2 | 31.3 |
| 9 | 393 | 1 | 65.52 | 46.2 | 29.1 |
| 10 | 484 | 1 | 80.86 | 23.7 | 32.8 |
| 11 | 253 | 1 | 61.83 | 51.8 | 27.8 |
| 12 | 270 | 1 | 47.83 | 69.4 | 29.2 |
| 13 | 506 | 1 | 59.87 | 47.9 | 33.3 |

그림 5.17 상수열 추가

만약, 독립변수 $X$에 상수항이 없다면 어떻게 될까? 앞에서 배운 것처럼 원점을 지나는 회귀식이 되며, 다음과 같이 표현할 수 있다.

$$y_i = a_1 x_{i1} + a_2 x_{i2} + \cdots + a_m x_{im}$$

그러므로 구하고 싶은 회귀직선이 원점을 지나기를 원하면 독립변수에 상수항을 추가하지 않으면 된다.

그림 5.17과 같이 독립변수 $X$에 상수항이 추가되었으므로 식 (5.25)의 $X$는 다음과 같이 바꿀 수 있다.

$$X = \begin{bmatrix} 1 & x_{11} & x_{12} \cdots x_{1m} \\ 1 & x_{21} & x_{22} \cdots x_{2m} \\ & \vdots & \\ 1 & x_{n1} & x_{n2} \cdots x_{nm} \end{bmatrix}$$

실제값 $Y$, 예측값 $y$, 변환행렬 $A$는 다음과 같이 정의하자.

$$Y = \begin{bmatrix} Y_1 \\ Y_2 \\ \vdots \\ Y_n \end{bmatrix}, \ y = \begin{bmatrix} y_1 \\ y_2 \\ \vdots \\ y_n \end{bmatrix}, \ A = \begin{bmatrix} a_0 \\ a_1 \\ \vdots \\ a_m \end{bmatrix} \quad\text{식 (5.28)}$$

이제, 식 (5.26)을 예측값 $y$, 독립변수 $X$, 변환행렬 $A$, 오차항 $E$를 행렬식으로 표현하면 다음과 같다.

$$Y = XA + E \quad\text{식 (5.29)}$$

식 (5.29)를 요소로 표시하고 내용을 다시 한 번 살펴보자.

$$\begin{bmatrix} Y_1 \\ Y_2 \\ \vdots \\ Y_n \end{bmatrix} = \begin{bmatrix} 1 & x_{11} & x_{12} \cdots x_{1m} \\ 1 & x_{21} & x_{22} \cdots x_{2m} \\ & & \vdots \\ 1 & x_{n1} & x_{n2} \cdots x_{nm} \end{bmatrix} \begin{bmatrix} a_0 \\ a_1 \\ \vdots \\ a_m \end{bmatrix} + \begin{bmatrix} e_1 \\ e_2 \\ \vdots \\ e_n \end{bmatrix} \quad\text{식 (5.30)}$$

여기서, $n$은 데이터의 개수이며, $m$은 변수의 개수이다. 또, 종속변수 $Y$는 $(n \times 1)$ 행렬이며, 독립변수 X는 $(n \times (m+1))$ 행렬이 된다. $a_0, a_1, \cdots, a_n$은 각 변수에 곱해지는 계수로서 회귀계수라고 부른다. 이 회귀계수들을 포함하고 있는 변환행렬 A는 $((m+1) \times 1)$ 행렬이다.

마지막으로 식 (5.26)을 그림으로 표시하면 다음과 같다.

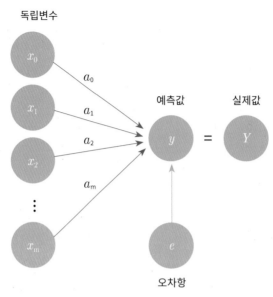

그림 5.18 다중 회귀식의 표현

각 가중치가 독립변수와 연결이 되고 있고, 회귀식으로 표현하지 못하는 오차항이 따로 더해지고 있다.

다중회귀분석의 목적은 회귀계수들을 포함하고 있는 변환행렬 $A$를 구하는 것이다. 이 과정은 편미분으로 풀어서 전개하는 방법도 있지만 이번에는 행렬로 풀어보자. 이 과정도 마찬가지로 반드시 이해할 필요는 없다. 변환행렬 $A$의 의미만 이해한 후, 좀 더 원리가 알고 싶을 경우에 살펴보자.

다중회귀식을 다음과 같이 행렬로 정의할 수 있었다.

$$Y = XA + E$$ ........................................................ 식 (5.31)

또, $n$개의 데이터의 잔차 $E$를 구하는 식은 다음과 같이 정의할 수 있다.

$$E = \sum_{i=1}^{n}(Y_i - y_i)^2 = (Y - XA)^T(Y - XA)$$ ........................... 식 (5.32)

식 (5.32)를 전개해 보자.

$$E = (Y - XA)^T (Y - XA)$$
$$= (Y^T - A^T X^T)(Y - XA)$$
$$= Y^T Y - 2A^T X^T Y + A^T X^T X A \quad\text{······················· 식 (5.33)}$$

최소제곱법은 잔차 $E$를 최소화하는 방식이므로, 잔차 $E$를 최소로 하는 변환행렬 $A$를 구하기 위해서는 식 (5.33)을 $A$에 대해서 편미분한 후, 0이 되도록 하면 된다.

이 과정은 다음과 같이 풀 수 있다.

$$\frac{\partial E}{\partial A} = Y^T Y - 2A^T X^T Y + A^T X^T X A$$
$$= -2X^T Y + 2X^T X A = 0$$
$$2X^T X A = 2X^T Y$$
$$X^T X A = X^T Y$$
$$A = (X^T X)^{-1} X^T Y \quad\text{······················· 식 (5.34)}$$

이렇게 변환 행렬 A가 식 (5.34)와 같이 구해졌다.

식 (5.34)는 다중회귀에서 변환행렬 $A$를 구하는 아주 유명한 식이다. 꼭 외워 두자.

이제, 식 (5.34)가 어떤 의미인지 살펴보자.

행렬에서 $X^T X$는 $X^2$이고 $X^T Y$는 $X$와 $Y$곱이다. 또 행렬에서 역행렬은 역수를 의미하므로, 식 (5.34)를 변형하면 다음과 같이 해석할 수 있다.

$$A = \frac{X^T Y}{X^T X} \quad\text{······················· 식 (5.35)}$$

단순회귀에서 기울기 a를 구하는 식 (5.19)와 다중회귀에서 변환행렬 A를 구하는 식 (5.35)를 비교해 보자.

$$\text{기울기 } a = \frac{S_{xy}}{S_x}, \quad \text{변환행렬 } A = \frac{X^T Y}{X^T X}$$

두 식이 같은 의미라는 것을 알 수 있다. 다중회귀는 단지 단순선형회귀를 확장한 것이라고 생각하면 된다고 한 이유가 여기에 있다.

단순회귀와 마찬가지로 다중회귀의 목적은 회귀식을 만드는 것이다. 회귀식을 만들려면 회귀계수를 구해야 하며, 회귀계수를 구하는 것은 회귀계수가 포함되어 있는 변환행렬 A를 구하는 것이다.

지금까지 다중회귀분석 과정을 살펴보았으니 그림 5.17의 상수항을 추가한 추가 데이터를 이용해 다중회귀분석을 해 보자.

엑셀의 행렬 계산은 식 (5.34)를 한 번에 계산할 수 없으므로, 변환행렬 A를 구하기 위해서는 먼저 $X^T X$를 구하고 역행렬 $(X^T X)^{-1}$을 구한 후에 $X^T Y$를 계산한다. 그리고 마지막에 $(X^T X)^{-1} X^T Y$를 계산하면 된다. 각각의 결과를 엑셀에 남겨야 다음 계산을 진행할 수 있다는 것을 명심하자. 이 과정을 정리하면 그림 5.19와 같다.

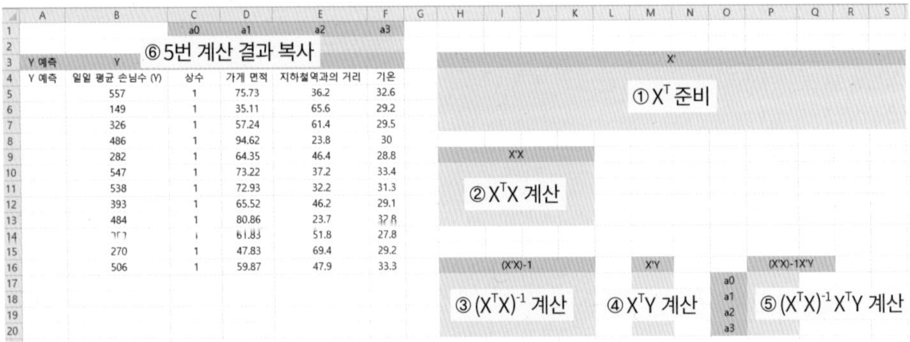

그림 5.19 회귀분석 준비

이제 그림 5.19의 순서에 따라 회귀분석 과정을 진행해 보자.

## 1. $X^T$ 계산

우선 $X$의 전치행렬 $X^T$를 준비해야 한다. 전치행렬을 만드는 함수는 =TRANSPOSE()가 있었다. 2.5.5절의 =TRANSPOSE() 함수 사용법을 참고하자. 독립변수 $X$의 차원이 (12 × 4)이므로 $X^T$의 차원은 (4 × 12)가 된다. 엑셀에서 (4 × 12) 보라색 범위를 마우스 오른쪽으로 선택한 후 다음과 같이 입력한다.

=TRANSPOSE(C5:F16)

그리고 [Shift] + [Ctrl] + [Enter]로 행렬 연산을 완성시키면 그림 5.20과 같은 결과를 얻을 수 있다.

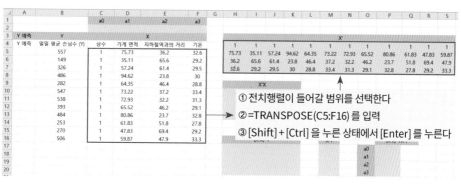

그림 5.20 $X^T$ 계산

## 2. $X^T X$ 계산

이제 $X^T X$를 계산하자. 행렬 연산이므로 함수 =MMULT()를 이용하면 된다. $X^T X$의 차원은 다음과 같이 계산할 수 있다.

$$X^T \quad \times \quad X \quad = \quad X^T X$$

$$(4 \times 12) \times (12 \times 4) = (4 \times 4)$$

(4 × 4) 범위를 선택한 후 수식 입력창에 다음과 같이 입력한다.

=MMULT(H4:S7,C5:F16)

그러고 나서 [Shift] + [Ctrl] + [Enter]로 행렬 연산을 완성시키면 그림 5.21과 같이 행렬이 계산된다.

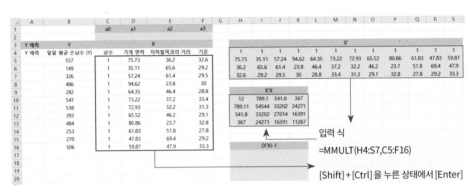

입력 식

=MMULT(H4:S7,C5:F16)

[Shift] + [Ctrl]을 누른 상태에서 [Enter]

그림 5.21 $X^T X$ 계산

## 3. $(X^T X)^{-1}$ 계산

이제 $X^T X$의 역행렬을 계산해야 한다. 역행렬은 함수 =MINVERSE()를 사용하면 된다. 역행렬은 원래 행렬과 차원이 같으므로 $(4 \times 4)$ 범위를 선택한 후 수식 입력창에 다음과 같이 입력한 후 [Shift] + [Ctrl] + [Enter]로 역행렬을 계산한다.

=MINVERSE(H10:K13)

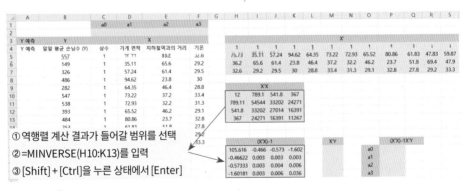

①역행렬 계산 결과가 들어갈 범위를 선택

②=MINVERSE(H10:K13)를 입력

③[Shift] + [Ctrl]을 누른 상태에서 [Enter]

그림 5.22 $(X^T X)^{-1}$ 계산

역행렬 계산 결과는 그림 5.22와 같다.

## 4. $X^T Y$ 계산

다음 계산 과정은 $X^T Y$이다. $X^T Y$의 차원도 다음과 같이 계산할 수 있다.

$$X^T \quad \times \quad Y \quad = \quad X^T X$$

$$(4 \times 12) \times (12 \times 1) = (4 \times 1)$$

$(4 \times 1)$ 범위를 선택한 후 지금까지의 행렬 연산과 마찬가지로 =MMULT(H4:S7,B5:B16)를 입력한 후 [Shift] + [Ctrl]을 누르면서 [Enter]를 누르면 그림 5.23과 같이 $X^T Y$가 계산된다.

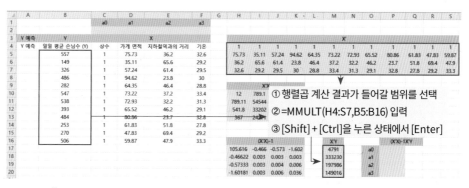

그림 5.23 $X^T Y$ 계산

## 5. $(X^T X)^{-1} X^T Y$ 계산

이제 마지막으로 변환 행렬 $A$를 계산하는 것만 남았다. $(X^T X)^{-1}$와 $X^T Y$가 계산이 되었으므로 함수 =MMULT()를 이용해 다음과 같이 입력하고 행렬 연산을 하면 그림 5.24와 같이 계산된다.

```
=MMULT(H17:K20,M17:M20)
```

한다. $(X^T X)^{-1} X^T Y$의 차원은 다음과 같다.

$$(X^T X)^{-1} \quad \times \quad X^T Y \quad = (X^T X)^{-1} X^T Y$$

$$(4 \times 4) \times (4 \times 1) = \quad (4 \times 1)$$

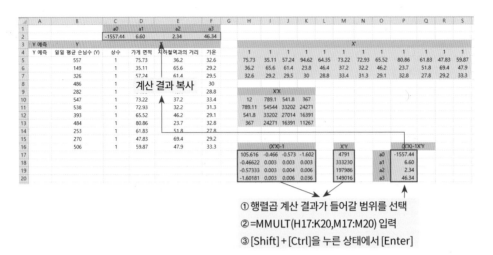

①행렬곱 계산 결과가 들어갈 범위를 선택
②=MMULT(H17:K20,M17:M20) 입력
③[Shift]＋[Ctrl]을 누른 상태에서 [Enter]

그림 5.24 변환 행렬 $A$ 계산

이 계산 결과를 그림 5.24와 같이 엑셀 시트의 왼쪽 위에 다음 단계를 위해 C2, D2, E2, F2
에 복사하자.

변환 행렬 $A$의 계산 결과는 다음과 같다.

$$A = \begin{bmatrix} a_0 \\ a_1 \\ a_2 \\ a_3 \end{bmatrix} = \begin{bmatrix} -1557.44 \\ 6.6 \\ 2.34 \\ 46.34 \end{bmatrix}$$

그리고 이것을 회귀식으로 표현하면 다음과 같다.

y = -1557.44 ＋ 6.6 × 가게 면적 ＋ 2.34 × 지하철역과의 거리 ＋ 46.34 × 기온

먼저 회귀계수를 살펴보자. 가게 면적에 대한 회귀계수 $a_1$은 양수(+)이므로 가게 면적과 평
균 손님 수는 비례관계에 있다는 것을 알 수 있다. 회귀계수가 6.6이므로, 가게 면적이 $1m^2$
늘어나면 손님도 6.6명 늘어나게 된다. 지하철역과의 거리에 대한 회귀계수 $a_2$도 기온과 같
은 방법으로 분석할 수 있다.

이제 회귀계수를 구했으니 회귀식의 성능을 알아보자. 회귀식의 성능은 상관계수로 평가하기로 하자. 상관계수를 구하기 위해서는 일일 평균 손님 수($Y$)의 예측값 $y$를 구하면, 예측값 $y$와 일일 평균 손님 수($Y$)와의 상관계수를 계산하면 된다.

예측값 $y$는 두 가지 방법으로 계산할 수 있다.

첫 번째는 회귀식 그대로 수식을 입력하는 방법이다.

위의 회귀식과 같이 각 데이터별로 예측값 $y$가 들어갈 A5 ~ A16까지의 각 셀에 다음과 같이 입력한다. 예들 들어 A5, A6의 셀의 입력은 다음과 같다.

A5셀 = $C$2 + $D$2 * D5 + $E$2 * E5 + $F$2 * F5

A6셀 = $C$2 + $D$2 * D6 + $E$2 * E6 + $F$2 * F6

두 번째는 함수 = SUMPRODUCT(회귀계수의 범위, $X$ 데이터의 범위)를 이용해 계산하는 방법이다. =SUMPRODUCT()는 각 데이터들의 대칭되는 데이터끼리 곱해서 합을 해주는 함수이다. 예들 들어 A5, A6의 셀의 입력은 다음과 같다.

A5셀 =SUMPRODUCT($C$2:$F$2,C5:F5)

A6셀 =SUMPRODUCT($C$2:$F$2,C6:F6)

함수 =SUMPRODUCT()를 사용하는 것이 훨씬 편하고 쉬우므로 이것을 이용하자.

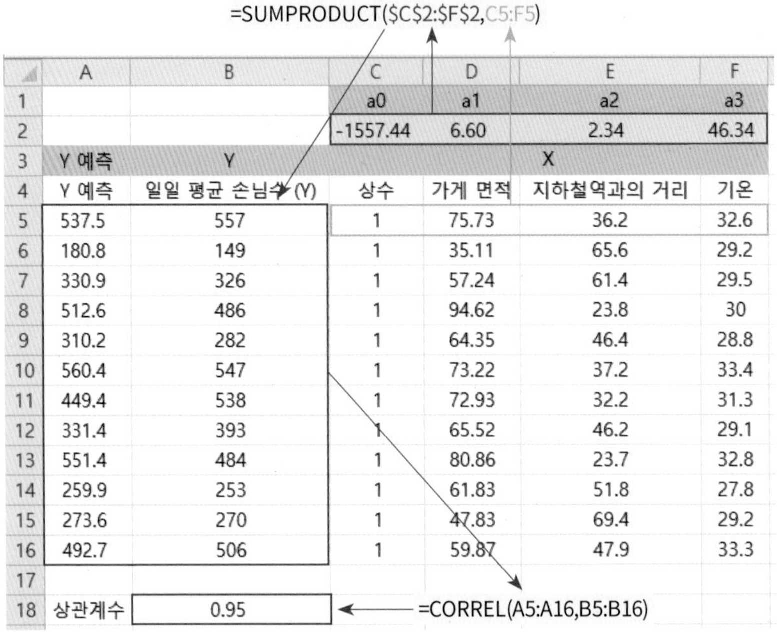


| | A | B | C | D | E | F |
|---|---|---|---|---|---|---|
| 1 | | | a0 | a1 | a2 | a3 |
| 2 | | | -1557.44 | 6.60 | 2.34 | 46.34 |
| 3 | Y 예측 | Y | | | X | |
| 4 | Y 예측 | 일일 평균 손님수 (Y) | 상수 | 가게 면적 | 지하철역과의 거리 | 기온 |
| 5 | 537.5 | 557 | 1 | 75.73 | 36.2 | 32.6 |
| 6 | 180.8 | 149 | 1 | 35.11 | 65.6 | 29.2 |
| 7 | 330.9 | 326 | 1 | 57.24 | 61.4 | 29.5 |
| 8 | 512.6 | 486 | 1 | 94.62 | 23.8 | 30 |
| 9 | 310.2 | 282 | 1 | 64.35 | 46.4 | 28.8 |
| 10 | 560.4 | 547 | 1 | 73.22 | 37.2 | 33.4 |
| 11 | 449.4 | 538 | 1 | 72.93 | 32.2 | 31.3 |
| 12 | 331.4 | 393 | 1 | 65.52 | 46.2 | 29.1 |
| 13 | 551.4 | 484 | 1 | 80.86 | 23.7 | 32.8 |
| 14 | 259.9 | 253 | 1 | 61.83 | 51.8 | 27.8 |
| 15 | 273.6 | 270 | 1 | 47.83 | 69.4 | 29.2 |
| 16 | 492.7 | 506 | 1 | 59.87 | 47.9 | 33.3 |
| 17 | | | | | | |
| 18 | 상관계수 | 0.95 | | | | |

그림 5.25 $Y$ 예측값과 상관계수 계산

그림 5.25에서 예측값 $y$와 일일 평균 손님 수($Y$)와의 상관계수는 0.95로 매우 높은 상관관계가 있다는 것을 알 수 있다. 앞 절에서 가게 면적만을 사용해 회귀분석을 한 것보다 성능이 좋은 회귀식이 만들어졌다.

이렇게 우리는 최소제곱법을 이용해 목적변수가 두 개 이상인 다중회귀분석을 계산해 보았다. 이제 회귀분석을 할 때 알아야 할 점들을 살펴보자.

식 (5.30)에서 독립변수 $X$는 $n$개의 데이터와 $m$개의 변수를 가진다. 이때 데이터의 개수 $n$과 변수의 개수 $m$과의 관계는 다음과 같다.

$$n \geq m + 2 \qquad \text{식 (5.36)}$$

회귀분석이 가능하려면 데이터의 개수 $n$이 최소한 변수의 개수 $m$보다 두 개는 더 많아야 한다는 의미이다.

왜 그런지 데이터의 개수 $n$과 변수의 개수 $m$이 같을 때와, 변수의 개수 $m$이 데이터의 개수 $n$보다 한 개 더 많을 때를 알아보자.

다음 그림을 보자.

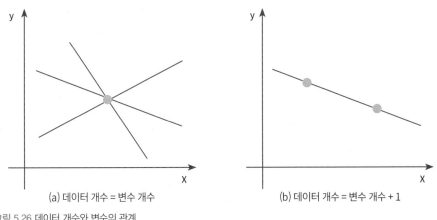

그림 5.26 데이터 개수와 변수의 관계

먼저 데이터의 개수 $n$이 변수의 개수 $m$과 같을 때를 보자. 그림 5.26 (a)는 데이터의 개수 $n$과 변수의 개수 $m$이 다음과 같은 경우이다.

$$n = m = 1$$

데이터의 개수 $n$과 변수의 개수 $m$이 같은 경우에는 무수히 많은 직선을 그릴 수 있으므로, 정확한 회귀식을 구하는 것은 불가능하다.

그림 5.26 (b)는 다음과 같은 경우이다.

$$n = m + 1$$

변수의 개수 $m$이 데이터의 개수 $n$보다 하나 더 많은 경우에는 직선은 하나밖에 그릴 수가 없다. 이 경우에 회귀식을 만들더라도 상관계수는 무조건 1이 된다.

그러므로 데이터의 개수 $n$과 변수의 개수 $m$의 관계는 식 (5.36)이 성립해야 그림 5.27과 같이 데이터의 중심을 지나는 많은 회귀직선 중에서 최적의 직선을 계산할 수 있다.

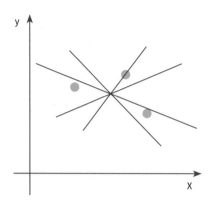

그림 5.27 회귀 방정식을 구할 수 있는 경우

데이터 분석을 하기 위한 최소한의 데이터 개수는 변수의 개수보다 두 개 많아야 하는 이유에 대해서 직관적으로 알아보았다. 그러나 얼마나 많이 있어야 적당한가에 대해서는 정확한 답은 없다. 일반적으로는 데이터의 개수는 많으면 많을수록 좋지만, 변수의 개수의 3~4배의 데이터가 있으면 회귀식을 만드는 데 문제가 없는 것으로는 알려져 있다.

그리고 회귀분석을 할 경우에 독립변수가 많으면 많을수록 회귀식의 성능이 좋아지므로, 최대한 많은 독립변수를 수집한 후에 회귀분석을 진행하는 경우가 있다. 이때 생기는 문제로 다중공선성(multicollinearity) 문제가 있다.

다음은 아이스크림 데이터의 상관행렬을 보여준다.

|  | 가게 면적 | 지하철역과의 거리 | 기온 |
| --- | --- | --- | --- |
| 가게 면적 | 1.00 | −0.93 | 0.40 |
| 지하철역과의 거리 | −0.93 | 1.00 | −0.54 |
| 기온 | 0.40 | −0.54 | 1.00 |

그림 5.28 상관행렬

그림 5.28에서 가게 면적과 지하철 역과의 거리는 상관계수가 −0.93으로 매우 강한 음의 상관 관계를 보여준다.

기온은 가게 면적과 지하철 역과는 상관계수가 높지 않은 것을 알 수 있다.

이것을 그림으로 그리면 다음과 같다.

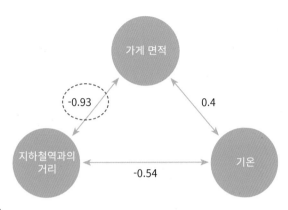

그림 5.29 다중공선성

회귀분석에서 독립변수 간에는 서로 독립성이 유지되어야 한다. 그림 5.29를 보면 가게 면적과 지하철 역과의 거리와 같이 독립변수 간에 높은 상관관계가 있는 것을 다중공선성이라고 한다.

이렇게 되면 회귀 계수가 불안정하게 되어 회귀식의 안정성이 떨어지게 된다.

예를 들면, 다음과 같은 회귀식이 있다고 가정을 하자.

$$y = a_1x_1 + a_2x_2 \quad\text{------------------------------------------------ 식 (5.37)}$$

변수 $x_1$과 $x_2$의 상관관계가 1이라고 하자. 이것은 $x_1=x_2$이라는 의미이므로, 이것을 식 (5.37)에 대입하면 다음과 같이 된다.

$$y = a_1x_1 + a_2x_1$$
$$y = x_1(a_1 + a_2) \quad\text{------------------------------------------------ 식 (5.38)}$$

그리고 $a_1$과 $a_2$는 다음과 같은 관계가 있다고 가정하자.

$$a_1 + a_2 = 1 \quad\text{------------------------------------------------ 식 (5.39)}$$

그러면, 식 (5.39)를 만족시키는 $(a_1, a_2)$는 (0.1, 0.9), (0.2, 0.8) (0.3, 0.7)과 같이 많은 쌍을 가질 수가 있다. 그리고 이것들을 식 (5.37)에 대입하면 다음과 같이 무수히 많은 회귀식을 만들 수 있게 된다.

$$y = 0.1x_1 + 0.9x_2$$

$$y = 0.2x_1 + 0.8x_2$$

$$y = 0.3x_1 + 0.7x_2$$

$$\vdots$$

이렇게 되면 다중회귀에서 회귀계수를 이용해서 변수의 영향력을 설명할 수 없게 된다. 이것이 대표적인 다중공선성 문제이다.

다중공선성의 유무를 확인하기 위한 방법도 많이 제안되어 있다.

첫 번째는 상관행렬을 계산해 확인하는 방법이다.

그림 5.28과 같이 계산된 상관행렬을 보고 변수 간에 높은 상관관계가 있는지 확인하는 방법이다. 이 방법은 세 개 이상의 변수가 복합적으로 상관관계가 있는 경우에 확인하기가 어려운 단점이 있다.

두 번째는 분산팽창인수(varilation inde factor, VIF)가 있다.

분산팽창인수는 변수가 $m$개 있을 때 이들 중 하나를 종속변수 $Y$로 두고, 나머지 독립변수들을 $X$로 두고 회귀식을 계산해 다음과 같이 계산하게 된다.

$$VIF_k = \frac{1}{1 - R_k^2}$$ ┄┄┄┄┄┄┄┄┄┄┄┄┄┄┄┄┄┄┄┄┄┄┄ 식 (5.40)

$k$는 종속변수 $Y$로 두는 $k$번째 변수를 의미하며, $R_k^2$는 $k$번째 변수를 $Y$로 두었을 때의 결정계수를 의미한다. 식 (5.40)을 보면 $VIF_k$는 $R_k^2 = 0$이면 1이 되고 $R_k^2$이 커지면 커질수록 무한대의 값을 가질 수 있다.

식 (5.40)을 그래프로 그려보면 다음과 같다.

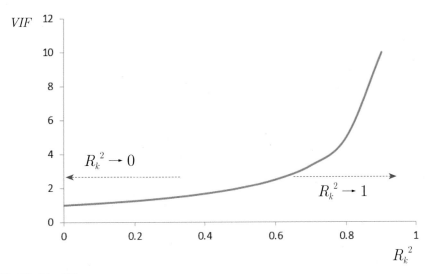

그림 5.30 VIF 그래프

그림 5.30에서 $k$번째 변수가 다른 변수들과 상관관계가 낮다면, 계산된 회귀식의 결정계수 $R_k^2$가 작게 되어 $VIF_k$는 1에 가까운 값을 가진다. 그러나 $k$번째 변수가 다른 변수들과 상관관계가 높다면, 결정계수 $R_k^2$이 1에 가까워질 것이며, 이렇게 되면 $VIF_k$는 무한히 커지게 된다. 일반적으로 $VIF$가 10 이상이면 다중공선성 문제가 있다고 판단한다.

세번째는 고윳값을 이용하는 방법이다.

상태지수(condition number, CN)라고 부르며, 다음과 같이 계산할 수 있다.

$$CN = \sqrt{\frac{\lambda_{\max}}{\lambda_{\min}}}$$ ............................................................. 식 (5.41)

이 값은 고윳값의 최댓값과 최솟값의 비율을 의미하며, 100이 넘으면 다중공선성을 의심할 수 있다. 다중공선성이 존재할 경우에 0에 가까운 고윳값의 개수가 증가한다.

다중공선성 문제가 있을 경우 이를 해결하는 데는 상관관계가 높은 독립변수들 중에서 종속 변수 Y와 가장 상관성이 높은 변수를 하나만 남기고 나머지를 삭제하는 것과 다중공선성 문제를 회피할 수 있는 회귀 방법을 쓰는 것이 있다.

다중공선성 문제를 회피할 수 있는 회귀 방식은 다음에 설명할 주성분회귀(PCR)와 부분최소제곱(partial least squares, PLS)이 있다.

이 두 가지 회귀방법은 최소제곱법 외에 산업계에서 잘 쓰이는 대표적인 두 가지 방법이므로, 다음 단원에서 차례로 배워보도록 한다.

아이스크림 데이터에서 장소가 추가되었다. 그런데 장소라는 변수는 값을 숫자로 가지는 것이 아닌 강남, 종로, 명동, 남자, 여자와 같이 문자변수를 가진다. 이 문자변수를 범주형 변수라고 하며, 여론조사와 같은 데이터를 분석할 때 많이 볼 수 있다. 변수 중에 범주형 변수가 포함되어 있을 경우에 회귀분석을 하는 방법에 대해서 알아보자.

그림 5.31을 보자. 지금까지 우리가 분석한 데이터에서 장소 정보를 추가한 데이터를 볼 수 있다.

| | A | B | C | D | E | F |
|---|---|---|---|---|---|---|
| 1 | 일일 평균 손님수 (Y) | 상수 | 가게 면적 | 지하철역과의 거리 | 기온 | 장소 |
| 2 | 557 | 1 | 75.73 | 36.2 | 32.6 | 잠실 |
| 3 | 149 | 1 | 35.11 | 65.6 | 29.2 | 명동 |
| 4 | 326 | 1 | 57.24 | 61.4 | 29.5 | 종로 |
| 5 | 486 | 1 | 94.62 | 23.8 | 30 | 강남 |
| 6 | 282 | 1 | 64.35 | 46.4 | 28.8 | 잠실 |
| 7 | 547 | 1 | 73.22 | 37.2 | 33.4 | 명동 |
| 8 | 538 | 1 | 72.93 | 32.2 | 31.3 | 종로 |
| 9 | 393 | 1 | 65.52 | 46.2 | 29.1 | 강남 |
| 10 | 484 | 1 | 80.86 | 23.7 | 32.8 | 잠실 |
| 11 | 253 | 1 | 61.83 | 51.8 | 27.8 | 명동 |
| 12 | 270 | 1 | 47.83 | 69.4 | 29.2 | 종로 |
| 13 | 506 | 1 | 59.87 | 47.9 | 33.3 | 강남 |

그림 5.31 장소 추가 데이터

추가된 장소는 강남, 잠실, 명동, 종로로 4개이다. 장소에 따라서 손님의 수가 어떻게 변화하는지 알아보자.

당연한 이야기이지만, 먼저 장소는 범주형 변수로 회귀분석에는 사용할 수가 없다. 그러므로 장소를 숫자로 바꿔야 한다. 먼저 각 장소를 그림 5.32와 같이 숫자를 순차적으로 지정해서 회귀분석을 하는 방법을 생각할 수도 있다.

| 장소 | | 장소 |
| --- | --- | --- |
| 잠실 | | 1 |
| 명동 | | 2 |
| 종로 | | 3 |
| 강남 | | 4 |
| 잠실 | | 1 |
| 명동 | ➡ | 2 |
| 종로 | | 3 |
| 강남 | | 4 |
| 잠실 | | 1 |
| 명동 | | 2 |
| 종로 | | 3 |
| 강남 | | 4 |

그림 5.32 숫자 지정

잠실은 1, 명동은 2, 종로는 3, 강남은 4를 지정하고 분석을 하게 된다. 이렇게 의미 없는 숫자를 각 장소에 지정을 하게 되면 강남을 1로, 종로는 2로, 명동은 3으로, 잠실은 4로 했을 때와 결과가 다르게 되며, 회귀분석을 해도 의미가 없어지게 된다.

그래서 이렇게 변수에 범주형 변수를 가지게 되면, 변수로써 가변수(dummy variable)를 활용하게 된다. 가변수란 범주형 변수를 숫자처럼 사용할 수 있게 만든 변수를 의미한다.

가변수는 위의 예처럼 아무 숫자나 대입하는 것이 아니라, 0이나 1의 값을 갖도록 한다. 1은 그 변수를 사용한다는 의미이며, 0은 사용하지 않는다는 의미이다. 그렇다면 가변수를 몇 개 만들어야 할까?

가변수를 생성할 때에는 기준이 되는 변수를 하나 결정하고, 나머지를 각 가변수에 할당을 한다. 그러므로 필요한 가변수의 개수는 다음과 같다.

가변수의 개수 = 범주형 변수의 개수 - 1 ------------------------------------------- 식 (5.42)

그러므로 위의 예에서 우리가 필요한 가변수의 개수는 세 개이다.

|  | dummy1 | dummy2 | dummy3 |
|---|---|---|---|
| 잠실 | 1 | 0 | 0 |
| 명동 | 0 | 1 | 0 |
| 종로 | 0 | 0 | 1 |
| 강남 | 0 | 0 | 0 |

그림 5.33 가변수 생성

그림 5.33은 가변수를 세 개 생성해서 4개의 데이터에 할당한 것을 볼 수 있다. dummy1은 잠실, dummy2는 명동, dummy3은 종로를 의미한다. 마지막 줄에 나오는 강남을 보면 모두 사용하지 않는 의미로 모든 가변수 값이 0으로 되어 있는 것을 볼 수 있다. 모든 값이 0인 강남이 기준 데이터가 된다. 가변수를 포함한 전체 데이터는 그림 5.34와 같다.

| | W | X | Y | Z | AA | AB | AC | AD |
|---|---|---|---|---|---|---|---|---|
| 3 | Y | | | | X | | | |
| 4 | 일일 평균 손님수 (Y) | 상수 | 가게 면적 | 지하철역과의 거리 | 기온 | dm1 | dm2 | dm3 |
| 5 | 557 | 1 | 75.73 | 36.2 | 32.6 | 1 | 0 | 0 |
| 6 | 149 | 1 | 35.11 | 65.6 | 29.2 | 0 | 1 | 0 |
| 7 | 326 | 1 | 37.24 | 61.4 | 29.5 | 0 | 0 | 1 |
| 8 | 486 | 1 | 94.62 | 23.8 | 30 | 0 | 0 | 0 |
| 9 | 282 | 1 | 64.35 | 46.4 | 28.8 | 1 | 0 | 0 |
| 10 | 547 | 1 | 73.22 | 37.2 | 33.4 | 0 | 1 | 0 |
| 11 | 538 | 1 | 72.93 | 32.2 | 31.3 | 0 | 0 | 1 |
| 12 | 393 | 1 | 65.52 | 46.2 | 29.1 | 0 | 0 | 0 |
| 13 | 484 | 1 | 80.86 | 23.7 | 32.8 | 1 | 0 | 0 |
| 14 | 253 | 1 | 61.83 | 51.8 | 27.8 | 0 | 1 | 0 |
| 15 | 270 | 1 | 47.83 | 69.4 | 29.2 | 0 | 0 | 1 |
| 16 | 506 | 1 | 59.87 | 47.9 | 33.3 | 0 | 0 | 0 |

그림 5.34 가변수를 포함한 데이터

이제, 최소제곱법을 이용해 가변수를 포함해 앞에서 회귀분석을 한 것과 같은 방법으로 그림 5.35와 같이 진행해 보자.

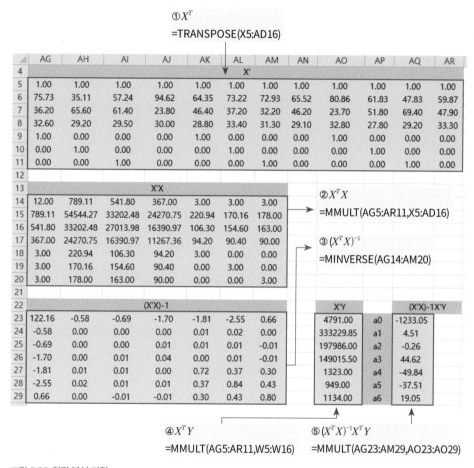

그림 5.35 회귀 분석 과정

각 단계의 데이터에는 가변수가 포함되어 있어 행렬의 크기도 잘 생각해서 계산해야 한다. 그리고 가변수가 세 개가 늘어났으므로 회귀계수도 y 절편을 포함해 7개가 된 것을 확인할 수 있다.

가변수를 포함한 회귀식은 다음과 같다.

일일 평균손님 수 (Y) = -1233.05 + 4.51 × 가게 면적 - 0.26 × 지하철역과의 거리 +
44.62 × 기온 - 49.84 × dm1 - 37.51 × dm2 + 19.05 × dm3

잠실(dm1)의 회귀계수는 -49.84, 명동(dm2)의 회귀계수는 -37.51, 종로(dm3)의 회귀계수는 19.05이다. 앞에서 강남을 기준 데이터로 결정했다고 했으므로, 이 회귀계수의 의미를 생각해 보자.

강남은 모든 가변수가 0이이므로 $y$ 절편이 -1233.05이다. 그리고 잠실은 dm1만 1이고 나머지는 0이므로, 대입해 보면 $y$ 절편의 계산식은 -1233.05 - 49.84가 된다. 이것은, 강남의 $y$ 절편보다 -49.84가 작은 값이 된다. 그러므로 회귀계수는 기준 데이터와의 차이가 된다.

|     | dm1 | dm2 | dm3 | 강남과의 편차 |
| --- | --- | --- | --- | --- |
| 잠실 | 1 | 0 | 0 | -49.84 |
| 명동 | 0 | 1 | 0 | -37.51 |
| 종로 | 0 | 0 | 1 | 19.05 |
| 강남 | 0 | 0 | 0 | 0 |

그림 5.36 가변수의 해석

그림 5.36을 보면, 기준 데이터인 강남을 기준으로 잠실은 같은 조건에서 일일 평균 손님 수가 49.84명 적고, 명동은 37.51명 적다. 그렇지만 종로는 강남보다 19.05명 많다고 해석할 수 있다.

이렇게 변수 중에 범주형 변수가 포함되어 있으면, 식 (5.42)를 이용해서 가변수의 개수를 정하고, 기준 데이터를 결정한 후에 가변수를 그림 5.34와 같이 생성한다. 그리고 나서 회귀분석을 진행하면 된다.

마지막으로, 회귀분석을 하면서 주의해야 할 점을 한 가지 알아두자.

회귀분석을 사용하는 목적은 두 가지이다.

첫 번째는 독립변수와 종속변수 사이의 관계를 파악하는 것이다. 독립변수와 종속변수 사이의 관계는 회귀계수를 통해 파악할 수 있으므로 이를 활용한다.

두 번째는 예측을 하는 것이다. 수집된 데이터를 기초로 모르는 값에 대해서 예측을 하는 것이다. 하지만 예측할 때 주의해야 할 점이 있다.

예측이 가능한 부분은 수집한 독립변수의 데이터의 범위 안에서만 유효하다는 것이다.

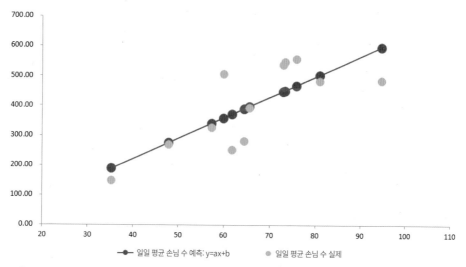

그림 5.37 예측이 유효한 범위

그림 5.37과 같이 수집된 독립변수의 범위 내에서는 회귀직선에 의해 데이터의 패턴을 알 수 있어서 예측할 수 있다. 예를 들어서 위 그림과 식 (5.16)을 이용해서, 가게 면적이 $40m^2$일 때나, $90m^2$일 때의 평균손님 수가 예측할 수 있다는 의미이다.

하지만 가게 면적이 $30m^2$나 $100m^2$일 때에는 예측은 가능해도 유효성은 보증할 수 없다. 가게 면적이 $30m^2$일 때 예측할 수 있는 평균손님 수는 다음과 같다.

6.85 × 30 - 51.31 = 154.19명

154.19명으로 계산이 되었지만 이것은 그림 5.37의 독립변수 $X$의 전 범위에서 식 (5.16)의 직선 회귀식이 유효하다는 가정하에서 계산이 된 것이다. 설명을 위해 극단적인 그림 5.38 을 보자.

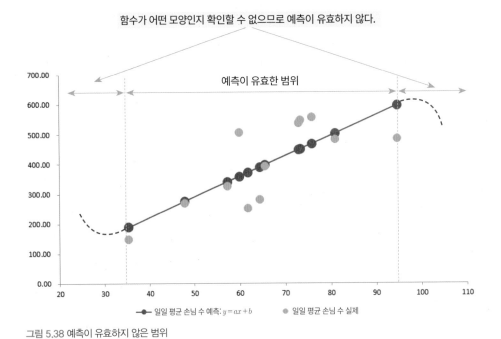

그림 5.38 예측이 유효하지 않은 범위

우연히 데이터를 수집한 구간이 원래 함수 전체를 보면 3차 함수의 일부분일 수도 있고, 더 심한 비선형 함수의 일부인 직선구간일 수도 있기 때문이다.

그러므로 데이터의 예측은 데이터를 수집한 구간 내에서만 하는 것이 중요하다.

## 5.2 주성분회귀분석

주성분회귀분석(principal component regression, PCR)은 주성분분석을 이용해 독립변 수를 새로운 좌표축으로 이동시킨 후에 압축된 독립변수를 이용해 종속변수와의 관계를 다 중회귀를 이용해 분석하는 것이다.

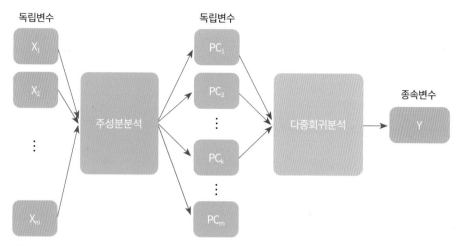

그림 5.39 주성분회귀

그림 5.39를 보면 독립변수는 주성분분석을 한 번 거친 후에 변환된 좌표 중 몇 개의 주성분을 독립변수로 다중회귀를 하게 된다. 이때 주성분의 모든 변수를 다 선택한다면 그냥 다중회귀를 하는 것과 같아지므로, 주성분 중에서 분석을 통해 필요한 주성분만을 독립변수로 선정해서 회귀분석을 하는 것이 주성분 회귀의 특징이 된다.

주성분회귀를 하는 이유는 여러 가지가 있지만 대표적으로 앞에서 이야기한 다중 공선성 문제가 있다. 주성분분석을 하게 되면 상관관계가 높은 변수끼리는 동일한 주성분으로 뭉치는 효과를 가지게 되므로 다중 공선성 문제에서 벗어날 수 있다.

그림 5.40은 주성분회귀의 단계를 좀 더 자세하게 설명한 것이다.

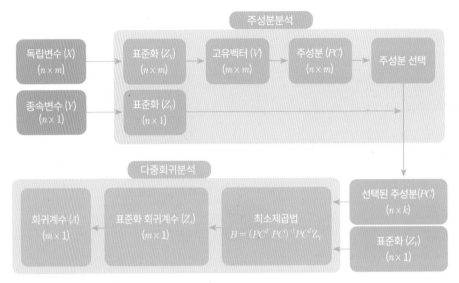

그림 5.40 주성분회귀의 단계

그림 5.40에서 $n$은 데이터의 개수이며, $m$은 변수의 개수이다. 그리고 $k$는 선택된 주성분의 개수이다. 그리고 각 단계에서 생성되는 결과물의 차원을 참고해서 보자.

선택된 주성분의 개수 $k$는 다음과 같은 관계를 가진다.

$$1 \leq k \leq m \quad\text{━━━━━━━━━━━━━━━━━━━━━━━━━━━━━━}\quad 식 (5.43)$$

먼저 독립변수 $X$와 종속변수 $Y$에 대해서 표준화를 한다. 이 표준화된 데이터를 이용해 주성분분석을 계산한다. 주성분분석으로 고유벡터와 고윳값이 구해지면 필요한 주성분은 선택하게 된다. 선택된 주성분과 표준화된 종속변수를 이용해 다중회귀(최소제곱법)를 진행하면 우리가 필요한 회귀계수를 얻을 수가 있다.

주성분을 선택하는 과정에서 원래 변수 개수 $m$보다 적은 주성분 개수 $k$를 선택하므로, 식 (5.36)과 같이 독립변수 $X$의 $n$개 데이터와 $m$개 변수 사이의 관계식에서 좀 더 자유로워지게 된다. 예를 들어서, 어떤 데이터의 변수가 40개이고, 데이터의 개수가 30개라고 하자. 이 경우에, 주성분분석을 통해 주성분을 20개만 선택한다면, 회귀분석이 가능하게 되기 때문이다.

다음 장에서 배울 PLS도 주성분회귀와 마찬가지로 다중공선성 문제를 해결하면서, 데이터의 개수 문제에서도 자유롭게 사용할 수 있어서 이 두 방법은 실제로 많이 사용된다.

주성분분석과 다중회귀는 앞에서 개념과 방식을 배웠으므로, 엑셀의 [PCR] 시트를 이용해서 실습을 진행해 보자.

그림 5.41은 주성분 회귀 분석을 위한 계산 과정을 보여주며, 그림 5.40을 참고하면서 노란색 부분을 순서대로 채워 넣으면 주성분회귀가 완성된다.

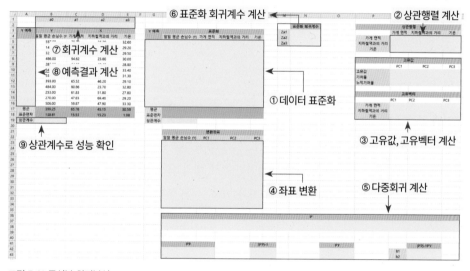

그림 5.41 주성분 회귀분석

## 5.2.1 데이터 표준화

주성분분석을 위해서는 $X$와 $Y$에 대해서 데이터 표준화를 해야 한다. 평균과 표준편차는 미리 계산되어 있으므로 $X$, $Y$에 대해서 각기 표준화를 진행해 보자. 그림 5.42는 표준화를 진행한 결과이다. 표준화 후에는 평균과 표준편차가 0과 1인 것을 꼭 확인하길 바란다.

| | a0 | a1 | a2 | a3 |
|---|---|---|---|---|
| **Y 예측** | **Y** | **X** | | |
| 일일 평균 손님수 (Y) | 가게 면적 | 지하철역과의 거리 | 기온 | |
| 557.00 | 75.73 | =(B5-B$17)/B$18 | | |
| 149.00 | 35.11 | 65.60 | 29.20 | |
| 326.00 | 57.24 | 61.40 | 29.50 | |
| 486.00 | 94.62 | 23.80 | 30.00 | |
| 282.00 | 64.35 | 46.40 | 28.80 | |
| 547.00 | 73.22 | 37.20 | 33.40 | |
| 538.00 | 72.93 | 32.20 | 31.30 | |
| 393.00 | 65.52 | 46.20 | 29.10 | |
| 484.00 | 80.86 | 23.70 | 32.80 | |
| 253.00 | 61.83 | 51.80 | 27.80 | |
| 270.00 | 47.83 | 69.40 | 29.20 | |
| 506.00 | 59.87 | 47.90 | 33.30 | |
| 평균 | 399.25 | 65.76 | 45.15 | 30.58 |
| 표준편차 | 138.81 | 15.53 | 15.23 | 1.98 |

| **Y 예측** | **표준화** | | | |
|---|---|---|---|---|
| 일일 평균 손님수 (Y) | 가게 면적 | 지하철역과의 거리 | 기온 | |
| 1.14 | 0.64 | -0.59 | 1.02 | |
| -1.80 | -1.97 | 1.34 | -0.70 | |
| -0.53 | -0.55 | 1.07 | -0.55 | |
| 0.62 | 1.86 | -1.40 | -0.29 | |
| -0.84 | -0.09 | 0.08 | -0.90 | |
| 1.06 | 0.48 | -0.52 | 1.42 | |
| 1.00 | 0.46 | -0.85 | 0.36 | |
| -0.05 | -0.02 | 0.07 | -0.75 | |
| 0.61 | 0.97 | -1.41 | 1.12 | |
| -1.05 | -0.25 | 0.44 | -1.40 | |
| -0.93 | -1.15 | 1.59 | -0.70 | |
| 0.77 | -0.38 | 0.18 | 1.37 | |
| 평균 | | | | |
| 표준편차 | | | | |

그림 5.42 데이터 표준화

표준화 결과가 평균 0, 표준편차 1 확인

## 5.2.2 상관행렬 계산

데이터 표준화가 끝나면 독립변수 세 개(가게 면적, 지하철역과의 거리, 기온)를 이용해서 주성분분석을 진행해야 한다. 주성분분석을 하기 위해서는 목적변수 간의 상관계수를 포함하는 상관행렬이 필요하다. 상관행렬은 목적변수 세 개의 모든 조합(가게 면적과 가게 면적, 가게 면적과 지하철역과의 거리, 가게 면적과 기온, 지하철역과의 거리와 지하철역과의 거리, 지하철역과의 거리와 기온, 기온과 기온)에 대해서 상관계수를 계산해야 한다. 전치행렬을 이용해 계산하는 방법도 있지만, 이번에는 엑셀 함수 =CORREL()을 이용해서 진행하도록 한다. 절대 참조를 잘 이용해서 계산해 보자.

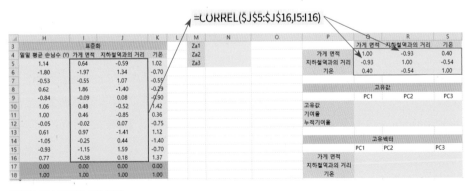

그림 5.43 상관행렬 계산 결과

그림 5.43의 상관행렬 계산 결과를 보자. 상관행렬을 만든 후 대칭행렬이 되었는지(대각선 성분의 값이 같은지), 대각선의 값은 1인지 꼭 확인해야 한다.

### 5.2.3 고윳값, 고유벡터 계산

상관행렬 계산이 끝났으니 그림 5.44와 같이 [고윳값고유벡터] 시트를 이용해 고윳값과 고유 벡터를 계산해 보자.

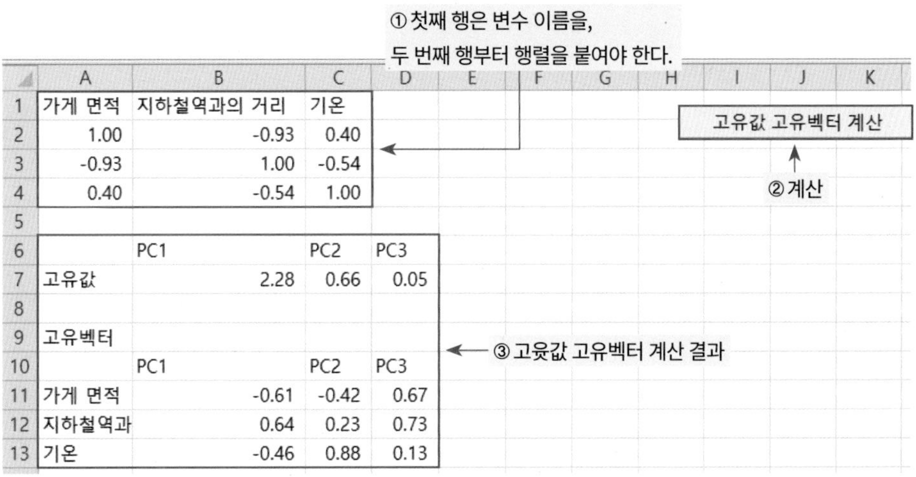

그림 5.44 고윳값 고유벡터 계산

상관행렬을 [고윳값고유벡터] 시트에 붙일 때에는 그림 5.44와 같이 반드시 첫째 행은 변수 이름이 들어가야 한다. 상관행렬 복사가 끝나면 [고윳값고유벡터계산] 버튼을 눌러 계산을 하자.

이렇게 계산된 고윳값과 고유벡터를 [주성분분석시트]에 다시 복사해서 붙이고, 각 주성분 축의 정보량을 알아보기 위해 그림 5.45와 같이 고윳값을 이용해서 기여율과 누적 기여율을 계산해 보자.

| | P | Q | R | S |
|---|---|---|---|---|
| 2 | | **상관행렬** | | |
| 3 | | 가게 면적 | 지하철역과의 거리 | 기온 |
| 4 | 가게 면적 | 1.00 | -0.93 | 0.40 |
| 5 | 지하철역과의 거리 | -0.93 | 1.00 | -0.54 |
| 6 | 기온 | 0.40 | -0.54 | 1.00 |
| 7 | | | | |
| 8 | | **고유값** | | |
| 9 | | PC1 | PC2 | PC3 |
| 10 | 고유값 | 2.28 | 0.66 | 0.05 |
| 11 | 기여율 | 76.03 | 22.14 | 1.83 |
| 12 | 누적기여율 | 76.03 | 98.17 | 100.00 |
| 13 | | | | |
| 14 | | **고유벡터** | | |
| 15 | | PC1 | PC2 | PC3 |
| 16 | 가게 면적 | -0.61 | -0.42 | 0.67 |
| 17 | 지하철역과의 거리 | 0.64 | 0.23 | 0.73 |
| 18 | 기온 | -0.46 | 0.88 | 0.13 |

그림 5.45 기여율과 누적 기여율 계산

고윳값을 크기 순서로 나열하면 2.28, 0.66, 0.05이므로 각 기여율과 누적 기여율은 다음과 같이 계산할 수 있다.

$$PC1 \ 기여율 \quad = \frac{2.28}{3} \times 100 \fallingdotseq 76.03\%$$

$$PC2 \ 기여율 \quad = \frac{0.66}{3} \times 100 \fallingdotseq 22.14\%$$

$$PC3 \ 기여율 \quad = \frac{0.05}{3} \times 100 \fallingdotseq 1.83\%$$

$$PC1 \ 누적 \ 기여율 \fallingdotseq 76.03\%$$

$$PC2 \ 누적 \ 기여율 = 76.03\% + 22.14\% \fallingdotseq 98.17\%$$

$$PC3 \ 누적 \ 기여율 = 98.17\% + 1.83\% \fallingdotseq 100\%$$

## 5.2.4 좌표변환

이제 고유벡터를 이용해서 좌표변환을 해 보자. 새로운 좌표는 다음과 같이 행렬곱으로 계산할 수 있다.

$$PC = Z_x V \qquad\qquad\qquad\qquad\qquad\qquad \text{식 (5.44)}$$

여기서 $Z_x$는 표준화 데이터이고 $V$는 고유벡터이며, 행렬 연산은 함수 =MMULT()를 사용하자.

표준화 데이터 $Z_x$의 차원은 (12 × 3)이고 고유벡터 $V$의 차원은 (3 × 3)이므로 변환된 좌표 $PC$의 차원은 (12 × 3) 행렬이 된다. (12 × 3) 범위(I23~K34)를 선택하자. 그리고 수식 입력창에 =MMULT(I5:K16,Q16:S18)를 입력한 후 [Shift] + [Ctrl] + [Enter]를 누르면 $Z_x$ 행렬과 $V$ 행렬의 곱셈이 계산된다. 일일 평균손님 수($Z_y$)는 표준화 데이터를 그대로 복사하면 된다. 그림 5.46은 좌표변환 결과이다.

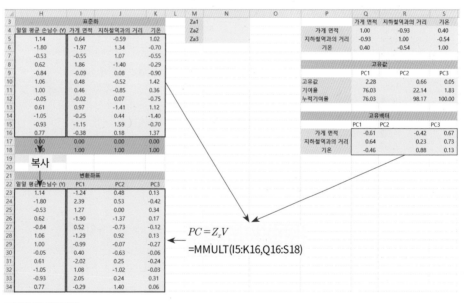

그림 5.46 좌표변환

주성분분석을 하는 이유는 차원을 압축하기 위해서이다. 그림 5.39와 같이 원래 변수의 개수 $m$개 중에서 필요한 변수 $k$를 선택해야 한다.

PC1, PC2, PC3 중 몇 개를 사용할 것인가에 대해서 생각해 보자. 주성분분석에서 다루었듯이 고윳값을 이용해 누적 기여율을 계산한 이유가 여기에 있다. 누적 기여율을 보니 PC1은

76.03%, PC2는 98.17%, PC3는 1이다. PC3의 고윳값은 0.05로 기준 정보량 1의 5%밖에 안 되고, PC2까지의 누적 기여율이 98%이기 때문에 PC2까지 사용하기로 한다.

### 5.2.5 다중회귀계산

위에서 선택된 주성분 PC1과 PC2, 그리고 표준화된 일일 평균손님 수($Z_y$)를 이용해 최소제곱법을 사용해서 회귀계수를 포함하는 변환행렬 B를 구하는 단계이다. 이것을 그림으로 표현하면 다음과 같다.

| 일일 평균 손님수 (Y) |
|---|
| 1.14 |
| -1.80 |
| -0.53 |
| 0.62 |
| -0.84 |
| 1.06 |
| 1.00 |
| -0.05 |
| 0.61 |
| -1.05 |
| -0.93 |
| 0.77 |

=

| PC1 | PC2 |
|---|---|
| -1.24 | 0.48 |
| 2.39 | 0.53 |
| 1.27 | 0.00 |
| -1.90 | -1.37 |
| 0.52 | -0.73 |
| -1.29 | 0.92 |
| -0.99 | -0.07 |
| 0.40 | -0.63 |
| -2.02 | 0.25 |
| 1.08 | -1.02 |
| 2.05 | 0.24 |
| -0.29 | 1.40 |

X

변환행렬(B)
(2 × 1)

그림 5.47 변환행렬 B 계산

그림 5.47에서 변환행렬 B를 구하는 단계는 앞의 다중선형회귀 과정과 동일하다.

변환행렬 B는 식 (5.34)를 이용하면 다음과 같이 표현할 수 있다.

$$\mathrm{B} = (PC^T PC)^{-1} PC^T Z_y \quad \text{식 (5.45)}$$

변환행렬 B를 구하기 위해서는 $PC^T PC$, $PC^T PC$의 역행렬, $PC^T Z_y$를 계산한 후, 마지막으로 $(PC^T PC)^{-1} PC^T Z_y$를 계산하면 회귀계수가 구해진다. 이 과정은 지금까지 사용한 엑셀 함수를 사용하는 것이므로, 그림으로 진행 과정과 결과를 확인할 수 있다. 엑셀의 행렬 계산은 범위 선택 후 수식을 입력하고 반드시 [Shift] + [Ctrl] + [Enter]로 계산해야 하며, 행렬 계산이므로 계산 전과 계산 후의 행렬의 차원에 주의하면서 진행해 보자.

## $PC^T$ 계산

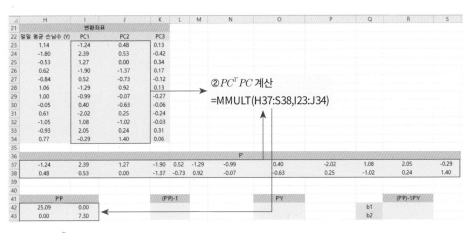

그림 5.48 $PC^T$ 계산

전치행렬은 함수 =TRANSPOSE()를 이용한다. 계산 전에 $PC$의 차원은 $(12 \times 2)$이므로 $PC^T$의 차원이 $(2 \times 12)$가 되는 것을 확인하고 선택해서 계산을 하자.

## $PC^TPC$ 계산

| | H | I | J | K | L | M | N | O | P | Q | R | S |
|---|---|---|---|---|---|---|---|---|---|---|---|---|
| 21 | | 변환좌표 | | | | | | | | | | |
| 22 | 일일 평균 손님수 (Y) | PC1 | PC2 | PC3 | | | | | | | | |
| 23 | 1.14 | -1.24 | 0.48 | 0.13 | | | | | | | | |
| 24 | -1.80 | 2.39 | 0.53 | -0.42 | | | | | | | | |
| 25 | -0.53 | 1.27 | 0.00 | 0.34 | | | | | | | | |
| 26 | 0.62 | -1.90 | -1.37 | 0.17 | | | | | | | | |
| 27 | -0.84 | 0.52 | -0.73 | -0.12 | | | | | | | | |
| 28 | 1.06 | -1.29 | 0.92 | 0.13 | | | | | | | | |
| 29 | 1.00 | -0.99 | -0.07 | -0.27 | | | | | | | | |
| 30 | -0.05 | 0.40 | -0.63 | -0.06 | | | | | | | | |
| 31 | 0.61 | -2.02 | 0.25 | -0.24 | | | | | | | | |
| 32 | -1.05 | 1.08 | -1.02 | -0.03 | | | | | | | | |
| 33 | -0.93 | 2.05 | 0.24 | 0.31 | | | | | | | | |
| 34 | 0.77 | -0.29 | 1.40 | 0.06 | | | | | | | | |
| 35 | | | | | | | | | | | | |
| 36 | | | | | | | P' | | | | | |
| 37 | -1.24 | 2.39 | 1.27 | -1.90 | 0.52 | -1.29 | -0.99 | 0.40 | -2.02 | 1.08 | 2.05 | -0.29 |
| 38 | 0.48 | 0.53 | 0.00 | -1.37 | -0.73 | 0.92 | -0.07 | -0.63 | 0.25 | -1.02 | 0.24 | 1.40 |
| 39 | | | | | | | | | | | | |
| 40 | | | | | | | | | | | | |
| 41 | | P'P | | (P'P)-1 | | | P'Y | | | | (P'P)-1P'Y | |
| 42 | 25.09 | 0.00 | | | | | | | | b1 | | |
| 43 | 0.00 | 7.30 | | | | | | | | b2 | | |

②$PC^T PC$ 계산
=MMULT(H37:S38,I23:J34)

그림 5.49 $PC^TPC$ 계산

$PC^TPC$를 계산할 때는 함수 =MMULT()를 이용한다. 역시 함수의 차원에 유의하자.

## $(PC^TPC)^{-1}$ 계산

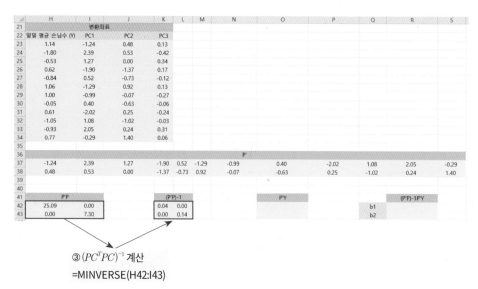

③ $(PC^TPC)^{-1}$ 계산

=MINVERSE(H42:I43)

그림 5.50 $(PC^TPC)^{-1}$ 계산

역행렬은 =MINVERSE() 함수를 이용한다.

## $PC^TZ_y$ 계산

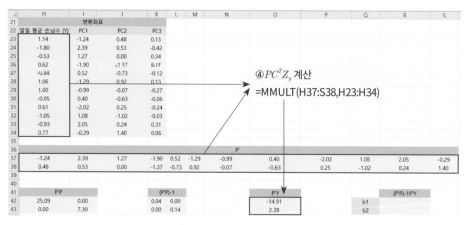

④ $PC^TZ_y$ 계산

=MMULT(H37:S38,H23:H34)

그림 5.51 $PC^TZ_y$ 계산

## $B = (PC^T PC)^{-1} PC^T Z_y$ 계산

| | H | I | J | K | L | M | N | O | P | Q | R | S |
|---|---|---|---|---|---|---|---|---|---|---|---|---|
| 21 | | 변환좌표 | | | | | | | | | | |
| 22 | 일일 평균 손님수 (Y) | PC1 | PC2 | PC3 | | | | | | | | |
| 23 | 1.14 | -1.24 | 0.48 | 0.13 | | | | | | | | |
| 24 | -1.80 | 2.39 | 0.53 | -0.42 | | | | | | | | |
| 25 | -0.53 | 1.27 | 0.00 | 0.34 | | | | | | | | |
| 26 | 0.62 | -1.90 | -1.37 | 0.17 | | | | | | | | |
| 27 | -0.84 | 0.52 | -0.73 | -0.12 | | | | | | | | |
| 28 | 1.06 | -1.29 | 0.92 | 0.13 | | | | | | | | |
| 29 | 1.00 | -0.99 | -0.07 | -0.27 | | | | | | | | |
| 30 | -0.05 | 0.40 | -0.63 | -0.06 | | | | | | | | |
| 31 | 0.61 | -2.02 | 0.25 | -0.24 | | | | | | | | |
| 32 | -1.05 | 1.08 | -1.02 | -0.03 | | | | | | | | |
| 33 | -0.93 | 2.05 | 0.24 | 0.31 | | | | | | | | |
| 34 | 0.77 | -0.29 | 1.40 | 0.06 | | | | | | | | |
| 35 | | | | | | | | | | | | |
| 36 | | | | | | | | P' | | | | |
| 37 | -1.24 | 2.39 | 1.27 | -1.90 | 0.52 | -1.29 | -0.99 | 0.40 | -2.02 | 1.08 | 2.05 | -0.29 |
| 38 | 0.48 | 0.53 | 0.00 | -1.37 | -0.73 | 0.92 | -0.07 | -0.63 | 0.25 | -1.02 | 0.24 | 1.40 |
| 39 | | | | | | | | | | | | |
| 40 | | | | | | | | | | | | |
| 41 | | P'P | | | (P'P)-1 | | | P'Y | | | (P'P)-1P'Y | |
| 42 | 25.09 | 0.00 | | 0.04 | 0.00 | | | -14.91 | | b1 | -0.59 | |
| 43 | 0.00 | 7.30 | | 0.00 | 0.14 | | | 2.38 | | b2 | 0.33 | |

⑤ $(PC^T PC)^{-1} PC^T Z_y$ 계산

=MMULT(K42:L43,O42:O43)

그림 5.52 주성분 변환행렬 B 계산

그림 5.52를 보면 회귀계수는 두 개만 구해졌다. 주성분 세 개 중 PC1과 PC2만 사용했기 때문이다. 그림 5.47에서 변환행렬 $B$의 차원을 꼭 확인하자.

주성분 선택 과정에서 PC1, PC2, PC3 세 개를 선택해 계산을 하면 회귀계수는 세 개가 구해진다. 꼭 확인해 보길 바라며 계산 결과는 그림 5.53과 같다

| | H | I | J | K | L | M | N | O | P | Q | R | S |
|---|---|---|---|---|---|---|---|---|---|---|---|---|
| 85 | | 변환좌표 | | | | | | | | | | |
| 86 | 일일 평균 손님수 (Y) | PC1 | PC2 | PC3 | | | | | | | | |
| 87 | 1.14 | -1.24 | 0.48 | 0.13 | | | | | | | | |
| 88 | -1.80 | 2.39 | 0.53 | -0.42 | | | | | | | | |
| 89 | -0.53 | 1.27 | 0.00 | 0.34 | | | | | | | | |
| 90 | 0.62 | -1.90 | -1.37 | 0.17 | | | | | | | | |
| 91 | -0.84 | 0.52 | -0.73 | -0.12 | | | | | | | | |
| 92 | 1.06 | -1.29 | 0.92 | 0.13 | | | | | | | | |
| 93 | 1.00 | -0.99 | -0.07 | -0.27 | | | | | | | | |
| 94 | -0.05 | 0.40 | -0.63 | -0.06 | | | | | | | | |
| 95 | 0.61 | -2.02 | 0.25 | -0.24 | | | | | | | | |
| 96 | -1.05 | 1.08 | -1.02 | -0.03 | | | | | | | | |
| 97 | -0.93 | 2.05 | 0.24 | 0.31 | | | | | | | | |
| 98 | 0.77 | -0.29 | 1.40 | 0.06 | | | | | | | | |
| 99 | | | | | | | | | | | | |
| 100 | | | | | | | | P' | | | | |
| 101 | -1.24 | 2.39 | 1.27 | -1.90 | 0.52 | -1.29 | -0.99 | 0.40 | -2.02 | 1.08 | 2.05 | -0.29 |
| 102 | 0.48 | 0.53 | 0.00 | -1.37 | -0.73 | 0.92 | -0.07 | -0.63 | 0.25 | -1.02 | 0.24 | 1.40 |
| 103 | 0.13 | -0.42 | 0.34 | 0.17 | -0.12 | 0.13 | -0.27 | -0.06 | -0.24 | -0.03 | 0.31 | 0.06 |
| 104 | | | | | | | | | | | | |
| 105 | | P'P | | | (P'P)-1 | | | P'Y | | | (P'P)-1P'Y | |
| 106 | 25.09 | 0.00 | 0.00 | 0.04 | 0.00 | 0.00 | | -14.91 | | b1 | -0.59 | |
| 107 | 0.00 | 7.30 | 0.00 | 0.00 | 0.14 | 0.00 | | 2.38 | | b2 | 0.33 | |
| 108 | 0.00 | 0.00 | 0.60 | 0.00 | 0.00 | 1.65 | | 0.46 | | b3 | 0.77 | |

그림 5.53 주성분을 세 개 선택할 경우

## 5.2.6 변환행렬 A 계산

지금까지 우리가 계산한 변환행렬 B는 선택된 주성분 $PC$(PC1, PC2)와 표준화된 일일 평균 손님 수($Z_y$)로 계산된 회귀계수로 원래 데이터에는 사용할 수가 없다.

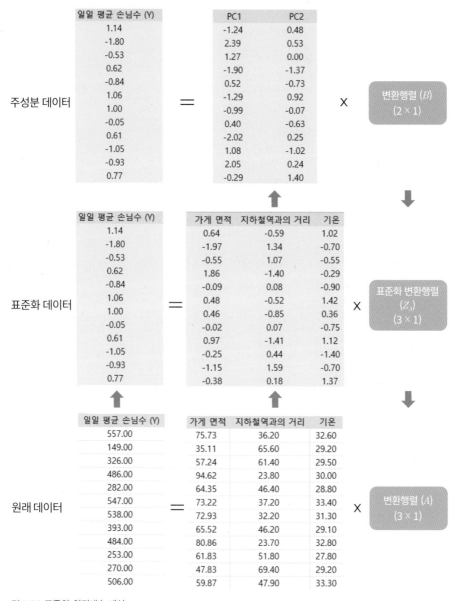

그림 5.54 표준화 회귀계수 계산

그래서 그림 5.54와 같이 표준화 데이터에는 표준화 변환행렬이 필요하므로, 변환행렬 B를 표준화 변환행렬 $Z_A$로 변환하는 것이다. 원래 데이터 $X$, $Y$는 표준화 과정을 거쳐 표준화된 데이터 $Z_x$와 $Z_y$가 되었다. 그리고 표준화된 데이터 $Z_x$를 주성분 데이터 $PC$로 변환해 변환 행렬 B를 계산했으므로, 다시 변환행렬 B를 표준화된 데이터용 변환행렬 $Z_A$로 변환을 시키고, 변환행렬 $Z_A$를 원래 데이터용 변환행렬 $A$로 변환하면 된다.

주성분회귀의 목적이 변환행렬 A를 구하는 것이므로 이것으로 주성분 회귀가 완성이 된다.

우선 변환행렬 B를 변환행렬 $Z_A$로 변환해 보자.

주성분 데이터는 행렬식으로 다음과 같이 표현할 수 있다고 말했다.

$$PC = Z_x V \tag{식 (5.46)}$$

$Z_x$는 표준화 데이터, $V$는 고유벡터이다. 그리고 주성분 데이터 $PC$와 변환행렬 B를 이용해서 표준화 데이터 $Z_y$를 계산했다.

$$Z_y = PCB \tag{식 (5.47)}$$

식 (5.46)을 식 (5.47)에 대입하면 다음과 같다.

$$Z_y = Z_x VB \tag{식 (5.48)}$$

여기서 식 (5.48)을 이해하기 쉽게 행렬들의 차원을 다시 정리해 보자.

표준화 데이터 $Z_y$는 (12 × 1), 표준화 데이터 $Z_x$는 (12 × 3)이다. 주성분 PC1, PC2, PC3을 전부 선택하는 경우에는 고유벡터 $V$는 (3 × 3)이 되고 변환행렬 $B$는 (3 × 1)이 되어 그림 5.55와 같이 데이터가 구성된다.

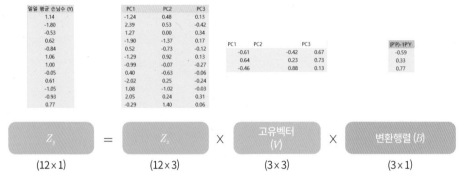

그림 5.55 주성분을 전부 이용할 경우

그러나 주성분을 PC1, PC2 두 개만 선택했을 경우에는 식 (5.48)은 그림 5.56과 같이 구성
된다.

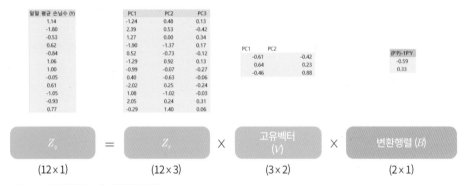

그림 5.56 주성분을 두 개 선택했을 경우

행렬의 차원을 성립했으니 다시 표준화 회귀계수 $Z_A$를 구해 보자. 표준화 데이터 $Z_y$를 표준
화 데이터 $Z_x$와 표준화 회귀계수 $Z_A$의 곱으로 표현하면 다음과 같다.

$$Z_y = Z_x Z_A \quad\text{식 (5.49)}$$

그러므로 식 (5.48)과 식 (5.49)를 비교하면 표준화 회귀계수 $Z_A$를 다음과 같이 정의할 수
있다.

$$Z_x Z_A = Z_x V B$$
$$Z_A = V B \quad\text{식 (5.50)}$$

식 (5.50)에서 표준화 회귀계수 $Z_A$는 고유벡터 V와 변환행렬 B의 곱으로 나타낼 수 있으므로, 엑셀 함수 =MMULT(고유벡터 범위, 변환행렬 B범위)로 계산해 보자.

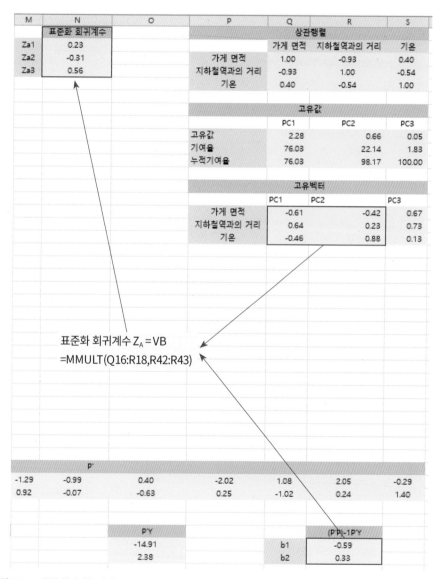

그림 5.57 표준화 회귀계수 계산

고유벡터 $V$와 변환행렬 $B$는 그림 5.57과 같은 값을 사용하면 된다. 그러므로 $(3 \times 1)$ 범위를 선택한 후 수식 입력 창에 =MMULT(Q16:R18,R42:R43)를 입력한 후 [Shift] + [Ctrl]을 누르면서 [Enter]를 누르면 그림 5.57과 같이 표준화 회귀계수가 계산된다.

표준화 회귀계수 $Z_A$가 계산되었으니 이것을 이용해서 표준화 데이터 $Z_y$를 예측해 보자. 표준화 데이터 $Z_y$는 표준화 데이터 $Z_x$와 표준화 계수 $Z_A$의 행렬 곱으로 계산 가능하며, 식 (5.49)를 이용하면 된다.

엑셀 함수 =MMULT(표준화 데이터 범위, 표준화 회귀계수범위)를 이용하면 계산이 되며, $(12 \times 1)$ 범위를 선택한 후 수식 입력 창에 =MMULT(I5:K16,N3:N5)를 입력한 후 [Shift] + [Ctrl]을 누르면서 [Enter]를 누르면 $Z_y$의 예측값이 계산된다.

| | G | H | I | J | K | L | M | N |
|---|---|---|---|---|---|---|---|---|
| 1 | =MMULT(I5:K16,N3:N5) | | | | | | | |
| 2 | | | | | | | | 표준화 회귀계수 |
| 3 | Y 예측 | | 표준화 | | | | Za1 | 0.23 |
| 4 | | 일일 평균 손님수 (Y) | 가게 면적 | 지하철역과의 거리 | 기온 | | Za2 | -0.31 |
| 5 | 0.89 | 1.14 | 0.64 | -0.59 | 1.02 | | Za3 | 0.56 |
| 6 | -1.25 | -1.80 | -1.97 | 1.34 | -0.70 | | | |
| 7 | -0.76 | -0.53 | -0.55 | 1.07 | -0.55 | | | |
| 8 | 0.68 | 0.62 | 1.86 | -1.40 | -0.29 | | | |
| 9 | -0.55 | -0.84 | -0.09 | 0.08 | -0.90 | | | |
| 10 | 1.06 | 1.06 | 0.48 | -0.52 | 1.42 | | | |
| 11 | 0.57 | 1.00 | 0.46 | -0.85 | 0.36 | | | |
| 12 | -0.44 | -0.05 | -0.02 | 0.07 | -0.75 | | | |
| 13 | 1.28 | 0.61 | 0.97 | -1.41 | 1.12 | | | |
| 14 | -0.98 | -1.05 | -0.25 | 0.44 | -1.40 | | | |
| 15 | -1.14 | -0.93 | -1.15 | 1.59 | -0.70 | | | |
| 16 | 0.03 | 0.77 | -0.38 | 0.18 | 1.37 | | | |
| 17 | 평균 | 0.00 | 0.00 | 0.00 | 0.00 | | | |
| 18 | 표준편차 | 1.00 | 1.00 | 1.00 | 1.00 | | | |
| 19 | 상관계수 | 0.94 | | | | | | |

=CORREL(G5:G16,H5:H16)

그림 5.58 예측한 표준화 데이터와 상관계수

그리고 예측한 값과 표준화 데이터와의 상관계수를 계산해 보자. 상관계수는 다음과 같이 입력해 계산한다.

```
= CORREL(G5:G16,H5:H16)
```

그림 5.58은 예측값과 상관계수를 확인할 수 있다. 상관계수는 0.94로 PC1, PC2 만을 이용했지만 아주 좋은 예측 성능을 가진 것을 알 수 있다.

각 변수들의 표준화 회귀계수를 살펴보자.

```
가게 면적 = 0.23
지하철역과의 거리 = -0.31
기온 = 0.56
```

절댓값을 기준으로 값의 크기는 기온이 가장 크고, 지하철역과의 거리, 가게 면적 순서이다. 이 순서는 일일 평균 손님 수에 큰 영향을 미치는 변수들의 순서이다. 따라서 기온이 가장 큰 영향을 미치는 변수라는 의미이다. 또, 표준화 회귀계수의 부호가 양수(+)는 변수가 증가함에 따라 $Y$의 값도 같이 증가한다는 의미이며, 부호가 음수(−)라면 그 반대의 의미이다. 기온이 올라가고 가게 면적이 커질수록 일일 평균 손님 수가 늘어나고, 지하철역과의 거리가 커질수록(멀어질수록) 손님 수는 감소한다는 의미이다. 표준화 회귀계수로는 각 변수의 증감에 따라 몇 명이 늘어나고 줄어드는지는 알 수가 없다. 이것은 회귀계수를 이용하면 알 수 있다.

이제 마지막으로 회귀계수를 계산해 보자.

앞에서 보았듯이 회귀계수 $Z$는 표준화 회귀계수 $Z_A$를 변환한다. 표준화 회귀계수 $Z_{Ai}$에서 회귀계수 $a_i$를 계산하는 식은 다음과 같다. $i$는 변수의 번호, $m$은 변수의 개수이다.

$$a_i = \frac{\sigma_y}{\sigma_{x_i}} Z_{A_i}, \, i = \{1, 2, \cdots, m\}$$ ─────────────── 식 (5.51)

$\sigma_y$: 표준화된 데이터

$\sigma_{xi}$: 표준화된 고유벡터

먼저, 회귀식은 각 데이터의 평균점을 지나게 되므로 이것을 이용하면 $y$ 절편 $a_0$는 다음과 같이 계산할 수 있다.

$$a_0 = \overline{y} - (a_1\overline{x_1} + a_2\overline{x_2}) \quad\text{━━━━━━━━━━━━━━ 식 (5.52)}$$

식 (5.51)의 유도 과정은 다음과 같다. 마찬가지로 우선 결과의 의미만 이해하고, 좀 더 원리가 알고 싶을 경우에 자세히 살펴보는 것도 좋다.

두 개의 변수를 가진 일반 회귀식은 다음과 같이 정의할 수 있다.

$$y = a_1 x_1 + a_2 x_2 \quad\text{━━━━━━━━━━━━━━ 식 (5.53)}$$

식(5.53)은 각 데이터의 각 데이터의 평균점 $(\overline{x_1}, \overline{x_2}, \overline{y})$를 지나므로 다음과 같이 전개할 수 있다.

$$(y - \overline{y}) = a_1(x_1 - \overline{x_1}) + a_2(x_2 - \overline{x_2}) \quad\text{━━━━━━━━━ 식 (5.54)}$$

식 (5.54)의 양변을 $y$의 표준편차로 나누면 다음과 같이 전개된다.

$$\frac{(y - \overline{y})}{\sigma_y} = a_1\frac{(x_1 - \overline{x_1})}{\sigma_y} + a_2\frac{(x_2 - \overline{x_2})}{\sigma_y} \quad\text{━━━━━━━ 식 (5.55)}$$

식 (5.55)의 오른쪽 항에 각각 $\frac{\sigma_{x_1}}{\sigma_{x_1}}$과 $\frac{\sigma_{x_2}}{\sigma_{x_2}}$을 곱해준다. 이 두 식은 1이기 때문에 식에 변화는 없다.

$$\frac{(y - \overline{y})}{\sigma_y} = a_1\frac{\sigma_{x_1}}{\sigma_y}\frac{(x_1 - \overline{x_1})}{\sigma_{x_1}} + a_2\frac{\sigma_{x_2}}{\sigma_y}\frac{(x_2 - \overline{x_2})}{\sigma_{x_2}} \quad\text{━━━ 식 (5.56)}$$

그리고 각 데이터의 표준화는 다음과 같이 정의할 수 있다.

$$Z_y = \frac{(y - \overline{y})}{\sigma_y}, \; Z_{x_1} = \frac{(x_1 - \overline{x_1})}{\sigma_{x_1}}, \; Z_{x_2} = \frac{(x_2 - \overline{x_2})}{\sigma_{x_2}} \quad\text{━━━━ 식 (5.57)}$$

그리고 식 (5.56)에 식 (5.57)을 대입해서 정리해 보면 다음과 같다.

$$Z_y = a_1 \frac{\sigma_{x_1}}{\sigma_y} Z_{x_1} + a_2 \frac{\sigma_{x_2}}{\sigma_y} Z_{x_2} \text{ -------------------- 식 (5.58)}$$

마지막으로, 식 (5.53)을 표준화 데이터에 의한 회귀식으로 표현하면 다음과 같다.

$$Z_y = Z_{A_1} Z_{x_1} + Z_{A_2} Z_{x_2} \text{ ------------------------ 식 (5.59)}$$

식 (5.58)과 식 (5.59)를 비교해 보면 표준화 회귀계수 $Z_{A_1}$과 $Z_{A_2}$는 다음과 같이 정의할 수 있다.

$$Z_{A_1} = a_1 \frac{\sigma_{x_1}}{\sigma_y}, \; Z_{A_2} = a_2 \frac{\sigma_{x_2}}{\sigma_y} \text{ ------------------ 식 (5.60)}$$

그러므로 식 (5.60)을 이용하면 표준화 회귀계수 $Z_{A_1}$과 $Z_{A_2}$로부터 회귀계수 $a_1, a_2$를 계산할 수 있다.

$$a_1 = \frac{\sigma_y}{\sigma_{x_1}} Z_{A_1}, \; a_2 = \frac{\sigma_y}{\sigma_{x_2}} Z_{A_2} \text{ ---------------- 식 (5.61)}$$

식 (5.61)을 일반화한 것이 식 (5.51)이다.

지금까지 표준화 회귀계수로부터 회귀계수를 구하는 과정을 알아보았다.

이제 식 (5.51)과 식 (5.52)를 이용해 회귀계수를 구해 보자.

$$a_1 = \frac{\sigma_y}{\sigma_{x_1}} Z_{A_1} = \frac{138.81}{15.53} \times 0.23$$

$$a_2 = \frac{\sigma_y}{\sigma_{x_2}} Z_{A_2} = \frac{138.81}{15.23} \times (-0.31)$$

$$a_3 = \frac{\sigma_y}{\sigma_{x_3}} Z_{A_3} = \frac{138.81}{1.98} \times 0.56$$

$$a_0 = \overline{y} - (a_1\overline{x_1} + a_2\overline{x_2} + a_3\overline{x_3})$$
$$= 399.25 - (2.02 \times 65.76 - 2.79 \times 45.15 + 39.20 \times 30.58)$$

$a_0$에서 각 변수의 평균과 회귀계수와의 곱을 합한 것은 =SUMPRODUCT(회귀계수의 범위, $X$의 평균범위) 함수를 이용하면 된다.

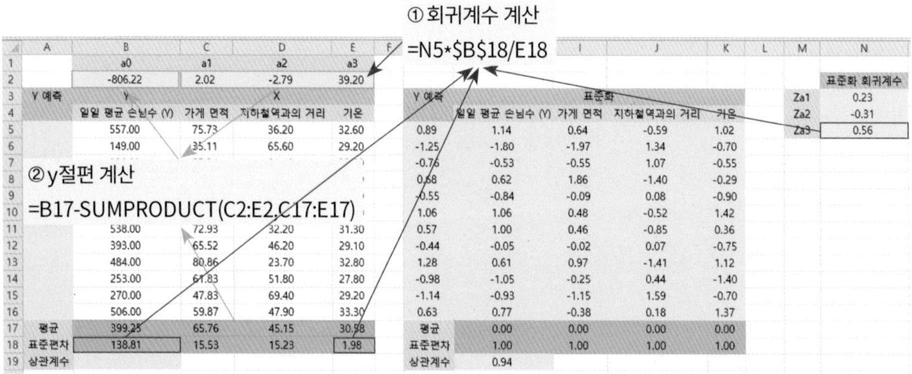

그림 5.59 회귀계수 계산

그림 5.59는 회귀계수 $a_3$과 $y$ 절편 계산 과정을 보여준다. 나머지 회귀계수 $a_1, a_2$도 같은 방법으로 계산하면 된다.

회귀계수를 구했으니, 회귀계수를 이용해 예측값을 계산하고 상관계수까지 한 번에 구해 보자.

$Y$ 예측값은 = $a_0$ + SUMPRODUCT(회귀계수의 범위, X의 평균범위)와 같이 계산할 수 있다.

상관계수도 =CORREL(Y예측 범위, 일일 평균손님 수(Y)의 범위)을 이용하자.

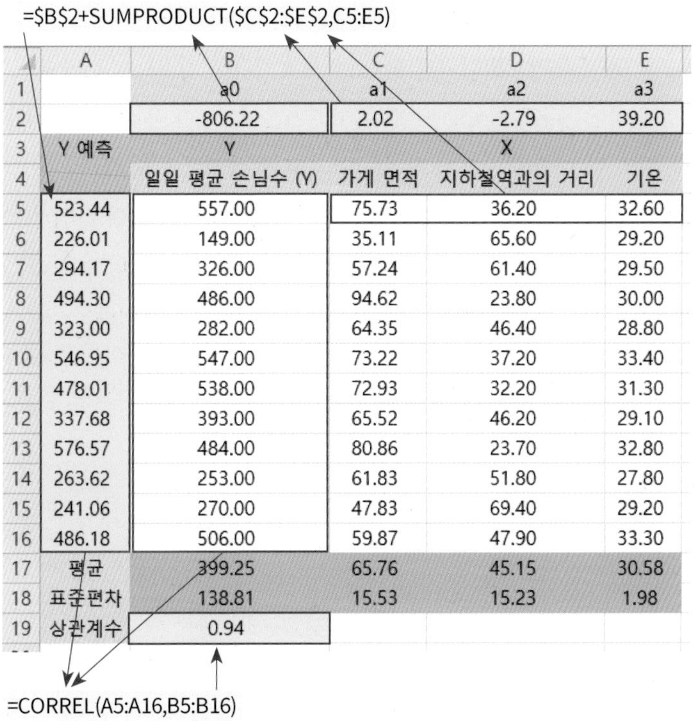

=$B$2+SUMPRODUCT($C$2:$E$2,C5:E5)

| | A | B | C | D | E |
|---|---|---|---|---|---|
| 1 | | a0 | a1 | a2 | a3 |
| 2 | | -806.22 | 2.02 | -2.79 | 39.20 |
| 3 | Y 예측 | Y | X | | |
| 4 | | 일일 평균 손님수 (Y) | 가게 면적 | 지하철역과의 거리 | 기온 |
| 5 | 523.44 | 557.00 | 75.73 | 36.20 | 32.60 |
| 6 | 226.01 | 149.00 | 35.11 | 65.60 | 29.20 |
| 7 | 294.17 | 326.00 | 57.24 | 61.40 | 29.50 |
| 8 | 494.30 | 486.00 | 94.62 | 23.80 | 30.00 |
| 9 | 323.00 | 282.00 | 64.35 | 46.40 | 28.80 |
| 10 | 546.95 | 547.00 | 73.22 | 37.20 | 33.40 |
| 11 | 478.01 | 538.00 | 72.93 | 32.20 | 31.30 |
| 12 | 337.68 | 393.00 | 65.52 | 46.20 | 29.10 |
| 13 | 576.57 | 484.00 | 80.86 | 23.70 | 32.80 |
| 14 | 263.62 | 253.00 | 61.83 | 51.80 | 27.80 |
| 15 | 241.06 | 270.00 | 47.83 | 69.40 | 29.20 |
| 16 | 486.18 | 506.00 | 59.87 | 47.90 | 33.30 |
| 17 | 평균 | 399.25 | 65.76 | 45.15 | 30.58 |
| 18 | 표준편차 | 138.81 | 15.53 | 15.23 | 1.98 |
| 19 | 상관계수 | 0.94 | | | |

=CORREL(A5:A16,B5:B16)

그림 5.60 예측 결과와 상관계수 최종 결과

그림 5.60의 최종 결과를 보자. 상관 계수를 보면 0.94로 표준화 데이터의 예측 결과와 동일하다는 것을 알 수 있다. 표준화 회귀계수를 회귀계수로 변환했으므로 당연한 귀결이다. 또 우리는 주성분분석에서 주성분을 PC1, PC2 두 개만 선택했다. 주성분 두 개를 가지고 회귀분석을 한 결과의 상관계수가 0.94이며 앞 절에서 다중 회귀로 변수 세 개를 이용한 회귀 결과의 상관계수가 0.95이기 때문에 별로 차이가 나지 않는다는 것을 알 수 있다. 이렇게 같은 데이터를 사용해 차원을 줄이면서도 비슷한 회귀 결과를 얻을 수 있는 장점이 있다.

| | 가게면적 | 지하철 역과의 거리 | 기온 |
|---|---|---|---|
| 회귀계수 | 2.02 | -2.79 | 39.20 |
| 표준화 회귀계수 | 0.23 | -0.31 | 0.56 |

그림 5.61 회귀계수와 표준화 회귀계수 비교

그림 5.61은 회귀계수와 표준화 회귀계수를 나타낸 표이다. 회귀계수를 보면 가게 면적이 $1m^2$ 더 커질수록 손님 수가 2명씩 증가하며, 지하철역과의 거리는 거리가 1m 멀어질수록 손님이 2.79명씩 줄어든다고 해석할 수 있다. 또, 기온이 1도가 올라가면 손님은 39명씩 늘어난다. 이 세 가지 변수 중에 어떤 것이 손님의 변화에 영향력이 더 클까? 표준화 회귀계수에서 이야기했듯이 회귀계수는 가게 면적, 지하철역과의 거리, 기온의 단위가 다 달라서 비교할 수가 없다. 그러므로 비교를 위해서 표준화 회귀계수를 사용하면 된다. 기온이 0.56으로 가장 크며 지하철역과의 거리, 가게 면적의 순서라는 것을 알 수 있다.

이렇게 주성분분석과 다중회귀를 결합한 주성분회귀에 대해서 알아보았다. 이제 마지막으로 PLS에 대해서 알아보자.

## 5.3 부분최소제곱법 분석

부분최소제곱(partial least squares, PLS)을 이용할 때는 독립변수를 만드는 방법이 주성분회귀(PCR)와는 다르다. PCR은 주성분분석을 이용해 독립변수의 분산이 최대가 되도록 주성분을 설정하고 이 주성분을 새로운 독립변수로 사용한다. 그러나 PLS는 그림 5.62와 같이 독립변수와 종속변수의 상관관계를 고려해 분산이 최대가 되도록 새로운 독립변수를 만든다.

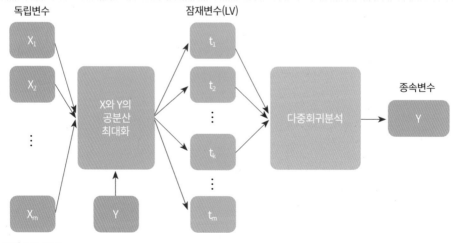

그림 5.62 PLS

다시 말하면, 주성분회귀와 PLS의 차이점은 새로운 독립변수를 구할 때 종속변수 Y의 포함 여부이다. 종속변수 Y를 포함하지 않으면 주성분회귀, 종속변수 Y를 포함하면 PLS이다.

그림 5.62를 보면 독립변수는 X와 Y의 공분산최대화를 거쳐 새로운 잠재변수(latent variable, LV)로 변환되고 이 중에서 몇 개의 잠재변수를 이용해서 다중회귀를 하게 된다. 주성분회귀와 같이 모든 잠재변수를 다 선택한다면 그냥 다중회귀를 하는 것과 같아지므로, 중요한 잠재변수를 독립변수로 선정해서 회귀분석을 하는 것이 PLS의 특징이 된다.

PLS도 주성분분석과 완전히 동일하지는 않지만 상관관계가 높은 변수끼리는 동일한 잠재변수로 뭉치는 효과를 가지게 되므로 다중공선성 문제에서 벗어날 수 있다.

그림 5.63은 주성분회귀의 단계를 좀 더 자세하게 설명한 것이다.

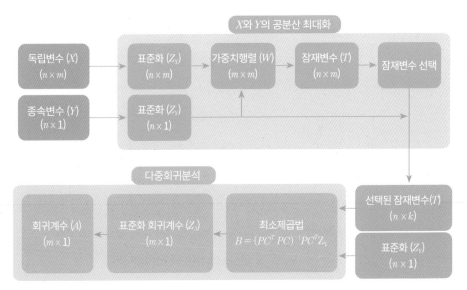

그림 5.63 PLS의 단계

그림 5.63에서 $n$은 데이터의 개수이며, $m$은 변수의 개수이다. 그리고 $k$는 선택된 잠재변수의 개수이다. PLS에서도 주성분회귀와 같이 잠재변수를 선택하는 과정에서 원래의 변수의 개수 $m$보다 적은 수의 잠재변수 $k$개를 선택하므로, 식 (5.36)과 같이 독립변수 $X$의 n개의 데이터와 $m$개의 변수 사이의 관계식에서 좀 더 자유로워지게 된다.

PLS는 독립변수 $X$와 종속변수 $Y$에 대해서 표준화를 한 후, 가중치 행렬 $W$를 구하고 잠재변수 $T$를 구한 후 필요한 잠재변수를 선택한다. 선택된 잠재변수와 표준화된 종속변수를 이용해 최소제곱법을 진행하면 우리가 필요한 회귀계수를 얻을 수가 있다.

PLS의 가중치 행렬은 주성분분석의 고유벡터와 의미가 비슷하며, 잠재변수는 주성분과 비슷하다.

PLS에서 독립변수 $X$와 종속변수 $Y$는 다음과 같이 표현된다.

$$X = TP^T + E_x = \sum_{i=1}^{k} t_i p_i^T + E_x$$
$$Y = TQ^T + E_y = \sum_{i=1}^{k} t_i q_i^T + E_y$$

························································· 식 (5.62)

여기서, $k$는 잠재변수의 개수이고 $E_x$와 $E_y$는 잔차이다. 독립변수 $X$와 종속변수 $Y$는 모두 잠재변수 $T$로 표현되어 있다. PLS에서 사용되는 잠재변수 $T$가 주성분분석에서 주성분 PC에 해당하며, PLS의 목적은 종속변수 $Y$의 공분산이 최대가 되는 잠재변수 $T$를 구하는 것이다.

이렇게 잠재변수 $T$가 구해지면 주성분회귀와 같이 종속변수 $Y$와 독립변수 $X$와의 관계를 나타내는 변환행렬 $A$를 구할 수 있게 된다.

주성분분석과 다른 점이 또 있다. 변수가 세 개라면 세 개의 주성분을 계산하기 위해서 주성분분석에서는 한 번만 계산하면 되었다. 하지만 PLS에서는 한 번에 하나의 잠재변수밖에 계산이 안 된다. 따라서 변수가 세 개라면 잠재변수 계산을 세 번 해야 한다.

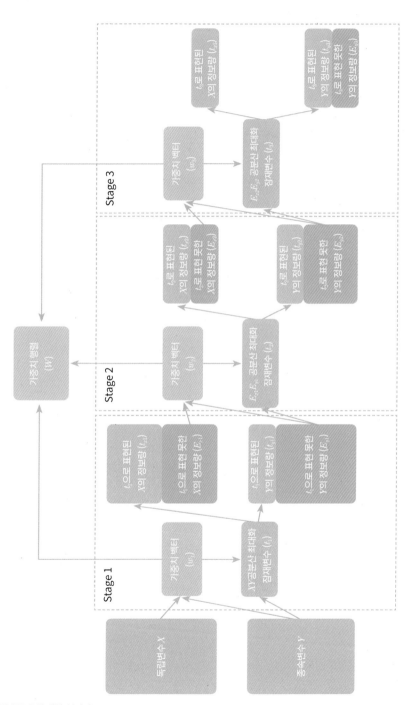

그림 5.64 PLS의 계산 이미지

여기서부터 이 책에서 가장 난이도가 높은 부분이 나온다. 이 개념만 잘 이해한다면 PLS를 이해했다고 자신 있게 어디에 가서 이야기를 해도 된다. 그림 5.64와 함께 천천히 살펴보면서 이해하자.

그림 5.64을 보자. 독립변수 $X$와 종속변수 $Y$가 있다. 그리고 독립변수의 개수는 세 개라고 하자. Stage는 세 개가 있으며, Stage의 수는 독립변수의 개수와 같다.

먼저 Stage 1에서 독립변수 $X$와 종속변수 $Y$의 공분산을 최대로 하는 잠재변수 $t_1$을 독립변수 $X$와 종속변수 $Y$와의 관계를 알려주는 가중치 벡터 $w_1$으로 계산한다. $t_1$의 정보량은 독립변수 $X$와 종속변수 $Y$의 공통 부분이므로, 독립변수 $X$와 종속변수 $Y$에서 각기 $t_1$을 빼면 $t_1$으로 표현하지 못 한 정보량 즉, 잔차가 남는다. 독립변수 $X$와의 잔차를 $E_{x1}$, 종속변수 $Y$와의 잔차를 $E_{x2}$라고 한다.

Stage 2에서는 $t_1$이 포함하지 못한 정보량 $E_{x1}$과 $E_{y1}$를 가지고 다시 공분산을 최대화하는 잠재변수 $t_2$와 가중치 벡터 $w_2$를 계산한다. 그리고 $E_{x1}$에서 $t_2$를 뺀 잔차를 $E_{x2}$라고 하고 $E_{y1}$에서 $t_2$를 뺀 잔차를 $E_{y2}$라고 한다.

Stage 3에서는 마지막으로 $t_2$가 포함하지 못한 정보량 $E_{x2}$과 $E_{y2}$를 가지고 다시 공분산을 최대화하는 잠재변수 $t_3$와 가중치 벡터 $w_3$를 계산한다.

독립변수의 개수가 5개라고 하면 Stage는 5까지 진행되며, 잠재변수 $t_5$와 가중치 벡터 $w_5$가 생길 때까지 반복하면 된다.

Stage가 완료되면, 가중치 벡터들을 모아 가중치 행렬 $W$가 완성되는데, 이 가중치 행렬 $W$가 PLS에서 주성분회귀의 고유벡터 $V$의 역할을 담당해 회귀계수를 계산할 수 있는 열쇠가 된다.

그림 5.64에서 잠재변수 $t_3$까지 계산했을 때, 독립변수의 마지막 잔차 $E_{x3}$은 반드시 0이 된다. 이것은 잠재변수는 독립변수 $X$의 정보량을 반드시 100% 포함한다는 의미이다. 하지만 종속변수 $Y$를 보면 $E_{y3}$이 남아있는 것을 볼 수 있다. 이것은 잠재변수가 종속변수 $Y$의 정보량을 100% 포함하지 못했다는 의미이다. $E_{y3}=0$이 된다면, 이 회귀식의 상관계수는 1로 100% 표현 가능하다는 의미가 된다.

위의 계산 이미지를 참고하면서 우선 첫 번째 잠재변수의 성분 $t_1$과 가중치 벡터 $w_1$을 구해 보자.

$$t_1 = Xw_1 \qquad\qquad\qquad\qquad\qquad\text{식 (5.63)}$$

그리고 종속변수 Y와 첫 번째 잠재변수의 성분 $t_1$의 분산을 다음과 같이 정의하자.

$$L = Y^T t_1 \qquad\qquad\qquad\qquad\qquad\text{식 (5.64)}$$

$L$을 최대화할 때, $w_1$이 무한대로 커지면 $L$도 같이 무한대로 커지므로, $w_1$의 제약조건을 다음과 같이 설정하고,

$$w_1^t w_1 = 1 \qquad\qquad\qquad\qquad\qquad\text{식 (5.65)}$$

라그랑주 승수법(lagrange multiplier method)을 사용하여, 주성분분석처럼 $L$을 최대화하기 위해 식을 정리하면 다음과 같다.

$$\begin{aligned} L &= Y^T t_1 - \lambda\left(w_1^t w_1 - 1\right) \\ &= Y^T X w_1 - \lambda\left(w_1^t w_1 - 1\right) \qquad\qquad\qquad\text{식 (5.66)} \end{aligned}$$

식 (5.66)을 $w_1$에 대해서 편미분을 해 정리하면 다음과 같다.

$$\begin{aligned} \frac{\partial L}{\partial w_1} &= Y^T X - 2\lambda w_1 = 0 \\ Y^T X &= 2\lambda w_1 \qquad\qquad\qquad\qquad\text{식 (5.67)} \end{aligned}$$

식 (5.67)에서 $2\lambda$를 임의의 상수 $h$라 하면 $Y^T X$와 $w_1$는 $h$의 비율로 일정하다고 할 수 있다. $h = 1$로 가정하면 식 (5.67)은 다음과 같이 정리할 수 있다.

$$w_1 = Y^T X \qquad\qquad\qquad\qquad\qquad\text{식 (5.68)}$$

$h$비율로 $w_1$도 커지므로 $\|w_1\|$으로 나눠주게 되면 $\|w_1\| = 1$이 된다. 따라서 첫 번째 잠재변수의 성분 $t_1$을 계산하기 위한 첫 번째 가중벡터 성분 $w_1$을 행렬 연산으로 표현하면 다음과 같다.

$$w_1 = \frac{Y^T X}{\|Y^T X\|} \qquad\qquad\qquad\qquad\qquad\text{식 (5.69)}$$

지금까지 첫 번째 잠재변수의 성분 $t_1$을 구하는 과정을 정리하면 식 (5.62)는 다음과 같이 바꿀 수 있다.

$$X = t_1 p_1^T + E_{x_1}$$
$$Y = t_1 q_1^T + E_{y_1}$$

식 (5.70)

첫 번째 잠재변수의 성분 $t_1$을 계산했다. 그림 5.64과 같이 첫 번째 잔차 $E_{x1}$과 $E_{y1}$를 구하기 위해서는 식 (5.70)에서 $t_1 p_1^T$과 $t_1 q_1^T$를 구해야 한다.

식 (5.70)을 자세히 살펴보면 $p_1$은 $t_1$을 X로 회귀시키기 위한 변환행렬과 같은 이미지라는 것을 알 수 있다. 마찬가지로, $q_1$은 $t_1$을 Y로 회귀시키기 위한 변환행렬이다. 그러므로 $E_{x1}$과 $E_{y1}$는 첫 번째 잠재성분 $t_1$을 X와 Y에 회귀시키고 남은 잔차라는 의미이다. 다중회귀와 마찬가지로 $p_1$과 $q_1$은 회귀계수이므로 식 (5.35)를 이용하면 다음과 같이 구해진다.

$$p_1 = \frac{X^T t_1}{t_1^T t_1}$$
$$q_1 = \frac{Y^T t_1}{t_1^T t_1}$$

식 (5.71)

이렇게, 첫 번째 잠재성분 $t_1$과 가중치 벡터 $w_1$을 $X$와 $Y$에 대해서 계산했다.

지금까지의 과정이 그림 5.64에서 Stage 1에 해당된다. 앞에서 설명했듯이 Stage 2, Stage 3을 순차적으로 계산해야 한다고 말했다.

이제 두 번째 잠재성분 $t_2$를 계산하자. 첫 번째 잠재 성분은 X와 Y의 초깃값으로 계산했으나 두 번째 잠재성분은 그림 5.64과 같이 첫 번째 잠재성분으로 회귀한 결과의 잔차 $E_{x1}$과 $E_{y1}$를 이용해서 계산한다. 식 (5.63)과 식 (5.64)는 다음과 같이 바뀐다.

$$t_2 = E_{x_1} w_2$$
$$L = E_{y_1}^T t_2$$

그리고 앞에서와 마찬가지로 가중치 벡터 $w_2$와 잠재성분 $t_2$를 계산한 후에 $p_2$, $q_2$를 계산해 두 번째 잠재성분 $t_2$ 계산이 끝나면 식 (5.70)은 다음과 같이 전개된다.

$$X = t_1 p_1^T + t_2 p_2^T + E_{x_2}$$
$$Y = t_1 q_1^T + t_2 q_2^T + E_{y_2}$$
$$\qquad\qquad\qquad\qquad\qquad\qquad 식 (5.72)$$

세 번째 잠재성분은 마찬가지로 잔차 $E_{x_2}$과 $E_{y_2}$를 이용해서 계산되며, 이 과정은 앞에서 이 야기한 것과 같이 변수의 개수만큼 진행된다.

만약 변수가 세 개이면 잠재변수는 세 개까지 구해지며 $E_{x_3}$는 반드시 0행렬이 된다. 그러므로 네 번째 잠재변수를 계산하려고 해도 계산할 수가 없게 된다. 하지만 $E_{y_3}$는 0행렬이 될 수도 아닐 수도 있다. 변수가 세 개일 경우의 식 (5.72)는 다음과 같이 정리할 수 있다.

$$X = t_1 p_1^T + t_2 p_2^T + t_3 p_3^T$$
$$Y = t_1 q_1^T + t_2 q_2^T + t_3 q_3^T + E_{y_3}$$
$$\qquad\qquad\qquad\qquad\qquad\qquad 식 (5.73)$$

이제 엑셀의 [PLS] 시트를 이용한 실습을 통해서 알아보자.

### 5.3.1 데이터 표준화

$X$와 $Y$에 대해서 데이터 표준화를 해야 한다. 주성분회귀와 데이터가 같은 데이터를 사용하므로 미리 계산되어 있다. 그림 5.65를 확인하자.

| | 일일 평균 손님수 (Y) | 가게 면적 | 지하철역과의 거리 | 기온 | | | 일일 평균 손님수 (Y) | 가게 면적 | 지하철역과의 거리 | 기온 |
|---|---|---|---|---|---|---|---|---|---|---|
| 7 | 557.00 | 75.73 | =(B7-B$19)/B$20 | | | | 1.14 | 0.64 | -0.59 | 1.02 |
| 8 | 149.00 | 35.11 | 65.60 | 29.20 | | | -1.80 | -1.97 | 1.34 | -0.70 |
| 9 | 326.00 | 57.24 | 61.40 | 29.50 | | | -0.53 | -0.55 | 1.07 | -0.55 |
| 10 | 486.00 | 94.62 | 23.80 | 30.00 | | | 0.62 | 1.86 | -1.40 | -0.29 |
| 11 | 282.00 | 64.35 | 46.40 | 28.80 | | | -0.84 | -0.09 | 0.08 | -0.90 |
| 12 | 547.00 | 73.22 | 37.20 | 33.40 | | | 1.06 | 0.48 | -0.52 | 1.42 |
| 13 | 538.00 | 72.93 | 32.20 | 31.30 | | | 1.00 | 0.46 | -0.85 | 0.36 |
| 14 | 393.00 | 65.52 | 46.20 | 29.10 | | | -0.05 | -0.02 | 0.07 | -0.75 |
| 15 | 484.00 | 80.86 | 23.70 | 32.80 | | | 0.61 | 0.97 | -1.41 | 1.12 |
| 16 | 253.00 | 61.83 | 51.80 | 27.80 | | | -1.05 | -0.25 | 0.44 | -1.40 |
| 17 | 270.00 | 47.83 | 69.40 | 29.20 | | | -0.93 | -1.15 | 1.59 | -0.70 |
| 18 | 506.00 | 59.87 | 47.90 | 33.30 | | | 0.77 | -0.38 | 0.18 | 1.37 |
| 19 | 399.25 | 65.76 | 45.15 | 30.58 | 평균 | | 0.00 | 0.00 | 0.00 | 0.00 |
| 20 | 138.81 | 15.53 | 15.23 | 1.98 | 표준편차 | | 1.00 | 1.00 | 1.00 | 1.00 |

표준화 결과가 평균 0, 표준편차 1 확인

그림 5.65 데이터 표준화

## 5.3.2 가중치 행렬 W 계산

### 5.3.2.1 첫 번째 가중치 벡터  계산

그림 5.66은 Stage 1의 계산 내용을 보여준다.

| | O | P | Q | R | S | T | U | V | W | X | Y | Z | AA | AB |
|---|---|---|---|---|---|---|---|---|---|---|---|---|---|---|
| 1 | | 일일 평균 손님수 (Y) | | | | | | | | | | | | |
| 2 | | 가게 면적 | | | | | | | | | | | | |
| 3 | | 지하철역과의 거리 | | | | | | | | | | | | |
| 4 | | 기온 | | | | | | | | | | | | |
| 5 | | | | | | | | | | | | | | |
| 6 | | | X'Y | W1 | t1 | X't1 | | p1 | Y't1 | q1 | | | | |
| 7 | | | | | | | | | | | | | | |
| 8 | | | | | | | | | | | | | | |
| 9 | | | | | | | | | | | | | | |
| 10 | | | | | | | | | | | | | | |
| 11 | | | ‖X'Y‖ | | | t1't1 | | p1' | | | | | | |
| 12 | | | | | | | | | | | | | | |
| 13 | | | | | | | | | | | | | | |
| 14 | | | | | | | | | | | | | | |
| 15 | | | | | | | | | | | | | | |
| 16 | Stage 1 | | | | | | | | | | | | | |
| 17 | | | | | | | | | | | | | | |
| 18 | | | | | | | | | | | | | | |
| 19 | | | | | | | | | | | | | | |
| 20 | | | t1q1' | | | t1p1' | | | Ey1 | | Ex1 | | | |
| 21 | | | | | | | | | | | | | | |
| 22 | | | | | | | | | | | | | | |
| 23 | | | | | | | | | | | | | | |
| 24 | | | | | | | | | | | | | | |
| 25 | | | | | | | | | | | | | | |
| 26 | | | | | | | | | | | | | | |
| 27 | | | | | | | | | | | | | | |
| 28 | | | | | | | | | | | | | | |
| 29 | | | | | | | | | | | | | | |
| 30 | | | | | | | | | | | | | | |
| 31 | | | | | | | | | | | | | | |
| 32 | | | | | | | | | | | | | | |

그림 5.66 첫 번째 가중치 벡터 구하기

$w_1$은 식 (5.69)를 이용해 계산할 수 있다.

#### $X^T$ 구하기

$X^T$는 $X$의 전치행렬이다. 전치행렬은 엑셀 함수 =TRANSPOSE($X$ 행렬범위)를 이용하면 된다. 그림 5.67과 같이 전치행렬이 들어갈 범위를 선택한 후에 다음과 같이 입력하고 [Shift] + [Ctrl] + [Enter]로 행렬 연산을 하도록 한다.

```
=TRANSPOSE(H7:K18)
```

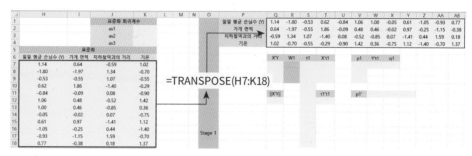

그림 5.67 $X^T$, $Y^T$ 구하기

엑셀 파일에는 $Y^T$도 나중에 필요하므로 $X^T$와 함께 미리 계산했다.

## $X^T Y$ 계산

$X^T$와 $Y$의 행렬곱이다. 행렬곱은 =MMULT() 함수를 사용하며, 범위 선택 후 다음과 같이 입력하고 [Shift] + [Ctrl] + [Enter]로 행렬 연산을 하도록 한다.

```
=MMULT(Q2:AB4,H7:H18)
```

계산 결과는 그림 5.68과 같다.

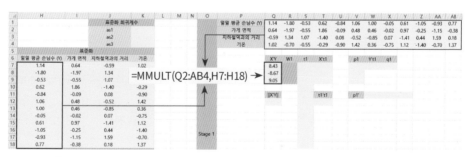

그림 5.68 $X^T Y$ 구하기

## $\|X^T Y\|$ 계산

$X^T Y$를 이용한 $\|X^T Y\|$의 계산은 다음과 같이 된다.

$$\| X'Y \| = \sqrt{(8.43)^2 + (-8.67)^2 + (9.05)^2}$$

엑셀에서는 루트($\sqrt{}$)는 =SQRT() 함수를 사용하고, 각 요소의 제곱의 합은 =SUMSQ()를 사용하면 된다. 그러므로 $\| X'Y \|$ 계산 결과 부분에 다음과 같이 입력한다.

```
=SQRT(SUMSQ(Q7:Q9))
```

$\| X^T Y \|$ 계산한 결과는 그림 5.69와 같다.

| | O | P | Q | R | S | T | U | V | W | X | Y | Z | AA | AB |
|---|---|---|---|---|---|---|---|---|---|---|---|---|---|---|
| 1 | | 일일 평균 손님수 (Y) | 1.14 | -1.80 | -0.53 | 0.62 | -0.84 | 1.06 | 1.00 | -0.05 | 0.61 | -1.05 | -0.93 | 0.77 |
| 2 | | 가게 면적 | 0.64 | -1.97 | -0.55 | 1.86 | -0.09 | 0.48 | 0.46 | -0.02 | 0.97 | -0.25 | -1.15 | -0.38 |
| 3 | | 지하철역과의 거리 | -0.59 | 1.34 | 1.07 | -1.40 | 0.08 | -0.52 | -0.85 | 0.07 | -1.41 | 0.44 | 1.59 | 0.18 |
| 4 | | 기온 | 1.02 | -0.70 | -0.55 | -0.29 | -0.90 | 1.42 | 0.36 | -0.75 | 1.12 | -1.40 | -0.70 | 1.37 |
| 5 | | | | | | | | | | | | | | |
| 6 | | | X'Y | W1 | t1 | X't1 | | p1 | Y't1 | q1 | | | | |
| 7 | | | 8.43 | | | | | | | | | | | |
| 8 | | | -8.67 | | | | | | | | | | | |
| 9 | | | 9.05 | | | =SQRT(SUMSQ(Q7:Q9)) | | | | | | | | |
| 10 | | | | | | | | | | | | | | |
| 11 | | | ‖X'Y‖ | | | t1't1 | | p1' | | | | | | |
| 12 | | | 15.10 | | | | | | | | | | | |
| 13 | | | | | | | | | | | | | | |
| 14 | | | | | | | | | | | | | | |
| 15 | | | | | | | | | | | | | | |
| 16 | Stage 1 | | | | | | | | | | | | | |
| 17 | | | | | | | | | | | | | | |
| 18 | | | | | | | | | | | | | | |

그림 5.69 $\| X^T Y \|$ 계산

### 가중치 벡터 $w_1$ 계산

가중치 벡터 $w_1$를 계산하는 식은 다음과 같으며, $X^T Y$ 계산 결과를 $\| X^T Y \|$로 나눠준다.

$$w_1 = \frac{X^T Y}{\| X^T Y \|}$$

8.43, −8.67, 9.05를 15.10으로 나눈 값을 가지게 되며 그림 5.70과 같다

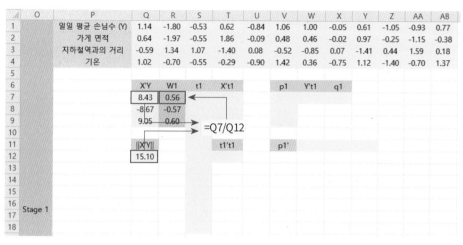

그림 5.70 가중치 벡터 $w_1$ 계산

## $t_1$ 계산

이제 첫 번째 잠재변수의 성분 $t_1$ 계산을 계산하자. 이 $t_1$은 다음과 같이 정의되어 있다.

$$t_1 = Xw_1$$

그러므로 X와 가중치 벡터 $w_1$의 행렬곱을 엑셀 함수를 써서 다음과 같이 입력하면 계산할 수 있다.

```
=MMULT(I7:K18,R7:R9)
```

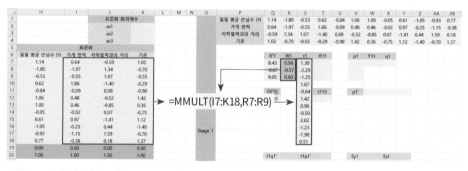

그림 5.71 잠재변수 성분 $t_1$ 계산

**회귀계수 $p_1$과 $q_1$ 계산**

$p_1$은 $t_1$을 $X$로 회귀시켰을 때의 회귀계수이며, $q_1$은 $t_1$을 $Y$로 회귀시켰을 때의 회귀계수이다. $p_1$과 $q_1$은 식 (5.71)을 이용하면 그림 5.72와 같이 구할 수 있다.

$$p_1 = \frac{X^T t_1}{t_1^{\,T} t_1}$$

$$q_1 = \frac{Y^T t_1}{t_1^{\,T} t_1}$$

$t_1^{\,T} t_1$는 자기 자신의 값을 제곱해 모두 더한 것과 같으므로 =SUMSQ($t_1$의 범위)를 사용해 다음과 같이 계산하면 된다.

=SUMSQ(S7:S18)

그림 5.72, 그림 5.73은 $p_1$과 $q_1$을 계산하는 과정이다.

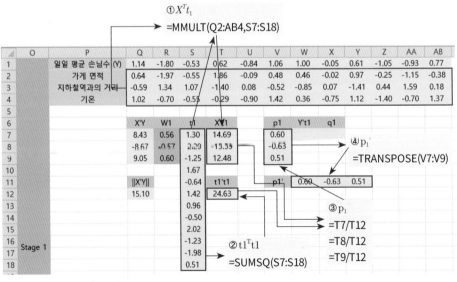

그림 5.72 $p_1$ 계산

그림 5.16에서 $p_1^{\,T}$는 잔차를 계산할 때 필요하므로 미리 계산해 두었다.

| | O | P | Q | R | S | T | U | V | W | X | Y | Z | AA | AB |
|---|---|---|---|---|---|---|---|---|---|---|---|---|---|---|
| 1 | | 일일 평균 손님수 (Y) | 1.14 | -1.80 | -0.53 | 0.62 | -0.84 | 1.06 | 1.00 | -0.05 | 0.61 | -1.05 | -0.93 | 0.77 |
| 2 | | 가게 면적 | 0.64 | -1.97 | -0.55 | 1.86 | -0.09 | 0.48 | 0.46 | -0.02 | 0.97 | -0.25 | -1.15 | -0.38 |
| 3 | | 지하철역과의 거리 | -0.59 | 1.34 | 1.07 | -1.4 | ①$Y^T t_1$ | | | | -1.41 | 0.44 | 1.59 | 0.18 |
| 4 | | 기온 | 1.02 | -0.70 | -0.55 | -0.2 | =MMULT(Q1:AB1,S7:S18) | | | | 1.12 | -1.40 | -0.70 | 1.37 |
| 5 | | | | | | | | | | | | | | |
| 6 | | | X'Y | W1 | t1 | X't1 | | p1 | Y't1 | q1 | | | | |
| 7 | | | 8.43 | 0.56 | 1.30 | 14.69 | | 0.60 | 15.10 | 0.61 | | | | |
| 8 | | | -8.67 | -0.57 | -2.29 | -15.59 | | -0.63 | | | | | | |
| 9 | | | 9.05 | 0.60 | -1.25 | 12.48 | | 0.51 | | | | | | |
| 10 | | | | | 1.67 | | | | | | | | | |
| 11 | | | \|\|X'Y\|\| | | -0.64 | t1't1 | | p1' | 0.60 | -0.63 | 0.51 | | | |
| 12 | | | 15.10 | | 1.42 | 24.63 | | | | | | | | |
| 13 | | | | | 0.96 | | | | | | | | | |
| 14 | | | | | -0.50 | | | | | | | | | |
| 15 | | | | | 2.02 | | | | | | | | | |
| 16 | Stage 1 | | | | -1.23 | | | | | | | | | |
| 17 | | | | | -1.98 | | | | | | | | | |
| 18 | | | | | 0.51 | | | | | | | | | |

②$q_1$ =W7/T12

그림 5.73 $q_1$ 계산

## $t_1 q_1^{\ T}$, $t_1 p_1^{\ T}$, $E_{x1}$, $E_{y1}$ 구하기

두 번째 잠재변수의 성분 $t_2$ 계산을 위해 $t_1$의 회귀결과와 잔차 $E_{x1}$, $E_{y1}$을 계산할 차례이다.

이 단계가 첫 번째 잠재변수 $t_1$을 위한 마지막 단계이다.

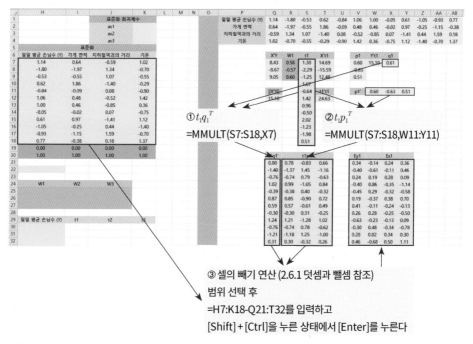

①$t_1 q_1^{\ T}$ =MMULT(S7:S18,X7)

②$t_1 p_1^{\ T}$ =MMULT(S7:S18,W11:Y11)

③ 셀의 빼기 연산 (2.6.1 덧셈과 뺄셈 참조) 범위 선택 후 =H7:K18-Q21:T32를 입력하고 [Shift]+[Ctrl]을 누른 상태에서 [Enter]를 누른다

그림 5.74 $E_{x1}$, $E_{y1}$계산

식 (5.70)을 첫 번째 잔차 $E_{x1}$, $E_{y1}$의 기준으로 바꾸면 다음과 같다.

$$E_{x_1} = X - t_1 p_1^T$$
$$E_{y_1} = Y - t_1 q_1^T$$

그림 5.74에서는 '2.6.1 덧셈과 뺄셈'에 나온 것처럼 행렬의 뺄셈을 이용해서 계산했다.

## 5.3.2.2 두 번째 가중치 벡터 $t_2$ 계산

$w_2$의 계산은 $w_1$ 계산과 거의 동일하다. 단지, 그림 5.75와 같이 첫 번째 잔차 $E_{x1}$, $E_{y1}$가 $X$ 와 $Y$가 된다.

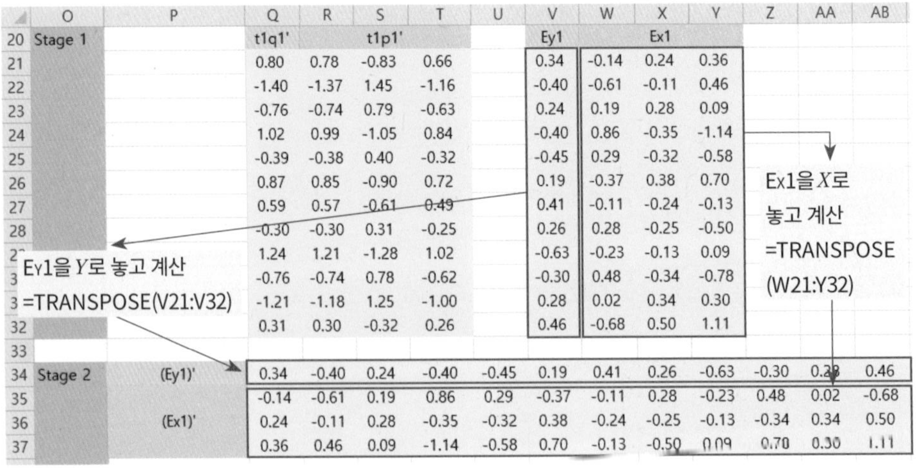

그림 5.76 $w_2$의 $X$와 $Y$

가중치 벡터 $w_2$와 잠재변수 $t_2$, $p_2$, $q_2$의 계산은 앞의 Stage 1과 동일하므로 참고해서 계산해 보자.

잔차 $E_{x2}$, $E_{y2}$를 계산할 때에도 다음 식을 이용해서 계산해야 한다.

$$E_{x_2} = E_{x_1} - t_2 p_2^T$$
$$E_{y_2} = E_{y_1} - t_2 q_2^T$$

그림 5.76은 $w_2$를 계산한 결과이다.

| | O | P | Q | R | S | T | U | V | W | X | Y | Z | AA | AB |
|---|---|---|---|---|---|---|---|---|---|---|---|---|---|---|
| 34 | | (Ey1)' | 0.34 | -0.40 | 0.24 | -0.40 | -0.45 | 0.19 | 0.41 | 0.26 | -0.63 | -0.30 | 0.28 | 0.46 |
| 35 | | | -0.14 | -0.61 | 0.19 | 0.86 | 0.29 | -0.37 | -0.11 | 0.28 | -0.23 | 0.48 | 0.02 | -0.68 |
| 36 | | (Ex1)' | 0.24 | -0.11 | 0.28 | -0.35 | -0.32 | 0.38 | -0.24 | -0.25 | -0.13 | -0.34 | 0.34 | 0.50 |
| 37 | | | 0.36 | 0.46 | 0.09 | -1.14 | -0.58 | 0.70 | -0.13 | -0.50 | 0.09 | -0.78 | 0.30 | 1.11 |
| 38 | | | | | | | | | | | | | | |
| 39 | | | X'Y | W2 | t2 | X't2 | | p2 | y't2 | q2 | | | | |
| 40 | | | -0.58 | -0.33 | 0.45 | -3.60 | | -0.52 | 1.75 | 0.25 | | | | |
| 41 | | | 0.89 | 0.51 | 0.51 | 2.46 | | 0.35 | | | | | | |
| 42 | | | 1.39 | 0.80 | 0.14 | 5.71 | | 0.82 | | | | | | |
| 43 | | | | | -1.37 | | | | | | | | | |
| 44 | | | ‖X'Y‖ | | -0.72 | t2't2 | | p2' | -0.52 | 0.35 | 0.82 | | | |
| 45 | | | 1.75 | | 0.87 | 6.98 | | | | | | | | |
| 46 | | | | | -0.19 | | | | | | | | | |
| 47 | | | | | -0.61 | | | | | | | | | |
| 48 | | | | | 0.09 | | | | | | | | | |
| 49 | Stage 2 | | | | -0.95 | | | | | | | | | |
| 50 | | | | | 0.41 | | | | | | | | | |
| 51 | | | | | 1.36 | | | | | | | | | |
| 52 | | | | | | | | | | | | | | |
| 53 | | | t2q2' | | t2p2' | | | Ey2 | | Ex2 | | | | |
| 54 | | | 0.11 | -0.23 | 0.16 | 0.37 | | 0.22 | 0.10 | 0.08 | -0.01 | | | |
| 55 | | | 0.13 | -0.27 | 0.18 | 0.42 | | -0.53 | -0.34 | -0.29 | 0.04 | | | |
| 56 | | | 0.04 | -0.07 | 0.05 | 0.12 | | 0.20 | 0.27 | 0.23 | -0.03 | | | |
| 57 | | | -0.34 | 0.71 | -0.48 | -1.12 | | -0.05 | 0.16 | 0.13 | -0.02 | | | |
| 58 | | | -0.18 | 0.37 | -0.25 | -0.59 | | -0.27 | -0.08 | -0.07 | 0.01 | | | |
| 59 | | | 0.22 | -0.45 | 0.31 | 0.71 | | -0.02 | 0.08 | 0.07 | -0.01 | | | |
| 60 | | | -0.05 | 0.10 | -0.07 | -0.15 | | 0.46 | -0.21 | -0.18 | 0.03 | | | |
| 61 | | | -0.15 | 0.32 | -0.22 | -0.50 | | 0.41 | -0.04 | -0.03 | 0.00 | | | |
| 62 | | | 0.02 | -0.04 | 0.03 | 0.07 | | -0.65 | -0.19 | -0.16 | 0.02 | | | |
| 63 | | | -0.24 | 0.49 | -0.34 | -0.78 | | -0.06 | -0.01 | -0.01 | 0.00 | | | |
| 64 | | | 0.10 | -0.21 | 0.14 | 0.33 | | 0.18 | 0.23 | 0.20 | -0.03 | | | |
| 65 | | | 0.34 | -0.70 | 0.48 | 1.12 | | 0.12 | 0.02 | 0.02 | 0.00 | | | |

그림 5.76 $w_2$ 계산 결과

### 5.3.2.3 세 번째 가중치 벡터 $w_3$ 계산

$w_3$의 계산도 $w_2$ 계산과 거의 동일하다. 그림 5.77의 계산 결과를 보자.

| | O | P | Q | R | S | T | U | V | W | X | Y | Z | AA | AB |
|---|---|---|---|---|---|---|---|---|---|---|---|---|---|---|
| 67 | | (Ey2)' | 0.22 | -0.53 | 0.20 | -0.05 | -0.27 | -0.02 | 0.46 | 0.41 | -0.65 | -0.06 | 0.18 | 0.12 |
| 68 | | | 0.10 | -0.34 | 0.27 | 0.16 | -0.08 | 0.08 | -0.21 | -0.04 | -0.19 | -0.01 | 0.23 | 0.02 |
| 69 | | (Ex2)' | 0.08 | -0.29 | 0.23 | 0.13 | -0.07 | 0.07 | -0.18 | -0.03 | -0.16 | -0.01 | 0.20 | 0.02 |
| 70 | | | -0.01 | 0.04 | -0.03 | -0.02 | 0.01 | -0.01 | 0.03 | 0.00 | 0.02 | 0.00 | -0.03 | 0.00 |
| 71 | | | | | | | | | | | | | | |
| 72 | | | X'Y | W3 | t3 | X't3 | | p3 | y't3 | q3 | | | | |
| 73 | | | 0.33 | 0.76 | 0.13 | 0.49 | | 0.76 | 0.43 | 0.66 | | | | |
| 74 | | | 0.27 | 0.64 | -0.45 | 0.41 | | 0.64 | | | | | | |
| 75 | | | -0.04 | -0.09 | 0.35 | -0.06 | | -0.09 | | | | | | |
| 76 | | | | | 0.21 | | | | | | | | | |
| 77 | | | \|\|X'Y\|\| | | -0.11 | t3't3 | | p3' | 0.76 | 0.64 | -0.09 | | | |
| 78 | | | 0.43 | | 0.11 | 0.64 | | | | | | | | |
| 79 | | | | | -0.27 | | | | | | | | | |
| 80 | | | | | -0.05 | | | | | | | | | |
| 81 | | | | | -0.25 | | | | | | | | | |
| 82 | | Stage 3 | | | -0.01 | | | | | | | | | |
| 83 | | | | | 0.31 | | | | | | | | | |
| 84 | | | | | 0.03 | | | | | | | | | |
| 85 | | | | | | | | | | | | | | |
| 86 | | | t3q3' | | t3p3' | | | Ey3 | Ex3 | | | | | |
| 87 | | | 0.08 | 0.10 | 0.08 | -0.01 | | 0.14 | 0.00 | 0.00 | 0.00 | | | |
| 88 | | | -0.30 | -0.34 | -0.29 | 0.04 | | -0.23 | 0.00 | 0.00 | 0.00 | | | |
| 89 | | | 0.24 | 0.27 | 0.23 | -0.03 | | -0.04 | 0.00 | 0.00 | 0.00 | | | |
| 90 | | | 0.14 | 0.16 | 0.13 | -0.02 | | -0.19 | 0.00 | 0.00 | 0.00 | | | |
| 91 | | | -0.07 | -0.08 | -0.07 | 0.01 | | -0.20 | 0.00 | 0.00 | 0.00 | | | |
| 92 | | | 0.07 | 0.08 | 0.07 | -0.01 | | -0.10 | 0.00 | 0.00 | 0.00 | | | |
| 93 | | | -0.18 | -0.21 | -0.18 | 0.03 | | 0.64 | 0.00 | 0.00 | 0.00 | | Ex3 | |
| 94 | | | -0.03 | -0.04 | -0.03 | 0.00 | | 0.44 | 0.00 | 0.00 | 0.00 | | | |
| 95 | | | -0.16 | -0.19 | -0.16 | 0.02 | | -0.49 | 0.00 | 0.00 | 0.00 | | | |
| 96 | | | -0.01 | -0.01 | -0.01 | 0.00 | | -0.05 | 0.00 | 0.00 | 0.00 | | | |
| 97 | | | 0.20 | 0.23 | 0.20 | -0.03 | | -0.03 | 0.00 | 0.00 | 0.00 | | | |
| 98 | | | 0.02 | 0.02 | 0.02 | 0.00 | | 0.10 | 0.00 | 0.00 | 0.00 | | | |

그림 5.77 $w_3$ 계산 결과

그림 5.77을 보면 세 번째 가중치 벡터 $w_3$를 계산한 후의 잔차 $E_{x3}$은 0이 되었다. 그러므로 네 번째 잠재변수는 계산하고 싶어도 계산이 불가능하다. PLS에서는 독립변수 $X$의 변수 개수만큼 잠재변수를 계산하고 나면 잔차는 0이 된다.

## 5.3.3 잠재변수 T 계산

이렇게 우리는 가중치 벡터 $w_1$, $w_2$, $w_3$를 계산했다. 앞에서 말했듯이 이 가중치 벡터의 모임인 가중치 행렬 $W$가 주성분분석의 고유벡터와 같은 역할을 한다.

PLS에서는 가중치 벡터를 계산할 때 계산된 잠재변수 $t_1$, $t_2$, $t_3$를 잠재변수 $T$로 사용하는 방법과 이 책과 같이 가중치 행렬을 가지고 다시 잠재변수 T를 계산하는 방법이 있다. 실제로 두 방법은 거의 차이가 나지 않는다.

이제 W를 가지고 좌표변환을 해 PLS를 완성해 보자. 첫 번째, 두 번째, 세 번째 $w_1$, $w_2$, $w_3$를 그림 5.78과 같이 복사하자.

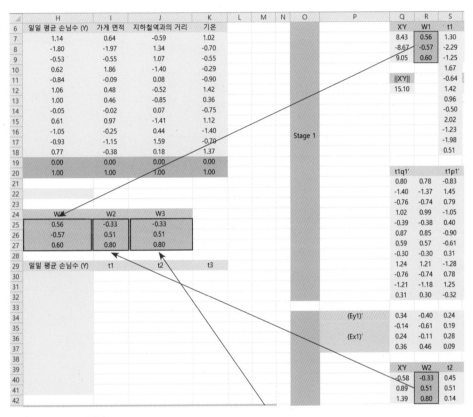

그림 5.78 $w_1, w_2, w_3$ 복사

여기서부터는 주성분회귀의 단계와 동일하다. 주성분회귀에서는 고유벡터를 이용했지만 PLS에서는 $W$를 이용해 좌표변환을 하고, 회귀계수를 구하게 된다. 새로운 좌표 잠재변수 $T$는 식 (5.63)의 $X$를 표준화 데이터 $Z_x$로 바꾸면 다음과 같다.

$$T = Z_x W \text{······································································································} 식 (5.74)$$

그리고 수식 입력창에 =MMULT(I7:K18,H25:J27)를 입력한 후 [Shift] + [Ctrl] + [Enter]를 누르면 $Z$ 행렬과 $W$ 행렬의 곱셈이 계산된다. 일일 평균손님 수($Y$)는 표준화 데이터를 그대로 복사하면 된다. 그림 5.79는 좌표변환 결과이다.

| | H | I | J | K |
|---|---|---|---|---|
| 6 | 일일 평균 손님수 (Y) | 가게 면적 | 지하철역과의 거리 | 기온 |
| 7 | 1.14 | 0.64 | -0.59 | 1.02 |
| 8 | -1.80 | -1.97 | 1.34 | -0.70 |
| 9 | -0.53 | -0.55 | 1.07 | -0.55 |
| 10 | 0.62 | 1.86 | -1.40 | -0.29 |
| 11 | -0.84 | -0.09 | 0.08 | -0.90 |
| 12 | 1.06 | 0.48 | -0.52 | 1.42 |
| 13 | 1.00 | 0.46 | -0.85 | 0.36 |
| 14 | -0.05 | -0.02 | 0.07 | -0.75 |
| 15 | 0.61 | 0.97 | -1.41 | 1.12 |
| 16 | -1.05 | -0.25 | 0.44 | -1.40 |
| 17 | -0.93 | -1.15 | 1.59 | -0.70 |
| 18 | 0.77 | -0.38 | 0.18 | 1.37 |
| 19 | 0.00 | 0.00 | 0.00 | 0.00 |
| 20 | 1.00 | 1.00 | 1.00 | 1.00 |
| 21 | | | | |
| 22 | | | | |
| 23 | | | | |
| 24 | W1 | W2 | W3 | $T = ZW$ |
| 25 복사 | 0.56 | -0.33 | -0.33 | =MMULT(I7:K18,H25:J27) |
| 26 | -0.57 | 0.51 | 0.51 | |
| 27 | 0.60 | 0.80 | 0.80 | |
| 28 | | | | |
| 29 | 일일 평균 손님수 (Y) | t1 | t2 | t3 |
| 30 | 1.14 | 1.30 | 0.30 | 0.30 |
| 31 | -1.80 | -2.29 | 0.78 | 0.78 |
| 32 | -0.53 | -1.25 | 0.29 | 0.29 |
| 33 | 0.62 | 1.67 | -1.56 | -1.56 |
| 34 | -0.84 | -0.64 | -0.64 | -0.64 |
| 35 | 1.06 | 1.42 | 0.71 | 0.71 |
| 36 | 1.00 | 0.96 | -0.30 | -0.30 |
| 37 | -0.05 | -0.50 | -0.55 | -0.55 |
| 38 | 0.61 | 2.02 | -0.15 | -0.15 |
| 39 | -1.05 | -1.23 | -0.81 | -0.81 |
| 40 | -0.93 | -1.98 | 0.64 | 0.04 |
| 41 | 0.77 | 0.51 | 1.31 | 1.31 |

그림 5.79 잠재변수 $T$ 계산

PLS에서 잠재변수의 선택은 여러 가지 방법이 있으나 일반적으로는 $t_1$부터 $t_3$까지의 순서대로 적용하면서 다중회귀로 회귀식을 계산한 후에 모든 회귀식의 RMS와 상관계수를 계산해 가장 좋은 결과를 가지는 회귀식을 구성하는 잠재변수를 선택하는 방법이다.

이 책에서는 간단하게 $t_1$과 $t_2$만 이용해 회귀식을 계산해 보자.

## 5.3.4 다중회귀 계산

이제 표준화된 일일 평균 손님 수 $Y$와 선택한 잠재변수 $T$를 이용해 최소제곱법을 사용해서 회귀계수를 구하는 단계만 남았다. 잠재변수 $T$에 대해 일일 평균 손님 수($Y$)의 회귀계수행렬을 $B$라고 하면 다음과 같이 표현할 수 있다.

| 일일 평균 손님수 (Y) |   | t1 | t2 |   |   |
|---|---|---|---|---|---|
| 1.14 |   | 1.30 | 0.30 |   |   |
| -1.80 |   | -2.29 | 0.78 |   |   |
| -0.53 |   | -1.25 | 0.29 |   |   |
| 0.62 |   | 1.67 | -1.56 |   |   |
| -0.84 | = | -0.64 | -0.64 | X | 변환행렬 ($B$) (2 × 1) |
| 1.06 |   | 1.42 | 0.71 |   |   |
| 1.00 |   | 0.96 | -0.30 |   |   |
| -0.05 |   | -0.50 | -0.55 |   |   |
| 0.61 |   | 2.02 | -0.15 |   |   |
| -1.05 |   | -1.23 | -0.81 |   |   |
| -0.93 |   | -1.98 | 0.64 |   |   |
| 0.77 |   | 0.51 | 1.31 |   |   |

그림 5.80 변환행렬 $B$ 계산

변환 행렬 $B$를 구하는 식은 다음과 같다.

$$B = (T^T T)^{-1} T^T Y \qquad\qquad\text{식 (5.75)}$$

엑셀의 행렬 계산은 범위 선택 후 수식을 입력하고 반드시 [Shift] + [Ctrl] + [Enter]로 계산해야 하는 것을 잊지 말자.

## $T^T$ 계산

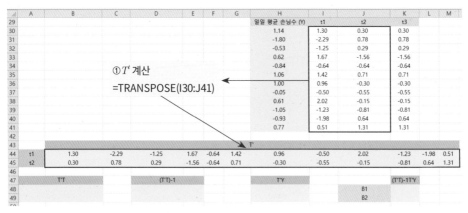

그림 5.81 $T^T$ 계산

## $T^T T$ 계산

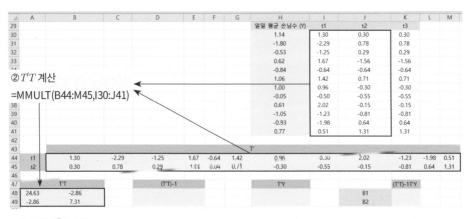

그림 5.82 $T^T T$ 계산

## $(T^TT)^{-1}$ 계산

③ $(T^tT)^{-1}$ 계산

=MINVERSE(A48:B49)

| | A | B | C | D | E | F | G | H | I | J | K | L | M |
|---|---|---|---|---|---|---|---|---|---|---|---|---|---|
| 29 | | | | | | | | 일일 평균 손님수 (Y) | t1 | t2 | t3 | | |
| 30 | | | | | | | | 1.14 | 1.30 | 0.30 | 0.30 | | |
| 31 | | | | | | | | -1.80 | -2.29 | 0.78 | 0.78 | | |
| 32 | | | | | | | | -0.53 | -1.25 | 0.29 | 0.29 | | |
| 33 | | | | | | | | 0.62 | 1.67 | -1.56 | -1.56 | | |
| 34 | | | | | | | | -0.84 | -0.64 | -0.64 | -0.64 | | |
| 35 | | | | | | | | 1.06 | 1.42 | 0.71 | 0.71 | | |
| 36 | | | | | | | | 1.00 | 0.96 | -0.30 | -0.30 | | |
| 37 | | | | | | | | -0.05 | -0.50 | -0.55 | -0.55 | | |
| 38 | | | | | | | | 0.61 | 2.02 | -0.15 | -0.15 | | |
| 39 | | | | | | | | -1.05 | -1.23 | -0.81 | -0.81 | | |
| 40 | | | | | | | | -0.93 | -1.98 | 0.64 | 0.64 | | |
| 41 | | | | | | | | 0.77 | 0.51 | 1.31 | 1.31 | | |
| 43 | | | | | | | | T' | | | | | |
| 44 | t1 | 1.30 | -2.29 | -1.25 | 1.67 | -0.64 | 1.42 | 0.96 | -0.50 | 2.02 | -1.23 | -1.98 | 0.51 |
| 45 | t2 | 0.30 | 0.78 | 0.29 | -1.56 | -0.64 | 0.71 | -0.30 | -0.55 | -0.15 | -0.81 | 0.64 | 1.31 |
| 47 | | T'T | | | (T'T)-1 | | | T'Y | | | (T'T)-1T'Y | | |
| 48 | 24.63 | -2.86 | | 0.04 | 0.02 | | | | | | B1 | | |
| 49 | -2.86 | 7.31 | | 0.02 | 0.14 | | | | | | B2 | | |

그림 5.83 $(T^TT)^{-1}$ 계산

## $T^TY$ 계산

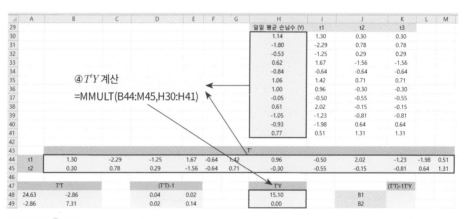

④ $T^tY$ 계산

=MMULT(B44:M45,H30:H41)

| | A | B | C | D | E | F | G | H | I | J | K | L | M |
|---|---|---|---|---|---|---|---|---|---|---|---|---|---|
| 29 | | | | | | | | 일일 평균 손님수 (Y) | t1 | t2 | t3 | | |
| 30 | | | | | | | | 1.14 | 1.30 | 0.30 | 0.30 | | |
| 31 | | | | | | | | -1.80 | -2.29 | 0.78 | 0.78 | | |
| 32 | | | | | | | | -0.53 | -1.25 | 0.29 | 0.29 | | |
| 33 | | | | | | | | 0.62 | 1.67 | -1.56 | -1.56 | | |
| 34 | | | | | | | | -0.84 | -0.64 | -0.64 | -0.64 | | |
| 35 | | | | | | | | 1.06 | 1.42 | 0.71 | 0.71 | | |
| 36 | | | | | | | | 1.00 | 0.96 | -0.30 | -0.30 | | |
| 37 | | | | | | | | -0.05 | -0.50 | -0.55 | -0.55 | | |
| 38 | | | | | | | | 0.61 | 2.02 | -0.15 | -0.15 | | |
| 39 | | | | | | | | -1.05 | -1.23 | -0.81 | -0.81 | | |
| 40 | | | | | | | | -0.93 | -1.98 | 0.64 | 0.64 | | |
| 41 | | | | | | | | 0.77 | 0.51 | 1.31 | 1.31 | | |
| 43 | | | | | | | | T' | | | | | |
| 44 | t1 | 1.30 | -2.29 | -1.25 | 1.67 | -0.64 | 1.42 | 0.96 | -0.50 | 2.02 | -1.23 | -1.98 | 0.51 |
| 45 | t2 | 0.30 | 0.78 | 0.29 | -1.56 | -0.64 | 0.71 | -0.30 | -0.55 | -0.15 | -0.81 | 0.64 | 1.31 |
| 47 | | T'T | | | (T'T)-1 | | | T'Y | | | (T'T)-1T'Y | | |
| 48 | 24.63 | -2.86 | | 0.04 | 0.02 | | | 15.10 | | | B1 | | |
| 49 | -2.86 | 7.31 | | 0.02 | 0.14 | | | 0.00 | | | B2 | | |

그림 5.84 $T^TY$ 계산

## $(T^T T)^{-1} T^T Y$ 계산

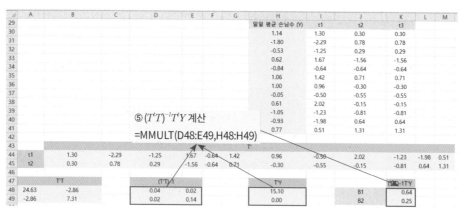

그림 5.85 $(T^T T)^{-1} T^T Y$ 계산

주성분분석과 마찬가지로 잠재변수 세 개 중 두 개만 사용했으므로 회귀계수는 두 개만 구해진다. 최종적으로 구해진 잠재변수 $T$에 대한 회귀계수는 그림 5.85와 같다.

## 5.3.5 표준화 회귀계수 계산

주성분분석에서 표준화 회귀계수 $Z_a$는 고유벡터 $V$와 주성분 회귀계수 $B$의 곱인 것을 알 수 있었다. PLS에서는 표준화 데이터 $Z_y$를 잠재변수 $T$와 회귀계수 $B$를 이용해서 계산한다.

$$Z_y = TB \quad\quad\quad\quad\quad\quad\quad\quad\quad\quad\quad\quad\quad\quad\quad\quad\quad\text{식 (5.76)}$$

식 (5.74)를 식 (5.76)에 대입하면 다음과 같다.

$$Z_y = Z_x WB = Z_x Z_A \quad\quad\quad\quad\quad\quad\quad\quad\quad\quad\quad\text{식 (5.77)}$$

식 (5.77)에서 표준화 회귀계수 $Z_A$를 가중치 행렬 $W$와 회귀계수 $B$의 곱으로 정리할 수 있다.

$$Z_A = WB \quad\quad\quad\quad\quad\quad\quad\quad\quad\quad\quad\quad\quad\quad\quad\quad\quad\text{식 (5.78)}$$

이제 이 회귀계수를 그림 5.86과 같이 표준화된 데이터용 회귀계수로 변환시키자.

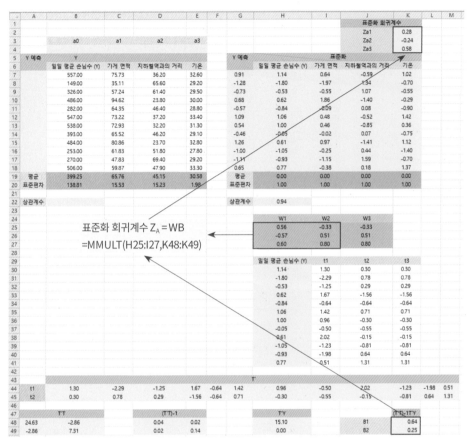

그림 5.86 표준화 회귀계수 계산

표준화 회귀계수가 계산되었으니 표준화 데이터 $Z_y$를 예측하고 상관계수를 계산해 보자. 엑셀 함수 =MMULT()와 =CORREL() 함수를 이용하자.

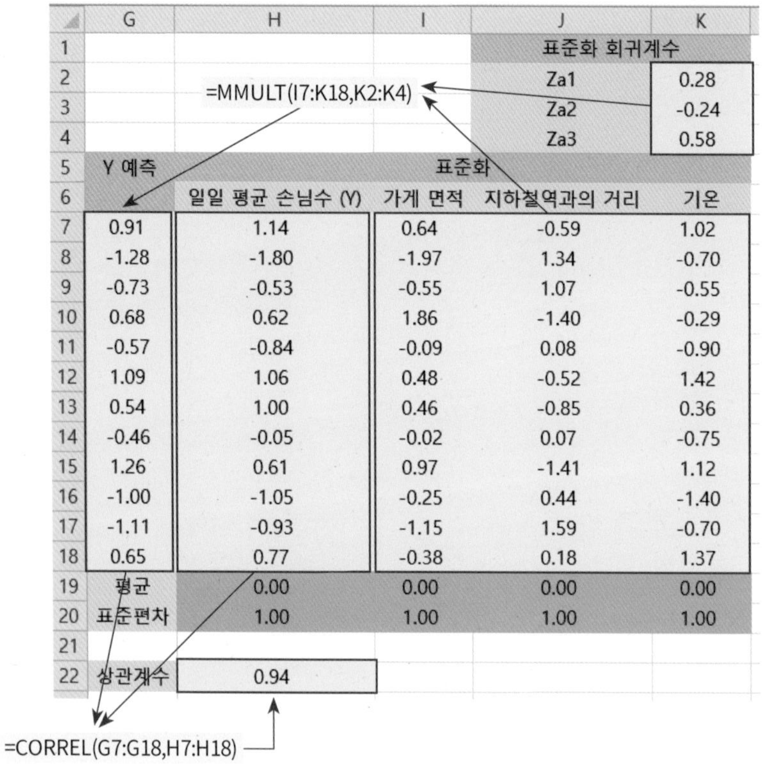

| | G | H | I | J | K |
|---|---|---|---|---|---|
| 1 | | | | 표준화 회귀계수 | |
| 2 | | | | Za1 | 0.28 |
| 3 | | | | Za2 | -0.24 |
| 4 | | | | Za3 | 0.58 |
| 5 | Y 예측 | | 표준화 | | |
| 6 | | 일일 평균 손님수 (Y) | 가게 면적 | 지하철역과의 거리 | 기온 |
| 7 | 0.91 | 1.14 | 0.64 | -0.59 | 1.02 |
| 8 | -1.28 | -1.80 | -1.97 | 1.34 | -0.70 |
| 9 | -0.73 | -0.53 | -0.55 | 1.07 | -0.55 |
| 10 | 0.68 | 0.62 | 1.86 | -1.40 | -0.29 |
| 11 | -0.57 | -0.84 | -0.09 | 0.08 | -0.90 |
| 12 | 1.09 | 1.06 | 0.48 | -0.52 | 1.42 |
| 13 | 0.54 | 1.00 | 0.46 | -0.85 | 0.36 |
| 14 | -0.46 | -0.05 | -0.02 | 0.07 | -0.75 |
| 15 | 1.26 | 0.61 | 0.97 | -1.41 | 1.12 |
| 16 | -1.00 | -1.05 | -0.25 | 0.44 | -1.40 |
| 17 | -1.11 | -0.93 | -1.15 | 1.59 | -0.70 |
| 18 | 0.65 | 0.77 | -0.38 | 0.18 | 1.37 |
| 19 | 평균 | 0.00 | 0.00 | 0.00 | 0.00 |
| 20 | 표준편차 | 1.00 | 1.00 | 1.00 | 1.00 |
| 21 | | | | | |
| 22 | 상관계수 | 0.94 | | | |



**그림 5.87** 예측한 표준화 데이터와 상관계수

그림 5.87은 예측값과 상관계수를 구하는 과정과 계산 결과를 보여준다. 상관계수는 0.94로 주성분분석과 거의 동일한 성능을 가진다.

각 표준화 회귀계수를 살펴보자.

```
가게 면적 = 0.28
지하철역과의 거리 = -0.24
기온 = 0.58
```

기온이 손님 수와 비례관계에 있으며 가장 큰 영향을 미치는 변수이다. 그리고 가게 면적과 지하철 역과의 거리는 계수는 비슷하지만 부호가 다르다. 가게 면적은 비례관계에 있지만, 지하철 역과의 거리는 반비례관계에 있다.

## 5.3.6 회귀계수 계산

표준화 회귀계수까지 구했으니, 마지막 남은 것은 회귀계수이다. 다음 식을 이용해서 표준화 회귀계수를 회귀계수로 변환해 보자.

$$\text{회귀 계수: } a_i = \frac{\sigma_y}{\sigma_{x_1}} Z_{A_i},\ i = \{1, 2, \cdots, m\}$$
$$\text{y 절편: } a_0 = \overline{y} - a_1 \overline{x_1} - a_2 \overline{x_2}$$

위의 변환은 주성분 회귀에서 설명했으므로 잘 이해가 안 된다면, 식 (5.51)부터 다시 한 번 확인하자.

각 변수들의 회귀계수와 $y$ 절편은 다음과 같다.

$$a_1 = \frac{138.81}{15.53} \times 0.28 = 2.46$$
$$a_2 = \frac{138.81}{15.23} \times (-0.24) = -2.20$$
$$a_3 = \frac{138.81}{1.98} \times 0.58 = 40.92$$
$$a_0 = 399.25 - (2.46 \times 65.76 - 2.20 \times 45.15 + 40.92 \times 30.58) = -914.95$$

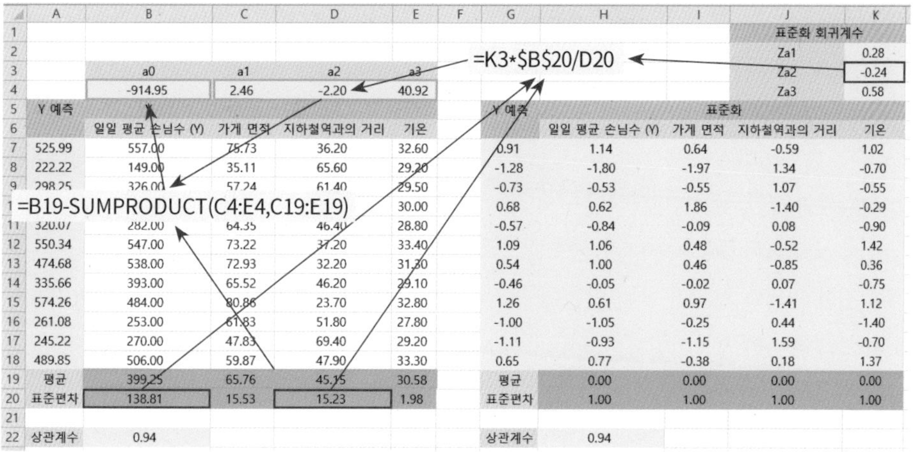


| | A | B | C | D | E | F | G | H | I | J | K |
|---|---|---|---|---|---|---|---|---|---|---|---|
| 1 | | | | | | | | | | 표준화 회귀계수 | |
| 2 | | | | | | | | | | Za1 | 0.28 |
| 3 | | a0 | a1 | a2 | a3 | | | | | Za2 | -0.24 |
| 4 | | -914.95 | 2.46 | -2.20 | 40.92 | | | | | Za3 | 0.58 |
| 5 | Y 예측 | | | | | | Y 예측 | 표준화 | | | |
| 6 | | 일일 평균 손님수 (Y) | 가게 면적 | 지하철역과의 거리 | 기온 | | | 일일 평균 손님수 (Y) | 가게 면적 | 지하철역과의 거리 | 기온 |
| 7 | 525.99 | 557.00 | 75.73 | 36.20 | 32.60 | | 0.91 | 1.14 | 0.64 | -0.59 | 1.02 |
| 8 | 222.22 | 149.00 | 35.11 | 65.60 | 29.20 | | -1.28 | -1.80 | -1.97 | 1.34 | -0.70 |
| 9 | 298.25 | 326.00 | 57.24 | 61.40 | 29.50 | | -0.73 | -0.53 | -0.55 | 1.07 | -0.55 |
| 10 | [illegible] | [illegible] | [illegible] | [illegible] | 30.00 | | 0.68 | 0.62 | 1.86 | -1.40 | -0.29 |
| 11 | 320.07 | 282.00 | 64.35 | 46.40 | 28.80 | | -0.57 | -0.84 | -0.09 | 0.08 | -0.90 |
| 12 | 550.34 | 547.00 | 73.22 | 37.20 | 33.40 | | 1.09 | 1.06 | 0.48 | -0.52 | 1.42 |
| 13 | 474.68 | 538.00 | 72.93 | 32.20 | 31.30 | | 0.54 | 1.00 | 0.46 | -0.85 | 0.36 |
| 14 | 335.66 | 393.00 | 65.52 | 46.20 | 29.10 | | -0.46 | -0.05 | -0.02 | 0.07 | -0.75 |
| 15 | 574.26 | 484.00 | 80.86 | 23.70 | 32.80 | | 1.26 | 0.61 | 0.97 | -1.41 | 1.12 |
| 16 | 261.08 | 253.00 | 61.83 | 51.80 | 27.80 | | -1.00 | -1.05 | -0.25 | 0.44 | -1.40 |
| 17 | 245.22 | 270.00 | 47.83 | 69.40 | 29.20 | | -1.11 | -0.93 | -1.15 | 1.59 | -0.70 |
| 18 | 489.85 | 506.00 | 59.87 | 47.90 | 33.30 | | 0.65 | 0.77 | -0.38 | 0.18 | 1.37 |
| 19 | 평균 | 399.25 | 65.76 | 45.15 | 30.58 | | 평균 | 0.00 | 0.00 | 0.00 | 0.00 |
| 20 | 표준편차 | 138.81 | 15.53 | 15.23 | 1.98 | | 표준편차 | 1.00 | 1.00 | 1.00 | 1.00 |
| 21 | | | | | | | | | | | |
| 22 | 상관계수 | 0.94 | | | | | 상관계수 | 0.94 | | | |

그림 5.88 회귀계수 계산

그림 5.88은 회귀계수 중에서 $a_0$와 $a_2$를 구하는 과정을 보여준다. 대응하는 값들을 잘 확인해서 계산하자.

마지막으로, 회귀계수와 $y$ 절편을 이용해서 예측값과 성능측정을 위해 상관계수를 계산해 보자.

=$B$4+SUMPRODUCT($C$4:$E$4,C8:E8)

| | | C | D | E |
|---|---|---|---|---|
| 3 | | a0 | a1 | a2 | a3 |

| | | | C | D | E |
|---|---|---|---|---|---|
| 3 | | a0 | a1 | a2 | a3 |
| 4 | | -914.95 | 2.46 | -2.20 | 40.92 |
| 5 | Y 예측 | Y | | | |
| 6 | | 일일 평균 손님수 (Y) | 가게 면적 | 지하철역과의 거리 | 기온 |
| 7 | 525.99 | 557.00 | 75.73 | 36.20 | 32.60 |
| 8 | 222.22 | 149.00 | 35.11 | 65.60 | 29.20 |
| 9 | 298.25 | 326.00 | 57.24 | 61.40 | 29.50 |
| 10 | 493.38 | 486.00 | 94.62 | 23.80 | 30.00 |
| 11 | 320.07 | 282.00 | 64.35 | 46.40 | 28.80 |
| 12 | 550.34 | 547.00 | 73.22 | 37.20 | 33.40 |
| 13 | 474.68 | 538.00 | 72.93 | 32.20 | 31.30 |
| 14 | 335.66 | 393.00 | 65.52 | 46.20 | 29.10 |
| 15 | 574.26 | 484.00 | 80.86 | 23.70 | 32.80 |
| 16 | 261.08 | 253.00 | 61.83 | 51.80 | 27.80 |
| 17 | 245.22 | 270.00 | 47.83 | 69.40 | 29.20 |
| 18 | 489.85 | 506.00 | 59.87 | 47.90 | 33.30 |
| 19 | 평균 | 399.25 | 65.76 | 45.15 | 30.58 |
| 20 | 표준편차 | 138.81 | 15.53 | 15.23 | 1.98 |
| 21 | | | | | |
| 22 | 상관계수 | 0.94 | | | |

=CORREL(A7:A18,B7:B18)

그림 5.89 예측 결과와 상관계수

최종 결과를 보자. 그림 5.89에서 상관 계수를 보면 0.94로 표준화 데이터의 예측 결과와 동일하다. 주성분회귀와 마찬가지로 잠재변수를 두 개만 사용해도 최소제곱법으로 변수 세 개로 회귀한 결과와 차이가 나지 않는다는 것을 알 수 있다. PLS 역시 주성분회귀와 마찬가지로 데이터를 차원을 줄이면서도 비슷한 회귀 결과를 얻을 수 있는 장점을 가지고 있다.

회귀계수를 통해 역시 각 변수의 영향력과 중요성을 파악할 수 있다.

가게 면적은 $1m^2$ 커질수록 손님의 숫자는 2.46명씩 증가하며, 지하철역과의 거리는 거리가 1m 멀어질수록 손님이 2.2명씩 줄어든다. 기온은 1도가 올라가면 손님은 40.92명씩 늘어난다.

지금까지 최소제곱법, 주성분회귀, PLS에 대해서 알아보았다.

이제, 지금까지 공부한 세 가지 분석 방법의 결과를 비교해 보자.

| 일평균손님수 (Y) | MLR 예측 | PCR_2 Y 예측 | PCR_3 Y 예측 | PLS_2 Y 예측 | PLS_3 Y 예측 |
|---|---|---|---|---|---|
| 557.0 | 537.5 | 523.4 | 537.5 | 526.0 | 537.5 |
| 149.0 | 180.8 | 226.0 | 180.8 | 222.2 | 180.8 |
| 326.0 | 330.9 | 294.2 | 330.9 | 298.2 | 330.9 |
| 486.0 | 512.6 | 494.3 | 512.6 | 493.4 | 512.6 |
| 282.0 | 310.2 | 323.0 | 310.2 | 320.1 | 310.2 |
| 547.0 | 560.4 | 546.9 | 560.4 | 550.3 | 560.4 |
| 538.0 | 449.4 | 478.0 | 449.4 | 474.7 | 449.4 |
| 393.0 | 331.4 | 337.7 | 331.4 | 335.7 | 331.4 |
| 484.0 | 551.4 | 576.6 | 551.4 | 574.3 | 551.4 |
| 253.0 | 259.9 | 263.6 | 259.9 | 261.1 | 259.9 |
| 270.0 | 273.6 | 241.1 | 273.6 | 245.2 | 273.6 |
| 506.0 | 492.7 | 486.2 | 492.7 | 489.9 | 492.7 |
| 상관계수 | 0.95 | 0.94 | 0.95 | 0.94 | 0.95 |
| RMS | 40.3 | 46.9 | 40.3 | 45.6 | 40.3 |

그림 5.90 각 회귀분석 예측 결과 비교

그림 5.90은 지금까지 공부한 MLR(다중회귀), PCR(주성분회귀), PLS에 대해서 변수의 개수에 따른 상관계수와 RMS의 결과를 보여준다.

PCR_2는 주성분회귀에서 주성분을 두 개 사용했다는 의미이며, PLS_3은 PLS에서 잠재변수를 세 개 사용했다는 의미이다.

먼저, MLR과 PCR_3, PLS_3의 예측 결과와 상관계수, 그리고 RMS의 값을 보면 일치한다는 것을 확인할 수 있다. 이것은 어찌 보면 당연한 결과로 세 가지 방법이 다 독립변수 $X$의 모든 정보량을 사용했으므로 세 가지 방법의 결과가 같을 수밖에 없다. 그러므로 PCR, PLS를 사용할 때 계산된 주성분이나 잠재변수를 전부 사용하는 것은 각각의 장점을 무시하는 것과 같다.

그리고 잠재변수나 주성분을 두 개 사용했을 때(PLS_2, PCR_2)의 상관계수는 MLR과 비교해 보면 0.01밖에 차이가 나지 않는다. 그러므로 변수 선택 기준을 잘 활용하면 적은 변수로 비슷한 성능의 회귀식을 만들 수 있다.

마지막으로 RMS를 보면 PLS_2의 RMS는 45.6으로, PCR_2의 RMS 46.9보다 작은 것을 확인할 수 있다. 일반적으로 PCR보다는 PLS가 회귀식을 계산할 때 $Y$를 고려하므로 성능이 좋다고 할 수 있으나, 반드시 그렇다고는 말할 수는 없다. 따라서, 직접 회귀분석을 진행해서 확인하는 것이 좋다.

# 06장

# 데이터 분석
# 실습

지금까지 배운 내용을 토대로 간단한 데이터 분석 실습을 진행해보자.

데이터 분석을 하는 사람들이라면 캐글(Kaggle)이라는 사이트를 들어본 적이 있을 것이다. 캐글은 다양한 데이터를 분석할 수 있는 플랫폼을 가리키며, 캐글 홈페이지(https://www.kaggle.com/)에 가면 데이터 분석 입문으로 유명한 데이터셋을 이용해 실습해보는 간단한 경진대회(competition)부터 시작해서 순위에 따라 상금을 받을 수 있는 경진대회까지 다양한 경험을 해 볼 수 있다.

캐글의 입문용 데이터로는 타이타닉호의 생존자 예측하기(Titanic: Machine Learning from Disaster)나 보스턴 주택 가격 예측하기(House Prices: Advanced Regression Techniques)가 있으며, 이 데이터들은 파이썬이나 통계분석 툴인 R에 기본적으로 탑재돼 있어 알고리즘을 개발하고 테스트하는 데 활용할 수 있다. 이 밖에도 캐글에는 다양한 데이터셋과 이러한 데이터셋을 이용한 데이터 분석 사례를 만나 볼 수 있으므로 잘 활용해 보길 바란다.

여기서는 보스턴 주택 가격 데이터(Boston house-prices dataset)를 이용해 간단한 실습을 진행해 보기로 한다.

## 6.1 보스턴 주택 가격 데이터

보스턴 주택 가격 데이터는 말 그대로 보스턴의 주택 가격 정보와 보스턴에 관한 각종 정보가 담긴 데이터다. 이 데이터에는 표 6.1과 같이 여러 가지 정보를 포함하고 있다.

표 6.1 보스턴 주택 가격 데이터의 상세 정보

| 변수명 | 상세 내용 |
| --- | --- |
| CRIM(범죄율) | 1인당 범죄율 |
| ZN(거주지역비율) | 25,000 평방피트를 초과하는 거주지역의 비율 |
| INDUS(비소매지역비율) | 비소매상업지역이 점유하고 있는 토지의 비율 |
| CHAS(찰스강더미) | 찰스강 더미변수(경계에 위치한 경우는 1, 아니면 0) |
| NOX(일산화질소농도) | 10ppm 당 농축 일산화질소 |
| RM(방개수) | 주택 1가구당 평균 방의 개수 |
| AGE(노후건물비율) | 1940년 이전에 건축된 주택의 비율 |
| DIS(고용센터접근성) | 5개의 보스턴 직업센터까지의 접근성 지수 |
| RAD(고속도로접근성) | 방사형 도로까지의 접근성 지수 |
| TAX(재산세율) | 10,000 달러 당 재산세율 |
| PTRATIO(학생교사비율) | 학생/교사 비율 |
| B(흑인비율) | 흑인의 비율 |
| LSTAT(하위계층비율) | 하위계층의 비율 |
| MEDV(주택가격) | 주택가격(중앙값)(단위: $1,000) |

이 데이터를 토대로 앞에서 배운 다중 선형 회귀분석을 이용해 주택가격을 예측하는 방법과 주성분 분석을 이용해 변수를 선택하는 방법을 배워보자.

원래는 총 506개의 데이터가 404개의 훈련 데이터와 102개의 테스트 데이터로 분리돼 있어, 404개의 훈련 데이터로 모델을 만들고, 102개의 테스트 데이터로 모델의 성능을 확인하도록 되어 있으나, 여기서는 506개를 한꺼번에 다 사용하기로 한다.

## 6.2 다중 선형 회귀 분석

먼저 보스턴 주택 가격 데이터를 이용해 주택가격(MEDV)를 회귀분석해 보자. 실습은 엑셀의 [보스턴주택가격_회귀] 시트를 이용한다.

보스턴 주택 가격 데이터는 그림 6.1과 같다.

| | A | B | C | D | E | F | G | H | I | J | K | L | M | N |
|---|---|---|---|---|---|---|---|---|---|---|---|---|---|---|
| 1 | | | | | | | X | | | | | | | Y |
| 2 | 범죄율 | 거주지역비율 | 비소매지역비율 | 찰스강더미 | 일산화질소농도 | 방개수 | 노후건물비율 | 고용센터접근 | 고속도로접근성 | 재산세율 | 학생교사비율 | 흑인비율 | 하위계층비율 | 주택가격 |
| 3 | 0.00632 | 18 | 2.31 | 0 | 0.538 | 6.575 | 65.2 | 4.09 | 1 | 296 | 15.3 | 396.9 | 4.98 | 24 |
| 4 | 0.02731 | 0 | 7.07 | 0 | 0.469 | 6.421 | 78.9 | 4.9671 | 2 | 242 | 17.8 | 396.9 | 9.14 | 21.6 |
| 5 | 0.02729 | 0 | 7.07 | 0 | 0.469 | 7.185 | 61.1 | 4.9671 | 2 | 242 | 17.8 | 392.83 | 4.03 | 34.7 |
| 6 | 0.03237 | 0 | 2.18 | 0 | 0.458 | 6.998 | 45.8 | 6.0622 | 3 | 222 | 18.7 | 394.63 | 2.94 | 33.4 |
| 7 | 0.06905 | 0 | 2.18 | 0 | 0.458 | 7.147 | 54.2 | 6.0622 | 3 | 222 | 18.7 | 396.9 | 5.33 | 36.2 |
| 8 | 0.02985 | 0 | 2.18 | 0 | 0.458 | 6.43 | 58.7 | 6.0622 | 3 | 222 | 18.7 | 394.12 | 5.21 | 28.7 |
| 9 | 0.08829 | 12.5 | 7.87 | 0 | 0.524 | 6.012 | 66.6 | 5.5605 | 5 | 311 | 15.2 | 395.6 | 12.43 | 22.9 |
| 10 | 0.14455 | 12.5 | 7.87 | 0 | 0.524 | 6.172 | 96.1 | 5.9505 | 5 | 311 | 15.2 | 396.9 | 19.15 | 27.1 |
| 11 | 0.21124 | 12.5 | 7.87 | 0 | 0.524 | 5.631 | 100 | 6.0821 | 5 | 311 | 15.2 | 386.63 | 29.93 | 16.5 |
| 12 | 0.17004 | 12.5 | 7.87 | 0 | 0.524 | 6.004 | 85.9 | 6.5921 | 5 | 311 | 15.2 | 386.71 | 17.1 | 18.9 |
| 13 | 0.22489 | 12.5 | 7.87 | 0 | 0.524 | 6.377 | 94.3 | 6.3467 | 5 | 311 | 15.2 | 392.52 | 20.45 | 15 |
| 14 | 0.11747 | 12.5 | 7.87 | 0 | 0.524 | 6.009 | 82.9 | 6.2267 | 5 | 311 | 15.2 | 396.9 | 13.27 | 18.9 |
| | | | | | | | ⋮ | | | | | | | |
| 500 | 0.26838 | 0 | 9.69 | 0 | 0.585 | 5.794 | 70.6 | 2.8927 | 6 | 391 | 19.2 | 396.9 | 14.1 | 18.3 |
| 501 | 0.23912 | 0 | 9.69 | 0 | 0.585 | 6.019 | 65.3 | 2.4091 | 6 | 391 | 19.2 | 396.9 | 12.92 | 21.2 |
| 502 | 0.17783 | 0 | 9.69 | 0 | 0.585 | 5.569 | 73.5 | 2.3999 | 6 | 391 | 19.2 | 395.77 | 15.1 | 17.5 |
| 503 | 0.22438 | 0 | 9.69 | 0 | 0.585 | 6.027 | 79.7 | 2.4982 | 6 | 391 | 19.2 | 396.9 | 14.33 | 16.8 |
| 504 | 0.06263 | 0 | 11.93 | 0 | 0.573 | 6.593 | 69.1 | 2.4786 | 1 | 273 | 21 | 391.99 | 9.67 | 22.4 |
| 505 | 0.04527 | 0 | 11.93 | 0 | 0.573 | 6.12 | 76.7 | 2.2875 | 1 | 273 | 21 | 396.9 | 9.08 | 20.6 |
| 506 | 0.06076 | 0 | 11.93 | 0 | 0.573 | 6.976 | 91 | 2.1675 | 1 | 273 | 21 | 396.9 | 5.64 | 23.9 |
| 507 | 0.10959 | 0 | 11.93 | 0 | 0.573 | 6.794 | 89.3 | 2.3889 | 1 | 273 | 21 | 393.45 | 6.48 | 22 |
| 508 | 0.04741 | 0 | 11.93 | 0 | 0.573 | 6.03 | 80.8 | 2.505 | 1 | 273 | 21 | 396.9 | 7.88 | 11.9 |

그림 6.1 보스턴 주택 가격 데이터

독립변수의 개수는 전부 13개이며, 데이터의 개수는 총 506개다. 이 데이터를 주택 가격을 예측하거나 주택가격에 영향을 미치는 요인을 찾는 데 이용한다. 13개의 변수를 모두 사용해서 회귀분석을 바로 실행할 수도 있지만 먼저 데이터가 어떻게 구성돼 있는지 살펴보자.

데이터를 통계수치, 그래프 등을 이용해 확인하고 탐색하는 과정을 EDA(Exploratory Data Analysis), 즉 탐색적 데이터 분석이라고 한다. 이 과정은 1장에서 설명한 데이터 전처리 과정과 기초 통계 분석 과정에 포함돼 있는 과정으로서 데이터 분석을 하기 전에는 항상 데이터가 어떤 형태로 구성돼 있는지, 어떤 분포와 어떤 특징을 띠는지 파악하는 과정을 반드시 거쳐야 한다.

EDA는 다음과 같은 과정을 포함한다.

1. 각 변수의 정의와 데이터형 확인

2. 데이터에 누락이 있는지 확인

3. 변수의 데이터별로 이상값이 있는지 확인

4. 히스토그램, 시계열차트, 박스플롯 등 그래프를 이용해 시각적으로 확인

5. 기초 통곗값을 이용해 데이터의 특성을 확인

6. 기타 등등

바쁘다고 이 과정을 건너뛰었을 때는 최악의 경우 처음부터 다시 분석해야 하는 경우가 발생할 수 있으며, EDA를 통해 데이터에 대한 새로운 발견과 적용할 알고리즘 선택도 가능하므로 반드시 EDA를 진행하기 바란다.

먼저 데이터의 형태가 어떤지 그림 6.2와 같은 그래프를 이용해 살펴보자.

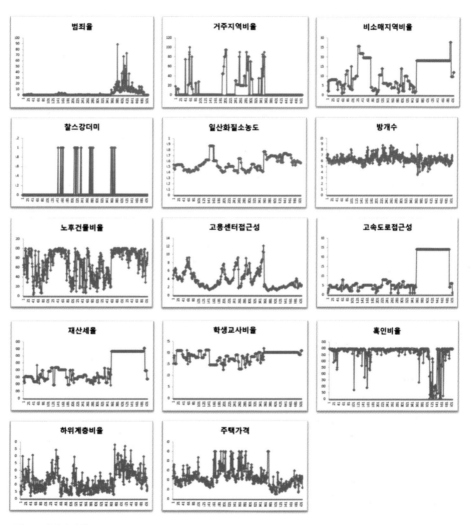

그림 6.2 데이터 탐색

그래프를 보면 고속도로 접근성과 재산세율이 비슷한 모양인 것을 볼 수 있다. 실제로 상관계수를 계산해 보면 0.91로 상당히 높다는 것을 확인할 수 있다. 이를 다중공선성으로 처리할 수도 있지만 여기서는 그냥 두기로 한다.

또한 범죄율과 거주지역비율, 찰스강더미의 값에 0이 많은 것을 확인할 수 있다. 이를 좀 더 자세히 살펴보면 범죄율은 실제로 0인 값은 별로 없고 0에 가까운 값이 많다는 사실을 확인할 수 있다. 거주지역비율의 0의 개수는 372개로, 약 74%에 해당하며, 주택가격과의 상관계수는 0.36으로 그다지 높지 않다. 찰스강더미의 0의 개수는 471개로 약 93%이며, 역시 주택가격과의 상관계수는 약 0.17임을 확인할 수 있다. 이로써 거주지역비율과 찰스강더미 변수는 변별력이 없는 변수로 판단할 수 있다. 그래서 여기서는 거주지역비율과 찰스강더미 변수를 제외한 11개의 변수를 이용하기로 한다.

물론 지금까지 설명한 과정이 정답은 아니다. 히스토그램, 상관행렬 등을 통해 여러 가지 방법으로 EDA를 진행해 보면 또 다른 아이디어가 생길 수 있으니 직접 확인해 보자.

이제 독립변수 11개, 종속변수 1개를 가지고 회귀분석을 시작해 보자. 다중 회귀 식은 행렬로 다음과 같이 정의할 수 있었다.

$$Y = \begin{bmatrix} y_1 \\ y_2 \\ \vdots \\ y_n \end{bmatrix}, \ X = \begin{bmatrix} 1 & x_{11} & x_{12} & \cdots & x_{1m} \\ 1 & x_{21} & x_{22} & \cdots & x_{2m} \\ & & \vdots & & \\ 1 & x_{n1} & x_{n2} & \cdots & x_{nm} \end{bmatrix}, \ A = \begin{bmatrix} a_0 \\ a_1 \\ \vdots \\ a_m \end{bmatrix}$$

그리고 위 식에서 우리가 구해야 할 행렬은 변환행렬 $A$로, 다음과 같이 정의했다.

$$A = (X^T X)^{-1} X^T Y$$

6장에서 진행하는 내용은 5장에서 진행하는 방법과 거의 동일하다고 할 수 있다(단지 데이터만 달라졌을 뿐이다). 이 과정이 손에 익어 어떤 데이터를 받았을 때 아무 생각 없이 5장의 과정을 진행할 수 있게 익숙해지길 바란다. R이나 파이썬도 있지만 엑셀로 확인해야 할 경우가 있으며 사용자에 따라 다양한 응용이 가능하기 때문이다.

그리고 엑셀을 사용하는 최대 장점은 어떠한 데이터도 2~3분이면 간단하게 결과를 확인할 수 있다는 점이다.

## Step 0. 상수항 추가

$Y$절편이 있는 회귀식을 계산하기 위해 그림 6.3과 같이 거주지역비율과 찰스강더미 변수를 제외한 11개의 변수에 상수항을 추가한다.

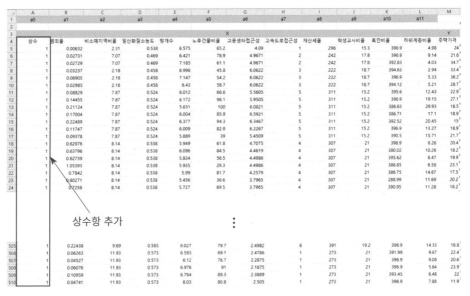

그림 6.3 상수항 추가

이제 본격적으로 순서에 따라 회귀분석 과정을 진행해 보자.

## Step 1. $X^T$ 계산

우선 $X$의 전치행렬 $X^T$를 준비해야 한다. 전치행렬을 만드는 함수로 =TRANSPOSE()가 있었다. 하지만 이번 보스턴 주택 가격 데이터는 너무 범위가 커서 지정하기가 번거롭다. 그래서 엑셀 고유의 기능을 활용해 다음과 같이 진행한다(그림 6.4).

① 상수상을 포함하는 전체 데이터를 선택한 후 [Ctrl + C]로 데이터의 내용을 메모리에 복사한다.

② $X^T$행렬이 복사될 셀(P5)에 마우스 오른쪽 버튼을 클릭하면 풀다운 메뉴가 나온다.

③ 풀다운 메뉴의 [선택하여 붙여넣기(S)]를 선택한다.

④ 새로 생긴 풀다운 메뉴에서 [선택하여 붙여넣기(S)]를 선택한다.

⑤ [선택하여 붙여넣기] 창이 나오면 [⑤ 행/열 바꿈(E)]을 체크한 후 [확인] 버튼을 누른다.

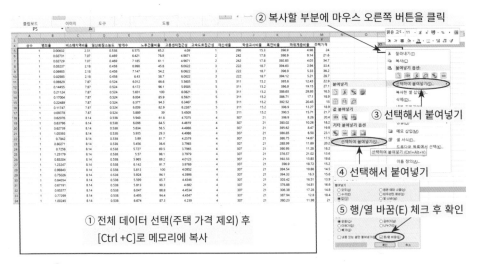

그림 6.4 $X^T$ 계산

이 과정을 마치면 그림 6.5와 같은 계산 결과를 얻을 수 있다.

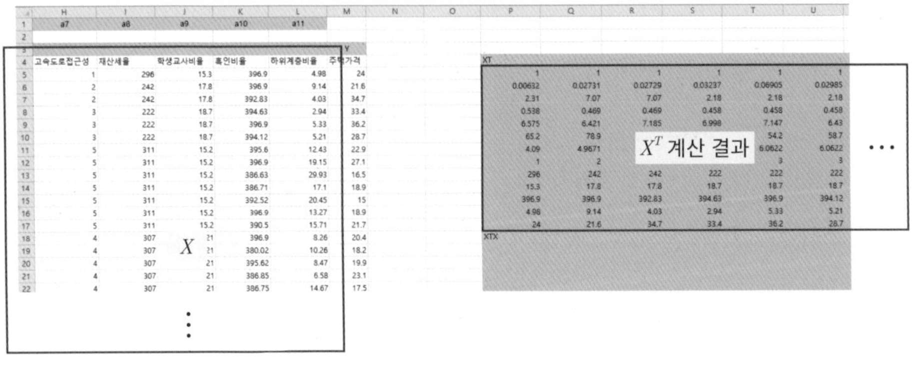

그림 6.5 $X^T$ 계산 결과

## Step 2. $X^T X$ 계산

이제 $X^T X$를 계산하자. $X^T X$의 차원은 다음과 같이 계산할 수 있다.

$$X^T \quad \times \quad X \quad = \quad X^T X$$
$$(12 \times 506) \times (506 \times 12) = (12 \times 12)$$

12×12 범위를 선택한 후 수식 입력창에 다음과 같이 입력하고 [Shift] + [Ctrl] + [Enter]로 행렬연산을 완성하자.

$$= \text{MMULT}(P5{:}TA16, A5{:}L510)$$

결과는 그림 6.6과 같다.

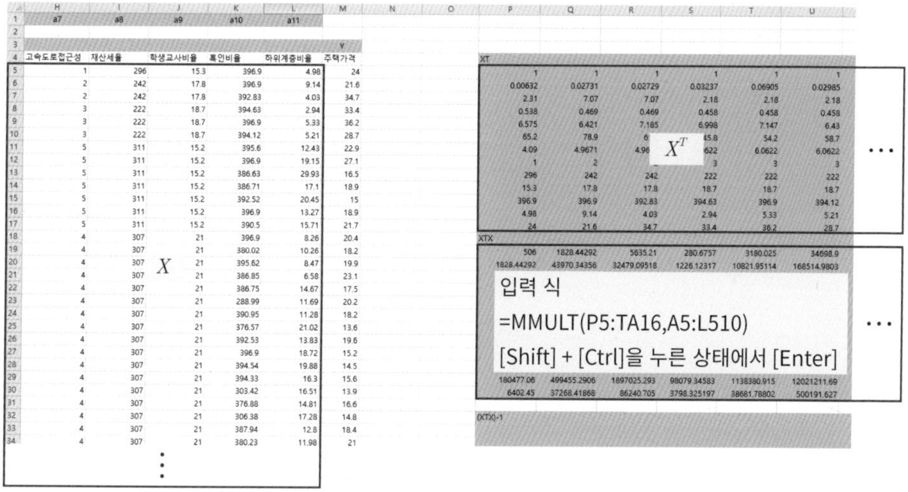

그림 6.6 $X^T X$ 계산

## Step 3. $(X^T X)^{-1}$ 계산

아직 갈 길이 멀다. $X^T X$의 계산 결과를 이용해 역행렬을 계산하자. 역행렬을 계산하는 데는 =MINVERSE() 함수를 사용한다.

$$= \text{MINVERSE}(\text{P19}:\text{AA30})$$

결과는 그림 6.7과 같다.

1. 역행렬 계산 결과가 들어갈
범위를 선택

2. =MINVERSE(P19:AA30)를
입력

3. [Shift] + [Ctrl]을 누른 상태
에서 [Enter]

| N | O | P | Q | R | S | T |
|---|---|---|---|---|---|---|
| | | 396.9 | 396.9 | 392.83 | 394.63 | 396.9 |
| | | 4.98 | 9.14 | 4.03 | 2.94 | 5.33 |
| | | 24 | 21.6 | 34.7 | 33.4 | 36.2 |
| | | XTX | | | | |
| | | 506 | 1828.44292 | 5635.21 | 280.6757 | 3180.025 |
| | | 1828.44292 | 43970.34356 | 32479.09518 | 1226.12317 | 10821.95114 |
| | | 5635.21 | 32479.09518 | 86525.6299 | 3432.39536 | 34461.81648 |
| | | 280.6757 | 1226.12317 | 3432.39536 | 162.4703801 | 1751.519414 |
| | | 3180.025 | 10821.95114 | 34461.81648 | 1751.519414 | 20234.59825 |
| | | 34698.9 | 168514.9803 | 449313.49 | 20452.20163 | 215670.1759 |
| | | 1920.2916 | 3466.274558 | 16220.67329 | 970.3898657 | 12221.68065 |
| | | 4832 | 41118.66514 | 71765.65 | 2991.8359 | 29719.027 |
| | | 206568 | 1173073.211 | 2721349.04 | 121170.6232 | 1280739.715 |
| | | 9338.5 | 36471.55179 | 106875.32 | 5203.95546 | 58415.9728 |
| | | 180477.06 | 499455.2906 | 1897025.293 | 98079.34583 | 1138380.915 |
| | | 6402.45 | 37268.41868 | 86240.705 | 3798.325197 | 38681.78802 |
| | | (XTX)-1 | | | | |
| | | 1.155141337 | -0.000484702 | 0.00077677 | -0.472695711 | -0.067633505 |
| | | -0.000484702 | 4.74884E-05 | 4.60637E-06 | 0.000358718 | 8.77179E-06 |
| | | 0.00077677 | 4.60637E-06 | 0.000164316 | -0.002828289 | 0.000119959 |
| | | -0.472695711 | 0.000358718 | -0.002828289 | 0.64641338 | 0.00694299 |
| | | -0.067633505 | 8.77179E-06 | 0.000119959 | 0.00694299 | 0.00755961 |
| | | 0.000256989 | 1.84399E-07 | -6.81975E-07 | -0.000607427 | -4.64874E-05 |
| | | -0.016499535 | 2.36492E-05 | 0.000138855 | 0.010037447 | 0.000263396 |
| | | 0.00427289 | -2.44564E-05 | 4.64517E-05 | -0.001681932 | -0.00017872 |
| | | -9.49027E-05 | -7.32801E-08 | -4.13108E-06 | -4.0006E-05 | 3.03293E-06 |
| | | -0.01748718 | 8.2634E-06 | -5.46763E-05 | 0.007139712 | 0.000512926 |
| | | -0.000178488 | 4.66211E-07 | 2.14566E-07 | 3.35228E-05 | 5.04658E-06 |
| | | -0.003436354 | -1.18574E-05 | -8.94588E-06 | -0.000558584 | 0.000497564 |
| | | XTY | | | (X'X)-1X'Y | |

그림 6.7 $(X^T X)^{-1}$ 계산

## 4. $X^T Y$ 계산

이제 거의 다 왔다. $X^T Y$를 계산할 차례다. $X^T Y$의 차원도 다음과 같이 계산 가능하다.

$$
\begin{array}{ccccc}
X^T & \times & Y & = & X^T Y \\
(12 \times 506) & \times & (506 \times 1) & = & (12 \times 1)
\end{array}
$$

12×1 범위를 선택하고 다음과 같이 입력한 후 [Shift] + [Ctrl]을 누르면서 [Enter]를 누르면
그림 6.8과 같은 결과를 확인할 수 있다.

$$= MMULT(P5:TA16, M5:M510)$$

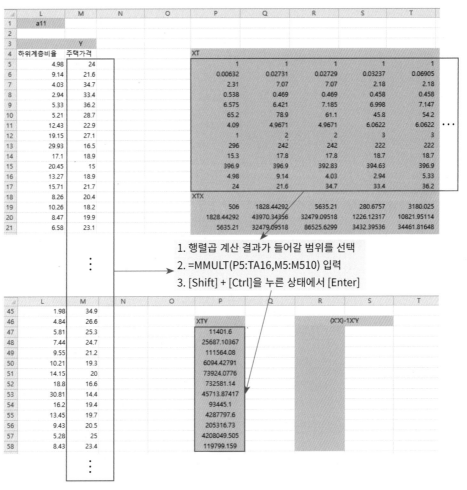

그림 6.8 $X^TY$ 계산

## Step 5. 변환 행렬 $A$ 계산: $(X^TX)^{-1}X^TY$ 계산

이제 다 왔다. 마지막으로 회귀계수(변환 행렬 $A$)만 계산하면 된다. 앞에서 계산한 $(X^TX)^{-1}$ 와 $X^TY$를 이용해 다음과 같이 입력하고 행렬 연산을 하면 그림 6.9와 같이 계산된다.

$$= \mathrm{MMULT}(\mathrm{P33:AA44, P47:P58})$$

| P | Q | R | S | T |
|---|---|---|---|---|
| (XTX)-1 | | | | |
| 1.155141337 | -0.000484702 | 0.00077677 | -0.472695711 | -0.067633505 |
| -0.000484702 | 4.74884E-05 | 4.60637E-06 | 0.000358718 | 8.77179E-06 |
| 0.00077677 | 4.60637E-06 | 0.000164316 | -0.002828289 | 0.000119959 |
| -0.472695711 | 0.000358718 | -0.002828289 | 0.64641338 | 0.00694299 |
| -0.067633505 | 8.77179E-06 | 0.000119959 | 0.00694299 | 0.00755961 |
| 0.000256989 | 1.84399E-07 | -6.81975E-07 | -0.000607427 | -4.64874E-05 |
| -0.016499535 | 2.36492E-05 | 0.000138855 | 0.010037447 | 0.000263396 |
| 0.00427289 | -2.44564E-05 | 4.64517E-05 | -0.001681932 | -0.00017872 |
| -9.49027E-05 | -7.32801E-08 | -4.13108E-06 | -4.0006E-05 | 3.03293E-06 |
| -0.01748718 | 8.2634E-06 | -5.46763E-05 | 0.007139712 | 0.000512926 |
| -0.000178488 | 4.66211E-07 | 2.14566E-07 | 3.35228E-05 | 5.04658E-06 |
| -0.003436354 | -1.18574E-05 | -8.94588E-06 | -0.000558584 | 0.000497564 |

| XTY | (X'X)-1X'Y |
|---|---|
| 11401.6 | 37.308 |
| 25687.10367 | -0.103 |
| 111564.08 | 0.018 |
| 6094.42791 | -17.829 |
| 73924.0776 | 4.074 |
| 732581.14 | -0.003 |
| 45713.87417 | -1.210 |
| 93445.1 | 0.305 |
| 4287797.6 | -0.011 |
| 205316.73 | -1.131 |
| 4208049.505 | 0.010 |
| 119799.159 | -0.525 |

1. 행렬곱 계산 결과가 들어갈 범위를 선택
2. =MMULT(P33:AA44,P47:P58) 입력
3. [Shift] + [Ctrl]을 누른 상태에서 [Enter]

계산 결과 복사

| | A | B | C | D | E | F | G | H | I | J | K | L | M |
|---|---|---|---|---|---|---|---|---|---|---|---|---|---|
| 1 | 상수 | 범죄율 | 비소매지역비율 | 일산화질소농도 | 방개수 | 노후건물비율 | 고용센터접근성 | 고속도로접근성 | 재산세율 | 학생교사비율 | 흑인비율 | 하위계층비율 | |
| 2 | 37.308 | -0.103 | 0.018 | -17.829 | 4.074 | -0.003 | -1.210 | 0.305 | -0.011 | -1.131 | 0.010 | -0.525 | |
| 3 | | | | | | X | | | | | | | Y |
| 4 | 상수 | 범죄율 | 비소매지역비율 | 일산화질소농도 | 방개수 | 노후건물비율 | 고용센터접근성 | 고속도로접근성 | 재산세율 | 학생교사비율 | 흑인비율 | 하위계층비율 | 주택가격 |
| 5 | 1 | 0.00632 | 2.31 | 0.538 | 6.575 | 65.2 | 4.09 | 1 | 296 | 15.3 | 396.9 | 4.98 | 24 |
| 6 | 1 | 0.02731 | 7.07 | 0.469 | 6.421 | 78.9 | 4.9671 | 2 | 242 | 17.8 | 396.9 | 9.14 | 21.6 |
| 7 | 1 | 0.02729 | 7.07 | 0.469 | 7.185 | 61.1 | 4.9671 | 2 | 242 | 17.8 | 392.83 | 4.03 | 34.7 |

그림 6.9 변환 행렬 $A$ 계산

계산된 결과를 각 변수 위로 복사해서 보기 편하게 만들어 보자.

각 변수와 회귀계수를 살펴보자.

| 변수 | 회귀계수 | 변수 | 회귀계수 |
|---|---|---|---|
| 비소매지역비율 | 0.018 | 범죄율 | −0.103 |
| 방개수 | 4.074 | 일산화질소농도 | −17.829 |
| 고속도로접근성 | 0.305 | 노후건물비율 | −0.003 |
| 흑인비율 | 0.010 | 고용센터접근성 | −1.210 |
| | | 재산세율 | −0.011 |
| | | 학생교사비율 | −1.131 |
| | | 하위계층비율 | −0.525 |

이 데이터는 표준화하지 않았기 때문에 부호만 살펴보기로 한다. 회귀계수의 부호가 양수인 경우에는 해당 변수가 커질수록 주택가격이 상승한다는 것을 의미하며, 회귀계수의 부호가 음수인 경우에는 해당 변수가 커질수록 주택가격이 하락한다는 것을 의미한다.

살펴보면 일반적인 상식에 준하는 회귀계수도 있지만, 의외의 회귀계수도 있다는 사실을 알 수 있다. 여기에는 두 가지 가능성이 있다. 하나는 수집된 데이터에 오류가 섞여있을 가능성이고, 다른 하나는 지금까지 그러려니 생각했던 관계가 잘못된 경우다. 데이터 분석을 하다 보면 후자의 경우도 의외로 많은 것을 경험할 수 있었다. 일단 결과를 의심하고 보는 습관을 들이자.

이제 계산된 회귀계수를 가지고 주택가격을 얼마나 잘 예측하는지 계산해 보자.

=SUMPRODUCT(회귀계수의 범위, X데이터의 범위) 함수를 이용해 N5 셀에 다음과 같이 입력해서 계산하고 다른 셀들은 복사해서 모든 데이터를 예측해 보자.

$$N5 \text{ 셀} = SUMPRODUCT(\$A\$2{:}\$L\$2, A5{:}L5)$$

② 상관계수 계산

=CORREL(A5:A16,B5:B16)

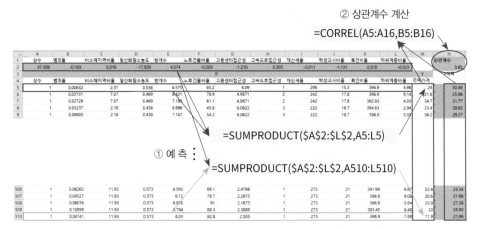

=SUMPRODUCT($A$2:$L$2,A5:L5)

① 예측 :

=SUMPRODUCT($A$2:$L$2,A510:L510)

그림 6.10 예측과 상관계수 계산

주택가격과 예측한 주택가격의 상관계수를 보면 0.85로 꽤 괜찮은 성능을 보이는 것을 알 수 있다.

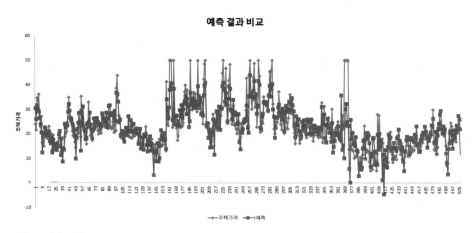

그림 6.11 예측 결과

그림 6.11은 실제 주택가격과 예측한 주택가격을 그래프로 그린 결과를 보여준다. 전체적인 트렌드는 잘 따라가고 있는 것으로 보이며, 오차가 큰 부분이 여러 군데 보이는 것을 알 수 있다.

여기서 우리가 더 할 수 있는 것은 예측 성능을 높이는 일과, 만약 예측 성능이 만족스럽다면 성능 저하를 최소화하면서 좀 더 효율적으로 예측할 수 있게 하는 것이다.

좀 더 구체적으로 설명하자면 먼저 예측 성능을 높이는 일은 다양한 머신러닝 알고리즘을 사용해 문제에 맞는 머신러닝 알고리즘을 찾고 개량하는 것이다. 예를 들어, 의사결정 나무(Decision Tree), 서포트 벡터 머신(support vector machine, SVM), 딥러닝(Deep Learning)을 이용하거나 요즘 인기 있는 XGBoost를 이용하면 좀 더 예측 성능이 좋은 모델을 구축할 수 있다.

다음으로 현재의 예측성능에 만족하는 경우로, 성능 저하를 최소화하는 변수나 특징을 찾는 것이다. 이를 특징 선택(feature selection)이나 특징 추출(feature extraction)이라고 하며, 이를 위한 여러 가지 방법론이 있지만 여기서는 주성분 분석을 이용한 방법을 진행해 보겠다.

## 6.3 주성분 분석을 이용한 특징 선택

3장에서는 주성분 분석을 통해 데이터를 압축하는 방법과 새로운 정보를 만드는 방법을 배웠다. 여기서는 주성분 분석의 다른 활용 예로 변수를 선택하는 방법을 알아보겠다.

특징 선택이란 종속변수를 예측하기 위해 적당한 독립변수가 어떤 것인지 찾는 것을 말한다. 주성분 분석을 이용한 변수 선택은 일반적인 방법론은 아니지만, 주성분 분석의 개념을 응용한 방법으로 극히 일부에서 사용한다.

여기서 이 방법을 소개하는 이유는 일반적으로 알려진 알고리즘의 활용 예 외에도 다른 방법으로 응용 가능하다는 것을 소개하기 위한 것이므로 참고하길 바란다.

실습에는 엑셀의 [보스턴주택가격_PCA] 시트를 이용한다.

### Step 1. 데이터 표준화

항상 해왔듯이 먼저 데이터를 표준화해야 한다. 표준화 식은 다음과 같다.

$$z_i = \frac{(x_i - \overline{x})}{\sigma}$$

먼저 데이터의 평균과 표준편차를 계산하고, 계산된 평균과 표준편차를 이용해 데이터를 표준화해 보자. 표준화하면 원래 데이터 $X$는 행렬 $Z$로 바뀐다.

$$X = \begin{bmatrix} x_{11} & x_{21} & \cdots & x_{m1} \\ x_{11} & x_{21} & \cdots & x_{m1} \\ & & \vdots & \\ x_{1n} & x_{2n} & & x_{mn} \end{bmatrix} \rightarrow Z = \begin{bmatrix} z_{11} & z_{21} & \cdots & z_{m1} \\ z_{11} & z_{21} & \cdots & z_{m1} \\ & & \vdots & \\ z_{1n} & z_{2n} & & z_{mn} \end{bmatrix}$$

거듭 반복하지만 표준화된 데이터의 평균과 표준편차가 0과 1인 것을 꼭 확인하길 바란다.

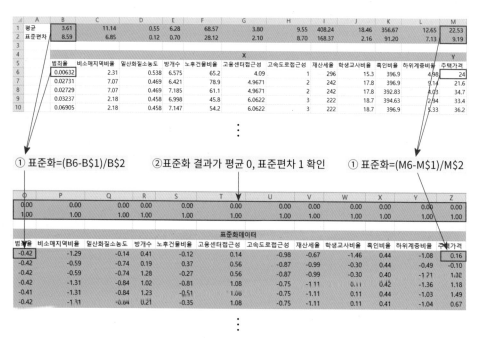

그림 6.12 데이터 표준화

## Step 2. 상관행렬 계산

표준화 데이터를 이용해 상관행렬을 계산해보자. 표준화된 데이터의 행렬 $Z$의 상관행렬 $R$은 다음과 같이 정의했다.

$$R = \begin{bmatrix} r_{z_1 z_1} & r_{z_1 z_2} & \cdots & r_{z_1 z_n} \\ r_{z_2 z_1} & r_{z_2 z_2} & \cdots & r_{z_2 z_n} \\ & & \vdots & \\ r_{z_n z_1} & r_{z_n z_2} & & r_{z_n z_n} \end{bmatrix}$$

3장에서는 독립변수만으로 상관행렬을 계산했다면 여기서는 종속변수인 주택가격까지 포함한 전체 데이터를 이용해 상관행렬을 계산한다는 점이 다르다.

여기서는 엑셀 함수인 =CORREL()를 이용해서 진행한다. 절대참조를 이용해 계산해보자.

| O | P | Q | R | S | T | U | V | W | X | Y | Z |
|---|---|---|---|---|---|---|---|---|---|---|---|
| 0.00 | 0.00 | 0.00 | 0.00 | 0.00 | 0.00 | 0.00 | 0.00 | 0.00 | 0.00 | 0.00 | 0.00 |
| 1.00 | 1.00 | 1.00 | 1.00 | 1.00 | 1.00 | 1.00 | 1.00 | 1.00 | 1.00 | 1.00 | 1.00 |

| | | | | | 표준화데이터 | | | | | | |
|---|---|---|---|---|---|---|---|---|---|---|---|
| 범죄율 | 비소매지역비율 | 일산화질소농도 | 방개수 | 노후건물비율 | 고용센터접근성 | 고속도로접근성 | 재산세율 | 학생교사비율 | 흑인비율 | 하위계층비율 | 주택가격 |
| -0.42 | -1.29 | -0.14 | 0.41 | -0.12 | 0.14 | -0.98 | -0.67 | -1.46 | 0.44 | -1.08 | 0.16 |
| -0.42 | -0.59 | -0.74 | 0.19 | 0.37 | 0.56 | -0.87 | -0.99 | 0.44 | 0.44 | -0.49 | -0.10 |
| -0.42 | -0.59 | -0.74 | 1.28 | -0.27 | 0.56 | -0.87 | -0.99 | -0.30 | 0.40 | -1.21 | 1.32 |
| -0.42 | -1.31 | -0.84 | 1.02 | -0.81 | 1.08 | -0.75 | -1.11 | 0.11 | 0.42 | -1.36 | 1.18 |
| -0.41 | -1.31 | -0.84 | 1.23 | -0.51 | 1.08 | -0.75 | -1.11 | 0.11 | 0.44 | -1.03 | 1.49 |
| -0.42 | -1.31 | -0.84 | 0.21 | -0.35 | 1.08 | -0.75 | -1.11 | 0.11 | 0.41 | -1.04 | 0.67 |
| | | | | | ⋮ | | | | | | |
| -0.41 | 0.12 | 0.16 | 0.73 | 0.74 | -0.67 | -0.98 | -0.80 | 1.18 | 0.40 | -0.87 | -0.06 |
| -0.42 | 0.12 | 0.16 | -0.36 | 0.43 | -0.61 | -0.98 | -0.80 | 1.18 | 0.44 | -0.67 | -1.16 |

=CORREL($R$6:$R$511,O6:O511)　　　　　　　=CORREL($X$6:$X$511,Z6:Z511)

| AB | AC | AD | AE | AF | AG | AH | AI | AJ | AK | AL | AM | AN |
|---|---|---|---|---|---|---|---|---|---|---|---|---|
| | | | | | | 상관행렬 | | | | | | |
| | 범죄율 | 비소매지역비율 | 일산화질소농도 | 방개수 | 노후건물비율 | 고용센터접근성 | 고속도로접근성 | 재산세율 | 학생교사비율 | 흑인비율 | 하위계층비율 | 주택가격 |
| 범죄율 | 1.00 | 0.41 | 0.42 | -0.22 | 0.35 | -0.38 | 0.63 | 0.58 | 0.29 | -0.39 | 0.46 | -0.39 |
| 비소매지역비율 | 0.41 | 1.00 | 0.76 | -0.39 | 0.64 | -0.71 | 0.60 | 0.72 | 0.38 | -0.36 | 0.60 | -0.48 |
| 일산화질소농도 | 0.42 | 0.76 | 1.00 | -0.30 | 0.73 | -0.77 | 0.61 | 0.67 | 0.19 | -0.38 | 0.59 | -0.43 |
| 방개수 | -0.22 | -0.39 | -0.30 | 1.00 | -0.24 | 0.21 | -0.21 | -0.29 | -0.36 | 0.13 | -0.61 | 0.70 |
| 노후건물비율 | 0.35 | 0.64 | 0.73 | -0.24 | 1.00 | -0.75 | 0.46 | 0.51 | 0.26 | -0.27 | 0.60 | -0.38 |
| 고용센터접근성 | -0.38 | -0.71 | -0.77 | 0.21 | -0.75 | 1.00 | -0.49 | -0.53 | -0.23 | 0.29 | -0.50 | 0.25 |
| 고속도로접근성 | 0.63 | 0.60 | 0.61 | -0.21 | 0.46 | -0.49 | 1.00 | 0.91 | 0.46 | -0.44 | 0.49 | -0.38 |
| 재산세율 | 0.58 | 0.72 | 0.67 | -0.29 | 0.51 | -0.53 | 0.91 | 1.00 | 0.46 | -0.44 | 0.54 | -0.47 |
| 학생교사비율 | 0.29 | 0.38 | 0.19 | -0.36 | 0.26 | -0.23 | 0.46 | 0.46 | 1.00 | -0.18 | 0.37 | -0.51 |
| 흑인비율 | -0.39 | -0.36 | -0.38 | 0.13 | -0.27 | 0.29 | -0.44 | -0.44 | -0.18 | 1.00 | -0.37 | 0.33 |
| 하위계층비율 | 0.46 | 0.60 | 0.59 | -0.61 | 0.60 | -0.50 | 0.49 | 0.54 | 0.37 | -0.37 | 1.00 | -0.74 |
| 주택가격 | -0.39 | -0.48 | -0.43 | 0.70 | -0.38 | 0.25 | -0.38 | -0.47 | -0.51 | 0.33 | -0.74 | 1.00 |

그림 6.13 상관행렬 계산 결과

그림 6.13의 상관행렬을 살펴보면 데이터가 가진 변수 간의 관계를 살펴볼 수 있다. 범죄율과 방의개수는 마이너스 상관관계로 방의 개수가 늘어날수록 범죄율은 줄어든다는 것을 알수 있다. 지극히 상식적인 이야기로, 방의 개수가 많은 동네는 부자 동네이므로 보안을 철저

히 하기 때문에 범죄율이 낮다는 이야기로 해석할 수 있다. 하지만 반대로도 생각할 수 있다. 도둑이라면 부잣집을 상대로 범죄를 저지르는 편이 한방에 일확천금을 노릴 수 있지 않을까? 라는 생각으로 데이터를 의심해 보는 것도 중요하다.

역시 상관행렬을 만든 후 대칭행렬(대각선 성분의 값이 같은지)이 됐는지, 대각선의 값은 1인지 꼭 확인해야 한다.

## Step 3. 고유값, 고유벡터 계산

그림 6.14와 같이 [고유값고유벡터] 시트를 이용해 고유값과 고유벡터를 계산해보자.

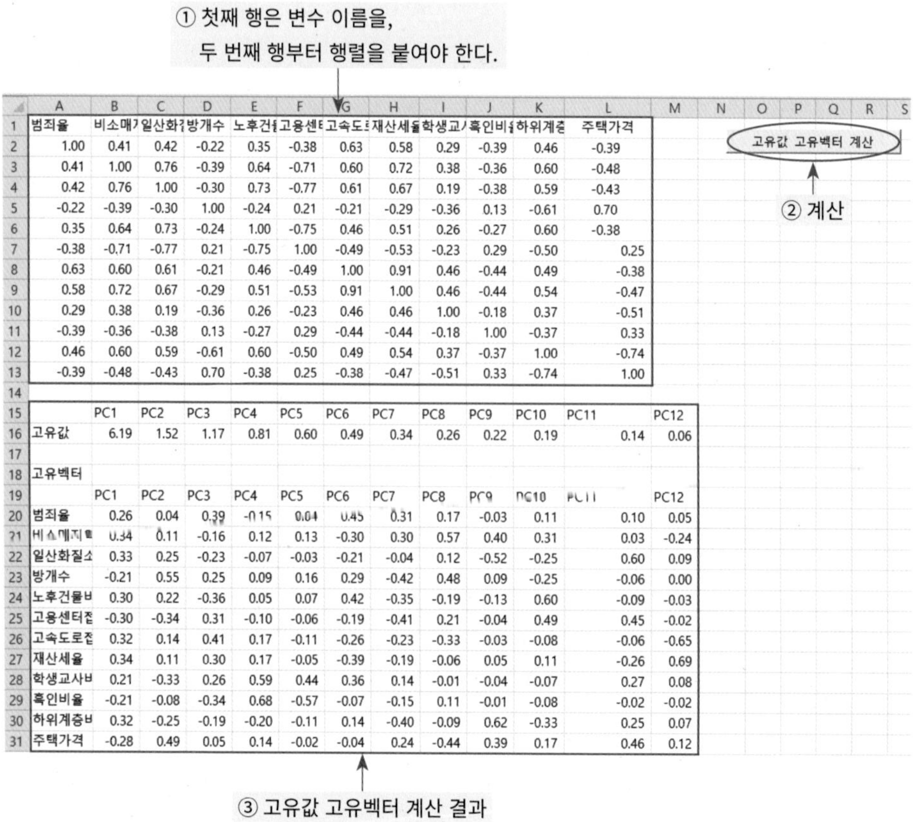

그림 6.14 고유값 고유벡터 계산

고유벡터 $V$는 다음과 같이 정의 가능하며

$$V = \begin{bmatrix} v_{11} v_{21} & \cdots & v_{l1} \\ v_{12} v_{22} & \cdots & v_{l2} \\ & \vdots & \\ v_{1m} v_{2m} & \cdots & v_{lm} \end{bmatrix}$$

계산 결과를 [보스턴주택가격_PCA]에 다시 복사해서 붙이고, 각 주성분 축의 정보량을 알아보기 위해 기여율과 누적기여율을 계산해보자.

=AC21/12*100          =AG23+AH22

| AB | AC | AD | AE | AF | AG | AH | AI | AJ | AK | AL | AM | AN |
|---|---|---|---|---|---|---|---|---|---|---|---|---|
| | | | | | | 고유값 | | | | | | |
| | PC1 | PC2 | PC3 | PC4 | PC5 | PC6 | PC7 | PC8 | PC9 | PC10 | PC11 | PC12 |
| 고유값 | 6.19 | 1.52 | 1.17 | 0.81 | 0.60 | 0.49 | 0.34 | 0.26 | 0.22 | 0.19 | 0.14 | 0.06 |
| 기여율 | 51.60 | 12.63 | 9.75 | 6.75 | 5.02 | 4.10 | 2.85 | 2.16 | 1.81 | 1.62 | 1.17 | 0.53 |
| 누적기여율 | 51.60 | 64.23 | 73.98 | 80.73 | 85.75 | 89.86 | 92.71 | 94.87 | 96.68 | 98.30 | 99.47 | 100.00 |
| | | | | | | 고유벡터 | | | | | | |
| | PC1 | PC2 | PC3 | PC4 | PC5 | PC6 | PC7 | PC8 | PC9 | PC10 | PC11 | PC12 |
| 범죄율 | 0.26 | 0.04 | 0.39 | -0.15 | -0.64 | 0.45 | 0.31 | 0.17 | -0.03 | 0.11 | 0.10 | 0.05 |
| 비소매지역비율 | 0.34 | 0.11 | -0.16 | 0.12 | 0.13 | -0.30 | 0.30 | 0.57 | 0.40 | 0.31 | 0.03 | -0.24 |
| 일산화질소농도 | 0.33 | 0.25 | -0.23 | -0.07 | -0.03 | -0.21 | -0.04 | 0.12 | -0.52 | -0.25 | 0.60 | 0.09 |
| 방개수 | -0.21 | 0.55 | 0.25 | 0.09 | 0.16 | 0.29 | -0.42 | 0.48 | 0.09 | -0.25 | -0.06 | 0.00 |
| 노후건물비율 | 0.30 | 0.22 | -0.36 | 0.05 | 0.07 | 0.42 | -0.35 | -0.19 | -0.13 | 0.60 | -0.09 | -0.03 |
| 고용센터접근성 | -0.30 | -0.34 | 0.31 | -0.10 | -0.06 | -0.19 | -0.41 | 0.21 | -0.04 | 0.49 | 0.45 | -0.02 |
| 고속도로접근성 | 0.32 | 0.14 | 0.41 | 0.17 | -0.11 | -0.26 | -0.23 | -0.33 | -0.03 | -0.08 | -0.06 | -0.65 |
| 재산세율 | 0.34 | 0.11 | 0.30 | 0.17 | -0.05 | -0.39 | -0.19 | -0.06 | 0.05 | 0.11 | -0.26 | 0.69 |
| 학생교사비율 | 0.21 | -0.33 | 0.26 | 0.59 | 0.44 | 0.36 | 0.14 | -0.01 | -0.04 | -0.07 | 0.27 | 0.08 |
| 흑인비율 | -0.21 | -0.08 | -0.34 | 0.68 | -0.57 | -0.07 | -0.15 | 0.11 | -0.01 | -0.08 | -0.02 | -0.02 |
| 하위계층비율 | 0.32 | -0.25 | -0.19 | -0.20 | -0.11 | 0.14 | -0.40 | -0.09 | 0.62 | -0.33 | 0.25 | 0.07 |
| 주택가격 | -0.28 | 0.49 | 0.05 | 0.14 | -0.02 | -0.04 | 0.24 | -0.44 | 0.39 | 0.17 | 0.46 | 0.12 |

그림 6.15 기여율과 누적기여율 계산

그림 6.15에서 PC1의 기여율은 전체 정보량 중에서 PC1의 정보량(고유값)의 비율이기 때문에 다음과 같이 계산할 수 있다.

$$\text{PC1의 기여율} = \frac{6.19}{12} \times 100 \fallingdotseq 51.60\%$$

이렇게 PC12까지의 기여율을 계산하면 된다. 누적기여율도 앞에서 배운 것처럼 이전 누적기여율 + 자신의 기여율로 다음과 같이 계산 가능하다.

$$PC1의 \; 누적기여율 ≒ 51.60\%$$
$$PC2의 \; 누적기여율 ≒ 51.60\% + 12.63\% ≒ 64.23\%$$
$$\vdots$$
$$PC6의 \; 누적기여율 ≒ 85.75\% + 4.10\% ≒ 89.86\%$$

## Step 4. 좌표 변환

이제 원래 데이터를 주성분 축으로 이동시키는 좌표변환을 해보자. 새로운 좌표는 고유벡터를 이용해 다음과 같이 행렬곱으로 계산할 수 있다.

$$PC = ZV$$

여기서 $Z$는 표준화 데이터이며, $V$는 고유벡터다.

| | O | P | Q | R | S | T | U | V | W | X | Y | Z |
|---|---|---|---|---|---|---|---|---|---|---|---|---|
| | | | | | | 표준화데이터 | | | | | | |
| | 범죄율 | 비소매지역비율 | 일산화질소농도 | 방개수 | 노후건물비율 | 고용센터접근성 | 고속도로접근성 | 재산세율 | 학생교사비율 | 흑인비율 | 하위계층비율 | 주택가격 |
| | -0.42 | -1.29 | -0.14 | 0.41 | -0.12 | 0.14 | -0.98 | -0.67 | -1.46 | 0.44 | -1.08 | 0.16 |
| | -0.42 | -0.59 | -0.74 | 0.19 | 0.37 | 0.56 | -0.87 | -0.99 | -0.30 | 0.44 | -0.49 | -0.10 |
| | -0.42 | -0.59 | -0.74 | 1.28 | -0.27 | 0.56 | -0.87 | -0.99 | -0.30 | 0.40 | -1.21 | 1.32 |
| | -0.42 | -1.31 | -0.84 | 1.02 | -0.81 | 1.08 | -0.75 | -1.11 | 0.11 | 0.42 | -1.36 | 1.18 |
| | -0.41 | -1.31 | -0.84 | 1.23 | -0.51 | 1.08 | -0.75 | -1.11 | 0.11 | 0.44 | -1.03 | 1.49 |
| | -0.42 | -1.31 | -0.84 | 0.21 | -0.35 | 1.08 | -0.75 | -1.11 | 0.11 | 0.41 | -1.04 | 0.67 |
| | | | | | | $\vdots$ | | | | | | |
| | -0.41 | 0.12 | 0.16 | 0.73 | 0.74 | -0.67 | -0.98 | -0.80 | 1.18 | 0.40 | -0.87 | -0.06 |
| | -0.42 | 0.12 | 0.16 | -0.36 | 0.43 | -0.61 | -0.98 | -0.80 | 1.18 | 0.44 | -0.67 | -1.16 |

| | AB | AC | AD | AE | AF | AG | AH | AI | AJ | AK | AL | AM | AN |
|---|---|---|---|---|---|---|---|---|---|---|---|---|---|
| | | | | | | | 고유벡터 | | | | | | |
| | | PC1 | PC2 | PC3 | PC4 | PC5 | PC6 | PC7 | PC8 | PC9 | PC10 | PC11 | PC12 |
| 범죄율 | | 0.26 | 0.04 | 0.39 | -0.15 | -0.64 | 0.45 | 0.81 | 0.17 | -0.03 | 0.11 | 0.10 | 0.05 |
| 비소매지역비율 | | 0.34 | 0.11 | 0.16 | 0.12 | 0.13 | -0.30 | 0.30 | 0.57 | 0.40 | 0.31 | 0.03 | -0.24 |
| 일산화질소농도 | | 0.33 | 0.25 | -0.23 | -0.07 | 0.03 | -0.21 | -0.04 | 0.12 | -0.52 | -0.25 | 0.60 | 0.09 |
| 방개수 | | -0.21 | 0.55 | 0.25 | 0.09 | 0.16 | 0.29 | -0.42 | 0.48 | 0.09 | -0.25 | -0.06 | 0.00 |
| 노후건물비율 | | 0.30 | 0.22 | -0.36 | 0.05 | 0.07 | 0.42 | -0.35 | -0.19 | -0.13 | 0.60 | -0.09 | -0.03 |
| 고용센터접근성 | | -0.30 | -0.34 | 0.31 | -0.10 | -0.06 | -0.19 | -0.41 | 0.21 | -0.04 | 0.49 | 0.45 | -0.02 |
| 고속도로접근성 | | 0.32 | 0.14 | 0.41 | 0.17 | -0.11 | -0.26 | -0.23 | -0.33 | -0.03 | -0.08 | -0.06 | -0.65 |
| 재산세율 | | 0.34 | 0.11 | 0.30 | 0.17 | -0.05 | -0.39 | -0.19 | -0.06 | 0.05 | 0.11 | -0.26 | 0.69 |
| 학생교사비율 | | 0.21 | -0.33 | 0.26 | 0.59 | 0.44 | 0.36 | 0.14 | -0.01 | -0.04 | -0.07 | 0.27 | 0.08 |
| 흑인비율 | | -0.21 | -0.08 | -0.34 | 0.68 | -0.57 | -0.07 | -0.15 | 0.11 | -0.01 | -0.08 | -0.02 | -0.02 |
| 하위계층비율 | | 0.32 | -0.25 | -0.19 | -0.20 | -0.11 | 0.14 | -0.40 | -0.09 | 0.62 | -0.33 | 0.25 | 0.07 |
| 주택가격 | | -0.28 | 0.49 | 0.05 | 0.14 | -0.02 | -0.04 | 0.24 | -0.44 | 0.39 | 0.17 | 0.46 | 0.12 |

| | AQ | AR | AS | AT | AU | AV | AW | AX | AY | AZ | BA | BB |
|---|---|---|---|---|---|---|---|---|---|---|---|---|
| 4 | | | | | | 주성분점수 | | | | | | |
| 5 | PC1 | PC2 | PC3 | PC4 | PC5 | PC6 | PC7 | PC8 | PC9 | PC10 | PC11 | PC12 |
| 6 | -2.09 | 0.53 | -0.65 | -0.68 | -0.47 | 0.06 | -0.15 | -0.11 | -0.93 | -0.07 | -0.49 | 0.27 |
| 7 | -1.55 | -0.37 | -0.60 | -0.09 | 0.06 | 0.65 | -0.27 | 0.12 | -0.25 | 0.49 | -0.26 | -0.17 |
| 8 | -2.58 | 0.98 | 0.13 | 0.29 | 0.26 | 0.54 | 0.14 | 0.20 | 0.05 | 0.31 | 0.21 | -0.03 |
| 9 | -3.05 | 0.27 | 0.69 | 0.37 | 0.25 | 0.52 | 0.09 | -0.09 | -0.33 | 0.08 | 0.46 | -0.01 |
| | | | | | | $\vdots$ | | | | | | |
| 509 | -0.54 | 0.69 | -0.79 | 1.19 | 1.05 | 1.33 | 0.44 | 0.59 | -0.61 | 0.03 | -0.02 | 0.08 |
| 510 | -0.43 | 0.37 | -0.82 | 1.07 | 1.01 | 1.24 | 0.44 | 0.58 | -0.64 | 0.04 | -0.02 | 0.07 |
| 511 | 0.04 | -0.92 | -1.07 | 0.78 | 0.79 | 0.87 | 0.62 | 0.59 | -1.01 | -0.10 | -0.36 | -0.05 |

=MMULT(O6:Z511,AC27:AN38)

그림 6.16 좌표 변환

## Step 5. 주성분 부하량 계산

이제 거의 다 왔다. 주성분 부하량을 계산해보자.

주성분 부하량이란 표준화된 데이터와 주성분과의 상관계수를 계산한 상관행렬이라고 3장에서 배웠다. 표준화된 데이터와 주성분과의 관계를 살펴보기 위해 주성분 부하량을 계산해보자.

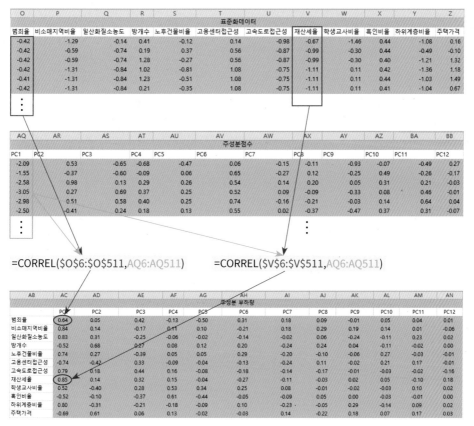

그림 6.17 주성분 부하량 계산

그림 6.17은 범죄율(절대참조)-PC1의 상관계수를 입력한 후에 같은 행에 복사하고, 다시 재산세율(절대참조)-PC1의 상관계수를 입력하고 같은 행에 복사하고를 반복한 결과를 보여준다.

각 주성분에 원래 데이터의 어떤 변수가 어떤 영향을 끼치고 있는지 확인할 수 있는 중요한 정보가 들어있는 행렬이므로 평소에 주의 깊게 살펴보는 습관을 들이자.

## Step 6. 주성분 부하량 그래프 분석

그림 6.18은 주성분 부하량의 PC1과 PC2 데이터와 산점도 그래프를 보여준다.

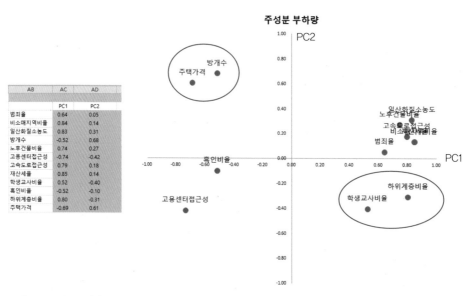

| AB | AC | AD |
|---|---|---|
| | PC1 | PC2 |
| 범죄율 | 0.64 | 0.05 |
| 비소매지역비율 | 0.84 | 0.14 |
| 일산화질소농도 | 0.83 | 0.31 |
| 방개수 | -0.52 | 0.68 |
| 노후건물비율 | 0.74 | 0.27 |
| 고용센터접근성 | -0.74 | -0.42 |
| 고속도로접근성 | 0.79 | 0.18 |
| 재산세율 | 0.85 | 0.14 |
| 학생교사비율 | 0.52 | -0.40 |
| 흑인비율 | -0.52 | -0.10 |
| 하위계층비율 | 0.80 | -0.31 |
| 주택가격 | -0.69 | 0.61 |

그림 6.18 주성분 부하량 그래프

그래프를 보면 우리가 예측해야 할 종속변수의 근처에는 방개수가 있음을 확인할 수 있다. 이것은 주택가격과 방개수가 비슷한 정보를 가지고 있다는 의미다. 그리고 원점을 중심으로 반대편을 보면 학생교사비율과 하위계층비율이 위치하고 있음을 확인할 수 있다. 이 두 변수는 주택가격과는 반대 방향의 정보를 가진 것이다.

실제로 방개수, 학생교사비율, 하위계층비율과 주택가격과의 상관계수를 보면 그림 6.19와 같다.

그림 6.19 주택가격과 다른 변수들과의 상관계수

상관계수는 1차원으로 분석한 결과이고, 그림 6.19는 PC1, PC2의 2차원으로 분석한 결과라는 데 주의하자.

위의 세 개의 변수는 PC1과 PC2를 기준으로 봤을 때 주택가격에 영향을 미친다고 할 수 있다. 여기서는 PC1과 PC2를 기준으로 주택가격에 관련된 변수를 방개수, 학생교사비율, 하위계층비율이라고 판단하기로 하고 위의 세 변수를 이용해 주택가격을 다중회귀분석으로 예측해 보기로 한다.

그럼 이제 방개수, 학생교사비율, 하위계층비율을 이용해 주택가격을 회귀분석을 진행한 결과를 살펴보자(내려받은 엑셀 파일의 [보스턴주택가격_PCA_회귀] 시트에서 진행 과정을 확인할 수 있다).

| | 상관계수 | RMS |
|---|---|---|
| 변수 11개로 회귀분석한 결과 | 0.85 | 4.78 |
| PCA를 선택한 변수 3개로 회귀분석 한 결과 | 0.82 | 5.21 |

그림 6.20 회귀 분석 결과 비교

그림 6.20은 상수항을 제외한 변수 11개를 이용해 회귀분석한 결과와 주성분 분석으로 선택한 3개의 변수로 회귀분석을 진행한 결과를 상관계수와 RMS(Root Mean Square Error)로 보여준다.

보다시피 상관계수는 0.85에서 0.82로 낮아졌으며, RMS도 4.78에서 5.21로 약간 늘어난 것을 알 수 있다. 당연한 이야기이지만 성능이 떨어진 것이다. 그러나 변수의 개수가 11개에서 3개로 75% 감소했기 때문에 생각하기에 따라서는 적은 파라미터로 성능 저하를 효율적으로 줄였다고도 할 수 있다. 물론 반대로도 생각할 수 있다.

그림 6.21은 변수 11개로 예측한 결과(위)와 변수 3개로 예측한 결과(아래)를 보여준다.

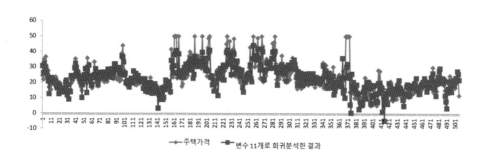

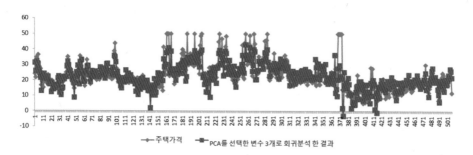

그림 6.21 예측 결과 비교

예측 결과를 보면 크게 차이가 나는 부분을 눈으로 확인하기 어렵다는 사실을 알 수 있다.

지금까지 주성분 분석을 이용해 종속변수와 거동이 비슷하거나 반대가 되는 목적변수를 선택하는 변수 선택(특징선택)을 진행했다.

여기서 주의할 점이 하나 있다. 바로 목적변수 3개를 선택한 기준으로 PC1과 PC2만 고려했다는 사실이다. PC2까지의 누적기여율을 보면 64.23%다. 따라서 만약 누적기여율 90%까지 고려하기를 원한다면 PC7까지 고려해서 변수를 선택해야 한다. 여기서 PC1과 PC2만 이용한 이유는 시각적으로 설명하기 위해서라는 점을 알아두자.

주성분 분석은 변수를 선택하기 위한 알고리즘은 아니지만 알고리즘의 핵심 아이디어를 이용하면 다른 방향으로도 사용할 수 있다는 점을 알려주고 싶었기 때문이다.

그럼 이제 실제 데이터를 가지고 재미있는 데이터 분석을 시작해 보자.

# 전문가를 위한
# 파이썬 프로그래밍

제**4**판

# Expert Python Programming, 4th Edition

Copyright © Packt Publishing 2021. First published in the English language under the title
'Expert Python Programming - 4th Edition — (9781801071109)'

이 책의 한국어판 저작권은 에이전시 원을 통해 저작권자와의 독점 계약으로 (주)제이펍에 있습니다.
저작권법에 의해 한국 내에서 보호를 받는 저작물이므로 무단 전재와 무단 복제를 금합니다.

---

## 전문가를 위한 파이썬 프로그래밍(제4판)

**1쇄 발행** 2022년 8월 12일

**지은이** 미하우 야로스키, 타레크 지아네
**옮긴이** 김모세
**펴낸이** 장성두
**펴낸곳** 주식회사 제이펍

**출판신고** 2009년 11월 10일 제406-2009-000087호
**주소** 경기도 파주시 회동길 159 3층 / **전화** 070-8201-9010 / **팩스** 02-6280-0405
**홈페이지** www.jpub.kr / **원고투고** submit@jpub.kr / **독자문의** help@jpub.kr / **교재문의** textbook@jpub.kr

**소통기획부** 김정준, 이상복, 송영화, 권유라, 송찬수, 박재인, 배인혜
**소통지원부** 민지환, 김정미, 서세원 / **디자인부** 이민숙, 최병찬

**진행** 이상복 / **교정·교열** 백지선 / **내지디자인** 이민숙 / **내지편집** 백지선
**용지** 에스에이치페이퍼 / **인쇄** 한승문화사 / **제본** 일진제책사

**ISBN** 979-11-92469-20-1 (93000)
**값** 38,000원

※ 이 책은 저작권법에 따라 보호를 받는 저작물이므로 무단 전재와 무단 복제를 금지하며,
　이 책 내용의 전부 또는 일부를 이용하려면 반드시 저작권자와 제이펍의 서면동의를 받아야 합니다.
※ 잘못된 책은 구입하신 서점에서 바꾸어드립니다.

제이펍은 독자 여러분의 아이디어와 원고 투고를 기다리고 있습니다. 책으로 펴내고자 하는 아이디어나 원고가 있는
분께서는 책의 간단한 개요와 차례, 구성과 저(역)자 약력 등을 메일(submit@jpub.kr)로 보내주세요.